公務員試験
過去問攻略Ｖテキスト❶

TAC公務員講座 編

JN015508

民法（上）

TAC出版

TAC PUBLISHING Group

●── はしがき

本シリーズのねらい──「過去問」の徹底分析による効率的な学習を可能にする

　合格したければ「過去問」にあたれ。

　あたりまえに思えるこの言葉の、ほんとうの意味を理解している人は、じつは少ないのかもしれません。過去問は、なんとなく目を通して安心してしまうものではなく、徹底的に分析されなくてはならないのです。とにかく数多くの問題にあたり、自力で解答していくうちに、ある分野は繰り返し出題され、ある分野はほとんど出題されないことに気づくはずです。ここまできて初めて、「過去問」にあたれ、という言葉が自分のものにできたといえるのではないでしょうか。

　頻出分野が把握できたなら、もう合格への道筋の半分まで到達したといっても過言ではありません。時間を効率よく使ってどの分野からマスターしていくのか、計画と戦略が立てられるはずです。

　とはいえ、教養試験も含めると20以上の科目を学習する必要がある公務員試験では、過去問にあたれといっても時間が足りない、というのが実状ではないでしょうか。

　そこでTAC公務員講座では、みなさんに代わり全力を挙げて、「過去問」を徹底分析し、この『過去問攻略Vテキスト』シリーズにまとめあげました。

　網羅的で平板な解説を避け、不必要な分野は思いきって削り、重要な論点に絞って厳選収録しています。また、図表を使ってわかりやすく整理されていますので、初学者でも知識のインプット・アウトプットが容易にできるはずです。

　『過去問攻略Vテキスト』の一冊一冊には、"無駄なく勉強してぜったい合格してほしい"という、講師・スタッフの思いが込められています。公務員試験は長く孤独な戦いではありません。本書を通して、みなさんと私たちは合格への道を一緒に歩んでいくことができるのです。そのことを忘れないでください。そして、必ずや合格できることを心から信じています。

2019年5月　TAC公務員講座

●── 第2版（大改訂版） はしがき

　長年、資格の学校ＴＡＣの公務員対策講座で採用されてきた『過去問攻略Ｖテキスト』シリーズが、このたび大幅改訂されることになりました。

◆より、過去問攻略に特化

　資格の学校ＴＡＣの公務員講座チームが過去問を徹底分析。合格に必要な「標準的な問題」を解けるようにするための知識を過不足なく掲載しています。

　『過去問攻略Ｖテキスト』に沿って学習することで、「やりすぎる」ことも「足りない」こともなく、必要かつ充分な公務員試験対策を進められます。

　合格するために得点すべき問題は、このテキスト１冊で対策できます。

◆より、わかりやすく

　執筆は資格の学校ＴＡＣの公務員講座チームで、受験生指導に当たってきた講師陣が担当。受験生と接してきた講師が執筆するからこそ、どこをかみ砕いて説明すべきかがわかります。

　読んでわかりやすいこと、講義で使いやすいことの両面を意識した原稿づくりにこだわりました。

◆より、使いやすく

・本文デザインを全面的に刷新しました。
・「過去問Exercise」などのアウトプット要素も備え、知識の定着と確認を往復しながら学習できます。
・ＴＡＣ公務員講座の講義カリキュラムと連動。最適な順序でのインプットができます。

　ともすれば20科目以上を学習しなければならない公務員試験においては、効率よく試験対策のできるインプット教材が不可欠です。『過去問攻略Ｖテキスト』は、上記のとおりそのニーズに応えるべく編まれています。

　本書を活用して皆さんが公務員試験に合格することを祈念しております。

2022年5月　ＴＡＣ公務員講座

●──〈民法〉はしがき

　本書は、地方上級・国家一般職・国家専門職・裁判所職員一般職の公務員試験の合格に向けて、過去問（過去に出題された問題）を徹底的に分析して作成されています。過去問の分析を通じてわかることは、特定の分野から繰り返し出題されていることです。そこで、試験対策として頻出箇所を優先的に学習する必要があります。そのような学習のために、本書は以下の特長を有しています。

１．一冊で本試験に対応

　近時の公務員試験に対応するために充分な情報量を盛り込んであり、本書一冊で試験のインプット対策はOKです。本文中に各節の最後に掲載している過去問との対応を明示したことで、直ちに内容の確認を図ることができます。

２．条文事項・重要判例の重視

　民法は、条文数が1050条、判例が約600以上あり、憲法と比べるとかなり多いうえに、法律用語、制度等が横断的に登場するため、苦手意識をもつ受験生が多い科目の１つです。そのため、 **発展** の表示（後述３.参照）、条文事項については **意義** ・ **趣旨** 、判例事項等については **問題点** → **結論** → **理由** の順に掲載して、知識の習得・理解の手助けとなるようにしています。また、 **設例** を設け、条文や判例の具体的なイメージを持てるようにしています。

３． **発展** の明示

　 発展 アイコンは、①過去問を分析し2021年を基準として、10年間に１回以下しか出題のないもの、②一部の試験種のみしか出題がない分野や箇所、③現在学習している箇所よりも後の分野の理解が前提となる箇所・分野、④難度の高い分野に記しており、学習の効率化を図るために仕分けをしたものです。 **発展** の箇所については、初学者は民法を一通り学習した後に読むことを勧めます。

４．重要事項のゴシック化と赤字

　メリハリをつけて読めるようにするため、意義・要件・判例の規範部分や理由部分の重要事項については文字をゴシックにしました。また、キーワードとして覚えるべき単語については、赤字としています。

５．重要事項一問一答、過去問チェック、章末の過去問で確認

　公務員試験にあたり重要なことは、「本番の試験」で問題が解けることにあります。このためには、知識を整理して頭にインプットしておく必要があります。重要事項の確認や過去問チェックで、インプットした知識を節ごとに確認し、章末の過去問で、公務員試験のレベルを体感してください。

５　2018年・2021年民法改正対応

　2018年民法等（相続法）改正、2021年民法（物権法）改正に対応しています。改正点については、マークをつけていますので、注意して学習しましょう。

　※本書は、2022年5月1日を執筆基準日として加筆・修正を行っています。

2022年5月　ＴＡＣ公務員講座

本書の使い方

　本書は、本試験の広範な出題範囲からポイントを絞り込み、理解しやすいよう構成、解説した基本テキストです。以下は、本書の効果的な使い方ガイダンスです。

本文

●アウトライン
その節のアウトラインを示しています。これから学習する内容が、全体の中でどのような位置づけになるのか、留意しておくべきことがどのようなことなのか、あらかじめ把握したうえで読み進めていきましょう。

●アイコン
法律科目の学習においては抽象的な概念が数多く登場します。これらを学習する際には、意義、趣旨などの要素に分けて捉えておくことで試験問題の求める切り口に対応しやすくなります。
これらのアイコンは、学習事項をそのような要素に切り分けて示したものです。

●語句
重要な語句や概念は、初めて登場したときにここで解説しています。

国般★★★／国専★★／裁判所★★★／特別区★★★／地上★★☆

4 権利の主体③

本節では、取消しとその効果、追認、制限行為能力者の相手方の保護の制度、失踪宣告について扱います。取消し、追認、法定追認は、次節の意思表示において登場する重要な制度ですが、権利の主体のなかで出題されることが多いため、併せて扱います。

❶ 法律行為の取消し

1 取消しの意義

意義　取消しとは、一応有効な法律行為を、行為の時に遡って無効とする意思表示である。無効との違いは、本章❷節「権利の主体①」を参照のこと。

2 取消権者

以下①〜③の者が取消権者として規定されている。
① 制限行為能力者（未成年者・成年被後見人・被保佐人・被補助人）(120条1項)
　制限行為能力者本人も、意思能力を有する限り、保護者の同意を得ないで有効に取り消すことができる。したがって、制限行為能力者が行った取消しの意思表示を、その保護者がさらに取り消すことはできない。[01]

趣旨　取消しの意思表示を取り消すことができるとすると、法律関係が極めて複雑なものとなってしまうから。

② 錯誤、詐欺又は強迫によって意思表示をした者※(120条2項)　※ 詳細は本章❻節「法律行為—意思表示②」で扱う。
③ ①と②の代理人又は承継人、①の同意権者(120条1項、2項)

〔語句〕●承継人とは、本人の法的地位を受け継いだ者をいう。相続など法的地位すべてを受け継いだ場合（包括承継）と、問題となっている財産を譲り受けたなど、特定の法的地位のみを受け継いだ場合（特定承継）とがある。[A]

3 取消しの方法

　法律行為の相手方に対して取消しの意思表示をする(123条)。取消しの意思表示に書面は要件となっていない。[02]

　2012 ～ 2021年度の直近10年間の出題において、この節の内容の出題がどの程度あったかを示していますので、学習にメリハリをつけるための目安として利用してください。

★★★ ：3問以上出題
★★ 　：2問出題
★ 　　：1問出題
★なし ：出題なし

【試験の略称表記】

「国般」	：国家一般職
「国専」	：国税専門官、労働基準監督官、財務専門官
「裁判所」	：裁判所職員一般職
「特別区」	：特別区Ⅰ類
「地上」	：道府県庁・政令市役所上級

---

4 取消しの効果

　取消しによって、法律行為は遡及的に無効になる (121条)。その結果、当事者は原則として**相手方を原状に回復させる**(元の状態にもどす)**義務を負う(原状回復義務)** (121条の2第1項)。下図であれば、買主 B は商品である自動車、売主 A は代金である金銭を返還する義務を負う。

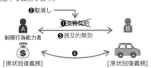

【原状回復義務】

原則 　原状回復義務である。

　無効な行為に基づく債務の履行として給付を受けた者は、相手方を原状に復させる義務を負う(121条の2第1項)。

趣旨 　給付を受けた当事者間の公平を図るため。

例外 　現存利益の返還義務である。

　以下の者は、現存利益の返還義務を負う。

① 　**無効な無償行為** (ex. 贈与契約) に基づく債務の履行として給付を受けた者で、給付を受けた当時その行為が無効または取り消すことができることを知らなかったとき (121条の2第2項)。

　　(例) A は無効な贈与契約により100万円を受け取りこれを使い果たしたが、受け取りの当時、当該贈与契約が無効であることを知らなかった場合、A は受け取った100万円について現存利益の範囲で返還義務を負う。

趣旨 　無償による善意の受給者の保護。

② 　行為の時に意思能力を有しなかった者や**制限行為能力者**であった者 (121条の2第3項) [03]

趣旨 　意思無能力者や制限行為能力者の保護。

5 現存利益

意義 　現存利益とは、受け取った物から得られる利益が現に存在していることをいう。民法では、「現に利益を受けている限度」と規定されている。

　金銭を受け取った場合、原物のまま存すればそれを返すのが原則で(原物返還の原則)、これを浪費(無駄遣い)していた場合にはもはや利益がない。しかし、その

4　権利の主体③　41

●過去問チェック用アイコン
節の末尾にある、後述の「過去問チェック」の問題番号に対応しています。「過去問チェック」の問題に関連する情報であることを示しています。
※予想問題も作成しています。

●発展アイコン
初学者は民法を一通り学習した後に読むことをお勧めする箇所です(詳細は「〈民法〉はしがき」Ⅴ頁を参照)。

(※図はいずれもサンプルです)

設例 記事の読み方

これから学習する項目の権利関係、法律行為を把握していただくために、出題頻度の高い条文あるいは制度等を、平易に、モデル化しました。

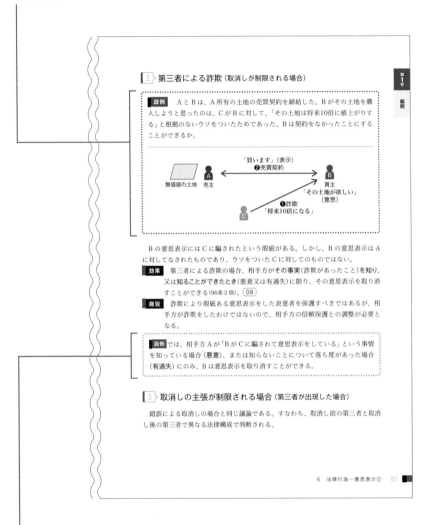

2 第三者による詐欺 (取消しが制限される場合)

設例　AとBは、A所有の土地の売買契約を締結した。Bがその土地を購入しようと思ったのは、CがBに対して、「その土地は将来10倍に値上がりする」と根拠のないウソをついたためであった。Bは契約をなかったことにすることができるか。

「買います」(表示)
❷売買契約

無価値の土地　売主

買主
「その土地が欲しい」
(意思)

❶詐欺
「将来10倍になる」

Bの意思表示にはCに騙されたという瑕疵がある。しかし、Bの意思表示はAに対してなされたものであり、ウソをついたCに対してのものではない。

効果　第三者による詐欺の場合、相手方がその事実(詐欺があったこと)を知り、又は知ることができたとき(悪意又は有過失)に限り、その意思表示を取り消すことができる(96条2項)。 09

趣旨　詐欺により瑕疵ある意思表示をした表意者を保護すべきではないが、相手方が詐欺をしたわけではないので、相手方の信頼保護との調整が必要となる。

設例　では、相手方Aが「BがCに騙されて意思表示をしている」という事情を知っている場合(悪意)、または知らないことについて落ち度があった場合(有過失)にのみ、Bは意思表示を取り消すことができる。

3 取消しの主張が制限される場合 (第三者が出現した場合)

錯誤による取消しの場合と同じ議論である。すなわち、取消し前の第三者と取消し後の第三者で異なる法律構成で判断される。

上記 設例 の、答え―結論・結果です。この答えと同様に権利関係、法律行為をとらえ、自ら答えを導き出すことができたか、確認してみましょう。

重要事項一問一答

節の最後に、学習内容を復習できる一問一答を設けています。

重要事項 一問一答

01 未成年者とは?
18歳未満の者

02 成年被後見人とは?
事理弁識能力を欠く常況にある者＋後見開始の審判を受けた者

03 被保佐人とは?
事理弁識能力が著しく不十分な者＋保佐開始の審判を受けた者

04 被補助人とは?
事理弁識能力が不十分な者＋補助開始の審判を受けた者

05 未成年者が制限されない行為は (4つ) ?
①単に権利を取得し、義務を免れる行為、②法定代理人が処分を許した財産を処分する行為、③法定代理人から営業を許すことを許可された場合の営業行為、④身分行為の一部

06 成年被後見人が制限されていない2つの行為は?
①日常生活に関する行為、②身分行為

07 成年後見人に同意権はあるか?
無い。

過去問チェック

実際の試験での出題を、選択肢の記述ごとに分解して掲載したものです。本文の学習内容を正しく理解できているかを確認するのに利用してください。

冒頭の記号は本文中に埋め込まれたアイコンと対応していますので、答えがわからない場合は戻って確認しましょう。

01 数字の問題：基本論点
A アルファベットの問題
　　　　　　：発展的な論点
04/予 ：予想問題

出題のあった試験と出題年度を示しています。

過去問チェック（争いのあるときは、判例の見解による）

01 未成年者が法定代理人の同意を得ずに法律行為をした場合でも、その法律行為の相手方が、未成年者を成年者であると信じ、かつ、そう信じることについて過失がない場合には、その法律行為を取り消すことはできない。
× (裁2003)「その法律行為を取り消すことはできない」が誤り。

02 未成年者は、法定代理人の同意がなければ、自らを受贈者とする負担のない贈与契約を締結することができない。
× (裁2010) 全体が誤り。

03 未成年者は、法定代理人が目的を定めて処分を許した財産については、法定代理人の同意を得なくとも、その目的の範囲内において自由に処分することができるが、法定代理人が目的を定めないで処分を許した財産については、個別の処分ごとに法定代理人の同意を得なければ処分することはできない。
× (国般2020)「個別の処分ごとに法定代理人の同意を得なければ処分することはできない」が誤り。

04 法定代理人である親権者から学費として金銭の仕送りを受けている未成年者が、その金銭のやりくりをして自動車を購入した。法定代理人である親権者は、この売買契約を取り消すことはできない。
× (裁2006)「この売買契約を取り消すことはできない」が誤り。

05 成年被後見人は、精神上の障害により事理を弁識する能力を欠く常況にある者であるため、成年被後見人自身が行った行為は、原則として取り消すことができる。
○ (税・労・財2016改題)

06 成年被後見人の法律行為のうち、日用品の購入その他日常生活に関する行為

【試験の略称表記】

「国般」	：国家一般職	「労」	：労働基準監督官
「税・労」	：国税専門官および労働基準監督官	「財」	：財務専門官
「税・労・財」	：国税専門官、労働基準監督官および財務専門官	「裁」	：裁判所職員一般職
「予想問題」	：本試験で出題が予想される問題	「区」	：特別区I類

過去問Exercise

章の学習の終わりに、実際の過去問にチャレンジしてみましょう。解説は選択肢（記述）ごとに詳しく掲載していますので、正解できたかどうかだけでなく、正しい基準で判断できたかどうかも意識しながら取り組むようにしましょう。

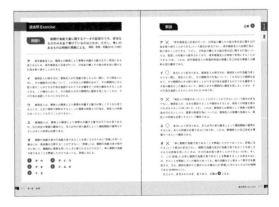

CONTENTS

第2章 物 権

第3章 担保物権

《下巻目次》

第4章　債権総論

第5章　債権各論

第6章　親族・相続

序章

民法総論

　本章では、公務員試験の情報、民法総論として民法がどのような法律であるのか、民法全体の構成、財産法での重要事項、家族法での重要事項について扱います。

....

1 はじめに

本節では、公務員試験における民法の出題数や傾向を扱います。

1 出題数

国家一般職	裁判所	国税専門官	財務専門官	労働基準監督官
5問×2/40問	13問/30問	6問/40問※1・2	5問/40問※1・2	5問/40問※2

地方上級※3	東京都※4	特別区	市役所※5
3・4・6・7・12問/40問	記述のみ1題	5問×2/40問	4問/40問 5問/40問

※1 記述式も課される。
※2 国税・財務・労基は、国税の5問が共通問題である。
※3 全国型・関東型・中部北陸型・独自型のすべてを含む。
※4 東京都は平成21年度から専門科目はすべて記述式に変更された。
※5 A日程(6月実施)、B日程(7月実施)、C日程(9月実施)のすべてを含む。
※ 民法は教養試験の「社会科学」の分野の「法律」でもまれに出題される。

2 傾向

・条文内容、条文解釈、判例の結論を問う問題のほかに、これらの当てはめ問題が出題されることがある。
・学習内容は条文と判例の整理・記憶につきる。
・難度は高く、公務員試験において対策の難しい科目とされている。

2 民法総論と重要事項

本節では、民法総論と重要事項を扱います。民法とはどのような法律であるのか、どのような構成となっているのか、これから学習していくうえで、知っておくべき重要事項を見ていきます。

1 民法とはどのような法律か

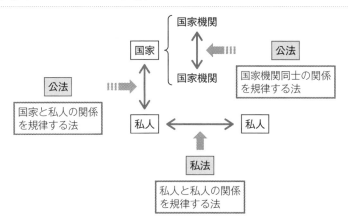

　私たちは日常、**他人との間で経済活動**＝財産のやりとりをしながら生活している。日常的に必要な物品は商店で代金を支払って購入し、どこかへ出かけるときは鉄道会社やバス会社が運営する電車やバスに運賃を支払って乗る。この意味で、私たちの社会活動は、お互いの間での財産（ここでは「財産」とは財貨やサービス等を総称する）のやりとりが大きな位置を占めている。

　民法は、このような私たちの**財産関係**を中心とした活動を法的に構成し、その間の利害関係の調整・規制を図ることを主な目的とする法律である。

　また、家族は私たちの生活の基本的な単位であり、家族の誰かが死亡すれば、その間で財産が相続人に受け継がれる（相続）。そこで民法は、このような**家族関係**（身分関係という）の法的な整備も図っている。

【民法の構成】

財産法	財産関係を法的に構成し、規律する法　（例）契約、物権、債権
家族法	身分関係を法的に構成し、規律する法　（例）婚姻、親子、相続

　このように民法は、私たち相互の財産関係と家族関係を法的に整備するものであり、この２つを合わせて**私法関係**又は**私人間の法律関係**とよぶ。私法関係に関する法律は、民法のほかに、商法など多数あるが、民法はその最も基礎となる関係を規定している。このことを、「**民法は私法の一般法である**」という言い方をする。

❷ 民法の全体構成

　民法の条文は、**総則**、**物権**、**債権**、**親族**、**相続**という５つの編で構成されている。民法の学習も、この民法の条文の構成に沿って進めていく。

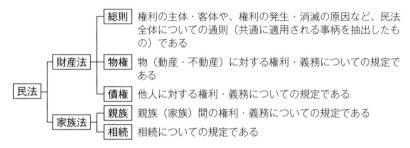

【民法の全体構成】

❸ 財産法の重要事項

1 財産に関する権利関係

　民法では、財産に関する権利関係を大きく２つの形でとらえている。１つは物に対する権利(物権)であり、もう１つは他人に対する権利(債権)である。

① 物権

意義　物権とは、**物を支配することができる権利**をいう。所有権、占有権、抵当権等がある。例えば、次図では、Aは自動車に対する物権(所有権)を有している。

【物権】

物には、自動車のような**動産**のほか、土地・建物のような**不動産**がある。

② 債権

| 意義 | 債権とは、他人に対して一定の行為を請求することができる権利をいう。

例えば、AがBに対して金銭を貸し付けている場合には、AはBに対して、貸した金銭を返済してもらう権利(貸金返還債権)を有している。このとき、債権を有する者を**債権者**、その相手方を**債務者**という。

【債権】

③ 債務

| 意義 | 債務とは、債権とは反対に、**他人に対して一定の行為をする義務**をいう。

上記の例では、BはAに対して借りた金銭を返還する義務(貸金返還債務)を負っている。このとき、債務を負っている者が**債務者**、その相手方が**債権者**である。

【債務】

このように、債権と債務は**表裏一体**の関係にあるとともに、同じ人であっても、ある面では債権者であるのに対し、別の面では債務者である、という状況が生じ得る。

2 契約の類型

財産法では、債権債務の発生原因として契約があるが、その中でも、公務員試験で頻出といえる①売買契約と、②賃貸借契約を見ていく。

① 売買契約

設例 Aは、自らが所有する自動車をBに売却した。

自動車の売却

A → B

意義 売買契約とは、当事者の一方(売主)がある**財産権を相手方に移転**することを約し、相手方(買主)がこれに対してその**代金を支払う**ことを**約する**ことによって、その効力を生ずる契約である(555条)(詳細は『民法 下』「債権各論」で扱う。《『民法 下』=『過去問攻略Vテキスト❷ 民法(下) 第2版』以下同じ》)。

設例 で見ると、A(売主)が自ら所有する自動車をBに移転することを約束し、B(買主)が代金を支払うことを約束することによって、契約の効力を生じる。

売買契約が成立すると、以下のように債権・債務が発生し、売買契約の目的物である自動車の所有権が売主から買主へと移転する。

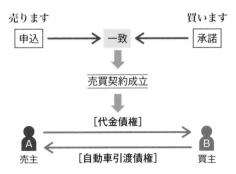

【売買契約】

② 賃貸借契約

　設例　Aは、自らが所有する自動車をBに月1万円で貸した。

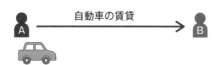

自動車の賃貸

A　→　B

　意義　賃貸借契約とは、当事者の一方(賃貸人)がある物の使用及び収益を相手方 (賃借人)にさせることを約し、相手方がこれに対してその賃料を支払うこと 及び引渡しを受けた物を契約が終了したときに返還することを約することに よって、その効力を生ずる契約である(601条)(詳細は『民法 下』「債権各論」で扱う)。

　設例で見ると、A(賃貸人)が自動車を使用させることを約束し、B(賃借人) が月1万円の賃料を支払うこと及び契約の終了のときに返還することを約束 することによって、契約の効力を生じる。

賃貸借契約が成立すると、以下のように債権・債務が発生し、賃借人が賃料を支払って目的物である自動車の使用収益を行い、契約終了後に自動車を返還することになる。

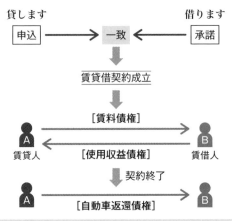

【賃貸借契約】

3 > 不法行為

　契約以外の債権債務の発生原因として、不法行為がある。

> **設例**　A の前方不注意 (過失) によって、A の運転する自動車が横断歩道を歩行する B と衝突し、B は全治1か月の重傷を負った。
>
>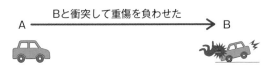

　交通事故は、過失によって他人の権利を侵害するので、不法行為の典型例である。不法行為が成立すると、被害者は、加害者に対して損害賠償を請求することができる(709条、詳細は『民法 下』「債権各論」で扱う)。

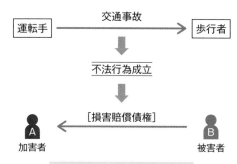

【不法行為】

4 その他の重要事項

① 債権の担保としての物権（担保物権）

意義 物の価値（値段）を把握して債権の担保にすることを目的とする物権のことを担保物権という（詳細は第3章 5 節「抵当権①―抵当権総説」で扱う）。

担保物権の代表例が**抵当権**である。例えば、Aが住宅の購入資金として住宅ローンを組んだ（銀行との間で金銭消費貸借契約を結んだ）場合、もしAの住宅ローンの返済が滞れば、銀行は住宅を競売（裁判所で行われる売買）にかけて強制的に売却し、その代金から優先的に住宅ローンを回収することができる。

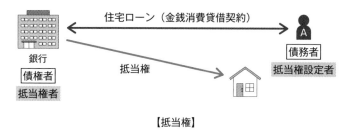

【抵当権】

② 債務不履行

意義 支払期限を過ぎても買主が代金を支払わない場合（代金債務を履行しない場合）のように、**債務者による債務の履行が行われないことを債務不履行**という。債務不履行には、下記のように3つの類型がある。

【債務不履行の類型】

履行遅滞	履行期(支払期限)を過ぎても債務の履行がなされていないが、まだ債務の履行が不可能にはなっていない場合
履行不能	債務の履行が不可能になった場合
不完全履行	債務の履行はなされたが、それが不完全であった場合

　債務不履行が生じた場合、債権者は、債務者に対して不履行から生じた**損害賠償**の請求、**契約の解除(解消)**を求めていくことになる(詳細は『民法 下』「債権総論・債権各論」で扱う)。

❹ 家族法の重要事項

1 相続

意義 　相続とは、亡くなった人(被相続人)の財産を、包括的に一定の近親者(相続人)が受け継ぐことをいう(詳細は『民法 下』「親族・相続」で扱う)。
　相続人は民法で決められている(**法定相続人**)が、相続分は、被相続人の**遺言**があればそれが優先(**指定相続分**)され、遺言がない場合は民法の規定に従って相続される(**法定相続分**)。また、相続人以外の者にも、遺言により財産を譲渡することができる(**遺贈**)。

■ 重要事項 一問一答

01 民法とは?

　民法は私人間の権利関係を規律する法律であり、私法の一般法である。

02 物に対する権利、他人に対する権利は、それぞれ何というか?

　物に対する権利は物権、他人に対する権利は債権という。

03 自動車の売買契約の売主には、どのような債権・債務が発生するか?

　代金債権と自動車引渡債務が発生する。

第 1 章

総　則

民法総則は、物権、債権と関連性を有する民法のバックボーンです。他の分野との関連を考慮しつつ十分に理解するようにしましょう。

1 基本原則

本節では、民法全体に共通する事項を扱います。特に、民法の基本原則と権利の制約は、今後学習する民法の諸規定を解釈する際の出発点となる概念です。

1 総則編の全体図

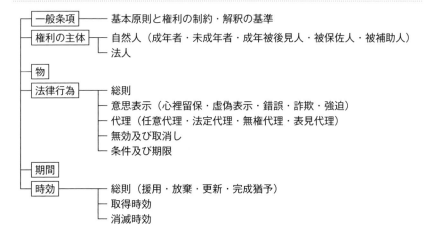

```
── 一般条項 ──── 基本原則と権利の制約・解釈の基準
── 権利の主体 ── 自然人（成年者・未成年者・成年被後見人・被保佐人・被補助人）
              └ 法人
── 物
── 法律行為 ──── 総則
            ── 意思表示（心裡留保・虚偽表示・錯誤・詐欺・強迫）
            ── 代理（任意代理・法定代理・無権代理・表見代理）
            ── 無効及び取消し
            └ 条件及び期限
── 期間
── 時効 ─────── 総則（援用・放棄・更新・完成猶予）
            ── 取得時効
            └ 消滅時効
```

2 民法の基本原則と権利の制約

1 民法の三大原則

民法において、私的自治の原則（契約自由の原則）、所有権絶対の原則、過失責任の原則という3つの基本原則を、民法の「三大原則」であると表現することがある。

① 私的自治の原則（契約自由の原則）

意義 私的自治の原則とは、各人は、自由な意思に基づいて権利関係を形成することができる、すなわち、何人も、原則として、**契約をするかどうか、及び、契約の内容を自由に決定することができる**、ということである(521条)。

〈**解説**〉　私的自治の原則により、人々は様々な契約を締結して経済活動を行い、資本主義が発展した。

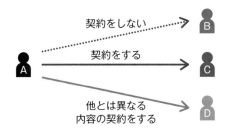

② 所有権絶対の原則

意義　所有権絶対の原則とは、物の所有権を有する者は、原則として、その物をどのように扱ってもよく、それにつき公権力や他人の干渉を受けることはない、ということである。

〈**解説**〉　他人はもちろんのこと、国家権力も市民の財産権を侵害することができないことから、人々は財産に資本を投下して経済活動をすることにより、資本主義が発展した。

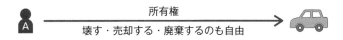

③ 過失責任の原則

意義　過失責任の原則とは、人が他人に損害を与えた場合、その損害を賠償する責任を生ずるのは、原則として損害を与えた者に落ち度＝過失があった場合に限られる、ということである。

〈**解説**〉　過失責任の原則の下、個人の自由な活動が保障されたため、経済活動が拡大した。

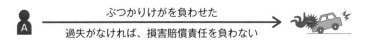

　過失責任の原則については、三大原則の１つとは考えず、①の私的自治の原則から派生するものと考える立場もある。この立場は、個人の自由な活動を理想とする価値観に裏打ちされた私的自治の原則においては、個人の自由な活動を支えるものとして、個人の非難される意思（故意・過失）がない限り責任を負わないとの原則が派生して生じると考えるのである。

　このように考える場合、三大原則の１つとして、**権利能力平等の原則**を挙げる立場もある。**権利能力平等の原則**とは、すべての者が、国籍・階級・職業・年齢・性

別によって差別されることなく、等しく権利義務の主体となる資格(権利能力)を有するとの原則である。

2 権利の一般的制約原理

上記の三大原則は、私権(私法上の権利)の自由な行使をその基本的な内容とするものであるが、資本主義の発展に伴い、私有財産の集中・偏在、貧富の差が顕著になったことから、その調整・制約の必要に迫られた。そこで1条は、次のような私権の行使に対する一般的制約原理を規定した。このうち、②③は民法の諸規定の解釈の中で随所に形を表すことになる。

① 公共の福祉による制限

1条1項は、「私権は、公共の福祉に適合しなければならない」として、公共の福祉による制限を規定している。

趣旨 本条は、私権の行使も、**社会全体の幸福・安全のために制約を受けること**を明示した。

② 信義誠実の原則

1条2項は、「権利の行使及び義務の履行は、信義に従い誠実に行わなければならない。」として、**信義誠実の原則**を規定している。

趣旨 他人と社会的接触関係に立つ者は、**相手の信頼を裏切らないよう、信義に則って行動**しなければならないとして、信義に反する権利行使は否定ないし制約されることがあることを規定した。

信義誠実の原則(信義則)の分身として、**禁反言の原則(矛盾挙動禁止)・クリーンハンズの原則・権利失効の原則**がある。

〈**語句**〉●**禁反言の原則**とは、自己の行為に矛盾した態度をとることは許されないという原則である。
　　　　●**クリーンハンズの原則**とは、自ら不法に関与した者には法の救済を与えないという原則である。
　　　　●**権利失効の原則**とは、権利者が永い間権利を行使しなかったことで、相手がもう権利は行使されないだろうという信頼を保護するため、突然その態度を変えて権利を行使することは許されないという原則である。

③ 権利濫用の禁止

1条3項は、「権利の濫用は、これを許さない。」として、権利濫用の禁止を規定している。

趣旨 所有権その他の権利を有する者も、これを**社会的に不当な形で行使するこ**

とは許されないことを規定した。

権利行使が濫用にあたる場合には、①**権利行使の効果が否定**されることや、②相手に生じた**損害の賠償責任を生じさせる**ことがある。また、③権利の濫用が著しいときは、**権利が剥奪される**とされている(ex.親権の剥奪)。

古典的な事例として次のようなものがある。

【権利濫用の判例】

事例	判例名	事件の内容
権利行使の効果の否定	宇奈月温泉事件 (大判昭10.10.5)	他人所有の土地のわずかな侵害状態(温泉を引くための木管の存在)に目を付けた者が、その土地を購入し、侵害者に対して侵害状態の排除(引湯管の移設)又は高額での土地買取りを請求したが、否定された。
損害賠償請求の認容	信玄公旗掛松事件 (大判大8.3.3)	鉄道の運行に伴う汽車の煤煙により、由緒ある松を枯死させたとして、鉄道会社が松の所有者に対する損害賠償を命じられた。

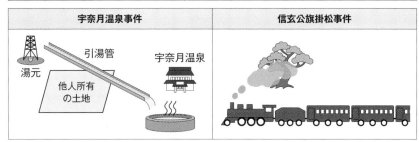

3 民法の解釈の基準

2条は、「この法律(民法)は、個人の尊厳と両性の本質的平等を旨として、解釈しなければならない。」として、民法を解釈するための一般的基準を規定している。

趣旨 憲法24条2項が、「配偶者の選択、財産権、相続、住居の選定、離婚並びに婚姻及び家族に関するその他の事項に関しては、法律は、個人の尊厳と両性の本質的平等に立脚して、制定されなければならない。」と規定していることに対応して、民法の規定も個人の尊厳と両性の本質的平等に立脚して解釈すべきことを示した。

重要事項 一問一答

01 民法の三大原則とは？

　私的自治の原則・所有権絶対の原則・過失責任の原則

02 民法に規定されている権利の一般的制約原理は（3つ）？

　公共の福祉による制限・信義誠実の原則・権利濫用の禁止

03 民法の解釈は何に立脚すべきか？

　個人の尊厳と両性の本質的平等に立脚すべきである。

2 権利の主体①

本節では、人が権利の主体となりうること、独立して取引を行うには十分な判断をすることができない者の利益の法的な保護などの問題を扱います。特に後者に関する「行為能力」という概念が重要です。

1 権利能力

1 概説

意義 権利能力とは、私法上の権利・義務の主体となりうる地位・資格をいう。

　人は、権利・義務の主体となることができる。このことを、人には権利能力があるという。ここで「能力」とは、一定の法的資格を有することを意味する。権利能力があって初めて財産を持ったり、借金をしたりすることができる。

　権利能力を有するのは、人である。法律上、人には次の二種類の者がある。

【"人"の種類】

自然人	生物たる人間である
法　人	一定の団体ないし組織を、法律上、人として扱うものである

　法人については本章**12**節「法人」で扱い、本節では自然人について説明する。

2 自然人の権利能力

① 国民の権利能力
　自然人は、出生により権利能力を取得し（3条1項）、死亡により権利能力を失う。

問題点 〔発展〕 出生したといえるのはいつからか。

結論 母体から身体の全部が露出したとき（全部露出説）（通説）

理由 基準として、明確である。

② 外国人の権利能力 〔発展〕
　外国人は、法令・条約の規定により禁止される場合を除いて、権利能力を有する（3条2項）。

3 胎児の権利能力

　胎児は人ではないから権利能力を有しない(原則)。しかし、胎児としての存在が明らかである段階で、父親が自動車にひかれて死亡したような場合、相続権も損害賠償請求権も認められないのは不公平である。

　そこで以下の法律関係に限り、胎児は**既に生まれたものとみなす**(例外)。 01

【既に生まれたものとみなす場合】

① 不法行為に基づく損害賠償請求権(721条)

② 相続(886条1項)

③ 遺贈を受ける(965条、886条1項)

〈語句〉●みなすとは、事実が異なっていてもそのように扱うということである。
　　　　●遺贈とは、遺言で贈与をすることである。

問題点　「既に生まれたものとみなす」とは、どのように理論構成するのか。

結論　法定停止条件説(大判昭7.10.6、通説)
　　　　胎児の時点で権利能力を取得するわけではなく、条件が成就(出生)した場合に、胎児中、問題が生じた時まで遡って権利能力を取得する。

理由　① 出生するまでにそれほど時間がかかるわけではない。
　　　　② 胎児の間の権利行使について、何の規定もない。

〈語句〉●停止条件とは、条件が成就(実現)して初めて法律効果が発生するものをいう。本章 **7** 節 **2** 項「法律行為の付款」で扱う。

問題点　胎児の父が不法行為によって死亡した場合、胎児の母は、胎児を代理して加害者に対し損害賠償請求をすることができるのか。

結論　出生前に胎児を代理(次図:代理①)することはできない(大判昭7.10.6) 02 。出生後の代理(次図:代理②)は可能である。

理由　出生するまでは、胎児には権利能力がないから。

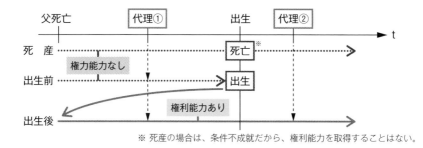

※ 死産の場合は、条件不成就だから、権利能力を取得することはない。

【法定停止条件説】

2 意思能力

> **設例** 5歳のAは、父親が死亡し、その所有していた家屋を受け継いだ。ところがこれを友だちのBにあげる約束をしてしまった。この約束は、法律的にどのような意味があるだろうか。

1 意義

意義 意思能力とは、有効に意思表示を行う能力のことをいう。具体的には、自己の行為※（法律行為）の結果を判断するに足りるだけの能力のことをいう。

※ 民法において、単に「行為」というときは法律行為を指す。本章 **5** 節「法律行為―法律行為と意思表示①」以降で扱う。

趣旨 法律行為(ex.売買や賃貸借)は行為者の「意思に基づく」ことが前提となっており、「意思に基づく」といえるためには、自己の行為の社会的意味(結果)を判断できる程度の精神状態にあることが必要である。このように、意思能力を有することは、法律行為を有効に行う前提となる。

① 判断基準

意思能力の有無については、**個々の法律行為について個別的に判断**される〔03〕。概ね7～10歳程度の知能を基準とする。

② 意思能力を有しない場合の法律行為の効果

法律行為の当事者が意思表示をした時に意思能力を有しなかったときは、その法律行為は無効である(3条の2)〔03〕。

〈語句〉●無効とは、法律行為の外形があってもその効果が発生しないことをいう。詳細は次の ❸ 項「行為能力」で扱う。

[2] 意思無能力者

意義 意思無能力者とは、自己の行った具体的な行為について、その**結果を判断できる程度の知能を有しない者**をいう。幼児のほか、精神障害等のため判断力を失っている者などがこれに該当する。

> **設例** では、意思無能力者である 5 歳児の A が友だちの B とした「家屋をあげる」という約束（家屋の贈与契約）は、A が意思能力を有しないことを理由に無効となる。

【各種の能力】

種類	意義	有無
権利能力	権利・義務の主体となることのできる地位・資格	自然人・法人が有する
意思能力	有効に意思表示を行う能力のこと。具体的には、自己の行為の結果を判断するに足りるだけの能力	行為ごとに判断する（概ね7〜10歳程度）
行為能力	法律行為を単独（一人）で有効に行うことのできる能力	未成年者・成年被後見人・被保佐人・被補助人が行為能力の制限を受ける
責任能力※	自己の行為の責任を弁識するに足りる能力	行為ごとに判断する（概ね11〜12歳程度）

※『民法 下』「債権各論」で扱う。

❸ 行為能力

[1] 概説

意義 行為能力とは、**法律行為を単独で有効に行うことができる能力**をいう。

> **設例** 16歳になるAは、父親に買ってもらったオートバイを、小遣いほしさに中古車販売業者Bに売ってしまった。Bは、Aが親の承諾を得ていると思っていたが、Aは親に内緒にしていた。Aの親は、AB間の契約をなかったことにすることができるか。

　この場合、16歳のAは売買という行為の社会的意味を理解できるから、意思無能力者ではない。しかし、自らオートバイの売却をするには、十分な判断力を備えているかは疑わしい。このように世の中には、意思能力はあっても独立して取引を行うだけの判断力は不十分な者も存在するので、そのような者の利益を法的に保護する必要がある。また、意思能力は、行為ごとに個々的に判断される不安定なものなので、意思能力の有無が必ずしも明確でない場合もある。さらに、裁判で意思無能力を立証するのは困難である。

　そこで、一定の者を一律に「制限行為能力者」として扱い、その者による一定の行為を**取り消すことができる**行為とした 04 。また、その者の財産を管理する者として、「保護者」を付した(**未成年者制度、法定後見制度**：成年後見・保佐・補助)。

　もっとも、制限行為能力者の行為であっても、意思無能力の状態で行われたものについては、当該行為の当時に意思能力がなかったことを証明して、当該行為の無効を主張することもできる。 04

> **設例** では、Aの親は、Bに対して**取消権**を行使して、AB間の契約をなかったことにすることができる。

2 無効と取消し

意義 　無効とは、初めから効力を有しないことをいう。詳細は本章 **7** 節 **❶** 項「法律行為の無効」で扱う。

　取消しとは、取消権を有する者の**取消しの意思表示**により、遡って初めから効力を失う(**遡及的無効**)ことをいう。取消しがあるまでは、**一応有効**として扱われる。

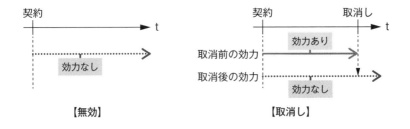

【無効】　　　　　　　　　　　　　【取消し】

3 制限行為能力者

　制限行為能力者及びその保護者は、次の者がこれに該当する。

【制限行為能力者と保護者】

制限行為能力者	意義	保護者
未成年者	18歳未満の者(4条)	法定代理人(親権者・未成年後見人)
成年被後見人	精神上の障害により事理弁識能力を**欠く常況**にあり、かつ家庭裁判所の「後見開始の審判」を受けた者(7条、8条)	成年後見人
被保佐人	精神上の障害により事理弁識能力が**著しく不十分**な者で、かつ家庭裁判所の「保佐開始の審判」を受けた者(11条、12条) 05	保佐人
被補助人	精神上の障害により事理弁識能力が**不十分**な者で、かつ家庭裁判所の「補助開始の審判」を受けた者(15条1項本文、16条)	補助人

【事理弁識能力(≒判断能力)】

4 保護者の権限の概観

　制限行為能力者の保護者の権限として、①代理権、②同意権、③取消権、④追認権がある。すべての保護者が①～④の権限を有するわけではなく、いずれの権限が認められるかは、制限行為能力者の区分に応じて異なる。

① 代理権

意義　代理権とは、制限行為能力者に代わって制限行為能力者のための法律行為を行う権限である（詳細は本章 **3** 節「権利の主体②」で扱う）。保護者が代理権を付与される場合には**法定代理人**（法律の規定により代理人となった者）となる。

　　　　（例）保護者が制限行為能力者に代わって、売買契約を締結する。

② 同意権

意義　同意権とは、制限行為能力者が行おうとする法律行為を、あらかじめ保護者が同意する権限である。

　　　　（例）保護者が制限行為能力者が行おうとする契約を調査し、問題ないと判断すれば同意をし、その後に制限行為能力者が自ら契約を締結する。

　保護者の同意を得た法律行為は、制限行為能力者自身が有効に行うことができるので、取り消すことはできない。

③ 取消権

意義　取消権とは、制限行為能力者が単独で行った法律行為を、初めからなかったことにすることができる権限である。

　　　　（例）制限行為能力者が単独で行った契約を、保護者が調査してよくないと判断した場合に、取消しをして、契約をなかったことにする。

④ 追認権

意義　追認権とは、制限行為能力者が単独で行った法律行為を、保護者が**確定的に有効にする権限**である。

　　　　（例）制限行為能力者が単独で行った契約を、保護者が調査して問題ないと判断した場合に、追認をして、契約を確定させる。

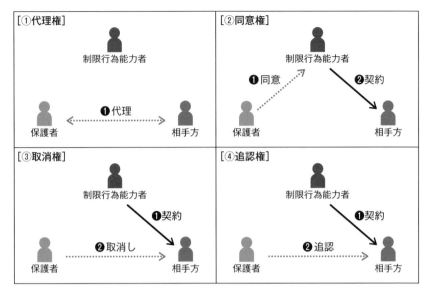

【保護者の権限】

01 権利能力とは？

私法上の権利・義務の主体となることができる地位・資格

02 意思能力とは？

自己の行為（法律行為）の結果を判断できる能力（≒判断能力）

03 行為能力とは？

単独で、有効な法律行為を行うことができる能力

04 権利能力が認められるのは（2つ）？

①自然人、②法人

05 自然人はいつから権利能力が認められるのか？

出生時

06 自然人が権利能力を失うのはいつか？

死亡時

07 胎児が既に生まれたものとみなされる場合は（3つ）？

①不法行為に基づく損害賠償請求権、②相続、③遺贈を受ける

08 胎児に権利能力を認める理論構成は（判例）？

法定停止条件説（出生を条件）

09 **意思能力がない者の行為は?**

無効

10 **制限行為能力者の行為は?**

取消し可能

11 **取消しの効果は?**

遡及的無効

12 **追認の効果は?**

有効に確定する。

▌過去問チェック（争いのあるときは、判例の見解による）

01 胎児は、生きて生まれることを条件として、すべての法律関係について、既に生まれたものとみなされて権利能力を有する。

×（裁2003）「すべての法律関係について」が誤り。

02 人の権利能力は出生によって始まるが、不法行為による損害賠償の請求権については胎児はすでに生まれたものとみなされるから、出生前に法定代理人が胎児を代理して損害賠償請求をすることができるとするのが判例である。

×（税・労2008）「出生前に法定代理人が胎児を代理して損害賠償請求をすることができるとするのが判例である」が誤り。

03 行為能力者であっても、法律行為時に意思能力を有している必要があり、意思能力を欠く者による法律行為は無効である。意思能力の有無は、個々の具体的な法律行為ごとに個別的に判断される。

○（裁2018）

04 制限行為能力者が単独でした法律行為は取り消すことができるが、当該行為の当時に意思能力がなかったことを証明しても、当該行為の無効を主張できない。

×（区2021改題）「当該行為の無効を主張できない」が誤り。

05 家庭裁判所は、精神上の障害により事理を弁識する能力が著しく不十分である者については、後見開始の審判をすることができる。

×（区2021改題）「後見開始の審判をすることができる」が誤り。

3 権利の主体②

本節では、制限行為能力者の行為能力や保護者の権限を扱います。

---

① 未成年者

意義 年齢18歳に満たない者を**未成年者**とする（4条）。

1 行為能力

原則 未成年者が法律行為をするには、**法定代理人の同意が必要**となる（5条1項本文）。

→未成年者が**法定代理人の同意を得ないでした法律行為**は、**取り消す**ことができる（5条2項）。相手方を保護する規定（95条4項、96条3項等参照）は置かれていない。 [01]

趣旨 成年者と比べて判断能力の劣る未成年者を保護するためである。

例外 以下の①～④の行為については、未成年者が法定代理人の同意なしに行うことができる。

→以下の①～④の行為については、未成年者が法定代理人の同意なしに行っても、取り消すことができない。

① 単に権利を取得し、または義務を免れる法律行為（5条1項ただし書）

単に権利を取得する法律行為	○ 負担のない贈与を受ける。 [02] × 負担のある贈与を受ける （例）土地を贈与するから面倒を見ろ × 債権の弁済を受ける （例）貸した金を返済される **理由** 利息を失うなどの不利益が発生するから
義務を免れる法律行為	○ 🖊**発展** 債務を免除される （例）借金をなしにしてもらう [A]

〈解説〉 本節においては、「法律行為」は契約とほぼ同じ意味と考えてよい。

② 法定代理人が目的を定め、または目的を定めないで処分を許した財産の
処分（5条3項）[03]

①	目的を定め処分を許した財産	○ 学費のための金銭 [04]
②	目的を定めないで処分を許した財産	○ お小遣い

上表の①の場合、未成年者は、定められた目的の範囲内において、財産を自由に
処分することができる（5条3項前段）[03]。しかし、学費のために渡された金銭で
自動車を購入するような目的の範囲外の処分は、原則の通り取り消すことができる
法律行為となる。[04]

③ 営業を行うことを法定代理人から許可された場合に、その営業に関する
行為（6条1項）🖊発展 [B]

(例)法定代理人から八百屋の営業を許された未成年者が、野菜を仕入れた場合

④ 身分行為の一部 🖊発展

(例)子の認知(780条) [C]

〈語句〉●身分行為とは、家族法上の法律行為のことをいう。認知に加えて、婚姻、離婚、
養子縁組などがこれにあたる。

2 未成年者の保護者

① 保護者は誰か

未成年者の保護者は、**法定代理人**(法律の規定により代理人となった者)である
（5条、818条、838条）。具体的には、以下の者が保護者となる。

第一次的	親権者　(例)父母
第二次的	親権者がいないときは**未成年後見人** 複数選任可能、法人選任も可能

② 保護者の権限

保護者は、①代理権、②同意権、③取消権、④追認権を有する。

2 成年被後見人

意義　成年被後見人とは、①精神上の障害により事理を弁識する能力を欠く常
況にある者について、②一定の者(本人・配偶者・4親等内の親族、未成年
後見人・未成年後見監督人、保佐人・保佐監督人、補助人・補助監督人、

検察官)の請求に基づいて、③**家庭裁判所による後見開始の審判を受けた者**（7条、8条）をいう。基本的に意思無能力状態である。ただし、時折本心に復することがある。

〈解説〉　知的障害者福祉法、精神保健福祉法、老人福祉法を根拠として、市町村長が後見開始の審判を請求することが認められている。これは後述する、保佐開始や補助開始の審判の請求に関しても同様である。

発展 後見開始の審判がなされると、法務局に備え付けられた「後見登記等ファイル」に所定の事項が記録される（後見登記等に関する法律4条）。成年被後見人のプライバシー保護と取引の安全の両立が目的である。後述する、被保佐人、被補助人についても同様の手続がなされる。　**D**

1 成年被後見人の行為能力

原則　成年被後見人は、法律行為を行うことはできない。
　　　→成年被後見人が行った法律行為は取り消すことができる（9条本文）。**05**

例外　以下の行為は、成年被後見人は、単独で行うことができる。
　　　→以下の行為は、成年被後見人が単独で行っても取り消すことができない。
　　　①　日用品の購入その他**日常生活に関する行為**（9条ただし書）。**06**
　　　②　婚姻や離婚などの身分行為（738条、764条等）。

① 保護者が同意をした法律行為

　保護者（成年後見人）は同意権を有しない。
→保護者（成年後見人）が同意をした行為であっても、成年被後見人が行った法律行為は取り消すことができる。**07**

理由　本人（成年被後見人）は日常的に事理弁識能力を欠く状態にあり、同意は機能しないからである。

② 取消権の行使

　成年被後見人・保護者（成年後見人）が、それぞれ単独で取消権を行使することができる。したがって、成年被後見人による取消権の行使を、保護者が後から取り消すことはできない。

趣旨　取消しを取り消すことができるとすると、法律関係を複雑なものとし、相手方にはなはだしい不利益を与えることになるから。

2 成年被後見人の保護者

成年被後見人の保護者は、成年後見人である（8条）。

① 成年後見人の選任

家庭裁判所が、後見開始の審判をするときに、**職権で成年後見人を選任**する(843条1項)。

(ア) 配偶者と成年後見人 /発展

本人に配偶者がいても、配偶者が成年後見人となるわけではない。 E

> **理由**　例えば、高齢の夫が後見開始の審判を受けた場合に、高齢の妻が後見人になるのは、適切でないことが多い。そこで、家庭裁判所が職権で、適任者を選任する。

(イ) 成年後見人の人数 /発展

複数選任することができる(843条3項)。 F

> **趣旨**　成年被後見人の多様な要求に応える必要があるからである。

(ウ) 成年後見人と法人 /発展

法人を選任することができる(843条4項)。 G

> **趣旨**　法人(ex. 社会福祉法人、信託銀行)であれば、専門的な知識・能力・体制を備えているからである。

② 成年後見人の権限

保護者の権限は、①代理権、②取消権、③追認権である。

③ 成年後見人の財産管理権 /発展

(ア) 財産管理と代表

成年後見人が成年被後見人の財産を管理する。かつ、その財産に関する法律行為について**成年被後見人を代表**する(859条1項)。 H

> **趣旨**　成年被後見人は、日常生活に関することを除いて、財産に関する法律行為を行うことができないため。

(イ) 財産管理の例外

成年被後見人が居住の用に供していた建物又は敷地を、成年後見人が処分(売買・賃貸・抵当権の設定等)するには、**家庭裁判所の許可が必要**となる(859条の3)。

> **趣旨**　生活の本拠地を失う可能性がある本人(成年被後見人)の保護のため。

この規定は、保佐・補助の場合に準用されている(876条の5第2項、876条の10第1項)。

(ウ) 注意義務の程度

成年後見人は、**善良なる管理者としての注意義務**(善管注意義務)を負い(869条、644条)、自己のためにするのと同一の注意義務では足りない。 H

> **趣旨**　成年後見人は、成年被後見人の財産を管理し、財産に関する法律行為に

ついて成年被後見人を代表するため、受任者と同様の注意義務を課した。

3 成年後見監督人

意義 成年後見監督人とは、成年後見人が行う事務を監督するために、家庭裁判所によって選任された人のことをいう。

／発展 成年後見人の場合と同様、成年後見監督人を複数選任することや、法人を成年後見監督人に選任することができる(852条、843条3項、4項)。 **F** **G**

① 成年後見監督人の選任

家庭裁判所は、必要があると認めるときは、成年被後見人、その親族若しくは成年後見人の請求により又は職権で、成年後見監督人を選任することができる(849条)。

② 成年後見監督人の欠格事由 **／発展**

成年後見人の配偶者、直系血族及び兄弟姉妹は、成年後見監督人となることができない(850条)。 **I**

趣旨 成年後見人と一定の身分関係にある者は成年後見人の職務を監督する地位に親しまないためである。

3 被保佐人

意義 被保佐人とは、精神上の障害により事理弁識能力が**著しく不十分な者**であって、一定の者の請求に基づいて、家庭裁判所による**保佐開始の審判を受けた者**をいう(11条本文、12条)。中程度の認知症の症状など、ある程度の判断能力がある状態である。

1 被保佐人の行為能力

原則 被保佐人は、保佐人の同意を得ないで法律行為を行うことができる。
　→被保佐人が保佐人の同意を得ないで行った法律行為を取り消すことはできない。

例外 後述する13条1項に列挙された行為については、保佐人の同意を得なければならない。ただし、日用品の購入その他日常生活に関する行為については、同意は不要である。 **08**
　→保佐人の**同意を得ない行為**については、**取り消すことができる**(13条4項)。被保佐人も保佐人の同意を得ないで取り消すことができる。ただし、日用

品の購入その他日常生活に関する行為については、取り消すことができない。

「13条1項に列挙された行為」は、いずれも被保佐人が被害を受ける危険性の高いとされる、重要度の高い財産行為であり、次表のものが列挙されている。

発展 なお、家庭裁判所は、申立ての範囲内で、保佐開始の審判請求権者、保佐人、保佐監督人の請求により、13条1項に列挙された行為以外の行為(日用品の購入その他日常生活に関する行為を除く)について、保佐人の同意を得なければならない旨の審判をすることができる(13条2項)。 J

【13条1項に列挙された行為】

1. 元本※¹を領収し、又は利用すること(1号) 09
2. 借財又は保証をすること(2号) 09
3. 不動産その他重要な財産に関する権利の得喪を目的とする行為をすること(3号) 10
4. 訴訟行為をすること※²(4号)
5. 贈与、和解又は仲裁合意(仲裁法2条1項に規定する仲裁合意をいう。)をすること(5号)
6. 相続の承認若しくは放棄又は遺産の分割をすること(6号)
7. 贈与の申込みを拒絶し、遺贈を放棄し、負担付贈与の申込みを承諾し、又は負担付遺贈を承認すること(7号)
8. **発展** 新築、改築、増築又は大修繕をすること(8号) K
9. **発展** 602条に定める期間※³を超える賃貸借をすること(9号) L
10. 13条1項各号に掲げる行為を他の制限行為能力者の法定代理人としてすること

※1 元本とは、利息・賃料等の法定果実を生じる元となる財産のことである。

※2 原告となって民事訴訟を提起することである。

※3 樹木の栽植又は伐採を目的とする山林の賃貸借は10年(1号)、1号に掲げる賃貸借以外の土地の賃貸借は5年(2号)、建物の賃貸借は3年(3号)、動産の賃貸借は6か月(4号)

2 被保佐人の保護者

被保佐人の保護者は、保佐人である(12条)。

① 保佐人の選任

家庭裁判所は、保佐開始の審判をするときは、職権で、保佐人を選任する(876条の2第1項)。

保佐人を複数選任することや、法人を保佐人に選任することができる(876条の2第2項、843条3項、4項)。

② 保佐人の権限

保護者の権限は、①同意権、②取消権、③追認権、(④代理権付与の制度あり)で

ある。

(ア) 取消権の行使

保佐人の同意を要する行為に同意がなかった場合、保佐人や被保佐人は、その行為を取り消すことができる(13条4項)。[10]

(イ) 保佐人の同意に代わる許可

保佐人が被保佐人の利益を害するおそれがないにもかかわらず同意をしないときは、家庭裁判所は、被保佐人の請求により、**保佐人の同意に代わる許可**を与えることができる(13条3項)。[11]

> **趣旨** 保佐人が被保佐人の利益を害するおそれもないのに同意を拒んだ場合に、被保佐人を救済するための制度である。

(ウ) 代理権付与の制度

本人(被保佐人)の請求または同意(本人以外が請求した場合)があれば、家庭裁判所は**特定の法律行為**について、**保佐人に代理権を付与**することができる(876条の4第1項、第2項)[12]。この「特定の法律行為」は、13条1項に列挙された行為に限定されない。

> **趣旨** ① 被保佐人の状態によっては、被保佐人本人が行うより、保佐人による代理行為に委ねることがより本人の保護の趣旨に適うことがあるからである。
> ② 本人の自己決定権を尊重するため、本人以外が請求したときは本人の同意を必要とした。

④ 被補助人

> **意義** 被補助人とは、**精神上の障害により事理弁識能力が不十分な者**で、一定の者の請求に基づいて、家庭裁判所の「**補助開始の審判**」を受けた者(15条1項本文、16条)をいう。軽度の認知症の症状など、判断能力はほとんどある状態である。

補助開始審判の要件として、**本人以外の者(配偶者、四親等内の親族等)の請求により審判をする場合には、本人の同意が必要である**(15条2項)。[13]

> **趣旨** 本人の自己決定権を尊重するため。

1 被補助人の行為能力

> **原則** 被補助人は、補助人の同意を得ないで法律行為(契約)を行うことができる。
> →被補助人が補助人の同意を得ないで行った法律行為は、取り消すことが

できない。

例外　家庭裁判所は、13条1項に列挙された行為の内、当事者の請求のあった
特定の行為について、補助人の同意が必要とすることができる（同意権を付
与する旨の審判）（17条1項）。
→補助人の同意を得ない行為については、取り消すことができる（17条4項）
[14]。被補助人も補助人の同意を得ないで取消権の行使が可能である。

2 被補助人の保護者

被補助人の保護者は、補助人である。

① 補助人の選任

家庭裁判所は、補助開始の審判をするときは、職権で、補助人を選任する（876条
の7第1項）。

補助人を複数選任することや、法人を補助人に選任することができる（876条の7
第2項、843条3項、4項）。

② 補助人の権限

補助人は、補助開始の審判によって当然に同意権・代理権が付与されるわけでは
ない。補助人に同意権、代理権を付与する場合には、補助開始の審判と同時に同意
権を付与する旨の家庭裁判所の審判、代理権を付与する旨の家庭裁判所の審判が必
要となる。

趣旨　本人の自己決定権の尊重から、保護者である補助人に適切な権限を付与
することにした。

補助人に付与される権限は、以下の3通りのいずれかとなる。

【補助人に付与される権限】
① 同意権（取消権・追認権）のみ
② 同意権（取消権・追認権）と代理権
③ 代理権のみ

（ア）同意権の付与

13条1項に列挙された行為のうち、当事者の請求のあった特定の行為について、
同意権（取消権・追認権）を付与することができる（17条1項）[14]。本人以外が請求
した場合は、本人の同意が必要となる（17条2項）。[15]

趣旨　本人の自己決定権を尊重するため。

（イ）代理権付与の制度

　保佐の場合と同様に、本人（被補助人）の請求または同意（本人以外が請求した場合）があれば、家庭裁判所は特定の法律行為について、補助人に代理権を付与することができる（876条の9）。この「特定の法律行為」は、13条1項に列挙された行為に限定されない。

趣旨　①　被補助人の状態によっては、被補助人本人が行うより、補助人による代理行為に委ねることがより本人保護の趣旨に適うことがあるからである。

　　　　②　本人の自己決定権を尊重するため、本人以外が請求したときは本人の同意を必要とした。

（ウ）補助人の同意に代わる許可

　保佐の場合と同様に、補助人の同意を要する行為につき補助人が**被補助人の利益を害するおそれがないのに同意を与えないとき**は、家庭裁判所が被補助人の請求に基づき、**補助人の同意に代わる許可を与えることができる**（17条3項）。 [16]

趣旨　補助人が被補助人の利益を害するおそれもないのに同意を拒んだ場合に、被補助人を救済するための制度である。

【保護者の権限】

	未成年者	成年後見人	被保佐人	被補助人
意義	18歳未満の者	事理弁識能力を欠く常況にある者＋裁判所の審判	事理弁識能力が著しく不十分な者＋裁判所の審判	事理弁識能力が不十分な者＋裁判所の審判
審判	——	本人の同意は不要		本人の同意が必要
原則	保護者の同意が必要	単独で法律行為は不可	単独で法律行為が可能	
例外	①　単に権利を得、又は義務を免れる法律行為 ②　法定代理人が処分を許した財産の処分 ③　法定代理人から許可された営業に関する行為 ④　身分行為の一部	①　日常生活に関する行為 ②　身分行為	13条1項の行為※	13条1項の行為の一部で請求のあった特定の行為
保護者	法定代理人（親権者・未成年後見人）	成年後見人	保佐人	補助人

代理権	財産に関する すべての行為	財産に関する すべての行為	請求の範囲（特定 の法律行為）	請求の範囲（特定 の法律行為）
同意権	上記例外を除いた 行為	×	13条1項の行為※	13条1項の行為の 一部で請求のあっ た特定の行為
取消権	上記例外を除いた 行為	上記例外を除いた 行為	13条1項の行為※	13条1項の行為の 一部で請求のあっ た特定の行為
追認権	上記例外を除いた 行為	上記例外を除いた 行為	13条1項の行為※	13条1項の行為の 一部で請求のあっ た特定の行為

総
則

※ 請求の範囲内で13条1項の行為以外の行為の追加もできる（13条2項）。

重要事項 一問一答

01 未成年者とは？

18歳未満の者

02 成年被後見人とは？

事理弁識能力を欠く常況にある者＋後見開始の審判を受けた者

03 被保佐人とは？

事理弁識能力が著しく不十分な者＋保佐開始の審判を受けた者

04 被補助人とは？

事理弁識能力が不十分な者＋補助開始の審判を受けた者

05 未成年者が制限されない行為は（4つ）？

①単に権利を取得し、義務を免れる行為、②法定代理人が処分を許した財産を処分する行為、③法定代理人から営業を行うことを許可された場合の営業行為、④身分行為の一部

06 成年被後見人が制限されていない2つの行為は？

①日常生活に関する行為、②身分行為

07 成年後見人に同意権はあるか？

無い。

08 被保佐人が制限されている行為は？

13条1項に列挙された重要な財産行為

09 被補助人が制限されている行為は？

13条1項に列挙された重要な財産行為のうち、請求のあった特定の行為

10 保佐人・補助人に付与できる代理権の範囲は？

当事者が請求した特定の法律行為

01 未成年者が法定代理人の同意を得ずに法律行為をした場合でも、その法律行為の相手方が、未成年者を成年者であると信じ、かつ、そう信じることについて過失がない場合には、その法律行為を取り消すことはできない。

×（裁2003）「その法律行為を取り消すことはできない」が誤り。

02 未成年者は、法定代理人の同意がなければ、自らを受贈者とする負担のない贈与契約を締結することができない。

×（裁2010）全体が誤り。

03 未成年者は、法定代理人が目的を定めて処分を許した財産については、法定代理人の同意を得なくとも、その目的の範囲内において自由に処分することができるが、法定代理人が目的を定めないで処分を許した財産については、個別の処分ごとに法定代理人の同意を得なければ処分することはできない。

×（国般2020）「個別の処分ごとに法定代理人の同意を得なければ処分することはできない」が誤り。

04 法定代理人である親権者から学費として金銭の仕送りを受けている未成年者が、その金銭のやりくりをして自動車を購入した。法定代理人である親権者は、この売買契約を取り消すことはできない。

×（裁2006）「この売買契約を取り消すことはできない」が誤り。

05 成年被後見人は、精神上の障害により事理を弁識する能力を欠く常況にある者であるため、成年被後見人自身が行った行為は、原則として取り消すことができる。

○（税・労・財2016改題）

06 成年被後見人の法律行為のうち、日用品の購入その他日常生活に関する行為については、取り消すことができる。

×（区2008改題）「取り消すことができる」が誤り。

07 成年後見人の同意を得て行った成年被後見人の法律行為は、取り消すことができない。

×（区2008改題）「取り消すことができない」が誤り。

08 被保佐人は、保佐人の同意なしに単独で日用品の購入をすることができる。
○（国般2012改題）

09 被保佐人は、精神上の障害により事理を弁識する能力が著しく不十分な者であるため、元本の領収や借財をするといった重要な財産上の行為を、保佐人の同意があったとしても行うことができない。
×（税・労・財2016）「保佐人の同意があったとしても行うことができない」が誤り。

10 制限行為能力者であるAは、自己の所有する土地をBに売却する旨の契約をBとの間で締結した。Aが被保佐人であり、保佐人の同意を得ることなくBとの売買契約を締結した場合には、AがBとの売買契約を取り消すことができるのみならず、保佐人もAとBの売買契約を取り消すことができる。
○（国般2003改題）

11 保佐人の同意を得なければならない行為について、保佐人が被保佐人の利益を害するおそれがないにもかかわらず同意をしないときは、家庭裁判所は、被保佐人の請求により、保佐人の同意に代わる許可を与えることができる。
○（区2008）

12 家庭裁判所は、被保佐人のために特定の法律行為について、保佐人に代理権を付与する旨の審判をすることができるが、保佐人の請求により代理権を付与する場合において、被保佐人の同意は必要としない。
×（区2015）「被保佐人の同意は必要としない」が誤り。

13 家庭裁判所は、被補助人の補助開始の審判を、本人、配偶者、四親等内の親族等の請求によりすることができるが、本人以外の者の請求により補助開始の審判をする場合に、本人の同意を得る必要はない。
×（区2008）「本人の同意を得る必要はない」が誤り。

14 制限行為能力者であるAは、自己の所有する土地をBに売却する旨の契約をBとの間で締結した。Aが被補助人であり、家庭裁判所によってAが不動産を売却するには補助人の同意を得ることを要する旨の審判がなされていたにもかかわらず、補助人の同意を得ないでBとの売買契約を締結した場合には、補助人には同意権はあるが取消権は認められないから、補助人は、AとBとの売買契約を取り消すことはできない。

×（国般2003改題）「取消権は認められないから、補助人は、AとBとの売買契約を取り消すことはできない」が誤り。

[15] 家庭裁判所は、被補助人たる本人以外の者の請求によって、特定の法律行為について補助人に同意権を付与する旨の審判をする場合には、本人の同意を得なければならない。
○（国般2012改題）

[16] 被補助人Aは、不動産を売却するには補助人Bの同意を得なければならない旨の家庭裁判所の審判を受けた。その後、Aは、自己の所有する土地を売却しようとしたが、Aの利益を害するおそれがないにもかかわらずBが同意しなかったため、家庭裁判所に請求して売却の許可を得た上で、Cとの間で売買契約を締結した。この場合、Bは、AC間の売買契約を取り消すことができる。
×（国般2007）「AC間の売買契約を取り消すことができる」が誤り。

[A] 未成年者が自己の債務を免除する申込みを承諾することは、法定代理人の同意を得ずに単独で行うことができる。
○（裁2003）

[B] 未成年者であっても、親権者により許可された特定の営業に関しては、成年者と同一の行為能力を有する。
○（税・労・財2012）

[C] 未成年者が認知をする場合、法定代理人の同意は不要である。
○（裁2004）

[D] 後見開始、保佐開始又は補助開始の審判が家庭裁判所によってなされると、その事実が戸籍に記録される。これは、制限行為能力者のプライバシーの保護に配慮しつつ、本人の行為能力の制限を公示することで、取引が円滑に行われるようにするためである。
×（国般2012）「その事実が戸籍に記録される」が誤り。

[E] 夫が成年後見開始の審判を受けたときは、その妻が当然に後見人となる。
×（裁2003）「その妻が当然に後見人となる」が誤り。

F 成年後見人及び成年後見監督人は、複数の者でもよい。

○（税・労2011）

G 法人は、成年後見人及び成年後見監督人になることができない。

×（税・労2011）全体が誤り。

H 成年後見人は、成年被後見人の財産を管理し、また、その財産に関する法律行為について成年被後見人を代表する権限を有しており、その財産管理につき自己のためにするのと同一の注意をもってすることとされている。

×（税・労2011）「その財産管理につき自己のためにするのと同一の注意をもってすることとされている」が誤り。

I 成年後見人の配偶者、直系血族及び兄弟姉妹は、成年後見監督人になることができない。

○（税・労2011）

J 家庭裁判所は、保佐監督人の請求により、被保佐人が日用品の購入その他日常生活に関する行為をする場合に、その保佐人の同意を得なければならない旨の審判をすることができる。

×（区2021）「その保佐人の同意を得なければならない旨の審判をすることができる」が誤り。

K 被保佐人は、新築、改築又は増築をするには、その保佐人の同意を得る必要はない。

×（区2021改題）「その保佐人の同意を得る必要はない」が誤り。

L 被保佐人Aは、A所有の建物を借用したい旨のCの依頼を受け、保佐人Bの同意を得ないまま、Cとの間で当該建物を5年間貸与する旨の賃貸借契約を締結した。この場合、Bは、AC間の賃貸借契約を取り消すことができない。

×（国般2007）「Bは、AC間の賃貸借契約を取り消すことができない」が誤り。

4 権利の主体③

本節では、取消しとその効果、追認、制限行為能力者の相手方の保護の制度、失踪宣告について扱います。取消し、追認、法定追認は、次節の意思表示において登場する重要な制度ですが、権利の主体のなかで出題されることが多いため、併せて扱います。

❶ 法律行為の取消し

1 取消しの意義

意義 取消しとは、一応有効な法律行為を、**行為の時に遡って無効**とする意思表示である。無効との違いは、本章 **2** 節「権利の主体①」を参照のこと。

2 取消権者

以下①〜③の者が取消権者として規定されている。

① **制限行為能力者**（未成年者・成年被後見人・被保佐人・被補助人）(120条1項)
　制限行為能力者本人も、意思能力を有する限り、**保護者の同意を得ないで有効に取り消す**ことができる。したがって、制限行為能力者が行った取消しの意思表示を、その保護者がさらに取り消すことはできない。[01]

趣旨 取消しの意思表示を取り消すことができるとすると、法律関係が極めて複雑なものとなってしまうから。

② **錯誤、詐欺又は強迫**によって意思表示をした者※(120条2項)　※詳細は本章 **6** 節「法律行為─意思表示②」で扱う。

③ ①と②の代理人又は承継人、①の同意権者 (120条1項、2項)

〈語句〉●**承継人**とは、本人の法的地位を受け継いだ者をいう。〔発展〕相続など法的地位すべてを受け継いだ場合（包括承継）と、問題となっている財産を譲り受けたなど、特定の法的地位のみを受け継いだ場合（特定承継）とがある。[A]

3 取消しの方法

　法律行為の相手方に対して**取消しの意思表示**をする(123条)。取消しの意思表示に書面は要件となっていない。[02]

4 取消しの効果

　取消しによって、法律行為は**遡及的に無効**になる(121条)。その結果、当事者は原則として**相手方を原状に回復させる**(元の状態にもどす)**義務を負う**(原状回復義務)(121条の2第1項)。下図であれば、買主Bは商品である自動車、売主Aは代金である金銭を返還する義務を負う。

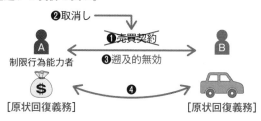

【原状回復義務】

原則　原状回復義務である。

　無効な行為に基づく債務の履行として給付を受けた者は、相手方を原状に復させる義務を負う(121条の2第1項)。

　趣旨　給付を受けた当事者間の公平を図るため。

例外　現存利益の返還義務である。

　以下の者は、**現存利益の返還義務**を負う。

① **無効な無償行為**(ex. 贈与契約)に基づく債務の履行として**給付を受けた者**で、給付を受けた当時その行為が無効または取り消すことができることを**知らなかったとき**(121条の2第2項)。

　　(例)Aは無効な贈与契約により100万円を受け取りこれを使い果たしたが、受け取りの当時、当該贈与契約が無効であることを知らなかった場合、Aは受け取った100万円について現存利益の範囲で返還義務を負う。

　趣旨　無償による善意の受給者の保護。

② 行為の時に**意思能力を有しなかった者**や**制限行為能力者**であった者(121条の2第3項) (03)

　趣旨　意思無能力者や制限行為能力者の保護。

5 現存利益

意義　**現存利益**とは、受け取った物から得られる利益が**現に存在している**ことをいう。民法では、「現に利益を受けている限度」と規定されている。

　金銭を受け取った場合、原物のまま存すればそれを返すのが原則で(原物返還の原則)、これを浪費(無駄遣い)していた場合にはもはや利益がない。しかし、その

金銭を使って物を取得していたり、生活費等の必要費に充てたのであれば、その分出費を免れているという利益が現存している(大判昭7.10.26)。

【現存利益】

現存利益なし	現存利益あり
受領物を浪費した 04 05	生活費や借金の支払いに充てた 05

② 追認

意義 　追認とは、取り消すことができる行為を、確定的に有効にする意思表示である(＝取消権の放棄)。

1 追認の要件

　取消しの原因となっていた状況が消滅し、かつ、取消権を有することを知った後にしなければ、追認の効力を生じない(124条1項)。

発展　もっとも、以下の場合には、取消しの原因となっていた状況が消滅していなくても、追認が可能となる(124条2項)。

① 法定代理人又は制限行為能力者の保佐人若しくは補助人が追認をするとき(1号) B

② 制限行為能力者(成年被後見人を除く)が法定代理人、保佐人又は補助人の同意を得て追認をするとき(2号) C

　「取消しの原因となっていた状況が消滅」とは、行為能力の取得・回復(成人となる、後見開始の審判等の取消し)、詐欺をされたことを知った、強迫の状況を脱した、錯誤に気づいた等である。

【追認の要件】

追認をする者	追認の要件
制限行為能力者	取消しの原因となっていた状況が消滅し、か
錯誤、詐欺又は強迫によって意思表示をした者	つ、取消権を有することを知った後であること
法定代理人、保佐人、補助人 B	
制限行為能力者(成年被後見人を除く)が法定代理人、保佐人又は補助人の同意を得て追認をする C	取消権を有することを知った後であること

2 追認の方法

追認権者が、法律行為の相手方に対して追認の意思表示をする(123条)。

3 追認の効果

確定的に有効になる(=以後取り消すことはできない)。

【制限行為能力者の保護者の権限の一覧】

保護者	親権者・未成年後見人	成年後見人	保佐人	補助人
代理権	○	○	△	△
同意権	○	×	○	△
取消権	○	○	○	△
追認権	○	○	○	△

△：当事者が請求した特定の法律行為の範囲内で認められるもの

❸ 制限行為能力者の相手方の保護

　制限行為能力者と取引をした相手方は、取り消されるかもしれないという不利な地位に立たされる。そこで、相手方の利益も考慮する必要がある。この点について、法は、①相手方の催告権(20条)、②詐術による取消権の消滅(21条)、③法定追認制度(125条)、④取消権の消滅時効(126条)という制度を用意している。

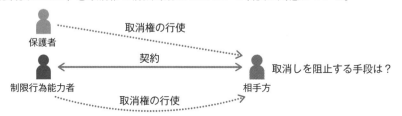

1 相手方の催告権 (20条)

> **意義**　相手方は、制限行為能力者側に対して、**1か月以上の期間を定めて追認をするのか取消しをするのか**という問い合わせをすることができる。これを**催告**という。

① 催告の効果

期間内に有効な確答あり	確答に従い、追認又は取消しの効果が生じる
期間内に有効な確答なし	追認又は取消しのいずれかにみなす（擬制）

② 確答がない場合の効果

　確答がない場合に、追認・取消しのいずれにみなされるかは、催告を制限行為能力者側の誰に対して行ったかによって異なる。

催告の相手方	効果
行為能力を取得・回復した後の本人（1項）	追認とみなす 06
保護者（原則）（2項）	追認とみなす 07
保護者（特別の方式を要する場合）※（3項）	取消しとみなす
被保佐人・被補助人（行為能力回復前）（4項）	取消しとみなす 08

※ 未成年後見監督人・保佐監督人・補助監督人の同意を得て追認をするような場合を指す。すなわち、単独で有効に追認できない場合である。

③ 未成年者、意思無能力者、成年被後見人に対する催告

発展 保護者が催告の事実を知らない限り、未成年者・意思無能力者・成年被後見人にした催告は相手方に対抗することができない（＝催告の効力が生じない）。 D

理由 未成年者、意思無能力者、成年被後見人は、意思表示の受領能力自体がないから（98条の2本文）。

　保護者が知った場合は、保護者を基準として判断する（98条の2ただし書1号）。

2 詐術による取消権の消滅（21条）

意義 制限行為能力者が行為能力者であることを信じさせるため詐術を用いたときは、その行為を取り消すことができない。

趣旨 自ら偽った以上、不利益を受けてもやむを得ないからである。

① 詐術の要件

①行為能力者であることを信じさせるためであること（目的）
②詐術を用いたこと（ex.年齢を偽る、同意書を偽造する等）
③相手方が詐術によって行為能力があると誤信したこと

発展 悪意（行為能力のないことを知っていた）の相手方は、誤信していないので、詐術に当たらない。 E

② 黙秘

　単に制限行為能力者であることを隠していた(黙秘)だけでは詐術にならないが、他の言動と相まって相手方を誤信させ、または誤信を強めた場合は詐術に該当する(最判昭44.2.13)。 09

③ 効果

　取消権を行使することができない(＝確定的に有効になる)。 10

3 取消権の期間の制限(126条)

　追認をすることができる時から5年、または行為の時から20年経過すると、取消権が時効によって消滅する。

　(例)未成年者であれば、18歳になってから5年間経過すると、取消権を行使することができなくなる。

4 法定追認制度(125条)

意義　法定追認制度とは、追認をすることができる時以後に、追認権者が取り消すことができる行為(制限行為能力・詐欺・強迫・錯誤)について、その行為を承認するかのような一定の行為をした場合(履行の請求等)には、追認したものとみなされる制度である(125条本文)。

　　　　ただし、異議をとどめたときは、追認の効力は生じない(125条ただし書)。 11

① 法定追認の要件

　追認をすることができる時より後に、追認権者によって以下の事実(125条)が行われることである。なお、追認権者が取消権を有することを知っている必要はないと解されている。

【法定追認が生じる事実の例】

行為	例
発展 全部又は一部の履行(1号) F	代金を支払う・受け取る **発展** 目的物を引き渡す・受領する G
履行の請求(2号) 11	**発展** 代金の支払いを請求する H
更改(3号)	契約の内容を変える
担保の供与(4号)	代金の担保として骨董品を渡す
取り消すことができる行為によって取得した権利の全部又は一部の譲渡(5号)	受け取った商品を転売する
強制執行(6号)	代金を支払わないので差押えをする

② 効果

追認をしたものとみなす(=確定的に有効になる)。

4 失踪宣告 /発展

1 概説

> **設例** Aは、妻Bを残したまま行方不明となり、10年間所在がわからない。Bは、長いことAの帰りを待っていたが、Aの所有する不動産を売却してAの借金を返済し、自らも再婚したいと考えるようになった。Bは、どのような法的手段をとればよいのか。
>
>

夫Aが死亡した場合、夫の財産は妻Bや子供に相続され、妻は再婚が可能となる。しかし、夫が行方不明で生死不明の場合、相続は発生せず、妻も離婚をしなければ再婚することができない。

このように、**従来の住所または居所を去って容易に帰来する見込みのない者を不在者**という。この不在者の生死が一定期間不明だった場合に、その者を死亡したものとみなす制度が失踪宣告である(30条)。

> **趣旨** 生死不明の状態が長く続いたり(普通失踪)、死亡の蓋然性が著しく高い事故に遭遇した者(特別失踪)の死亡を擬制して、その者の住所地における私法上の法律関係を清算して、利害関係人の利益を保護しようとする制度である。

> **設例** においては、Bは、家庭裁判所に請求をして、Aについて失踪宣告を受けた後であれば、Aから相続した財産を処分することや、再婚することができる。

2 失踪宣告

① 失踪宣告の種類

失踪宣告には、単に所在不明となった場合(**普通失踪**)(30条1項)と、危難に遭遇

(戦地へ赴任、沈没した船に乗船、墜落した旅客機に搭乗)して生死不明となった場合(**特別失踪**)(30条2項)とがある。

② 失踪宣告の要件
(ア) 普通失踪
要件　①　不在者の生死が7年間不明であること(30条1項)　I
　　　　　②　家庭裁判所に対して(法律上の)利害関係人の請求があること　I

(イ) 特別失踪
要件　①　危難に遭遇した者が、危難が去った後1年間生死不明であること(30条2項)
　　　　　②　家庭裁判所に対して(法律上の)利害関係人の請求があること

〈語句〉●**利害関係人**とは、失踪宣告を求めるについて、法律上の利害関係を有する者をいう(配偶者、法定相続人、親権者、不在者財産管理人等)。事実上の利害関係を有する者(友人等)は、利害関係人に含まれない(大決昭7.7.26)　J 。また、検察官は、規定がなく請求権者とならない。

③ 失踪宣告の効果
　死亡したものとみなされる(31条)。もっとも、失踪者の従来の住所における法律関係について、死亡したものとみなされるだけで、生存している失踪者の権利能力を奪うものではない。　K

④ 死亡とみなされる時期
(ア) 普通失踪
　7年間の**期間満了時**に死亡とみなされる(31条前段)。　L

(イ) 特別失踪
　危難の去った時に死亡とみなされる(31条後段)。　M
　(例)沈没した船に乗船していた場合には、沈没時。

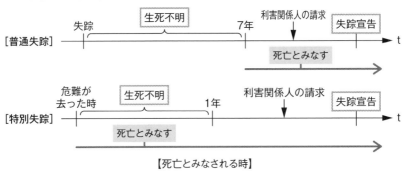

【失踪宣告の要件·効果のまとめ】

種類	要件	死亡とみなされる時
普通失踪	① 不在者の生死が7年間不明であること(30条1項) I ② (法律上の)利害関係人の請求があること I	7年間の期間満了時 L
特別失踪	① 危難に遭遇した者が、危難が去った後1年間生死不明であること(30条2項) ② (法律上の)利害関係人の請求があること	危難の去った時 M

3 失踪宣告の取消し

　失踪宣告をしたが、実は本人が生きていた場合や、別の時に死亡したことが判明した場合、その失踪宣告を取り消さなければならない(32条1項前段) N 。

① 失踪宣告が取り消されるまで

　失踪宣告が取り消されるまで、失踪宣告の**効果は消滅しない** N 。したがって、失踪者が残していった財産や失踪者の親族関係については、その死亡を前提とした処理がなされる。

② 失踪宣告の取消しの効果

　初めから失踪宣告がなかったことになる。したがって、相続などはなかったこととして再処理を行う。

(ア) 失踪宣告によって直接財産を取得した者 (相続人等。上図B)

　失踪宣告により取得した財産は、取消しにより権利を失い、原状回復義務により返還することになるが、**直接財産を取得した者は、現に利益を受けている限度(現存利益)で返還**すれば足りる(32条2項)。 O

　もっとも、通説は、悪意(生きていることを知っていた)の直接取得者については、全部の利益に利息を付して返還すべき(704条)と解している。

(イ) 転得者の保護

　相続を受けた者が善意でその財産を処分した場合、その者も相手方も善意であっ

た場合は(双方善意)(大判昭13.2.7)、その処分は有効である(32条1項後段)。

B 妻	C 転得者	
善意	善意	－ Cは財産を返還する必要がない
善意	悪意	－ Cは財産を返還する必要がある
悪意	善意	－ Cは財産を返還する必要がある

(ウ)婚姻関係

> **設例** Aの失踪宣告がされた後、Aの妻BがDと再婚したところ、Aの生存が判明し、失踪宣告が取り消された。ABDの間の関係はどうなるだろうか。

この場合も、BD双方がAの生存について善意であるかどうかによって分けて考えることになる。

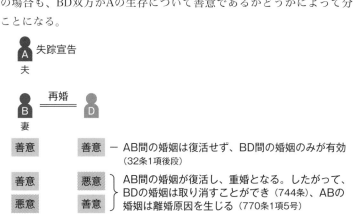

A 夫 失踪宣告		
B 妻	再婚 D	
善意	善意	－ AB間の婚姻は復活せず、BD間の婚姻のみが有効 （32条1項後段）
善意	悪意	} AB間の婚姻が復活し、重婚となる。したがって、 BDの婚姻は取り消すことができ（744条）、ABの 婚姻は離婚原因を生じる（770条1項5号）
悪意	善意	

重要事項 一問一答

01 制限行為能力者本人も取消権を有しているのか?

制限行為能力者本人も取消権を有する。

02 取り消した場合の制限行為能力者の返還範囲は?

現存利益の範囲で返還

03 浪費した分・必要費に支出した分は返還?

浪費は返還不要。必要費は返還必要

04 制限行為能力者の取引の相手方を保護する制度は (4つ)?

①催告権、②詐術による取消権消滅、③取消権の期間制限、④法定追認制度

05 保護者、能力回復した後の本人に催告して確答がなかった**場合?**

追認とみなされる。

06 未成年者、成年被後見人に催告した場合は?

催告は無効

07 黙秘が詐術になる場合は?

黙秘に加え、他の言動と相まって相手方の誤信を強めた場合は詐術になる(判例)。

08 取消しはいつまで可能か(2つ)?

①追認できる時から5年、②行為の時から20年

09 失踪宣告とは?

一定期間生死不明の不在者を死亡したものとみなす制度

10 失踪宣告の種類は(2つ)?

①普通失踪、②特別失踪

11 普通失踪は何年間?

7年間生死不明

12 普通失踪は、いつ死亡したとみなされる?

7年間満了時

13 特別失踪は何年間?

危難が去って1年間

14 特別失踪の場合、いつ死亡したとみなされる?

危難が去った時

15 失踪宣告者が実は生きていた場合の権利能力は?

権利能力はある。

16 失踪宣告が取り消されると?

初めから失踪宣告がなかったものと扱われる。

17 失踪宣告が取り消された場合、直接財産を取得した者の返還範囲は?

現存利益の範囲で返還

▶ 過去問チェック (争いのあるときは、判例の見解による)

[01] 未成年者A(17歳)は、法定代理人Bの同意を得ることなく、自己の所有する自転車を代金10万円でCに売却する契約を締結した。Aは売買契約を締結した後で思い直し、A単独でこれを取り消す意思表示をした。Aの取消しの意思表示は、Bの同意なくなされたものであるから、Bはこの意思表示を取り消すことができる。

×(裁2016改題)「Bはこの意思表示を取り消すことができる」が誤り。

[02] 取り消すことができる法律行為について、相手方が確定している場合には、当該法律行為の取消しは、必ず相手方に対する書面による通知によらなければならない。

× (区2012)「必ず相手方に対する書面による通知によらなければならない」が誤り。

[03] 行為能力の制限によって取り消された法律行為は、初めから無効であったものとみなすので、取消しによる原状回復義務が生じても、制限行為能力者は現存利益の返還義務を負うことはない。

× (区2016改題)「制限行為能力者は現存利益の返還義務を負うことはない」が誤り。

[04] 被保佐人が借主となった金銭消費貸借契約が取り消された場合、被保佐人は、その行為によって現に利益を受けている限度において返還義務を負うため、当該契約によって被保佐人が得た利益のうち、賭博に浪費されて現存しない部分については返還の義務を負わないとするのが判例である。

○ (税・労・財2019)

[05] 被保佐人Aは、Aにとって重要な財産である乗用車を保佐人Bの同意なしに200万円でCに譲渡し、AはCから受け取った200万円のうち150万円を日常の生活費に充て、残りの50万円を遊興費として費消した。Aが、自らがCに乗用車を譲渡した行為を取り消した場合、AはCから受け取った200万円のうち現存利益の範囲でCに対して返還義務を負うが、日常の生活費と遊興費は共に現存利益に含まれるので、AはCに対して200万円すべてを返還しなければならない。

× (税・労2007改題)「日常の生活費と遊興費は共に現存利益に含まれるので、AはCに対して200万円すべてを返還しなければならない」が誤り。

[06] 未成年者が法定代理人の同意を得ずに土地の売買契約を締結した場合、当該契約の相手方は、当該未成年者が成人した後、その者に対し、1か月以上の期間を定めて、その期間内に当該契約を追認するかどうかを確答すべき旨の催告をすることができ、その者がその期間内に確答しなかったときは、追認したものとみなされる。

○ (国般2020)

[07] 被保佐人の相手方が、被保佐人が行為能力者とならない間に、保佐人に対し、相当の期間を定めて取り消すことができる行為を追認するかどうかを確答すべき旨の催告をした場合、保佐人がその期間内に確答を発しないときは、その行為を

取り消したものとみなす。

× (区2015)「その行為を取り消したものとみなす」が誤り。

[08] 被保佐人が保佐人の同意を得ずに不動産の売買契約を締結した場合において、当該契約の相手方が、被保佐人に対し、1ヶ月以上の期間を定めて、保佐人の追認を得るよう催告したときは、その期間内に被保佐人が追認を得た旨の通知を発しなければ、追認があったものとみなされる。

× (税・労・財2019)「追認があったものとみなされる」が誤り。

[09] 「詐術」とは、制限行為能力者が相手方に対して、積極的に術策を用いたときに限られるものではなく、単に制限行為能力者であることを黙秘しただけであっても、詐術に当たる。

× (税・労・財2016改題)「単に制限行為能力者であることを黙秘しただけであっても、詐術に当たる」が誤り。

[10] 制限行為能力者が行為能力者であることを信じさせるため詐術を用いたときは、その行為は当然に無効となる。

× (区2008)「その行為は当然に無効となる」が誤り。

[11] 取り消すことができる法律行為について、取消しの原因となっていた状況が消滅した後に、取消権者が履行の請求をした場合には、異議をとどめたときを除き、追認をしたものとみなす。

○ (区2016改題)

[A] 行為能力の制限によって取り消すことができる法律行為は、制限行為能力者の承継人が取り消すことができるが、この承継人には相続人は含まれるが、契約上の地位を承継した者は含まれない。

× (区2016)「契約上の地位を承継した者は含まれない」が誤り。

[B] 取り消すことができる法律行為の追認について、法定代理人が追認をする場合には、取消しの原因となっていた状況が消滅し、かつ、取消権を有することを知った後にしなければ、効力を生じない。

× (区2016改題)「取消しの原因となっていた状況が消滅し、かつ、」が誤り。

[C] 取り消すことができる法律行為について、未成年者は、法定代理人の同意が

あっても追認することはできない。

× (区2012改題)「法定代理人の同意があっても追認することはできない」が誤り。

D 未成年者A（16歳）は、法定代理人Bの同意を得ることなく、自己の所有する自転車を代金10万円でCに売却する契約を締結した。売買契約を締結してから1年後、CはAに対し、2か月以内に追認するか、取り消すかの返事をするよう催告したが、Aは2か月の間に返事をしなかった。Bはこの売買契約を取り消すことができる。

○ (裁2016改題)

E 制限能力者であるAは、自己の所有する土地をBに売却する旨の契約をBとの間で締結した。Aが未成年者であり、Bがその事実を知っていたとしても、Aが成年者であるかのような言動をし、契約書の生年月日欄にも成年となるように虚偽の記載をした場合には、AはBとの売買契約を取り消すことはできない。

× (国般2003改題)「AはBとの売買契約を取り消すことはできない」が誤り。

F 取り消すことができる法律行為について、取消しの原因となっていた状況が消滅した後に全部又は一部の履行があったときは、異議をとどめたときを除き、法律関係の安定を図るため追認をしたものとみなされる。

○ (区2012改題)

G 未成年者A（17歳）は、法定代理人Bの同意を得ることなく、自己の所有する自転車を代金10万円でCに売却する契約を締結した。売買契約を締結してから4年後、Aは売買契約を取り消すことができることを知らずにCに自転車を引き渡した。Aは売買契約を取り消すことができる。

× (裁2016改題)「Aは売買契約を取り消すことができる」が誤り。

H 未成年者A（17歳）は、法定代理人Bの同意を得ることなく、自己の所有する自転車を代金10万円でCに売却する契約を締結した。Cが売買代金を支払わないため、Aは、売買契約を締結してから1年後にCに対し、代金を支払うよう請求した。Bはこの売買契約を取り消すことができる。

× (裁2016改題)「Bはこの売買契約を取り消すことができる」が誤り。

I 不在者の生死が7年間明らかでないときは、家庭裁判所は、利害関係人の請求により、失踪の宣告をすることができる。

○（区2014改題）

[J] 失踪宣告は、利害関係人の請求により家庭裁判所が行うが、この利害関係人には、失踪宣告に法律上の利害関係を有する者のみならず、単に事実上の利害関係を有する者も含まれる。
×（区2006）「のみならず、単に事実上の利害関係を有する者も含まれる」が誤り。

[K] 失踪の宣告は、失踪者の権利能力を消滅させるものであるから、その者が他の土地で生存していた場合に、その場所でした法律行為は無効である。
×（区2019）「その場所でした法律行為は無効である」が誤り。

[L] 人の生死が不明な状態が7年間続いたときは、失踪宣告によって7年間の期間満了時に死亡したものとみなされる。
○（税・労2008改題）

[M] 戦地に臨んだ者又は沈没した船舶の中に在った者が生死不明となり、失踪宣告によって死亡したとみなされるのは、その危難が去った後一年の失踪期間が満了した時である。
×（区2010）「その危難が去った後一年の失踪期間が満了した時である」が誤り。

[N] 失踪宣告は、失踪者が失踪宣告によって死亡したとみなされた時と異なった時に死亡したことの証明があった場合には、家庭裁判所の取消しがなくても当然にその効力を失う。
×（区2006）「家庭裁判所の取消しがなくても当然にその効力を失う」が誤り。

[O] 失踪の宣告によって財産を得た者は、その取消しによって権利を失うので、善意の場合であっても、法律上の原因を欠く不当な利益として、失踪の宣告によって得た財産の全てを返還しなければならない。
×（区2014）「失踪の宣告によって得た財産の全てを返還しなければならない」が誤り。

5 法律行為 ―法律行為と意思表示①

本節では、①法律行為とその本質的な要素である意思表示について、②意思表示に不一致があった場合の処理を扱います。意思と表示の不一致は、各類型ともに重要ですから、その意味と処理の仕方を十分につかんでください。

1 法律行為

1 法律行為とは

意義 法律行為とは、意思表示に基づいて法律関係を形成（発生・変更・消滅）する行為をいう。

各人が、自己の意思に基づいて自由に財産のやりとり等を行うことが法律行為の基本であることから、意思表示がその本質的な要素を構成する。

【法律行為の例】

2 法律行為の種類

法律行為は意思表示のあり方（判別の基準）により、いくつかのものに分類されるが、そのうち主なものに次の3種類がある。なかでも契約が最も重要である。

【法律行為の種類】

種類	内容	
契約	相対立する複数当事者の意思表示の合致により成立する法律行為である。 (例)売買契約、賃貸借契約	A 申込み→ ←承諾 B
単独行為	行為者の単独の意思表示により成立する法律行為である。 (例)相手方のある単独行為：取消し、解除、追認 　　　相手方のない単独行為：遺言	A 取消し→ B
合同行為	相対立しない複数当事者の同一目的に向けられた意思表示の集中によって成立する法律行為である。 (例)会社等の団体の設立行為	A B C → → → 団体設立

❷ 意思表示総説

1 意思表示とは

意義　意思表示とは、法律関係を形成する意思を外部に表示する行為をいう。
(例)この車を売ってほしい、この土地を貸してほしい、売買契約を取り消す

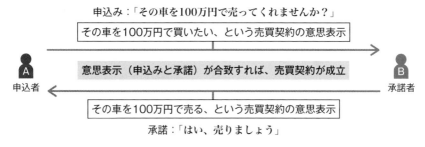

申込み：「その車を100万円で売ってくれませんか？」

その車を100万円で買いたい、という売買契約の意思表示

意思表示（申込みと承諾）が合致すれば、売買契約が成立

A 申込者

B 承諾者

その車を100万円で売る、という売買契約の意思表示

承諾：「はい、売りましょう」

【意思表示の典型例（申込み・承諾）】

2 意思表示の構造

　民法における意思表示の形成過程は、**動機**に基づいて**内心的効果意思**が形成され、これを相手方に伝達するために**表示行為**を行うという流れである。

（例）『Ｖテキスト憲法』を購入する際の申込み→「『Ｖテキスト憲法』をください」
（法律関係を形成する意思）

動機	→	内心的効果意思	→	表示行為
『Ｖテキ憲法』は わかりやすいから これで学習したい		『Ｖテキ憲法』を 購入しよう		『Ｖテキ憲法』を ください

【意思表示の構造】

〈語句〉●内心的効果意思とは、法律関係の形成（法的効果の発生）を欲する意思をいう。

3 意思と表示の不一致の場合の処理

> **設例** A書店に来た学生Bは、『Ｖテキスト民法上巻』を買おうと思ったが、誤って『Ｖテキスト民法下巻』を手に取り、そのまま気づかずにレジに行き、代金を支払った。帰宅後にA書店の袋から本を取り出したBは、そこではじめて間違いに気づいた。学生BはA書店に本の返品を主張することができるか。

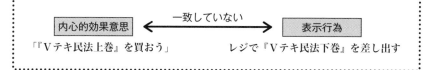

内心的効果意思	← 一致していない →	表示行為
「『Ｖテキ民法上巻』を買おう」		レジで『Ｖテキ民法下巻』を差し出す

　法律行為は、行為者の意思に基づくことを基本としているので、表意者（意思表示をした者）の意思を正確に反映した意思表示が合致することが、契約成立の基本的な要件である。

　設例の場合、表意者Bの意思（内心的効果意思）は『Ｖテキスト民法上巻』を買おう」というものであるが、実際になされた表示行為（レジへ本を差し出すという行為）は、「『Ｖテキスト民法下巻』を買います」というものであり、**意思と表示**（表示行為）との間に**不一致**（真意にそぐわない状態）が生じている。このような場合、売買契約の効力はどのように考えればよいのだろうか。

問題点　意思と表示に不一致がある意思表示の効力は有効か、無効か。

《見解A》　意思主義（静的安全の保護を重視する見解）

結論　意思と表示に不一致がある意思表示は**無効**（取消しが可能）である。

理由　意思表示については、**表意者の意思を重視すべき**であり、取引の相手方よりも**意思表示をした者を保護すべき**である。

《見解B》　表示主義（動的安全・取引の安全の保護を重視する見解）

結論　意思と表示に不一致がある意思表示は**有効**である。

理由 意思表示においては、表示を重視すべきであり、だれもが安全に（安心して）取引をできるように、表示を信じた相手方や第三者を保護すべきである。

　民法は、意思主義を原則としながら、表示主義も取り入れることでバランスをとっている。

4 意思と表示の不一致の類型

　意思と表示の不一致については、❶意思の不存在（表示に対応する意思のない場合）と、❷瑕疵ある意思表示（表示に対応する意思が外部からの不当な影響で形成された場合）に大別できる。

(例)　所有する自動車を売りますと表示をした

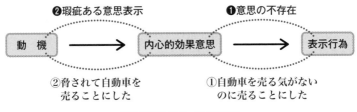

【意思表示の不一致の類型】

　さらに、民法は、意思と表示の不一致について5つの類型に分けて規定している。

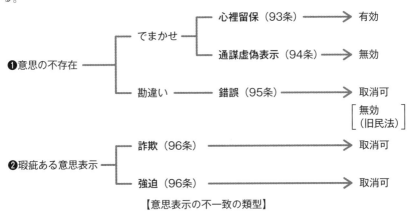

【意思表示の不一致の類型】

〈解説〉　民法改正（2020年4月施行）により錯誤についての位置づけが、瑕疵ある意思表示に含まれることになったが(101条1項参照、120条2項参照)、錯誤の種類のうち表示錯誤について、意思表示に対応する意思を欠く錯誤と定義していることから(95条1項1号)、意思の不存在に分類している。

③ 心裡留保

1 心裡留保とは

> **設例** Aは、以前からBが自分の車を欲しがっていたことを知っていたので、売る気もないのに冗談で、Bに「私の車を10万円で売るよ」と言った。Bが「10万円で買います」と言った場合、売買契約が有効に成立するのか。
>
> ❷表示：「車を10万円で売るよ」 ❸「10万円で買います」
>
> 　A　　　　　　　　　　　　　　　　　B
>
> 表意者　　　　　　　　　　　　　　相手方
>
> ❶意思：売る気はない

意義 心裡留保とは、表意者が、表示行為に対応する真意（意思）がないことを知りながらする意思表示をいう。一言で表すと「うそ」である。

2 心裡留保の効果

原則 意思表示は**有効**となる(93条1項本文)。01

趣旨 表意者本人が真意でないことをわかっていながら、あえて意思表示をしているため、(相手方の信頼を犠牲にしてまで)表意者を保護する必要はない。

例外 相手方が表意者の真意ではないことを知っているか(**悪意**)、または知ることができた場合には(**善意有過失**)、意思表示は**無効**となる(93条1項ただし書)。01

趣旨 意思表示が真意でないことを相手方も知っている場合や(悪意)、相手方の過失によって真意ではないことを知ることができなかった場合には、相手方を保護する必要がない。

〈語句〉●**善意**とは、その事実(ここでは表示が表意者の真意ではないこと)を知らないことをいう。**悪意**とは、その事実を知っていることをいう。
　　　　●**過失**とは、(その事実を知らないことについて)落ち度(不注意)があった場合をいう。**軽過失**とは、軽い落ち度(不注意)があった場合をいう。**重過失**とは、重大な落ち度(不注意)があった場合をいう。以上を組み合わせると、次の表になる。

【善意と悪意の組み合わせ】

			善意無重過失
善意	善意無過失		
	善意有過失	善意軽過失	
		善意重過失	悪意又は重過失
悪意			

> **設例**　においては、Ａが車を売る気がないことを過失なくＢが知らなければ、Ａの意思表示は有効なものとなり、車の売買契約が有効に成立する。

3 第三者が出現した場合

> **設例**　ＡはＢに自己が所有する土地を贈与するとうそをついたが（**心裡留保**）、Ｂはうそであると**知っていた**（**悪意**）。その後、Ｂは**第三者Ｃ**にその土地を売ってしまった。Ｃは、土地の所有権を取得することができるか。

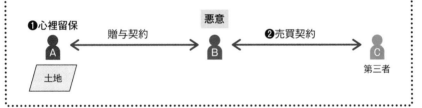

❶心裡留保　　　贈与契約　　**悪意**　　❷売買契約

Ａ　　　　　　　　　　Ｂ　　　　　　　　　Ｃ
土地　　　　　　　　　　　　　　　　　　第三者

　Ａ（表意者）の土地を贈与するとの意思表示が真意ではないことを、Ｂ（相手方）は知っているため、Ａの意思表示は無効となる。したがって、土地についてＢは無権利者である。しかし、ＢはＣ（第三者）に土地を売却している。

〈語句〉●第三者とは、心裡留保の当事者（表意者と相手方）又はその一般承継人（例えば相続人）以外の者で、心裡留保の目的物につき法律上の利害関係を有するに至った者をいう。第三者の詳細は、次の❹項「通謀虚偽表示」で扱う。

　心裡留保における意思表示の無効は、善意の第三者に対抗することができない（93条2項）。すなわち、**第三者が表意者の真意でないことについて善意であれば、表意者は意思表示の無効を対抗（主張）することができない（保護される）**。〔02〕

> **趣旨**　取引安全の見地から、表意者の真意でないことを知らない第三者を保護すべきである。また、表意者（真の権利者）の帰責性が大きいので、第三者の保護要件は**善意で足りる**（無過失までは要しない）。

●相手方が表意者の真意でないことについて ─┬─ 善意無過失 ➡ **原則** 有効

└─ 悪意又は有過失 ➡ **例外** 無効

⬇ ただし

●第三者が表意者の真意でないことについて善意 ➡ 第三者に無効の主張不可

【心裡留保まとめ】

> **設例** においては、Aの真意ではないことについてCが善意であれば保護され、Cは、土地の所有権を取得することができる。

❹ 通謀虚偽表示

1 通謀虚偽表示とは

> **設例❶** Aは、債権者の差押えを免れるため、自己の所有する土地を形の上だけ売ったことにしておくことを、知人のBに持ちかけた。Bは、これを了承し、AB間で虚偽の土地売買契約書を作成した。債権者は、Aの土地を差し押さえることができるのか。
>
>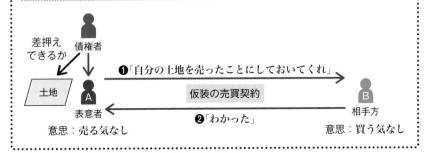

意義 通謀虚偽表示(虚偽表示)とは、**表意者が相手方と示し合わせて(通じて)する虚偽の意思表示**をいう。**設例❶**のように、差押え等を逃れるための資産隠しとして行われるのが典型的である。

効果 虚偽の意思表示は**無効**となる(94条1項)。 03

趣旨 当事者双方が意思表示が虚偽であることを了解している(意思表示から法律効果が発生しないことを了解している)以上、意思表示の効力を発生させる必要はない。

〈語句〉●差押えとは、強制執行の準備として、債権者の申立てに基づいて、裁判所が債務者の財産の処分を禁止する行為である。

> **設例❶** においては、AB間の（仮装の）売買契約は無効となる。その結果として、債権者はAの土地を差し押さえることが可能であり、また、AはBに対して売買契約の無効を主張することができる。

2 第三者が出現した場合

① 第三者の保護

> **設例❷** **設例❶** の仮装売買により、Bは、虚偽の登記名義を得た。そこでBは、自分が所有者であるような外観（外形）があることを利用して、Aを裏切り、第三者Cに土地を売ってしまった。Cは、土地の所有権を取得することができるのか。
>
>

〈語句〉●登記(不動産登記)とは、土地・建物といった不動産についての登録制度である。物件の同一性を示すための不動産の所在地・面積等や、所有権などの不動産の権利関係が記載されている。詳細は本章 **8** 節 **❷** 項「不動産登記」で扱う。

　AB間の売買契約は無効であるから(94条1項)、Bに土地の所有権は移転しておらず(依然として所有権はAにある)、Bは無権利者である。そのため無権利者であるBから土地を買った第三者Cもまた無権利者であるといえる。

効果 　虚偽表示の表意者は、意思表示の無効を**善意**(通謀虚偽表示であることを知らない)の**第三者に対抗(主張)することができない(保護される)**(94条2項)。
04

趣旨 　①　虚偽表示の表意者は、自らの意思で虚偽の外形を作出したという点で非難に値するものであり、保護の必要性は低い。
　　②　第三者は、虚偽の外形を真実のものと信じて取引をしているため、

第三者が保護されなければ取引の安全が害される。

なお、94条2項は、善意の第三者を保護することを目的としていることから、第三者の側から虚偽表示による無効を主張することは可能である。 05

〈解説〉 上記のように真の権利者が、自らの責めに帰すべき事由(帰責性のある事由)により虚偽(不実)の外観(外形)を作出し、第三者がこの外観を信頼して取引した場合、真の権利者の犠牲において第三者を保護するべきとの考えを**権利外観法理**または**表見法理**という。

設例❷ では、AB間の通謀虚偽表示について第三者Cが善意の場合、Cとの関係においては、仮装の売買契約は有効と扱われるため(AB間では無効)、Cが土地の所有権を取得し、Aは土地の所有権を失うことになる。

●通謀虚偽表示 ─┬─ **原則** 無効(94条1項)
　　　　　　　　 └─ **例外** 善意の第三者には無効を対抗することができない(94条2項)
【通謀虚偽表示まとめ】

② 94条2項の善意の第三者

意義 94条2項にいう善意の「第三者」とは、虚偽表示の当事者又はその一般承継人(ex.相続人)**以外の者**で、虚偽表示の目的物につき**法律上の利害関係**を有するに至った者をいう(大判大5.11.17)。 06

ここにいう法律上の利害関係とは、虚偽表示が無効とされた場合に、権利を失うことになること(権利が取得できなくなる)、又は義務を負うことになることをいう。典型例は、虚偽表示の目的物を譲り受けた者である。 07

【94条2項の第三者まとめ】

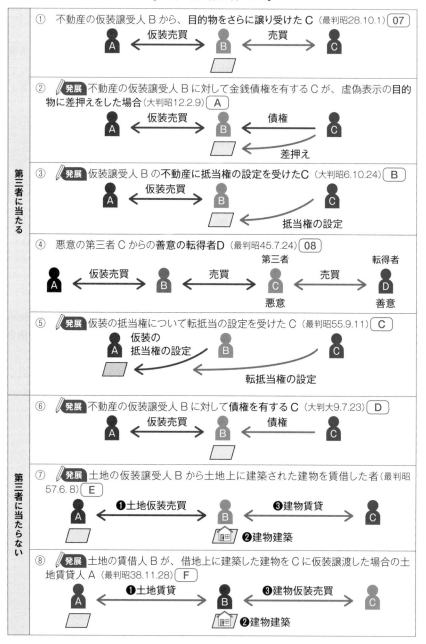

① 不動産の仮装譲受人 B から、**目的物をさらに譲り受けた C**（最判昭28.10.1）**07**

A ◄─ 仮装売買 ─► B ◄─ 売買 ─ C

② 📝**発展** 不動産の仮装譲受人 B に対して金銭債権を有する C が、虚偽表示の**目的物に差押えをした場合**（大判昭12.2.9）**A**

A ◄─ 仮装売買 ─► B ◄─ 債権 ─ C
B ◄─ 差押え ─

③ 📝**発展** 仮装譲受人 B の**不動産に抵当権の設定を受けたC**（大判昭6.10.24）**B**

A ─ 仮装売買 ─ B
C ─ 抵当権の設定

④ 悪意の第三者 C からの**善意の転得者D**（最判昭45.7.24）**08**

第三者 / 転得者
A ◄─ 仮装売買 ─► B ◄─ 売買 ─► C ─ 売買 ─► D
悪意 善意

⑤ 📝**発展** 仮装の抵当権について**転抵当の設定を受けた C**（最判昭55.9.11）**C**

A 仮装の抵当権の設定 B
C 転抵当権の設定

⑥ 📝**発展** 不動産の仮装譲受人 B に対して**債権を有する C**（大判大9.7.23）**D**

A ◄─ 仮装売買 ─► B ◄─ 債権 ─ C

⑦ 📝**発展** 土地の仮装譲受人 B から土地上に建築された**建物を賃借した者**（最判昭57.6.8）**E**

A ◄─ ❶土地仮装売買 ─► B ◄─ ❸建物賃貸 ─► C
❷建物建築

⑧ 📝**発展** 土地の賃借人 B が、借地上に建築した**建物を C に仮装譲渡した場合の土地賃貸人 A**（最判昭38.11.28）**F**

A ◄─ ❶土地賃貸 ─► B ◄─ ❸建物仮装売買 ─ C
❷建物建築

第三者に当たる
第三者に当たらない

③ 無過失の要否

　民法上、信頼保護を目的とした類似の規定である詐欺(96条3項)や、表見代理(109条、110条、112条)では、条文上または解釈上無過失であることが要求される。これに対して、94条2項は、第三者が保護される要件として善意であることを規定しているが、条文上、無過失であることまでは求めていない。

問題点	第三者の保護要件として無過失であることが必要か。
結論	無過失であることは**不要である**(大判昭12.8.10)。 09
理由	本来の権利者は、あえて虚偽の意思表示をしており、**帰責性が強い**ことから、表意者と第三者の間のバランスを考えれば無過失であることまで求める必要はない。

④ 登記の要否

　不動産取引の場合、一般に取得した権利を売買等の当事者以外の第三者に対抗するためには、登記の名義移転を受けることを要する。

問題点	第三者は権利を主張するために登記を要するか。
結論	**登記は不要である**(最判昭44.5.27)。 10
理由	虚偽の意思表示は、第三者との関係では有効なものと扱われる(上記 **設例❷** でいえば、表意者A→B→第三者Cと売買が有効になされたことになる)ことから、表意者と第三者は前主・後主という当事者関係にあるといえる(学説による一般的な理由)。

⑤ 登記の要否 (二重譲渡の場合) 発展

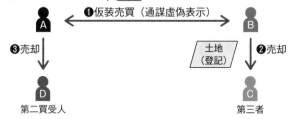

【虚偽表示と二重譲渡】

問題点	第三者Cが土地を買い受けた後、第二買受人DがAから当該土地を買受けた場合、CD間の法律関係はどうなるか。
結論	先に登記を備えた方が優先する(最判昭42.10.31)。 G
理由	Cが94条2項の第三者に当たる場合には、Aを起点とした有効な譲渡がCとDに二重に行われたと同視できるので177条を適用して決する(二重譲渡と177条については第2章 **7** 節 **❹** 項「物権変動における対抗要件主義」で扱う)。

⑥ 善意の判断基準

問題点 第三者が善意であることはどの時点を基準として判断するのか。

結論 虚偽表示の法律関係を前提として、**第三者が新たに利害関係に入った時（契約時）を基準とする**（最判昭55.9.11）。**11**

契約締結時に善意であれば、以降に悪意となっても保護される。

⑦ 善意の立証責任 **発展**

問題点 善意であることの立証責任は誰が負担するのか。

結論 第三者が負担する（最判昭35.2.2）。**H**

理由 ① 94条2項の文言上、第三者が主張・立証すべきである。

② 本来は虚偽表示により無効であった法律効果が、有効となることにより利益を受けるのは第三者である。

〈語句〉●立証責任（または挙証責任）とは、訴訟において一定の事実の存否が確定されない場合に、その存否が確定されないことにより当事者の一方に帰せられる不利益のことをいう。

[3] 転得者が出現した場合

設例 ①Aは、自己の土地をBに売却するとの仮装売買契約を締結し、B名義の登記がされた。②Bは、この土地をCに売却し、C名義の登記がされた。③さらにCは、土地をDに売却した。Dは、土地の所有権を取得することができるのか。

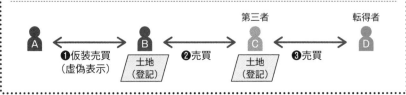

〈語句〉●ここにいう**転得者**とは、虚偽表示の当事者（B）から権利を取得した者（C）から、さらに権利取得した者（Dまたは、D以降に権利取得した者）をいう。

　設例においては、Ⓐ第三者・転得者が共に善意、Ⓑ第三者・転得者が共に悪意、Ⓒ第三者が悪意・転得者が善意、Ⓓ第三者が善意・転得者が悪意、の4つのパターンが考えられる。このうち、Ⓐの場合は転得者Dは保護され土地所有権を取得し、Ⓑの場合は転得者Dは保護されず土地所有権を取得することができない点に争いはない。問題となるのはⒸとⒹのパターンである。

① 第三者が悪意、転得者が善意の場合

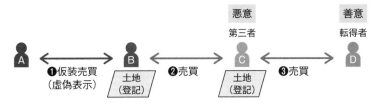

問題点 第三者が悪意で、転得者が善意（パターン©）の場合、転得者は保護されるのか。

結論 転得者は、94条2項の「第三者」として保護される（最判昭45.7.24）。 [08]

理由 転得者も虚偽表示の外観を信頼して取引に入ったという点において第三者と異なるところはない。

② 第三者が善意、転得者が悪意の場合

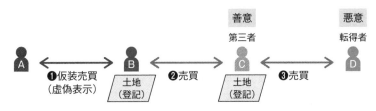

この場合、善意の第三者Cは94条2項で保護され、土地の所有権を取得する。

問題点 第三者が善意で転得者が悪意（パターン⑩）の場合、転得者は土地の所有権を取得することができるのか。

《見解A》 相対的構成説

虚偽表示の無効の効力を問題となる第三者ごとに個別に判断する。

結論 悪意の転得者は土地の所有権を取得することができない。

理由 悪意の者を保護する必要はない。

批判 ① 第三者ごとに判断すると、権利関係が安定しない。例えば、順次権利取得をした転得者が9人目までは善意であっても、10人目が悪意であると真の権利者は権利を回復できてしまう。

② 慎重な転得者ほど取引前に調査をするから、悪意となる場合が多くなる（保護されない）。そうすると、土地が売れなくなり、第三者は自由に財産を処分することが困難になるから、善意の第三者を保護した意味が薄れる。

《見解B》 絶対的構成説

一旦善意者が登場した時点で、その善意者が確定的に権利を取得する(所有権が移転する)(大判大3.7.9)。

結論 悪意の転得者は土地の所有権を取得することができる。すなわち、悪意の転得者は、善意の第三者が確定的に取得した所有権を承継して取得することになる。[12]

【転得者が出現した場合】

第三者	転得者	転得者の権利取得の可否
Ⓐ善意	善意	○
Ⓑ悪意	悪意	×
Ⓒ悪意	善意	○(94条2項の第三者)
Ⓓ善意	悪意	○(絶対的構成)

4 94条2項の類推適用その他 /発展

① 虚偽の外形を真の権利者が承認していた場合

設例 Bは、Aに無断でA所有の土地について、自己名義の所有権移転登記をした。AはB名義の登記に気が付いたが、4年間これを放置していた。その後、Bは自己の土地だと偽って善意のCに土地を売却した。Cは土地の所有権を取得することができるか。

94条2項は、通謀により虚偽の外形が作られた場合に適用されるものである。**設例** においては、**BがAに無断で虚偽の登記をしておりAB間の通謀がないため、94条2項を直接適用することはできず、Cは保護されないことになる。**

問題点 虚偽の外観(外形)の作出が当事者間の通謀によるものでない場合、第三者は保護されるか。

結論 以下の3つの権利外観法理の要件を充たす場合には、**94条2項が類推適用され第三者は保護される。**

① 虚偽の外観が存在すること。

② 虚偽の外観を第三者が**信頼していたこと（善意）**。

③ 虚偽の外観が作出されたことについて**真の権利者に帰責性があること**。

理由 94条2項の趣旨である権利外観法理は、虚偽の外観の作出について**帰責性のある真の権利者を犠牲にして、第三者を保護する**ことにあり、この観点からは通謀の事実の有無は重要ではない。

〈語句〉●**類推適用**とは、事項Aについて規定が設けられている場合において、事項Aと本質的に類似する別の事項Bについても当該規定を適用することをいう。

設例においては、B名義の虚偽の登記があり（要件①）、CはB名義の登記を信頼して土地を買っている（要件②）。さらに、Aは虚偽の登記の存在を知りながら4年間これを放置しており、不実の登記を黙示に承認していたものとして帰責性が認められる（要件③）。したがって、94条2項が類推適用され、第三者Cは土地の所有権を取得する（保護される）。 〔 I 〕

---

② **真の権利者が作出または承認していた虚偽の外形を基礎に、他人が別の外形を作出した場合**

設例 ①Aが所有する甲不動産について、AB間で仮装の売買予約が行われ、②B名義の仮登記がなされた。その後、③BはAの委任状を偽造して勝手に所有権移転の本登記に改め、④甲不動産をCに売却した。Cは、甲不動産の所有権を取得することができるのか。

〈語句〉●**仮登記**とは、将来に売買が成立して本登記をするのに備えてあらかじめするものである。仮登記をしただけでは、登記の本体的効力を有しないので本登記の名義人が登記簿上も所有者である。

AはBと通謀して虚偽の外形（B名義の仮登記）を作出しているが、Cが信じた外形(本登記)は、Bが勝手に作出したものである。

問題点 第三者が信頼した虚偽の外形が、真の権利者が作出した虚偽の外形を基礎として他人が作出したものだった場合、第三者は保護されるか。

結論 第三者が**善意無過失**であれば保護される（最判昭43.10.17）。 J

理由 真の権利者は、基礎となった虚偽の外形の作出に関与しているが、第三者が信頼した虚偽の外形そのものを作出または承認しているわけではなく、虚偽の外形を承認していた場合に比べ、**帰責性が小さい**といえる。したがって、**94条2項と110条の法意**に照らし、第三者の保護には善意に加えて無過失が要求される。

設例においては、B名義の本登記という虚偽の外形があり（要件①）、Aは虚偽の外形の作出に関与している（要件③）。もっとも、虚偽の外形はAが作出した虚偽の外形を基礎としてBが作出したものであることから、Cが**善意無過失**であれば（要件②）、Cは、甲不動産の所有権を取得することができる。

【94条2項の類推適用その他の可否】

事例	第三者Cの保護
A所有の土地について、①BがAに無断で登記を自己の名義に移転した上、②第三者Cに売却した（Aの帰責性がない） ❶無断で登記 A　　　B ◀❷売買▶ C	×
A所有の土地について、①BがAに無断で登記を自己の名義に移転したところ、②Aがそれを知りながら、これを存続させることを明示又は黙示に承諾してきたため、③Bが善意の第三者に売却した I ❷承諾　　❶無断で登記 A　　　B ◀❸売買▶ C	◯ 94条2項類推適用 （最判昭45.9.22）
未登記建物の所有者Aが、Bの承諾を得て建物にB名義の登記をしたところ、Bが善意の第三者Cに当該建物を売却した K ❶承諾　　❷登記 A　　　B ◀❸売買▶ C	◯ 94条2項類推適用 （最判昭41.3.18）

建物所有者のAは、所有権を移転する意思がないのに当該建物の管理をゆだねていたBに売却する旨の売買契約を締結し、面前でBが登記申請書にAの実印を押捺するのを傍観していた。Bは、当該登記申請書、Aの印鑑登録証明書等を用いて移転登記手続を行い、その後、Bは善意無過失のCに当該建物を譲渡した [L]

❶管理事務委託 ❷無断で登記  ❸売買

A B C

○
94条2項、110条の類推適用

（最判平18.2.23）

不実の所有権移転登記がされたことにつき、所有者Aに自らこれに積極的に関与した場合やこれを知りながらあえて放置した場合と同視し得るほど重い帰責性があるとして、94条2項、110条を類推適用すべきものとされた

重要事項 一問一答

01 法律行為とは？

意思表示によって、法律関係を形成する行為のこと（意思表示によって、権利を発生・変更・消滅させる）

02 法律行為の具体例は（3つ）？

①契約、②単独行為、③合同行為

03 単独行為とは？

単独の意思表示で成立する法律行為

04 単独行為の具体例は（3つ）？

①取消し、②追認、③解除

05 意思表示とは？

（法律関係を形成する）意思を外部に表示する行為のこと

06 意思主義とは？

表意者の意思を重視する。

07 表示主義とは？

表示を重視して取引の安全を保護する。

08 意思と表示の不一致で無効主張で処理するものは（2つ）？

①心裡留保、②通謀虚偽表示

09 意思と表示の不一致で取消しで処理するものは（3つ）？

①詐欺、②強迫、③錯誤

10 心裡留保とは？

表意者が、真意でないことを知りながらする、意思表示のこと

11 心裡留保の効果は？

原則：有効、例外：相手方が悪意または有過失の場合は無効

12 心裡留保の相手方が悪意または有過失の場合、第三者に無効主張は可能か？

善意の第三者には無効を主張することはできない。

13 通謀虚偽表示とは？

相手方と通謀してした、真意でない、意思表示のこと

14 通謀虚偽表示の効果は（当事者間）？

無効

15 通謀虚偽表示の効果は（善意の第三者との間）？

無効を主張することはできない。

16 94条2項の「第三者」とは？

当事者又はその一般承継人以外の者で、虚偽表示の目的物につき法律上の利害関係を有するに至った者

17 94条2項の「第三者」が保護されるのに無過失が必要か？

不要

18 94条2項の「第三者」が保護されるのに登記は必要か？

不要

19 94条2項の「第三者」が善意か否かの判断基準時は？

虚偽表示の法律関係を前提として、第三者が新たに利害関係に入った時（契約時）

20 94条2項の「善意の第三者」に転得者は含まれるのか？

含まれる（判例）。

21 絶対的構成とは？

いったん善意者が登場した時点で権利が確定し、その後は悪意者であっても保護されるとする考え方のこと

過去問チェック（争いのあるときは、判例の見解による）

01 表意者であるＡが表示行為に対応する真意がないことを知りながら行った意思表示は有効であり、相手方ＢがＡの真意を知っていたとしても、そのために効力を妨げられない。

×（国般2009）「そのために効力を妨げられない」が誤り。

02 Ａが心裡留保によって甲土地をＢに売却し、かつ、Ａの心裡留保についてＢが悪意であった場合、その後にＢがＡの心裡留保について善意のＣに甲土地を転売したとしても、Ａは、AB間の売買契約の無効をＣに対抗することができる。

× (裁2011)「AB間の売買契約の無効をCに対抗することができる」が誤り。

[03] Aは債権者Xからの強制執行を免れるため、Bと通謀し、その意思がないにもかかわらず、自分の所有している甲土地をBに売却したことにしてその登記をBに移した。この場合、AB間の売買契約は有効に成立しているため、Xは甲土地に対して強制執行をすることはできない。
× (税2013)「AB間の売買契約は有効に成立しているため、Xは甲土地に対して強制執行をすることはできない」が誤り。

[04] 相手方と通じてした虚偽の意思表示は、当然無効となり、虚偽表示が無効だという効果を、当該行為が虚偽表示であることを知らない善意の第三者に対しても主張することができる。
× (区2015)「当該行為が虚偽表示であることを知らない善意の第三者に対しても主張することができる」が誤り。

[05] Aが自己の所有する不動産をBに仮装譲渡して登記を移転した後、Bがその不動産を善意のCに譲渡した場合、CはAB間の譲渡が無効であることを主張することができない。
× (裁2020)「CはAB間の譲渡が無効であることを主張することができない」が誤り。

[06] AがBに対して、通謀虚偽表示により甲土地を売却した後、Bが死亡し、Bの唯一の相続人であるCがBを相続して甲土地を取得した場合、Cは、民法第94条第2項の「第三者」に該当する。
× (裁2019改題)「民法第94条第2項の『第三者』に該当する」が誤り。

[07] Aは債権者Xからの強制執行を免れるため、Bと通謀し、その意思がないにもかかわらず、自分の所有している甲土地をBに売却したことにしてその登記をBに移した。その後、Bは甲土地を自分のものであると偽ってCに売却し、登記もCに移した。この場合において、Cが、甲土地の真の所有者はBであると過失なく信じて購入したときは、Cは甲土地の所有権を取得することができる。
○ (税2013)

[08] 民法第94条第2項によって保護されない悪意の第三者からの転得者は、善意であれば保護される。判例によれば、同項の第三者には、転得者も含まれるからである。

○（国般2006）

09 相手方と通じてした虚偽の意思表示の無効を対抗することができないとされている第三者は、善意であることに加えて、無過失であることが必要である。
×（国般2017）「に加えて、無過失であることが必要である」が誤り。

10 AB間の土地売買契約が通謀による虚偽表示である場合、買主Bから当該土地を買い受けたCは、AB間の売買契約が虚偽表示であることについて善意無過失であっても登記を具備していなければAの土地返還請求を拒否することができない。
×（税・労2008）「登記を具備していなければAの土地返還請求を拒否することができない」が誤り。

11 相手方と通じてした虚偽の意思表示の無効は、善意の第三者に対抗することはできないが、第三者が利害関係を持った時点では善意であっても、その後に虚偽であることを知った場合は、善意の第三者ではなくなるから、意思表示の無効を対抗することができる。
×（国般2017）「善意の第三者ではなくなるから、意思表示の無効を対抗することができる」が誤り。

12 建物の所有者AがBと通謀して、当該建物をB名義で登記していたところ、Bは当該建物をCに譲渡し、さらにCはDに譲渡した。Bが無権利者であることにつきCが善意、Dが悪意であるとき、Dは当該建物の所有権取得が認められる。
○（国般2010）

A Aが自己の所有する不動産をBに仮装譲渡して登記を移転した後、Cがその不動産を差し押さえた場合、Cは民法第94条第2項の第三者にあたる。
○（裁2020）

B AとBとが不動産の仮装売買を行った場合、Bから抵当権の設定を受けた善意の第三者Cは、Aに対して抵当権を主張することができない。
×（税・労2004改題）「Aに対して抵当権を主張することができない」が誤り。

C Aが通謀虚偽表示によって甲土地にBを抵当権者とする抵当権を設定し、その後にBが甲土地にCを転抵当権者とする転抵当権を設定してその登記を経由した場合で、AB間の通謀虚偽表示についてCが善意であるとき、BからAに対し転抵当権設定の通知（転抵当権の対抗要件）なされていなくても、AはCに対して原抵当権が無効であることを主張できない。

第1章

総則

D AはBと通謀してA所有の甲土地をBに仮装譲渡し、所有権移転登記を了した。この事情を知らないBの一般債権者であるCは、甲土地について差押えをしていなくても法律上利害関係を有する者といえるから、Aは、Cに対してAB間の売買契約の無効を主張することができない。

× （裁2009）「甲土地について差押えをしていなくても法律上利害関係を有する者といえるから、Aは、Cに対してAB間の売買契約の無効を主張することができない」が誤り。

E AがBに対して、通謀虚偽表示により甲土地を売却した後、Bが甲土地上に建物を建築して、当該建物をCに賃貸した場合、Cは民法第94条第2項の「第三者」に該当する。

× （裁2019改題）「Cは民法第94条第2項の『第三者』に該当する」が誤り。

F 土地の賃借人Aが地上建物をBに仮装譲渡した場合、土地賃貸人Cは、当該譲渡につき民法第94条第2項にいう第三者に当たるから、当該仮装譲渡の無効を主張することができる。

× （税・労2004）「土地賃貸人Cは、当該譲渡につき民法第94条第2項にいう第三者に当たるから」が誤り。

G Aが通謀虚偽表示によって甲土地をBに売却して所有権移転登記をし、BがAB間の通謀虚偽表示について善意のCに甲土地を転売した場合、その後にAがDに甲土地を売却したとしても、AからBに所有権移転登記がされている以上、Cは、Cに対する所有権移転登記を具備していなくても、Dに対して甲土地の所有権の取得を対抗することができる。

× （裁2011）「Dに対して甲土地の所有権の取得を対抗することができる」が誤り。

H 最高裁判所の判例では、相手方と通じてした虚偽の意思表示による無効は、善意の第三者に対抗することができないが、当該第三者がこの保護を受けるために、自己が善意であったことを立証する必要はないとした。

× （区2005）「自己が善意であったことを立証する必要はないとした」が誤り。

I A所有の不動産について、BがAの実印等を無断で使用して当該不動産の所有権登記名義をBに移転した場合において、Aが当該不動産につき不実の登記がされていることを知りながらこれを明示又は黙示に承認していたときであっても、

AB間に通謀による虚偽の意思表示がない以上、その後にBから当該不動産を購入した善意のCが保護されることはない。

×（国般2020）「その後にBから当該不動産を購入した善意のCが保護されることはない」が誤り。

[J] 建物の所有者AがBと合意して、当該建物につき売買予約をしたと仮装し、当該建物をB名義で仮登記していたところ、Bは、真正に成立したものでない委任状によって、当該建物をB名義で本登記した。その後、Bは当該建物をCに譲渡した。Bが無権利者であることにつきCが善意・無過失であるとき、Cは当該建物の所有権取得が認められる。

○（国般2010）

[K] 建物を新築したAが、当該建物の所有権を移転する意思がないのに、Bの承諾を得た上、当該建物をB名義で保存登記していたところ、Bは当該建物をCに譲渡した。Bが無権利者であることにつきCが善意であるときでも、Cは当該建物の所有権取得が認められない。

×（国般2010）「Cは当該建物の所有権取得が認められない」が誤り。

[L] Aは、所有する建物について、所有権を移転する意思がないのに、当該建物の管理をゆだねていたBに売却する旨の売買契約書に署名押印した。さらに、BはAの面前で登記申請書にAの実印を押なつしたがAは漫然と見ているだけであった。そして、Bは、当該登記申請書、別の手続のため交付されていたAの印鑑登録証明及び数か月前より預けられたままとなっていた登記済証を用いて当該建物の移転登記手続を行った。その後、Bは当該建物をCに譲渡した。Bが無権利者であることにつきCが善意・無過失であるときでも、Cは当該建物の所有権取得が認められない。

×（国般2010）「Cは当該建物の所有権取得が認められない」が誤り。

6 法律行為―意思表示②

本節では、前節に続き意思と表示に不一致があった場合の処理について扱います。

❶ 錯誤

1 錯誤とは

意義 錯誤とは、表意者が**自己の誤りに気付かずに勘違いによってなされた意思表示**をいう。

表示に対応する意思が存在しないということを、**表意者自身が認識していない点**が心裡留保(93条)、虚偽表示(94条)と異なる。

効果 取り消すことができる。

> **設例** Aは、B書店で『Vテキスト民法』を買おうとしたが、誤って『Vテキスト憲法』を買ってしまった。Aは、売買契約をなかったことにできるか。
>
> ❷表示：レジで『Vテキ憲法』を差し出す　　❸「いいですよ」
>
> A ⟶ B 書店
>
> ❶意思：「『Vテキ民法』を買おう」

設例 において、Aは「『Vテキスト**民法**』を買おう」という意思にもかかわらず、「『Vテキスト**憲法**』を下さい」と表示しており(勘違いをしている)、表示に対応する意思が存在しないから、Aの意思表示は錯誤の問題となり、要件を満たせば取り消すことが可能となる。

意思主義の観点からは、表示に対応する意思がない以上、意思表示は無効となるとも思える。しかし、①無効は誰でも主張できるにもかかわらず、旧民法下の判例が、錯誤による意思表示の無効(旧95条)は、原則として表意者のみが主張できるとしていたこと、②表意者の帰責性がより少ない詐欺による「取消し」には主張期間の制限(126条)があることとのバランスを考慮する必要性があること、以上の点から、民法改正(2020年4月施行)に伴い、錯誤による意思表示を「取り消すことができる」

と規定した。

2 錯誤の種類

【錯誤の種類】

種類	① 意思表示に対応する意思を欠く錯誤（表示錯誤）	② 法律行為の基礎とした事情の錯誤（基礎事情の錯誤）
内容	意思表示に対応する意思を欠く錯誤 ・表示上の錯誤 ・内容の錯誤	表意者が法律行為の基礎とした事情（動機等）についてのその認識が真実に反する錯誤

95条1項は、錯誤について、①意思表示に対応する意思を欠く錯誤（**表示錯誤**）、②表意者が法律行為の基礎とした事情についてのその認識が真実に反する錯誤（**基礎事情の錯誤**）の2つに分類している。

意義 ① **表示錯誤**とは、表示行為に至るまで（効果意思を外部に表示するまで）の過程において勘違いが生じた場合をいう。

② **基礎事情の錯誤**とは、意思表示の形成過程には勘違いは見られないが、その前段階において勘違いが生じた場合をいう。

【表示錯誤と基礎事情の錯誤】

① 意思表示に対応する意思を欠く錯誤（表示錯誤）

表示錯誤は、表示上の錯誤と内容の錯誤の2つに分類することができる。

種類	表示上の錯誤	内容の錯誤
内容	表示行為そのものについて勘違いがある場合。言い間違い、書き間違いのこと。	表示の内容（表示の持つ意味）について勘違いがある場合。
例	「100万円」と書くつもりが、「1000万円」と書き間違えてしまった。	ドルとポンドの価値が同じだと思い、「100ドルで買う」つもりで、「100ポンドで買う」と言ってしまった。

② 法律行為の基礎とした事情についての錯誤（基礎事情の錯誤）

> **設例** 学生Aは、大学の授業で『Vテキスト民法』を使用すると聞いたので、書店で『Vテキスト民法』を購入した。ところが、それはAの聞き間違いであり、授業で使用するのは別のテキストだった。Aは、売買契約を取り消すことができるか。

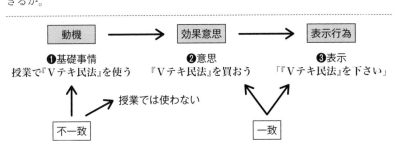

設例 において、Aは、『Vテキスト民法』を買う意思で「『Vテキスト民法』を下さい」と表示しているので、意思表示の形成過程には勘違いは見られない。しかし、意思表示の形成過程の前段階（『Vテキスト民法』を買おうと思った動機）において勘違いをしており、**法律行為の基礎とした事情に錯誤がある**（基礎事情の錯誤）。

3 錯誤の要件

錯誤取消しが認められるためには、以下の要件を充たさなければならない。

【錯誤の要件】

種類	意思表示に対応する意思を欠く錯誤（表示錯誤）	法律行為の基礎とした事情の錯誤（基礎事情の錯誤）
共通要件	① 錯誤の**重要性**があること ② 表意者に**重過失**がないこと	
個別要件		基礎とした事情について、**法律行為の基礎とされていることが表示されていること**
共通要件② の例外	以下のいずれかに該当すれば、表意者に重過失があってもよい。 i) 相手方が表意者の錯誤について**悪意または重過失**の場合 ii) 共通錯誤の場合	

① 共通要件——錯誤の重要性があること（錯誤の重要性）

一口に勘違いといっても、その程度は様々なものがあり、ささいな勘違いまで取消事由とすると取引の安全が害される。そこで、錯誤が「法律行為の目的及び取引

上の社会通念に照らして重要なものであるとき」は、錯誤取消しが認められる(95条1項柱書)。[01]

意義 錯誤の重要性とは、その行為において重要な部分の錯誤を意味する。

発展 具体的には、その部分について勘違いがなければ表意者がその意思表示をしなかったであろうと考えられ、一般人も意思表示をしないことが相当といえるものを指す(大判大3.12.15)。[A]

【錯誤の重要性に関する事例】

錯誤の事由	事例	錯誤の重要性
表意者の相手方の同一性の錯誤	① 金銭貸借の借主が保証人の想定していた人物と別人だった(大判昭9.5.4) ② 弁護士だと思い事件処理を依頼した相手(受任者)が実際は弁護士ではなかった(大判昭10.12.13)	・あり **理由** 特に個人に重きを置く法律行為では、相手方の同一性は重要といえる。人的信頼関係の強い貸借・委任等は、これに当たる。
	不動産売買の相手方が表意者の想定していた人物と別人だった(最判昭29.2.12)	・あり **理由** 不動産売買においては、相手方が誰であるかは、主観的にも客観的にも重要な事項に属する。
目的物の性状や同一性に関する錯誤※	① **発展**「受胎した良馬」のつもりで買った馬が、受胎していなかった(大判大6.2.24)[B] ② 著名な画家の作品だと思い買った絵画が贋作(偽物)だった(大判大2.3.8)	・あり **理由** 一般的には基礎事情の錯誤にすぎない。しかし、目的物の性状等が表示され取引上重要な意味を持つ場合は重要な錯誤となる。
契約をした理由に関する錯誤	**発展** 他に連帯保証人がいるとの債務者の説明を誤信して連帯保証人となった(最判昭32.12.19)[C]	・なし(原則) **理由** 保証契約は債権者・保証人間の契約なので、他に連帯保証人がいるかどうかは、当然には保証契約の内容とならない。

※ **発展** 和解契約の前提であるジャムの品質に錯誤があった場合(最判昭33.6.14)については、『民法下』「債権各論」で扱う。

② 共通要件―表意者に重大な過失がないこと(無重過失)と例外

意義 重大な過失(重過失)とは、通常の判断能力があれば、きわめて容易に勘違いに気付くことができたという事情があったにもかかわらず、それに気付けなかったことをいう(注意不足の程度が著しいこと)。

原則 表意者に重大な過失がある場合は、取り消すことができない。[02]

理由 重過失のある表意者は、相手方を犠牲にしてまで保護する必要はない。

例外 以下のいずれかの場合は、表意者に重過失があっても取り消すことができ

る(95条3項)。

① 相手方が表意者に錯誤があることを**知っていた**、または**重大な過失に**
より知らなかったとき(悪意または重過失)[03]

② 相手方が表意者と**同一の錯誤**に陥っていたとき(共通錯誤)[04]

趣旨 相手方が表意者に錯誤があることを知っていたか、容易に知ることが
できた場合には相手方を保護する必要がない(上記 **例外** ①)。また、表
意者と相手方が同一の錯誤に陥っていた場合は、法律行為(契約)を有効
なものとして維持する必要がない(上記 **例外** ②)。

③ 個別要件 (基礎事情の錯誤の個別要件)

基礎事情の錯誤については、共通要件の他に、以下の個別要件を充たす必要があ
る。

要件 その事情(表意者が法律行為の基礎とした事情)が法律行為の基礎とされて
いることが表示されていたこと(95条2項)。[05]

趣旨 基礎事情の錯誤においては、意思と表示に不一致はない。また、通常は、
法律行為を行うにあたり基礎とした事情は目に見えない(相手方には分から
ない)ので、取引の安全が害されないように基礎事情が表示されていること
が必要である。

> **設例** においては、Aが、書店で『Vテキスト民法』を購入する際に「授業で『V
> テキスト民法』を使うので買います」と表示していれば、意思表示を取り消す
> ことができる。

4 効果

① 取消し

錯誤の要件を充たす場合には、表意者は意思表示を**取り消す**ことができる(95条1
項柱書)。

〈**解説**〉 取消し・取消後の法律関係については、本章**4**節**1**項「法律行為の取消
し」を参照のこと。

② 第三者が存在する場合の取消しの主張制限

第三者が出現した場合、第三者を保護する必要が生じることから、**第三者との関**
係で錯誤取消しの効果の主張が制限されることがある。保護する法律構成は、第三
者が取消し前に出現した場合と、取消し後に出現した場合で異なる。

〈解説〉　ここにいう「第三者」の意義は、心裡留保(93条2項)や虚偽表示(94条2項)における第三者と同じである。すなわち、当事者又はその一般承継人以外の者で、錯誤の対象となった目的物につき新たな法律上の利害関係を有するに至った者である。

③ 錯誤取消しの効果の主張制限 (取消し前の第三者)

> **設例**　A は、自己の所有する土地を B に売却し、B 名義の所有権移転登記がなされた。B はその土地をさらに C に売却したが、その後、A は B への土地の売却につき錯誤があったとして、AB 間の売買契約を取り消した。C は土地の所有権を取得することができるのか。
>
>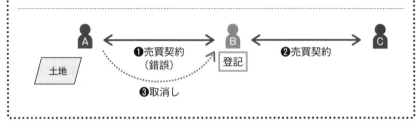

　取消しによって AB 間の売買契約は初めから無効であったとみなされる(遡及的無効)(121条)。そのため、土地の所有権者は A のままで、B は土地について無権利者となる。その結果、無権利者 B より土地を購入した第三者 C は土地の所有権を取得していないことになる。

問題点　錯誤による取消し前に出現した第三者は保護されるか。

結論　95条4項が適用され、**善意でかつ過失がない(善意無過失)取消し前の第三者には錯誤による取消しを対抗(主張)することができない**(通説)。[06/予]

理由　常に錯誤取消しによる無効の主張が認められると**取引の安全が害される**ことになる。また、錯誤に陥った(勘違いをした)表意者にも落ち度がある。

> **設例**において、第三者 C が「錯誤により A が B に土地を売った」という事情を知らず、かつ知らないことについて過失がない場合には、A は、C に対して、錯誤取消しの効果 (A が土地の所有権者であること) を主張することはできない (土地の所有権者は C となる)。

④ 錯誤取消しの効果の主張制限（取消し後の第三者）

> **設例**　Aは、自己の所有する土地をBに売却し、B名義の所有権移転登記がなされた。AはBへの土地の売却につき錯誤があったとして、AB間の売買契約を取り消した。しかし、Bはその土地をさらにCに売却した。Cは土地の所有権を取得することができるのか。
>
>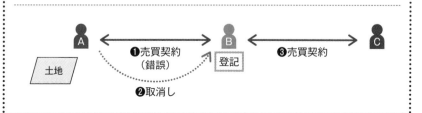

問題点　錯誤による**取消し後に出現した第三者**は保護されるか。

結論　第三者は先に対抗要件を具備していれば保護される（判例理論）。

理由　取消しの結果、いったんは相手方に移った所有権が表意者に**復帰**すると考える（復帰的物権変動）。そして、相手方を起点として、相手方から表意者と、相手方から第三者へと**二重譲渡と同様の状態**にあるとする。そのため、表意者と第三者は対抗関係にあり、不動産の場合は**先に登記を備えた者が優先**する。

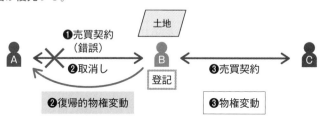

【錯誤取消しの効果の制限（取消し後の第三者）】

〈解説〉　不動産の二重譲渡が生じた場合には、177条を適用して処理する（詳細は第2章 **7** 節 **❹** 項「物権変動における対抗要件主義」で扱う）。

　　例えば、Aが所有する甲土地をBに譲渡したが、Bに登記を移転する前にCに対しても甲土地を譲渡し、登記も移転した場合、原則として登記を備えたCが優先する（177条）。

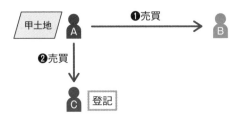

2 詐欺

1 相手方による詐欺（96条1項）

> **設例** Aがある車を（事故車であることを知りながら）「新車同様でお買い得」と強く薦めるのでBはその車を50万円で購入した。その後、その車は事故車であることが判明した。Bは契約をなかったことにすることができるか。
>
>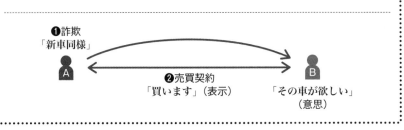

　Bの意思と表示は、どちらも「その車を50万円で購入する」というものであり、**意思と表示は一致している**。しかし、「その車を50万円で購入する」という意思を形成する過程において瑕疵がある（動機の形成過程でAに騙されたという瑕疵がある）。このような意思表示を**瑕疵ある意思表示**という。

意義 詐欺とは、①違法な欺罔(ぎもう)行為によって人を錯誤に陥らせ、②その錯誤によって意思を表示させる行為をいう。法律上または信義則上、情報の告知義務がある場合などは、**単なる沈黙も詐欺となりうる**。[07]

効果 詐欺による意思表示は、**取り消す**ことができる(96条1項)。錯誤の場合と異なり、表意者の過失の程度は問わない。[08]

趣旨 騙された表意者を保護しなければならない。

> **設例**においては、Bは、Aにより事故車を新車同様であると騙されて購入していることから、相手方の詐欺による意思表示として、取り消すことができる。

2 第三者による詐欺（取消しが制限される場合）

> **設例** AとBは、A所有の土地の売買契約を締結した。Bがその土地を購入しようと思ったのは、CがBに対して、「その土地は将来10倍に値上がりする」と根拠のないウソをついたためであった。Bは契約をなかったことにすることができるか。
>
>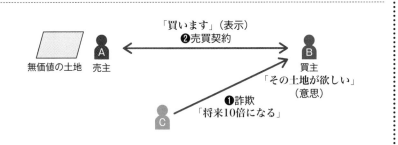
>
> 「買います」（表示）
> ❷売買契約
>
> 無価値の土地　売主　A　　　　　　　　　　B　買主
> 「その土地が欲しい」（意思）
>
> C　❶詐欺「将来10倍になる」

Bの意思表示にはCに騙されたという瑕疵がある。しかし、Bの意思表示はAに対してなされたものであり、ウソをついたCに対してのものではない。

効果 第三者による詐欺の場合、相手方がその事実（詐欺があったこと）を知り、又は知ることができたとき（悪意又は有過失）に限り、その意思表示を取り消すことができる（96条2項）。 09

趣旨 詐欺により瑕疵ある意思表示をした表意者を保護すべきではあるが、相手方が詐欺をしたわけではないので、相手方の信頼保護との調整が必要となる。

> **設例** では、相手方Aが「BがCに騙されて意思表示をしている」という事情を知っている場合（悪意）、または知らないことについて落ち度があった場合（有過失）にのみ、Bは意思表示を取り消すことができる。

3 取消しの主張が制限される場合（第三者が出現した場合）

錯誤による取消しの場合と同じ議論である。すなわち、取消し前の第三者と取消し後の第三者で異なる法律構成で判断される。

① 詐欺による取消し前の第三者（96条3項）

結論 　96条3項が適用され、**善意でかつ過失がない取消し前の第三者**には、詐欺による取消しを対抗することができない（大判昭17.9.30、最判昭49.9.26）。⑩

理由 　詐欺に関係のない善意無過失の第三者の保護を優先するべきである。

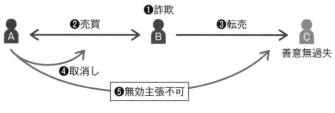

【取消し前の第三者】

問題点 　取消し前の第三者は、対抗要件を備えていないと保護されないのか。

結論 　対抗要件は不要である（通説）。⑪

② 詐欺による取消し後の第三者

結論 　先に対抗要件を具備していれば保護されるので、不動産の場合は177条により先に登記を備えた方が優先する（大判昭17.9.30）。⑫

理由 　① 　取消しにより物権（所有権）が表意者に復帰する（復帰的物権変動）。

　　　　② 　詐欺者を中心とする詐欺者→表意者、詐欺者→第三者への二重譲渡と考える。

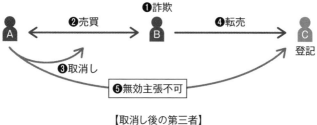

【取消し後の第三者】

❸ 強迫

①▷ 相手方の強迫

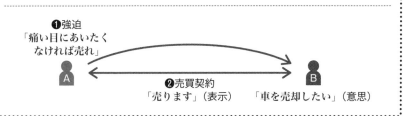

❶強迫
「痛い目にあいたく
なければ売れ」

A

❷売買契約
「売ります」（表示）　「車を売却したい」（意思）

B

　B の意思と表示は、どちらも「A に車を売却する」というものであり、意思と表示は一致している。しかし、「A に車を売却する」という**意思を形成する過程において瑕疵がある**(動機の形成過程で A に脅されたという瑕疵がある)。

意義 強迫とは、①他人に対して**害意を示し畏怖を生じさせ**、②その畏怖によって**意思を表示させる行為**をいう。

効果 強迫による意思表示は、**取り消す**ことができる(96 条 1 項)。 ⌊13⌋

趣旨 脅されて意思表示をした表意者を保護するべきである。

　強迫の結果、選択の自由を失わなくても強迫による意思表示があるといえる。また、強迫の程度が強く、完全に意思の自由を失った場合には、その意思表示は無効であり、96 条の適用の余地はない(最判昭 33.7.1)。 ⌊14⌋

設例 においては、B は、A に脅されて車を売却していることから、相手方の強迫による意思表示として、取り消すことができる。

②▷ 第三者による強迫

96 条 2 項は詐欺についてのみ規定しており、強迫については規定していない。

問題点 第三者による強迫に基づく意思表示は取り消すことができるか。

結論 相手方が**善意無過失であっても**(常に)**取り消す**ことができる(96 条 2 項反対解釈)。 ⌊15⌋

> **理由** 強迫の場合、脅された表意者に落ち度はなく、常に保護されるべきである（詐欺のように表意者が軽率だったなどの落ち度がない）。

3 取消しの効果と第三者

① 強迫による取消し前の第三者

強迫の場合、取消し前に出現した第三者を保護する規定が置かれていない。

> **問題点** 強迫による取消しの前に出現した第三者は保護されるか。

> **結論** 第三者は保護されない。強迫された表意者は、第三者に対して**常に取消しを主張することができる**（96条3項反対解釈、大判明39.12.13）。 **16**

> **理由** 強迫の場合、脅された表意者に落ち度はなく、常に保護されるべきである。詐欺のように表意者が軽率だったなどの落ち度がない。

② 強迫による取消し後の第三者

錯誤、詐欺の場合と同様の議論である。表意者と取消し後の第三者は二重譲渡と同様の関係として、先に対抗要件を備えた者が保護される（判例理論）。

【意思の不存在・瑕疵ある意思表示まとめ】

種類	当事者間	第三者
心裡留保	**原則** 有効　**例外** 無効	相手方が悪意または有過失の場合、当事者間では無効だが、善意の第三者に無効主張不可
通謀虚偽表示	無効	善意の第三者に無効主張不可

種類	当事者間	取消し前の第三者	取消し後の第三者
錯誤	取消し可能	善意無過失の第三者に取消し対抗不可	先に対抗要件（不動産の場合は登記）を備えた者が優先する
詐欺			
強迫		取消し対抗可能	

④ 意思表示の到達と受領

1 意思表示の効力発生時期

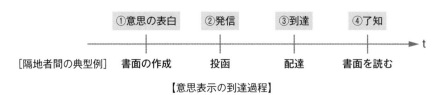

【意思表示の到達過程】

意思表示は、①意思の表白、②発信、③到達、④了知という過程を辿るが、対面（対話者間）で行われることもあれば、隔地者間で行われることもある。対面の場合は①から④がほぼ同時に行われる（口に出す、聞く）のに対して、隔地者間においては①から④までに時間がかかるため（典型例は書面の郵送による場合）、申込みの発信後に考えが変わり、これを撤回したいと思う場合もある。

① 意思表示の効力発生時期

原則 意思表示は、その通知が相手方に到達した時から効力が生じる（到達主義）（97条1項）[17]。対話者間であると隔地者間であるとを問わない。

例外 相手方からの催告に対する制限行為能力者の確答（発信主義）（20条）。

到達主義によると、表意者が発した申込みの書面が相手方に到達することをもって申込みの効力が生じ、表意者は申込みの撤回をすることができなくなる。

問題点 何をもって「到達」とするのか。

結論 通知が相手方の勢力範囲に入り、了知可能な状態に置かれれば足り、相手方が実際に了知することは不要である（最判昭36.4.20）。

（例）普通郵便→郵便受けに入った時
内容証明郵便→不在配達通知書等の記載内容からその内容が推知でき、容易に受け取りができる状態の時（最判平10.6.11）[18]

② 相手方が正当な理由なく到達を妨げた場合

相手方が正当な理由なく意思表示の通知が到達することを妨げたときは、その通知は、通常到達すべきであった時に到達したものとみなす（97条2項）。

趣旨 表意者と相手方との公平を図るための規定である。

③ 表意者が通知を発した後に死亡等した場合

意思表示は、表意者が通知を発した後に死亡し、意思能力を喪失し、又は行為能力の制限を受けたときであっても、そのためにその効力を妨げられない（97条3項）。[19]。なお、本項に対する特則として申込者の死亡等の規定がある（526条）。詳細は『民法 下』「債権各論」で扱う。

趣旨 表意者の意思は発信の時点で確定している。

2 意思表示の受領能力

意義 受領能力とは、相手方からの意思表示を受領することができる能力のことをいう。

意思表示の効力が、相手方に到達した（了知することができる状態に置かれた）時

に発生するということは、相手方が意思表示を了知(理解)できる能力を有していることを前提としている。そこで、民法上、一定の者について受領能力を制限する旨が規定されている。

原則 意思表示の相手方がその意思表示を受けた時に、**意思能力を有しなかったとき**、又は**未成年者、成年被後見人**であったときは、その意思表示をもってその**相手方に対抗することができない**(98条の2本文)。

趣旨 意思無能力者、未成年者、成年被後見人に意思表示の受領能力を否定して、保護を図った規定である。

例外 ①相手方の法定代理人、②意思能力を回復し、又は行為能力者となった相手方が、意思表示を知った後は、その意思表示のあったことを相手方に対抗することができる(98条の2だたし書)。

〈解説〉 被保佐人、被補助人は受領能力を有する。

3 公示による意思表示

意義 公示による意思表示とは、意思表示の相手方を知ることができない、又は所在不明の場合に、**公示の方法**により意思表示を有効に相手方に到達させることをいう(98条)。

原則 民事訴訟法の公示送達の規定に従って、裁判所の掲示場へ掲示をして、その掲示されたことを官報に掲載する方法等で行い、最後に官報に掲載等された日から2週間を経過した時に、相手方に到達したものとみなされる。[20]

例外 表意者が相手方を知らないこと、又はその所在を知らないことについて**過失**があったときは、到達の効力を生じない。[20]

趣旨 過失ある表意者を保護するべきではない。

重要事項 一問一答

01 錯誤とは?

表意者が、表意者の認識と事実とに食い違いがあることを知らないでする、意思表示のこと

02 錯誤の種類は (2つ)?

①表示錯誤、②基礎事情の錯誤

03 錯誤の効果は?

取消し

04 表示錯誤とは?

表示に対応する意を欠く錯誤

05 **表示錯誤で表意者が保護されるための要件は（2つ）？**

①錯誤の重要性があること、②表意者が無重過失であること

06 **表意者に重過失があっても保護される場合は（2つ）？**

①相手方が悪意または重過失、②共通錯誤

07 **基礎事情の錯誤とは？**

法律行為の基礎とした事情について、表意者の認識が真実に反する錯誤

08 **基礎事情の錯誤に特有の要件は？**

基礎事情が表示されること

09 **錯誤による取消し前の第三者が保護されるための要件は？**

第三者が善意無過失であること

10 **詐欺とは？**

①違法な欺罔行為によって人を錯誤に陥らせ、②その錯誤によって意思表示をさせること

11 **詐欺の効果は？**

取消し

12 **第三者による詐欺における表意者保護の要件は？**

相手方が悪意または有過失であること

13 **詐欺による取消し前の第三者が保護されるための要件は？**

第三者が善意無過失であること

14 **詐欺による取消し後の第三者が保護されるための要件は（不動産取引の場合）？**

登記を備えること(判例)

15 **強迫とは？**

①他人に害意を示して畏怖を生じさせ、②その畏怖によって意思表示をさせる行為

16 **強迫の効果は？**

取消し

17 **第三者による強迫の規定は置かれているか？**

置かれていない。

18 **強迫には取消し前の第三者が保護される規定は置かれているか？**

置かれていない。

19 **意思表示の効力は原則いつ発生するか？**

相手方に到達した時点(到達主義)

20 **受領能力とは？**

意思表示を受領する能力のこと

21 **公示による意思表示とは？**

意思表示の相手方を知ることができない等の場合に、公示の方法で意思表示を相手方に到達させること

■ 過去問チェック（争いのあるときは、判例の見解による）

[01] 意思表示が、それに対応する意思を欠く錯誤に基づいて行われ、その錯誤が法律行為の目的及び取引上の社会通念に照らして重要なものであるときは、その意思表示は無効とされる。

× (国般2014改題)「その意思表示は無効とされる」が誤り。

[02] Aは、Bから、実際には粗悪品であったジャムを一般に通用しているジャムであるという前提で、1箱3,000円で購入した。このとき、売買契約の目的物であるジャムの品質についてのAの錯誤は法律行為の目的及び取引上の社会通念に照らして重要なものになり得るが、Aに軽過失があったときは、Aは、その意思表示の取消しを主張することはできない。

× (裁2015改題)「Aは、その意思表示の取消しを主張することはできない」が誤り。

[03] Aが、Bに対して、A所有の土地を売ったが、Aには意思表示に対応する意思を欠く錯誤があり、その錯誤が法律行為の目的及び取引上の社会通念に照らして重要なものであった場合、その錯誤がAの重大な過失によるものであったとしても、BがAに錯誤があることを知り、又は重大な過失によって知らなかったときには、Aは、錯誤による取消しを主張することができる。

○ (裁2015改題)

[04] 錯誤は、表意者の重大な過失によるものであった場合は、取り消すことができないが、偽物の骨董品の取引において当事者双方が本物と思っていた場合など、相手方が表意者と同一の錯誤に陥っていたときは、取り消すことができる。

○ (国般2020)

[05] 表意者が法律行為の基礎とした事情についてのその認識が真実に反する錯誤により意思表示の取消しを主張するには、その錯誤が法律行為の目的及び取引上の社会通念に照らして重要なものであることだけでなく、その事情が法律行為の基礎とされていることが表示され、原則として錯誤について表意者に重過失のないことが必要となる。

○ (税・労2008改題)

[06/予] 錯誤による意思表示の取消しは、善意の第三者に対抗することができないから、善意であるが過失がある第三者に対しては、錯誤による意思表示の取消しを対

抗することができない。

× (予想問題) 全体が誤り。

[07] 詐欺とは、人を欺罔して錯誤に陥らせる行為であるから、情報提供の義務があるにもかかわらず沈黙していただけの者に詐欺が成立することはない。

× (国般2020)「情報提供の義務があるにもかかわらず沈黙していただけの者に詐欺が成立することはない」が誤り。

[08] AがBの詐欺により意思表示をした場合、Aに重過失があっても、Aはその意思表示を取り消すことができる。

○ (裁2020)

[09] 相手方に対する意思表示について第三者が詐欺を行った場合、当該意思表示には瑕疵が存在することから、当該意思表示の相手方が詐欺の事実について善意無過失であっても、表意者は当該意思表示を取り消すことができる。

× (税・労・財2015改題)「善意無過失であっても、表意者は当該意思表示を取り消すことができる」が誤り。

[10] Aが相手方Bの詐欺により行った意思表示は、取り消すことができ、その意思表示の取消しは、取消し前に利害関係を有するに至った善意・無過失の第三者Cに対しても対抗することができる。

× (国般2009)「取消し前に利害関係を有するに至った善意・無過失の第三者Cに対しても対抗することができる」が誤り。

[11] Aは、自らの所有する甲建物をBに対して売却し、BはCに対して甲建物を転売したが、その後、AはAB間の売買契約をBの詐欺を理由に取り消すとの意思表示をした。AB間の売買契約はBの詐欺に基づくものであった場合、通説に照らすと、Cが民法96条3項に基づき保護されるためには、Aの取消前に、甲建物について所有権移転登記を備えることが必要である。

× (裁2014改題)「甲建物について所有権移転登記を備えることが必要である」が誤り。

[12] Aは、Bにだまされて、自己所有の甲土地をBに売却した。AはBの詐欺を理由にBとの売買契約を取り消したが、その後、まだ登記名義がBである間に、Bは甲土地を詐欺の事実を知らないCに転売し、Cへ登記を移転した。この場合、Cは民法第96条第3項の「第三者」として保護される。

× (税・労・財2014)「Cは民法第96条第3項の『第三者』として保護される」が誤り。

13 強迫による意思表示は無効とされる。

×（国般2014）全体が誤り。

14 強迫による意思表示における強迫とは、違法に相手方を恐怖させて意思表示をさせることであるが、相手方が意思の自由を完全に奪われる必要はない。しかし、相手方の意思の自由が完全に奪われたときであっても、意思表示は当然無効ではなく、相手方はその意思表示を強迫による意思表示として取り消すことができる。

×（国般2013）「意思表示は当然無効ではなく、相手方はその意思表示を強迫による意思表示として取り消すことができる」が誤り。

15 第三者の強迫による意思表示は、相手方が強迫の事実を知らず、かつ、知らないことについて過失がなければ、表意者は当該意思表示を取り消すことができない。

×（区2011改題）全体が誤り。

16 強迫による意思表示は、取り消すことができるが、当該意思表示の取消しは、当該取消し前に出現した善意無過失の第三者に対抗することができない。

×（税・労・財2015改題）「当該取消し前に出現した善意無過失の第三者に対抗することができない」が誤り。

17 隔地者に対する意思表示は、原則として、その通知が相手方に到達した時から、その効力を生ずる。

○（裁2018）

18 意思表示は、その通知が相手方に到達した時からその効力が生じるところ、内容証明郵便を送付したが、相手方が仕事で多忙であるためこれを受領することができず、留置期間経過後に差出人に返送された場合には、相手方が不在配達通知書の記載等により内容証明郵便の内容を推知することができ、受取方法を指定すれば容易に受領可能であったとしても、その通知が相手方に到達したとはいえず、意思表示の効果が生じることはない。

×（国般2020）「その通知が相手方に到達したとはいえず、意思表示の効果が生じることはない」が誤り。

19 意思表示は、表意者が通知を発した後に死亡し、又は行為能力を制限されるに至った場合、当然に失効する。

× (区2011改題)「当然に失効する」が誤り。

20 公示による意思表示は、最後に官報に掲載した日又はその掲載に代わる掲示を始めた日から2週間を経過した時に、相手方に到達したものとみなすが、表意者が相手方を知らないこと又はその所在を知らないことについて過失があったときは、到達の効力を生じない。

○ (区2021)

A 錯誤による意思表示を取り消すためには、法律行為の目的及び取引上の社会通念に照らして重要な部分に錯誤がある必要がある。重要な部分に錯誤があるとは、この点につき錯誤がなかったならば意思表示をしなかったであろうという因果関係のある場合を意味し、表示しないことが通常人にとって重要であるか否かを問わない。

× (税・労2003改題)「表示しないことが通常人にとって重要であるか否かを問わない」が誤り。

B Bは、受胎しているA所有の馬がその来歴上良馬を出産するとの考えに基づいて、Aとの間で当該馬の売買契約を締結したが、良馬を出産することはなかった。Bは、当該考えが当該馬の売買契約の基礎とした事情である旨をAに表示していれば、当該事情についての認識が真実に反する錯誤がBの重大な過失によるものであったとしても、当該馬の売買契約を当然に取り消すことができる。

× (税・労2006改題)「当該事情についての認識が真実に反する錯誤がBの重大な過失によるものであったとしても、当該馬の売買契約を当然に取り消すことができる」が誤り。

C 他にも連帯保証人がいるとの債務者の説明を誤信して連帯保証人となる旨の契約を結んだ者は、当然には錯誤による取消しを主張することができない。

○ (裁2017改題)

法律行為―無効・付款

本節では、法律行為の無効、付款を扱います。無効については、取消しとの異同を意識しつつ学習しましょう。

---

1 法律行為の無効

1 法律行為が無効となる場合

法律行為は、以下の場合に無効となる。

① **主観的有効要件**（法律行為の当事者にかかわる）
（ア）**表意者が意思能力を有しない場合**（3条の2）
（イ）**表示に対応する表意者の意思の不存在の場合**
　・相手方が悪意又は有過失である心裡留保（93条1項ただし書）による意思表示
　・通謀虚偽表示（94条1項）

② **客観的有効要件**（法律行為の内容にかかわる）
（ア）**法律行為の内容が確定していない場合**（確定性）
（イ）**法律行為の内容が公序良俗に反する場合**（90条）
（ウ）**法律行為の内容が強行法規に反する場合**（91条参照）
　　発展 民法改正（2020年4月施行）前は、法律行為の内容が実現不可能（原始的不能）な場合も無効と解釈されていたが（通説）、そのような場合にも損害賠償を請求することができるとする条文が新設され（412条の2第2項）、無効とならないことになった。 A

2 確定性

法律行為は、内容が確定していなければならない。例えば、「良いものを贈与します」という契約（法律行為）は、良いものが不明なので、強制執行ができないため、契約としては無効となる。
　　発展 ある法律行為の内容が確定しているか否かは、当事者の目的、慣習、条理等を総合して判断される。 B

3 公序良俗違反の法律行為

「公の秩序又は善良の風俗」(=公序良俗)に反する法律行為は無効である。 01

① 公序良俗に反する法律行為

公序良俗に反する法律行為とは、社会的妥当性を欠く法律行為を意味する。

② 公序良俗に反するかどうかの基準

一般的な基準は確立されていない。判例は、法律行為が公序に反することを目的とするものであるとして無効になるかどうかは、**法律行為がされた時点の公序に照らして判断**すべきである、としている(最判平15.4.18)。

③ 一般条項

90条のように法律行為の要件、権利の行使方法等を抽象的・一般的概念を用いて定めた規定を一般条項という。90条のほかに、信義則(1条2項)、権利濫用の禁止(1条3項)も同様である。

④ 具体例

判例・学説上、以下のようなものが該当するとされている。

(ア) 犯罪等、違法な行為を目的(対象)とする法律行為

🖉発展 犯罪その他の不正行為を勧誘し、又はこれに加担する契約は公序良俗違反として無効になるが、対価を与えて犯罪をさせないという契約も無効となる。 C

(イ) 人倫に反する行為

いわゆる妾関係を維持するための金銭の給付が該当する。

(ウ) 暴利行為

過大な利息をとる行為が該当する。

(エ) 不当な差別となる雇用契約

判例は、男女別定年制は90条により無効としている(最判昭56.3.24、日産自動車事件)。

(オ) 不法な動機に基づく法律行為

麻薬密輸や賭博資金とするための貸金提供が該当する。

4 ▷ 強行法規違反の法律行為

① 法規の種類

強行法規	法令中の公の秩序に関する規定であり、それに反する法律行為の効力を認めないものをいう
任意法規	法令中の公の秩序に関しない規定であり、当事者の意思で任意法規とは異なる意思を表示することができるものをいう（91条）**02**

② 強行法規に該当する規定

　法規のうち、何が強行法規か任意法規かは一義的に明白ではなく、解釈による。例えば、ある者について権利能力を認めない旨の契約や、流質※契約（349条）等は強行法規違反となる。※ 詳細は第3章 **4** 節「質権」で扱う。

③ 強行法規に反する法律行為の効果

　強行法規に反する法律行為は、無効となる。**03**

5 ▷ 法律行為の無効

意義　無効とは、**法律行為が初めから効力を生じないこと**をいう。

発展 法律行為の無効と不成立は別の概念である。代表的な法律行為である契約について見ると、両当事者の意思表示（申込みと承諾）が合致しないことが契約の不成立であるのに対し、たとえ意思表示が合致して契約が成立しても契約としての効力を生じさせないことが契約の無効である。**D**

① 無効な行為の追認

原則　無効な法律行為は、**追認をしても効力を生じない**（119条本文）。**04**

趣旨　無効の法律行為は、法律上当然に（何らの行為も要せず）、はじめから効力を生じないからである。

例外　当事者が、自己の法律行為が無効であることを知ったうえで「追認」の意思表示をした場合、その意思表示は、**新たな行為をしたものとみなされ、追認時から効力を生じる**（119条ただし書）。**04**

趣旨　これは、当事者の意思を尊重して、以前にした無効の法律行為と同一の法律行為を再び行ったとみなそう、というものである。そして、その時点で無効原因が消滅していれば、有効な法律行為となる。

② 取消しとの相違

　無効と取消しは現実の機能には共通性があり、両者の選択的主張も認められるが、基本的には、次のような相違がある。

【無効と取消し】

	無効	取消し
効果	初めから効力なし	取消しによって遡及的無効
主張権者	原則として制限なし	取消権者（120条）
追認	不可（原則）	可
第三者に対する主張	制限される場合あり（94条2項等）	制限される場合あり（96条2項3項等）
主張期間	原則として制限なし	制限あり（126条）

③ 無効の種類

絶対的無効	すべての人が、すべての人に対して、主張することのできる無効のこと。 （例）公序良俗違反（90条）、強行法規違反（91条参照）**05**
相対的無効	無効を主張する者やされる者が制限される無効のこと。 （例）善意の第三者に対して主張できない虚偽表示の無効（94条2項）

❷ 法律行為の付款

1 　総説

> **設例❶**　　Aは知り合いのBに車を売る契約を締結したが、それは「Bの子Cが公務員試験に合格したら効力を生ずる」という約束になっていた。
> **設例❷**　　AはBに車を売る契約を締結したが、「代金の支払いは半年後とする」という約束になっていた。

　法律行為は、原則として成立と同時に効力を生じるが、**設例**のように、その発生・消滅を一定の事実にかからせる、付随的な約定を加えることもある。そのような付随的な約定を法律行為の付款という。そのうち、付款の対象となっている事実の実現が不確実である場合（**設例❶**）を条件、実現が確実である場合（**設例❷**）を期限という。

2 > 条件

意義　条件とは、法律行為の効力を**発生の不確実な事実にかからせるもの**をいう。

① 条件の態様

条件には、次の２つの態様のものがある。

【条件の態様】

停止条件	条件の成就(実現)により、成就時から法律行為の**効力が発生するもの**(127条1項)。 06 (例)公務員試験に合格したら車を売る(**設例❶**)
解除条件	条件の成就により、成就時から法律行為の**効力が失われるもの**(127条2項)。 07 (例)公務員試験に合格したら仕送りをやめる

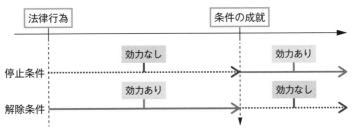

② 条件の成就の効果

条件の成就の効果は成就時から生じるのが原則である。ただし、当事者が条件が成就した場合の効果について、**成就した時以前に遡らせる意思を表示したときは、その意思に従う**(127条3項)。 07

(例)公務員試験に合格したら仕送りを半年前に遡って増額する。

③ 条件を付することができない行為

法律行為のうち、契約には一般に条件を付することができるが、以下の行為には条件を付することができない。

（ア）単独行為

単独行為には条件を付することができない。

(例)試験に合格したら契約を取消し・解除します。

理由　取消し・解除・追認・相殺などの単独行為に条件を付すると、相手方の地位を不安定にする(予測が立たない)。 08

(イ) 身分行為

身分行為には条件を付することができない。

(例)マンションを買ってくれたら婚姻・離婚します。

理由 婚姻・離婚・養子縁組などの身分行為に条件を付すると、身分秩序を不安定にする。 [08]

③ 期待権

条件付法律行為の当事者は、条件の成就により一定の利益を得る。しかし、成就前であっても、**成就により利益を得るとの期待を持つことができ、それ自体が期待権**として保護される。以下は、権利として保護される態様である。

(ア) 条件の成否未定の間における相手方の利益の侵害の禁止 (128条)

各当事者は、条件の成否が未定である間は、条件にかかっている物を勝手に処分するなど、**相手方の利益（期待権）を侵害してはならない。** [09]

発展 したがって、第三者が条件の成就を妨げた場合は、条件付契約の当事者は当該第三者に対して期待権侵害に基づく損害賠償を請求することができる。 [E]

(イ) 条件の成否未定の間における権利の処分等 (129条)

条件の成否が未定である間における当事者の権利義務は、一般の規定（この条件の成就によって取得される権利義務に関する規定）に従い、**処分し、相続し、若しくは保存し、又はそのために担保を供することができる。** [10]

(ウ) 条件の成就の妨害等 (130条)

当事者による条件成就の妨害については、以下の2つの態様がある。

【条件成就の妨害等】

妨害の態様	効果
条件成就により**不利益**を受ける当事者が**故意に条件の成就を妨げた**場合	相手方はその条件が成就したものとみなすことができる(130条1項) [11]
判例 成功報酬の条件付きで山林売却の斡旋を依頼したところ、依頼者（委任者）が受任者を介さずに、直接第三者に売却した場合	受任者は条件が成就したものとみなして、報酬の支払いを請求することができる(最判昭39.1.23)。
条件成就により**利益**を受ける当事者が**不正に条件を成就させた**場合	相手方はその条件が成就しなかったものとみなすことができる(130条2項) [12]
判例 一方が和解条項に違反した場合に違約金を支払う旨の条項があるときに、他方がその違反行為を誘発した場合	和解条項に違反していなかったとみなすことができる(最判平6.5.31)。

④ 特殊な条件

(ア) 既成条件 (131条)

| 意義 | 条件がすでに成就または不成就に確定しているのに、当事者がこれを知らずに条件とした場合を**既成条件**という。

　例えば、 設例❶ でCの合否がすでに確定しているのにA・Bがこれを知らずに条件としたような場合である。この場合、本来の意味の条件ではなく、以下のように法律行為が無効または無条件(確定的に有効)となる。

【既成条件】

	停止条件の場合	解除条件の場合
成就に確定(1項) 13 (例)既に試験に合格していた	無条件	無効
不成就に確定(2項) 14 (例)既に試験に不合格だった	無効	無条件

(イ) 不法条件 (132条)

| 意義 | 不法な条件を付した法律行為は、無効とする。 15
　　　　(例)「殺人を行った場合は100万円を支払う」という契約は無効

| 趣旨 | 公序良俗に反するから。

| 意義 | 不法な行為をしないことを条件とする法律行為も、無効とする。 15
　　　　(例)「自分を殺さなければ100万円を支払う」という契約は無効

| 趣旨 | 不法行為をしないことも、対価と結びつけば不法となるから。

(ウ) 不能条件 (133条)

| 意義 | 成就不可能な条件を**不能条件**という。停止条件ならば法律行為が無効となり(1項)、解除条件ならば無条件となる(2項)。 16
　　　　(例)死亡した父親が生き返ったら、土地を贈与する契約は無効。

(エ) 随意条件 (134条)

| 意義 | 条件の成就がもっぱら当事者のいずれかの意思にかかっているものである。民法は、**停止条件付法律行為は、その条件が単に債務者の意思のみに係るときは、無効とする**。 17
　　　　(例)AB間で「Aがその気になったら車をBにあげよう」という贈与契約を締結しても無効である。 18

| 趣旨 | 停止条件付法律行為の条件が債務者の意思のみに係る場合、法律行為の当事者に、その法律行為への拘束力を生じさせる意思が認められないので、法律行為としては効力を生じないとした。

3 期限

意義 期限とは、法律行為の効力を**発生確実な事実にかからせる**ものをいう。

① 期限の種類

確定期限	到来する時期が確定しているもの (例)〇月×日に契約をします
不確定期限	到来する時期が確定していないもの (例)父が死亡したら契約をします

② 期限の到来の効果（135条）

【期限の到来の効果】

始期 (1項)	法律行為に始期を付したときは、その法律行為の履行は、期限が到来するまで、これを請求することができない 19
終期 (2項)	法律行為に終期を付したときは、その法律行為の効力は、期限が到来した時に消滅する 19

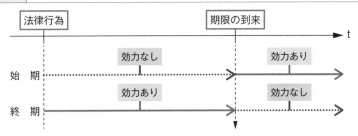

発展 期限の到来の効果を遡及させることはできない（これを認める明文規定がない）。 F

〈語句〉●始期とは、法律行為の効力発生又は債務の履行に関する期限のことをいう。
●終期とは、法律行為の効力の消滅に関する期限のことをいう。

③ 出世払いと条件 発展

条件と不確定期限の区別は、必ずしも明確でない。例えば、「代金は出世払いとする」とした場合、「出世」が「成功を遂げる」という意味なら条件、「出世の見込みがある間は猶予するが、見込みがなくなったら猶予しない」という意味なら期限といえる。いずれの意味かは当事者の意思によるが、それが不明確であれば期限と解される（大判大4.3.24）。 G

〈解説〉 条件なら実現しない可能性もあるが、期限ならいつかは実現し、代金支払いの時期が到来する。

④ 期限の利益

法律行為に期限が付されている場合、期限到来まで効力が発生しない(または有効である)ことによる利益が生ずる。例えば、1年後に債務を弁済するという場合、債務者はそれまで資金を自由に利用できる。このような利益を**期限の利益**という。

(ア) 期限の利益は誰のための利益か

当事者の意思が不明確であれば、**債務者のための利益と推定**される(136条1項)。 [20]

> **趣旨** 期限の利益は、債務者が有するのが普通であることから、推定規定が置かれた。

さらに、期限の利益を有する者が**利益を放棄することは自由**であるが、これによって**相手方の利益を害することはできない**(136条2項)。

> **趣旨** 期限の利益を権利と同様に放棄できるものとしたが、相手方の利益を害することはできないとして、相手方の利益にも配慮した。

もっとも、期限の利益が相手方にもある場合に、期限の利益を放棄しようとする者は**相手方の損害を賠償**すれば、**期限の利益を放棄**することができる(大判昭9.9.15)。 [21]

(例)定期預金契約の利益は銀行と預金者の双方にあるが、銀行は利息を付ければ、預金者に対して期限前に返済することができる(大判昭9.9.15)。 [21]

(イ) 期限の利益の喪失

債権者の権利を不安定にする事情が生じた場合、債務者は期限の利益を喪失し、即時に期限が到来することになる。それには、以下の場合がある(137条)。 [22]

1. 債務者が破産手続開始の決定を受けたとき(1号)
2. 債務者が担保を滅失、損傷ないし減少させたとき(2号)
3. 債務者が提供すべき担保を提供しないとき(3号)

> **趣旨** 債務者の期限の利益は、債権者が債務者を信頼して履行の猶予を与えたものであるから、信頼を破壊するような行為については、期限の利益を失うものとした。

なお、当事者が期限の利益の喪失を特約(期限の利益喪失約款)する場合が多い。137条は強行規定ではないので、137条と異なる約款も有効である。 [23]

③ 期間 ✎発展

意義 期間とは、ある時点からある時点に至る限定された時間である。

期間を定めた法律行為や法律において、期間の計算方法まで定めていればそれによるが、定めていない場合には、民法の規定が私法関係のみならず公法関係にも準用される。

1 時間を単位とする期間の計算法

時間によって期間を定めたときは、その期間は、即時から起算する(139条)。

2 日・週・月・年を単位とする期間の計算法

① 起算点

原則 日、週、月又は年によって期間を定めたときは、**期間の初日は、算入しない(初日不算入)**(140条本文)。 H

例外 期間が午前零時から始まるときは、期間の初日を算入する(140条ただし書)。

　　(例)12月31日現在に、1月1日から10日間と期間を定めると、1月1日午前零時が起算点となり、1月10日午後24時に期間が満了する。

② 満了点

日、週、月又は年によって期間を定めたときは、期間は、その末日の終了をもって満了する(141条)。 H

週、月又は年によって期間を定めたときは、その期間は、暦に従って計算する(143条1項)。

③ 計算法

週、月又は年の初めから期間を起算しないときは、その期間は、最後の週、月又は年においてその起算日に応当する日の前日に満了する。ただし、月又は年によって期間を定めた場合において、最後の月に応当する日がないときは、その月の末日に満了する(143条2項)。

4 準法律行為

1 法律行為との違い

法律行為	表意者の内心的効果意思が意思表示を通じて実現されるもの
準法律行為	行為者の内心的効果意思を実現するのではなく、行為者の一定の意思や認識を相手方に伝えることで、一定の法的効果を伴うもの ※法律行為に関する規定が類推適用されることもある

2 準法律行為の種類

意思の通知	制限行為能力者の相手方の催告(20条)、時効完成猶予のための催告(150条)等
観念の通知	代理権授与の表示(109条)、時効更新事由である承認(152条)、債権譲渡の通知(467条)等

重要事項 一問一答

01 法律行為の内容が、公序良俗または強行法規に反する場合は?

その法律行為は無効となる(90条、91条参照)。

02 公序良俗に違反するとは?

社会的妥当性に欠けること

03 無効な行為を、無効であることを知って追認した場合は?

新たな行為をしたものとみなされ、追認時から効力を生じる(119条ただし書)。

04 条件とは?

法律行為の効力を、発生の不確実な事実にかからせるもの

05 停止条件とは?

条件成就により、効力が発生するもの

06 解除条件とは?

条件成就により、効力が消滅するもの

07 単独行為や身分行為に条件を付することができるか?

できない。

08 条件成就により不利益を受ける当事者が故意に条件の成就を妨げた場合は?

相手方はその条件が成就したものとみなすことができる(130条1項)。

09 既成条件とは?

条件がすでに成就または不成就に確定しているのに、当事者がこれを知らずに条件とした場合(131条)

10 停止条件付法律行為で、その条件が単に債務者の意思のみに係るときは？

法律行為が無効となる(134条)。

11 期限とは？

法律行為の効力を、発生の確実な事実にかからせるもの

12 確定期限とは？

到来する時期が確定している期限のこと

13 不確定期限とは？

到来する時期が確定してない期限のこと

14 法律行為に始期を付したときの、期限の到来の効果は？

法律行為の履行は、期限が到来するまで請求することができない。

15 法律行為に終期を付したときの、期限到来の効果は？

法律行為の効力は、期限が到来した時に消滅する。

16 期限が付されていることによる利益は、誰のためにあると推定されるか？

債務者のためにあると推定される(136条1項)。

▌過去問チェック（争いのあるときは、判例の見解による）

〔01〕 公の秩序又は善良の風俗に反する法律行為は無効とされる。
○（国般2014改題）

〔02〕 法律行為の内容は適法でなければならないから、民法の規定と異なる内容の法律行為は、当然に無効となる。
×（裁2003改題）「当然に無効となる」が誤り。

〔03〕 表意者は、強行法規に反する法律行為を取り消すことができる。
×（国般2014）「取り消すことができる」が誤り。

〔04〕 無効な法律行為は、追認によっても、その効力を生じないため、当事者がその法律行為の無効であることを知って追認をしたときにおいても、新たな法律行為をしたものとみなすことが一切できない。
×（区2016）「新たな法律行為をしたものとみなすことが一切できない」が誤り。

〔05〕 法律行為が公の秩序に反する場合には、当該法律行為は無効であり、当該法律行為をした者以外の第三者であっても、かかる無効を主張することができる。
○（税・労・財2015）

[06] 停止条件付法律行為は、停止条件が成就した時からその効力を停止する。

×（国般2016）「停止する」が誤り。

[07] 解除条件付法律行為は、条件が成就した時からその効力を生ずるが、当事者が、条件が成就した場合の効果をその成就した時以前にさかのぼらせる意思を表示したときは、その意思に従う。

×（区2017）「生ずるが」が誤り。

[08] 相殺、取消し、追認等の相手方のある単独行為であっても、私的自治の原則により、条件又は期限を付すことが許されると一般に解されている。一方、婚姻、養子縁組等の身分行為は、身分秩序を不安定にするという理由により、条件又は期限を付すことは許されないと一般に解されている。

×（国般2021）「私的自治の原則により、条件又は期限を付すことが許されると一般に解されている」が誤り。

[09] 条件付法律行為の各当事者は、条件の成否が未定である間は、条件が成就した場合にその法律行為から生ずべき相手方の利益を害することができない。

○（区2009）

[10] 条件の成否が未定である間における当事者の権利義務は、この条件の成就によって取得される権利義務に関する規定に従って、保存し、相続し、又はそのために担保を供することができるが、処分することはできない。

×（区2013）「処分することはできない」が誤り。

[11] 条件が成就することによって不利益を受ける当事者が、故意にその条件の成就を妨げたときであっても、相手方は、その条件が成就したものとみなすことができない。

×（区2017）「その条件が成就したものとみなすことができない」が誤り。

[12] 条件が成就することによって利益を受ける当事者が不正にその条件を成就させたときは、相手方は、その条件が成就しなかったものとみなすことができる。

○（国般2021）

[13] 条件が法律行為の時に既に成就していた場合において、その条件が停止条件であるときはその法律行為は無効とし、その条件が解除条件であるときはその法律

行為は取り消すことができる。

×（区2009）「無効とし」「取り消すことができる」が誤り。

14 条件が成就しないことが法律行為の時に既に確定していた場合において、その条件が停止条件であるときはその法律行為は無条件とし、その条件が解除条件であるときはその法律行為は無効とする。

×（区2017）「無条件とし」「無効とする」が誤り。

15 殺人を行った場合には100万円を支払うといった、不法な条件を付した法律行為は無効になるが、自分を殺さなければ100万円支払うといった、不法な行為をしないことを条件とする法律行為は有効である。

×（裁2012）「不法な行為をしないことを条件とする法律行為は有効である」が誤り。

16 不能の停止条件を付した法律行為は無効であり、不能の解除条件を付した法律行為も同様に無効である。

×（区2013）「不能の解除条件を付した法律行為も同様に無効である」が誤り。

17 停止条件付法律行為は、その条件が単に債務者の意思のみに係るときであっても、有効である。

×（区2009）「有効である」が誤り。

18 気が向いたら100万円を贈与するとの合意をした場合、当該贈与は無効である。

○（裁2015）

19 法律行為に始期を付したときは、その法律行為の履行は、期限が到来するまで、これを請求することができず、法律行為に終期を付したときは、その法律行為の効力は、期限が到来した時に消滅する。

○（区2017）

20 民法は、期限は債務者の利益のために定めたものと推定しているので、期限の利益は債務者のみが有し、債権者が有することはない。

×（区2013）「期限の利益は債務者のみが有し、債権者が有することはない」が誤り。

21 期限の利益は、相手方の利益の喪失を担保するならば一方的に放棄すること

ができるが、定期預金契約の利益は銀行と預金者の双方にあるので、銀行は利息をつけても期限前に弁済することができないとするのが判例である。

×（国般2008）「銀行は利息をつけても期限前に弁済することができないとするのが判例である」が誤り。

22 民法は、期限の利益を喪失する場合を、破産手続開始の決定、担保の滅失・損傷・減少、担保供与義務の不履行という三つの場合に限定している。

○（税・労2003改題）

23 民法は、期限の利益喪失事由を掲げており、列挙された事由のほかに、当事者が期限の利益を失うべき事由を特約することはできない。

×（区2013）「当事者が期限の利益を失うべき事由を特約することはできない」が誤り。

A 法律行為の内容は実現可能でなければならないから、ある法律行為の内容が実現不可能な場合は、それが不可能になった時期を問わず、その法律行為は無効となる。

×（裁2003）全体が誤り。

B 法律行為の内容は確定していなければならないところ、ある法律行為の内容が確定しているか否かは、当事者の目的、慣習、条理等を総合して判断される。

○（裁2003）

C 法律行為の内容は社会的に妥当でなければならないところ、犯罪その他の不正行為を勧誘し、又はこれに加担する契約は公序良俗違反として無効になるが、対価を与えて犯罪をさせないという契約は有効である。

×（裁2003）「対価を与えて犯罪をさせないという契約は有効である」が誤り。

D ある法律行為が無効である場合、その法律行為は成立しなかったことになる。

×（裁2003）「その法律行為は成立しなかったことになる」が誤り。

E 条件の付いた契約の一方当事者は、条件が未成就の間も条件が成就すれば利益を受けるという期待を持っていることから、第三者が条件の成就を妨げた場合には、条件付契約の当事者は当該第三者に対し期待権に基づく損害賠償を請求することができる。

○（税・労2003）

F 条件成就の効果の発生時期はその成就した時以前に遡及させることができるが、期限到来の効果は遡及させることができない。
○（国般2008）

G 将来出世したら返すという約束で金銭消費貸借契約を締結した場合、その約束は、停止条件であると解されるから、出世できず、貸金債務を履行するのに十分な資力ができる可能性のないことが確定すると、貸主は、借主に対し、貸金債務の履行を請求することはできない。
×（裁2015）「停止条件であると解されるから」、「借主に対し、貸金債務の履行を請求することはできない」が誤り。

H 日を単位とする期間の場合には、期間が午前０時から始まるときを除いて初日不算入の原則が法律によって定められているから、７月15日午前10時から10日間という場合には、７月25日の午前10時に期間が満了する。
×（裁2012）「午前10時に期間が満了する」が誤り。

8 物

本節では、物を扱います。権利の客体の一つとして、民法のあらゆる場面で登場します。物をテーマとする出題は少ないですが、用語や基本的概念はしっかりと覚えましょう。

1 物

1 概説

権利の対象となる客体(権利の客体)にはさまざまなものがある。

権利	客体
債権	債務者の行為
物権	物＝有体物

総則では、特に物に関して規定をおいている。

2 物

物とは、「有体物」をいう(85条)。

意義 有体物とは、固体・液体・気体の形態を問わず、**物質性を有するもの**を指す。これは、無体物(エネルギー、債権、著作権等)は、物権※の客体とならない、という意味を持つ。 01 ※詳細は第2章「物権」で扱う。

① 物の種類

物は、不動産と動産に分類される。この二つは、物権法上の扱いが異なる。

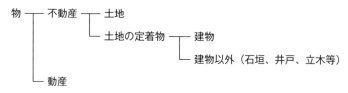

【物の種類】

② 不動産

　　土地及びその定着物は、不動産とする(86条1項)。[02]

意義　**土地**とは、法律上は、一定の範囲の地面を指す。

意義　**定着物**とは、取引観念上、継続的に土地に付着する物をいう。定着物に
　　は、建物と建物以外の定着物がある。

〈解説〉　①　土地に付着する物のうち、石垣、井戸、立木〔りゅうぼく〕等は定着物であるが、
　　　　　　石灯ろうや庭石等は定着物でない(取り外しの容易でない庭石は定着物
　　　　　　である)。[02]

　　　　　②　**建物は定着物だが、土地とは別個独立の不動産**とされる。これに対
　　　　　　して、建物以外の定着物(石垣、井戸、立木等)は、原則として土地と
　　　　　　一体となって一個の不動産を構成し、独立の取引の対象とならない。
　　　　　　しかし、土地に付着していても定着物でなければ動産であり、独立し
　　　　　　て取引の対象となる。

【不動産―定着物】

(ア) 建前〔たてまえ〕と建物

　「建前」(主要な柱や梁〔はり〕などを組上げた段階)は動産である。それが独立に風雨をし
のげる程度、すなわち屋根瓦が葺〔ふ〕かれ周壁として荒壁が塗られた程度の段階で不動
産となる(大判昭10.10.1)。

(イ) 立木、未分離の果実、稲立毛〔いなたちげ〕

　立木、果樹から分離していない果実、稲立毛(刈り入れ前の稲)は、原則として土
地と一体の物であるが、取引上の必要がある場合には、独立して取引の対象とする
ことも認められている。[03]

③ 動産

意義　**動産**とは、不動産以外の物をいう(86条2条)。

3 主物と従物（87条）

① 意義と具体例

種類	主物	従物
意義	主物とは、従物に助けられる物をいう。	従物とは、独立の物でありながら客観的・経済的には主物に従属して、その効用を助ける物をいう。 04
具体例	土地 家屋 万年筆 母屋	石灯ろう、庭石（取り外しが容易なもの） 畳 キャップ 物置小屋（不動産が従物になるケース） 04

② 関係

従物は主物の処分に従う(87条2項)。もっとも、別段の意思表示があればそれに従う。 05

（例）家屋が売却されれば、畳も一緒に売却されたことになる。もっとも、畳は除外する意思表示があれば、畳は売却されない。 06

■趣旨■ 2個の物に経済的な結合関係が認められる場合、これを法律的運命についても同一に扱い、結合関係を破壊しないようにした。

4 元物と果実

■意義■ ある物が副次的に経済的利益を産出する場合、そのある物を**元物**、産出される物を**果実**という。 07

■意義■ 果実のうち、元物の自然の性質から産出される物を**天然果実**、元物を使用する対価として得られる物を**法定果実**という(88条)。 07

その例および収取権者は次のとおりである。果実の帰属については、別段の意思表示があればそれに従う。

【果実の帰属】

	例（その元物）	果実の帰属（89条）	収取権者の例
天然果実 （1項）	リンゴ（リンゴ果樹） 牛乳（乳牛）	元物から分離する時に収取権を有する者 07	元物の所有者・借主等
法定果実 （2項）	賃料（不動産等） 利息（金銭）	✎発展 収取権の存続期間に応じて日割り計算による A	元物の貸主等

❷ 不動産登記

不動産には登記とよばれる登録制度があり、不動産取引において重要な意味を持っている(詳細は第2章 **7** 節「物権変動①」で扱う)。その詳細は不動産登記法に定められているが、ここでは、民法の理解に必要な範囲で、その要点を説明しておく。

1 登記の構成

土地・建物がそれぞれ別々に登記される。土地は一筆(人為的に区切られたひとまとまり)を、建物は一棟を単位とする。各々、表題部・権利部甲区・権利部乙区の3つの部分で構成される。

2 登記の内容

① 表題部

土地・建物の表示(所在地・面積等)をする。物件の同一性を示す。

② 権利部甲区

所有権に関する記載がされる。所有者の名義や、所有権の取得原因・取得年月日等が記載される。

③ 権利部乙区

所有権以外の権利(抵当権・地上権・賃借権等)に関する記載がなされる。

【表題部】（土地の表示）				調整	余白		地図番号	余白	
【所在】	千代田区神田三崎町三丁目				余白				
【①地番】	【②地目】	【③地　積】	㎡	【原因及びその目的】			【登記の日付】		
3番	宅地	123 : 46		余白			平成16年3月1日		
【所有者】	千代田区神田三崎町3丁目　　宅久一郎								

権利部【甲　区】（所有権に関する事項）				
【順位番号】	【登記の目的】	【受付年月日・受付番号】	【原　因】	【権利者その他事項】
1	所有権移転	平成16年3月10日 第1336号	平成16年3月1日売買	所有者　千代田区三崎町三丁目401番 　　　　宅久一郎
2	所有権移転	平成17年3月1日 第1304号	平成17年3月1日売買	所有者　千代田区三崎町三丁目3番 　　　　宅久二郎

権利部【乙　区】（所有権以外の権利に関する事項）				
【順位番号】	【登記の目的】	【受付年月日・受付番号】	【原　因】	【権利者その他事項】
1	抵当権設定	平成17年3月1日 第1305号	平成17年3月1日金銭消費貸借同日設定	債権額　金1,000万円 利　息　年4.5% 損害金　年14.5% 債務者　千代田区三崎町三丁目3番 　　　　宅久二郎 抵当権者　東京都豊島区南池袋一丁目19 　　　　株式会社　資格銀行

【登記の例】

3 ▶ 登記の種類

　民法の学習上知っておきたいものとして、次のものがある。

① 所有権保存登記

意義　　所有権保存登記とは、不動産の所有権について初めてされる登記である。多くは建物の新築の際にされる。

② 所有権移転登記

意義　　所有権移転登記とは、売買・贈与等によって不動産の所有者が変更した場合にされる登記である。

③ 抹消登記

意義　　抹消登記とは、すでに登記された事項を抹消する登記である。実際の権利関係と異なる登記がされた場合や、権利部乙区記載の権利が消滅したような場合にされる。

④ 仮登記

意義 仮登記とは、将来の本登記に備えて予めしておく登記をいう。上記①〜③はいずれも対抗力(詳細は次の④「登記の効力」で扱う)を有する本登記である。

4 登記の効力

登記は不動産の実体上の権利関係そのものを表すのではなく、実体上の権利関係についての対抗力等を表すにすぎない。すなわち、実体上の権利を有する者も、これを**登記して初めてその権利を第三者に対抗**することができる、とされるのである(177条)。これに対して、実体上の権利者でない者が権利者として登記されていても、無権利であることに変わりなく、その者と取引をしても、原則として権利を取得することはできない(94条2項の類推適用はその例外である)。

なお、登記制度そのものは、不動産のみならず、会社、動産譲渡、債権譲渡も対象となっている。

〈語句〉●**実体**とは、手続に対応する用語で、権利義務の発生・変更・消滅といった法律関係そのものを指す。民法は私法上の法律関係を規定する実体法であり、民事訴訟法・民事執行法等がそれを実現する公的手続を規定する手続法である。

❸ 強制執行と差押え

不動産登記と並んでしばしば登場する用語に「**差押え**」がある。その目的(対象)は物に限らず債権等の権利も含まれるが、便宜上、ここでその要点を説明しておく。

1 差押えの意義

債権者は、債務者がその債務を履行(義務を果たすこと)しない場合には、裁判所を通じてこれを強制的に履行させたり、債務者の財産を換価してそこから取り立てたりすることができる。これを**強制執行**といい、その手続は民事執行法に規定されている。

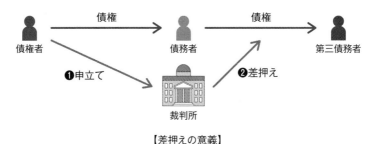

【差押えの意義】

このうち特に金銭債権の強制執行は、債務者の有する一定の財産の換価などによってなされるが、その際、債務者がこれをいち早く処分(売却・破壊等)してしまうおそれがある。そこで債権者の申立てによって強制執行手続が開始されると、債務者は法律上、その目的となった財産を処分することを禁じられるとともに、執行機関(裁判所等)は債務者が現実に処分してしまうことができないよう財産を確保しておく。この**執行機関による債務者の財産確保行為を差押え**という。

2 一般債権者と差押債権者

一般債権者とは、債務者の特定の財産に対する優先権を有しない通常の債権者をいい、**差押債権者**とは、自己の債権について強制執行手続が開始され、債務者の特定の財産の差押えをした債権者をいう。

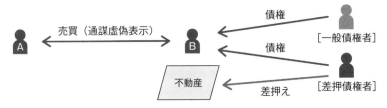

【一般債権者と差押債権者】

差押債権者は差押えの目的たる特定の財産について利害関係を有する。たとえば、Aが自己の不動産について、これをBに売却する通謀虚偽表示をした場合に、Bの一般債権者は94条2項の第三者に該当しないが、この不動産をB所有の物として差し押えた差押債権者は94条2項の第三者に該当し、その者が善意であれば、Aは不動産について自己の所有権を主張することができない(本章 **5** 節 **4** 項「通謀虚偽表示」参照)。

重要事項 一問一答

01 物とは?

有体物(固体・液体・気体)(85条)

02 不動産とは?

土地とその定着物(建物等)(86条1項)

03 動産とは?

不動産以外の物すべて(86条2項)

04 従物とは?

主物とは独立しているが、主物の効用を助ける物

05 従物の処分は？

主物の処分に従う（87条2項）。

06 天然果実とは？

元物から自然に産出される物のこと

07 法定果実とは？

元物使用の対価として得られる物のこと

▮ 過去問チェック（争いのあるときは、判例の見解による）

01 民法において、物とは、気体や液体や固体のような有体物のほか、電気や著作権のような無体物を含むとされる。

× （国般2015）「電気や著作権のような無体物を含むとされる」が誤り。

02 不動産とは、土地及びその定着物をいい、土地の上にある石灯ろうは簡単に動かすことができるから、不動産ではないが、土地の上にある石垣は継続的に土地に付着して使用されるものであるから、不動産である。

○ （国般2015）

03 土地に生育する立木は、取引上の必要がある場合には、立木だけを土地とは別個の不動産として所有権譲渡の目的とすることができるが、未分離の果実や稲立毛は、独立の動産として取引の対象とされることはない。

× （税2021）「未分離の果実や稲立毛は、独立の動産として取引の対象とされることはない」が誤り。

04 動産は、主物にも従物にもなるが、不動産は、主物にはなるが従物にはならない。

× （裁2002）「不動産は、主物にはなるが従物にはならない」が誤り。

05 民法上、従物は主物の処分に従うと規定されているが、当事者間でそれと異なる合意をしても有効である。

○ （裁2002）

06 家屋内にある畳は、社会的・経済的に見た場合、主物である家屋の効用を助けている従物であり、従物は主物の処分に従うから、家屋が売却された場合には、別段の意思表示がない限り、家屋内の畳も売却されたことになる。

○ （国般2015）

07 物の用法に従い収取する産出物を天然果実といい、物の使用の対価として受けるべき金銭その他の物を法定果実という。このうち、天然果実は、その元物から分離する時に、これを収取する権利を有する者に帰属する。

○（税2021）

A 家屋の利用の対価である家賃は法定果実であり、賃貸家屋の所有者の変更があった場合、賃料は所有権の存続期間に従い日割をもって新所有者が取得するから、賃料を毎月月末払いで支払う賃貸借契約において、月の途中で賃貸家屋の所有者の変更があったときは、旧所有者と新所有者との別段の合意があっても、新所有者は賃借人にその月の月末に賃料全額を請求することはできない。

×（国般2015）「新所有者は賃借人にその月の月末に賃料全額を請求することはできない」が誤り。

9 法律行為－代理①

本節では、代理の基本的な構造と法律関係を扱います。

1 代理とは

1 総説

> **設例**　Aはその所有する土地を売却したいが、不動産取引の経験がない。そこで、不動産に関する知識のある知り合いのBに売却を依頼した。BはAの希望どおり購入希望者を探し、Cを相手方として売買契約を締結した。
>
>

意義　**代理**とは、代理人が本人に代わって意思表示をして、その法律効果を本人に帰属させる法制度をいう。

　契約(ex.土地の売買契約)の基本は、当事者が自己の意思に基づいて自らその意思を外部に表示して合意することであるが、このように、他人に依頼して契約をしてもらうのが適当な場合もある。この場合の他人への契約の依頼を**代理権**の授与(授権行為)という。

設例において、依頼をした A を本人、依頼を受けた B を代理人、B との間で契約を締結する C を相手方、BC 間の契約を代理行為といい、代理行為による法的効果は A(と C)に帰属するので、AC 間に売買契約が成立することになる。

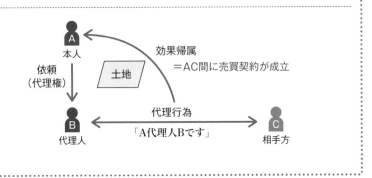

2 代理の種類

① 代理権の発生原因による分類

任意代理	本人・代理人間の代理権授与行為(委任契約など)によって代理権が与えられる場合である。 設例において、B の代理権は A の依頼によって与えられていることから、任意代理である
法定代理	法律の規定によって代理権が与えられる場合である 01 。例えば、親権者(父母)に与えられる未成年者の代理権(824条)、成年後見人に与えられる成年被後見人の代理権(859条)が、法定代理に該当する

② 意思表示の態様による分類

能動代理	代理人が意思表示をする場合をいう
受動代理	代理人が相手方の意思表示を受ける場合をいう

※この分類については、本節 2 項 3 「代理行為(代理人の意思表示)」で扱う。

③ 代理権の有無による分類

有権代理	代理人として行為をする者が代理権を有する場合をいう
無権代理	代理人として行為をする者が代理権を有しない場合をいう

※無権代理については、本章 10 節「法律行為―代理②」で扱う。

3 代理の機能

　法定代理と任意代理は、代理としての基本的な法的構成は同じであるが、その機能は異なる。以下の2つを合わせて、**私的自治の拡充**が代理の機能であるといえる。

【代理の機能】

任意代理	独立した取引能力を有する者が、より適切ないし便宜的な取引を求めて他人に依頼する(**私的自治の拡張**)。
法定代理	独立した取引が困難ないし不適当な者の財産管理を補うという側面をもつ(**私的自治の補充**)。

4 代理類似の制度(使者)

意義　使者とは、本人が完成させた意思表示を伝達する者である。

　代理に類似する制度として**使者**がある。代理人は、代理権の範囲内において一定の裁量を付与されていることから、代理人が意思表示を行う。これに対し、使者の場合は、本人が意思表示を行う。

(例)AがBに依頼して「土地を○○円で購入します」という契約書を売主に届けてもらう場合、Aが土地購入の意思表示をしているので、Bは使者に該当する。

【代理と使者の違い】

	代理人	使者
意思決定	代理人が決定 **02**	本人が決定 **02**
意思能力	必要	不要
行為能力	不要(102条)	不要
意思表示の瑕疵	代理人を基準	本人を基準

❷ 代理の要件

　ある者が代理人として行為をした場合に、その効果が本人に帰属するには、次の3つの要件を満たすことが必要である(99条)。

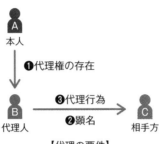

【代理の要件】

❶代理権の存在	本人の意思または法律の規定によって、代理人が代理権を有する（付与されている）こと。
❷顕名	自己が代理人であって、本人に効果を帰属させるつもりである旨を相手方に明らかにすること。 （例）B が A の代理人であることを示すため、「A 代理人B」と示すこと。
❸代理行為 　（代理人の意思表示）	代理権の範囲内で、代理人が意思表示をすること（能動代理）、または代理人が意思表示を受けること（受動代理）。

1 代理権の存在

　代理行為の効果が本人に帰属するためには、本人の意思（任意代理）または法律の規定（法定代理）によって代理権が付与されていなければならない。代理権が付与されていなかったり、代理権の範囲外の行為をしたり、代理行為の時点で代理権が消滅していた場合には、いずれも**無権代理**（詳細は本章 **10** 節「法律行為─代理②」で扱う）となる。なお、代理権の付与に際し特別な様式（委任状の交付など）は民法上要求されていない。 **03**

① 代理権の範囲
（ア）法定代理人の場合

　法律の規定による。例えば、未成年者の法定代理人である親権者や、成年被後見人の法定代理人である成年後見人の代理権の範囲は、原則として財産管理全般に及ぶ（824条、859条）。

（イ）任意代理人の場合

　本人の意思（代理権授与行為）によるが、代理権の範囲の定めのない代理人（**権限の定めのない代理人**）は、以下の行為のみをすることができる（103条）。 **04**

【権限の定めのない代理人の代理権の範囲】

保存行為 (103条1号)	代理の目的である財産(物・権利)の**現状を維持**する行為 (例)家屋の修繕、未登記不動産の登記、腐敗しやすい物の処分(財産の現状維持)
利用行為 (103条2号)	代理の目的である財産(物・権利)の性質を変えない範囲内において、財産の**収益**を図る行為 (例)現金を銀行に預金する、金銭を利息付きで貸し付ける行為
改良行為 (103条2号)	代理の目的である財産(物・権利)の性質を変えない範囲内において、使用価値や交換価値を**増加**させる行為 (例)無利息の貸金を利息付きに改める行為

② 自己契約・双方代理の禁止

　Aはその所有する土地を売却したいが、不動産取引の経験がない。そこで、不動産に関する知識のある知り合いのBに売却を依頼した。

設例❶　適当な相手がいないので、代理人Bは自分が買受人となることにし、本人Aに相談せずに売買契約書を作成した。Bの代理行為の効力はどうなるのか。

設例❷　実は代理人Bは以前からCに土地の購入を依頼されており、よい機会だと思い、双方の代理人として、Cに有利な売買契約を締結した。Bの代理行為の効力はどうなるのか。

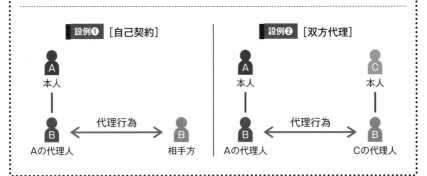

意義　**自己契約**とは、代理人自身が代理行為の相手方となる場合をいう。

　双方代理とは、当事者双方の代理人となる場合をいう。

　設例❶が**自己契約**、**設例❷**が**双方代理**である。いずれの場合においても、代理人Bは本人Aから依頼された「A所有の土地を売却する」という行為を行っている。しかし、Bが、自己(自己契約の場合)又はC(双方代理の場合)に不当な利益を与

える契約をして、Aの不利になる(**本人の利益を害する**)場合もある。

原則　自己契約・双方代理については、代理権の範囲内の行為であっても、原則として禁止されており、これに違反して行われた行為は、**代理権を有しない者がした行為(無権代理行為)**とみなす(108条1項本文)。 〔05〕

趣旨　本人の利益保護のためである。

例外　以下の場合には無権代理行為とならず、有効な代理行為として本人に直接効力を生じる(108条1項ただし書)。

趣旨　本人の利益が害されることがなく、本人保護の必要性がないからである。

① **本人があらかじめ許諾した行為**〔06〕

　双方代理の場合には、**当事者双方の許諾**が必要である。なお、許諾が得られなくても、**事後に当事者双方が追認**をすれば、双方代理の時にさかのぼって有効となる(116条本文、詳細は本章**10**節**❷**項「無権代理行為があった場合の法律関係」で扱う)。〔07〕

② すでに成立した契約等の**債務を履行するのみである**場合

　例えば、すでにAがCに土地を売却する契約が成立していたところ、Aの債務かつCの債権である所有権移転登記の申請手続を、BがAとCの双方を代理して行う場合である(最判昭43.3.8)。〔08〕

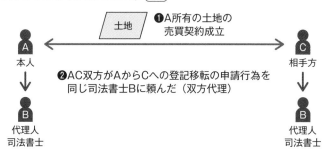

【債務を履行するのみである場合の具体例】

設例❶の場合には、例外事由がない限り、Bの行為は、無権代理行為となる。
設例❷の場合には、例外事由がない限り、Bの行為は、無権代理行為となる。

③ 利益相反行為の禁止

設例 BがCからお金を借り入れるにあたってAを保証人とする際に、AC間で締結するべき保証契約について代理権を付与されたBが、Aの代理人として保証契約を締結した。この保証契約の効果はA及びCに帰属するか。

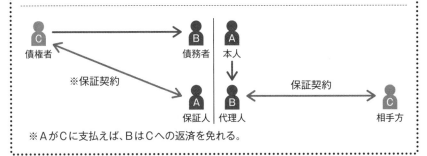

※保証契約

保証契約

C 債権者　　B 債務者　　A 本人

A 保証人　　B 代理人　　C 相手方

※AがCに支払えば、BはCへの返済を免れる。

意義 利益相反行為とは、**本人と代理人の利益が相反する代理行為**をいう。

設例 の場合、Bの代理行為は自己契約でも双方代理でもない。しかし、その後、保証人となったAがBに代わってBの借金相当額をCに支払ったらBは借金の返済を免れるため、代理人Bが本人Aの利益を犠牲にして自己の利益を得るような関係にあるといえる。そこで、以下のよう規定されている。

原則 **利益相反行為は禁止**されており、これに違反して行われた法律行為は**無権代理行為とみなされる**(108条2項本文)。

趣旨 本人の利益を保護する必要があるからである。

例外 **本人があらかじめ許諾**していれば、無権代理行為とはならず、有効な代理行為として本人に直接効力を生じる(108条2項ただし書)。

趣旨 本人の許諾がある場合は、本人と代理人との間に利益相反関係は存在しないものとみられるからである。

設例 の場合において、代理人BがCと締結した保証契約は利益相反行為にあたるので、本人Aが当該保証契約につきあらかじめ許諾している場合を除いて、無権代理行為となる。

④ 代理権の濫用

Bは、売却代金を着服した上で自己の借金に費消する目的を持って、Aの代理人としてAの土地をCに売却したが、相手方CはBがそのような目的を持っていることについて不注意（過失）で知らなかった。Cは、Aに対し、当該土地の明渡しを請求することができるか。

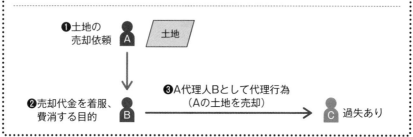

意義 代理権の濫用とは、代理人が**自己又は第三者の利益を図る目的で代理権の範囲内の行為をした場合**をいう(107条)。

設例 の場合、Bは形式的には「Aの土地を売却する」という代理権の範囲内の行為を行っている。しかし、その実質は本人の利益でなく自己の利益を図るものである。この場合、以下のように規定されている。

原則 代理人が自己又は第三者の利益を図る目的で代理権の範囲内の行為をした場合、原則として**有効な代理行為**である(107条)。 **09**

趣旨 形式的には代理権の範囲内の行為だからである。

例外 相手方が代理人の目的を知り、または知ることができたときは(＝**悪意または善意有過失**)、**無権代理行為**とみなす(107条)。 **10**

趣旨 本人の利益保護を図る必要もあるからである。

設例 の場合、相手方Cが、代理人の目的について善意有過失なので、BC間の売買は無権代理行為となる。したがって、Cは、Aに対し、当該土地の明渡しを請求することができない。

⑤ 復代理

設例 Aから土地の売却の依頼を受けたBは、復代理人としてCを選任し、CがAの代理人としてDとの間で土地の売買契約を締結した。Dは、Aに対して土地の引渡しを請求することができるか。

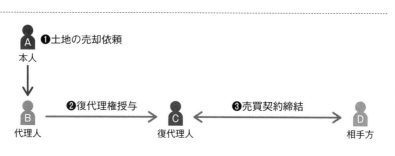

❶土地の売却依頼

A 本人

B 代理人 **❷復代理権授与** → C 復代理人 ← **❸売買契約締結** → D 相手方

意義 復代理とは、代理人が、さらに本人のために代理人を選任し、この第二の代理人（復代理人）が本人のために代理行為を行うことをいう。 11

このような復代理が許されるか否かは、任意代理の場合と法定代理の場合とで差異がある。

【復代理人選任の可否とその責任】

	選任の可否	復代理人が本人に損害を与えた場合の代理人の責任
任意代理人	本人の**許諾又はやむを得ない事由がある場合にのみ**、復代理人を選任可能(104条)。 11 12	明文規定はない。しかし、本人から委託された業務を適正に行っていないことになるため、代理権授与行為に関する契約の債務不履行の責任を負う。 13
法定代理人	必要があればいつでも復代理人（これ自体は任意代理）を選任可能(105条前段)。 11 14	**原則** 法定代理人も責任を負う。 **例外** やむを得ない事由がある場合は、選任・監督責任（復代理人として適切な人物を選任し、監督する責任）のみ負担する(105条後段)。 14

〈語句〉●**債務不履行**とは、期限内に売買代金を支払わない等、債務の本旨に従った履行をしないことをいう。詳細は『民法 下』「債権総論」で扱う。

以上の相違は、法定代理権が当事者の意思によらず、法律上当然に与えられるものであるのに対して、**任意代理権は当事者の信頼関係によるもの**であることに基づくものである。

(ア) 復代理人の権限

復代理人は、代理人の代理人ではなく、自らに付与された権限の範囲内の行為に

ついて、本人を代表する(106条1項)。 15

〈解説〉 106条1項は、復代理人が、代理人から選任されたものの、**復代理人の権限の範囲内で直接本人を代理する**ことを意味する。したがって、復代理人が復代理の権限の範囲を越えて行為をした場合、それが代理人の代理権の範囲を越えないものであるとしても、復代理人の当該行為は**無権代理行為**となる。 16

(イ) 復代理人の義務

復代理人は、その権限の範囲内において、**本人の代理人**として、(第一の)代理人と同一の義務を負う(106条2項)。

〈解説〉 代理権を付与する委任において、受任者が代理権を有する復受任者を選任したときは、復受任者は、委任者に対して、その権限内において、受任者と同一の権利を有し義務を負うと規定されている(644条の2第2項、詳細は『民法 下』「債権各論」で扱う)。

(ウ) 代理権の消滅との関係

復代理権は代理人の代理権を基礎とするので、復代理人を選任しても、代理人の代理権は消滅しない。他方、**代理人の代理権が消滅すれば、復代理権も消滅する。** 17

(エ) 復代理人の受領物引渡義務

問題点 復代理人が委任事務を処理するにあたって金銭等を受領したとき、誰に引き渡すべきか。

結論 ① 特別の事情がない限り、受領物を本人に対して引き渡す義務を負うほか、代理人に対しても引き渡す義務を負う(最判昭51.4.9)。 18

② 復代理人が代理人に受領物を引き渡した場合、本人に対する受領物引渡義務も消滅する(最判昭51.4.9)。 19

理由 復代理人は、本人との間で選任行為等の法律関係はないが、本人及び第三者に対して、代理人と同一の権利を有し、義務を負うからである(106条2項)。

⑥ 代理権の消滅

(ア) 消滅事由

代理権は、以下の場合に消滅する(111条1項)。なお、委任による代理権は、委任契約の終了によっても消滅する(111条2項)。

【代理権の消滅事由（111条）】

	本人	代理人
任意代理	① 死亡（1項1号）**20** ② （委任による代理権の場合）破産手続開始の決定（2項）※	① 死亡（1項2号） ② 破産手続開始の決定（1項2号）**21** ③ 後見開始の審判（1項2号）**22**
法定代理	① 死亡（1項1号）	① 死亡（1項2号） ② 破産手続開始の決定（1項2号）**21** ③ 後見開始の審判（1項2号）**22**

※ 本人の破産手続開始の決定は、代理権の消滅事由ではないが、委任契約の終了事由なので（653条2号）、本人の破産手続開始の決定により委任契約が終了する結果、委任による代理権が消滅する（111条2項）。

問題点　本人の死亡によっては代理権が消滅しない旨の合意は有効か。

結論　当事者間において本人の死亡によって代理権が消滅しない旨の合意があれば、代理権は消滅しない（最判昭31.6.1）。**23**

理由　111条1項1号（本人の死亡）は、本人の死亡によって代理権が消滅しない旨の合意の効力を否定する趣旨ではないから。

（イ）復代理における消滅事由 ✎発展

　復代理の場合、代理権の消滅事由は、本人・代理人間、代理人・復代理人間の双方に当てはまる。例えば、代理人に代理権の消滅事由が生じたときは、代理人の代理権が消滅する結果、復代理人の代理権も消滅する **A**。これに対し、本人や代理人に代理権の消滅事由が生じていなければ、復代理人の代理権も消滅しない **B**。

2 顕名

設例　Aは、Bに対し自己の所有する不動産の売却についての代理権を与え、BはAの代理人としてA所有の土地をCに売却した。

① 顕名の意義

意義 顕名とは、本人の名(効果帰属主体)を顕すことである。

設例 の場合、代理人Bが「A代理人B」の名のもとに土地の売買契約を締結することである。この「A代理人B」という顕名は、次の2つの要素を含んでいる。

【顕名がもつ要素】

代理意思	本人Aに法律効果を帰属させようとする意思
代理表示	代理行為であることの表示

② 不完全な顕名の問題

代理人に代理意思は存在するが、代理表示が不完全である場合にも有効な代理行為となるか、というのが不完全な顕名の問題である。これには次の2つのケースがある。

(ア) 代理人が自己の名「B」で行為した場合

本人の名が示されていないため、顕名は存在していない。

原則 代理人自身のためにした行為とみなされる(100条本文)。24

したがって、代理人と相手方との間にその意思表示の法律効果が発生し、たとえ自己の真意が本人のためにするつもりであったとしても、代理人は、表示と内心の意思との不一致を理由とする錯誤の主張をすることは許されない。25

趣旨 相手方は代理人を当事者と考えるのが通常だからである。

例外 相手方が、代理人が本人のためにすること(代理意思)を知り、又は知ることができた場合(=悪意又は善意有過失)には、有効な代理行為と認められ、**本人に効果が帰属**する(100条ただし書、99条1項)。26

趣旨 相手方が悪意又は有過失の場合であれば、代理人を犠牲にして相手方を保護する必要はなく、本人に効果を帰属させても不都合はないからである。

(イ) 代理人が本人の名「A」で行為した場合

問題点 本人のためにする意思をもって代理人が直接本人の名で行為した場合、有効な代理行為といえるか。

結論 有効な代理行為となる(大判大4.10.30)。27

理由 ① 本人の名が示されている以上、有効な顕名がある。
② 代理人に代理権や代理意思があり、相手方も本人を当事者と認識するために、有効な代理行為と扱っても相手方や本人の利益を害することとはない。

〈**解説**〉 代理人が直接本人の名において権限外の行為をした場合については、本章**11**節**4**項**5**「110条に関するその他の問題点」で扱う。

3 ▷ 代理行為 (代理人の意思表示)

意義 **代理行為**とは、代理人が代理権・顕名を伴った法律行為(意思表示)をすることである。

　代理人による意思表示(**能動代理**)は、意思表示の問題として、**相手方に到達した時点**で、本人に対してその直接効力を生じる(99条1項、97条1項)。相手方の意思表示を代理人が受ける場合(**受動代理**)は、**代理人に到達した時点**で、本人に対して直接その効力を生じる(99条2項、97条1項)。 [28]

① 代理行為の瑕疵

> 　A は、建物を建てるために土地を購入する代理権を B に与えたところ、
> **設例❶** 相手方 C が所有する土地は価値の低い宅地であったが、C は、代理人 B を騙してこれを価値の高い宅地と思いこませ、高値で購入する契約を締結させた。本人 A は詐欺を理由として売買契約を取り消すことができるか。
> **設例❷** 相手方 C が所有する土地について、C が代理人 B に売却する意思表示をしたが、それは冗談であった。相手方 C は心裡留保を理由として売買契約の無効を主張することができるか。
>
>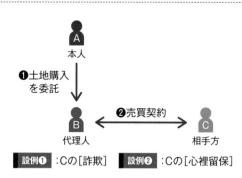

設例❸ Aは、相手方Cが所有する土地の購入をBに委託し、BC間で土地の売買契約が締結されたが、Bは、目的物である土地について錯誤が生じていた。Bが錯誤に陥っていることについて、Aに重過失があったとしても、錯誤を理由として売買契約を取り消すことができるか。

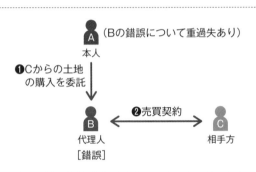

本人 A（Bの錯誤について重過失あり）

❶Cからの土地の購入を委託

代理人 B [錯誤] ❷売買契約 相手方 C

（ア）代理人の行った意思表示に瑕疵がある場合（ 設例❶ ）

　代理人が相手方に対してした意思表示の効力が、**意思の不存在、錯誤、詐欺、強迫又はある事情についての悪意若しくは善意有過失によって影響を受けるべき場合、その事実の有無は、代理人について決する**（101条1項）。29/予

　趣旨　代理人が行った意思表示である以上、代理人を基準に意思表示の瑕疵を判断するべきである。

　設例❶では、代理人Bが相手方Cに騙されており、BがCに対してした土地購入の意思表示に瑕疵が認められる。したがって、本人Aは、詐欺を理由として売買契約を取り消すことができる（101条1項、96条1項）。30

〈解説〉　詐欺を理由とする取消権は、本人が行使するもので、代理人が行使できるか否かは代理権の範囲による。30

（イ）相手方の行った意思表示を受けた者（代理人）がある事情を知っていたこと又は知らなかったことにつき過失があったことによって影響を受けるべき場合（ 設例❷ ）

　相手方が代理人に対してした意思表示の効力が意思表示を受けた者がある事情を知っていたこと又は知らなかったことにつき過失があったことによって影響を受けるべき場合には、その事実の有無は、**代理人について決する**（101条2項）。31/予

　趣旨　代理行為では、意思表示を受けるのは代理人であることから、代理人の

主観的事情を基準とするべきである。

〈解説〉 101条1項と異なり、基準となる代理人の主観的事情は、**ある事情についての悪意又は善意有過失によって影響を受けるべき場合に限定**される（101条1項のような意思の不存在、錯誤、詐欺、強迫によってとする規定がない）。

> 設例❷ では、相手方Cが代理人Bに対してした意思表示が心裡留保に当たることから、心裡留保による意思表示は原則として有効であるが（93条1項本文）、BがCの真意でないことを知っていたか、または知ることができた場合（悪意又は善意有過失）には、相手方Cは心裡留保を理由として売買契約の無効を主張することができる（101条2項、93条1項ただし書）。

（ウ）特定の法律行為を委託された代理人による行為（ 設例❸ ）

特定の法律行為をすることを委託された代理人がその行為をしたときは、本人は、自ら知っていた事情（過失によって知らなかった事情についても同様）について代理人が知らなかったことを主張することができない（101条3項）。 [32]

趣旨 本人が自ら知っていながら、又は不知について過失がありながら、代理人の不知を主張することは公平とはいえないからである。

> 設例❸ では、相手方C所有の土地購入という特定の法律行為の委託があり、本人Aは、代理人Bが錯誤に陥っていることについて重過失があることから、原則として、錯誤による取消しを主張することはできない。

（エ）相手方に詐欺をした場合 発展

問題点❶ 代理人が相手方に詐欺をした場合、相手方は何条を根拠に詐欺による取消しをすることができるか（101条に規定がない）。

結論 相手方は、96条1項により取消しができる（通説）。

理由 代理の効果は本人に帰属する以上、本人は第三者ではなく当事者として考えられるからである。

問題点❷ 本人が相手方に詐欺をした場合、相手方は何条を根拠に詐欺による取消しをすることができるか。

結論 相手方は、96条1項により取消しができる（通説）。

理由 ① 法律行為の効果は本人に帰属する以上、本人は第三者ではなく当事者として考える。

② 代理人が詐欺の事実について善意無過失であったとしても、本人の

詐欺は第三者による詐欺ではなく、96条2項の適用はできない。

(オ) 法人の法律行為に瑕疵がある場合 ✍発展

問題点 法人の主観的事情(ex.192条が定める即時取得における善意無過失)が問題となる場合、誰を基準に考えるべきか。

結論 原則として法人の**代表機関**について決すべきであるが、代表機関が代理人を用いて取引をした場合には、**その代理人**について判断すべきである(最判昭47.11.21)。 C

理由 101条1項、2項は、意思表示の瑕疵の有無等を代理行為について意思表示をなす代理人を基準にして判断すべきことを趣旨とするので、この趣旨から、法人について代表機関が意思表示を行う場合は、その代表機関について決すべきである。

② 代理人の制限行為能力

設例❶ Aは、土地を購入する代理権を未成年者のBに与え、Bは、Aを代理してCとその所有する土地の売買契約を締結した。Aは、代理人が制限行為能力者であることを理由として当該売買契約を取り消すことができるか。

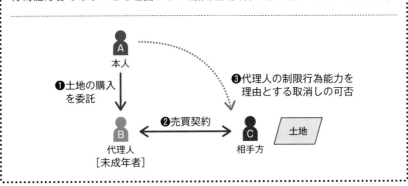

> **設例②** 未成年者Aの法定代理人（親権者）である被保佐人Bは、Aを代理してCとその所有する土地の売買契約を締結した。Aは、法定代理人が制限行為能力者であることを理由として当該売買契約を取り消すことができるか。

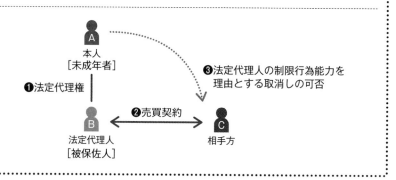

原則 制限行為能力者が代理人としてした行為は、**行為能力の制限によっては取り消すことができない**（102条本文、**設例❶**）。 **33**

趣旨 効果帰属する本人があえて制限行為能力者を代理人として選任する以上、それによって生じる不利益は本人自身が負うべきだからである。

〈解説〉 任意代理人が代理行為をする際に、**意思能力は必要だが、行為能力は必要ではない**。 **34**

> **設例❶** において、本人Aは、代理人Bが未成年者であることを理由に当該売買契約を取り消すことはできない。 **33**

例外 制限行為能力者が、**他の制限行為能力者の法定代理人としてした行為**については、本人は、例外的に**取り消すことができる**（102条ただし書、**設例❷**）。 **35/予**

趣旨 102条本文に従い、代理人が制限行為能力者であることを理由に代理行為を取り消せないとするならば、制限行為能力者である本人の保護が図れなくなり、制限行為能力者制度が十分に機能しなくなるおそれがある。

> **設例❷** において、未成年者（制限行為能力者）である本人Aの法定代理人（親権者）Bが被保佐人（制限行為能力者）であるから、Aは、Bが法定代理人として本人Aを代理して行った当該売買契約は取り消すことができる。

重要事項 一問一答

01 代理権の発生原因によって何と何に分かれるか？

任意代理と法定代理

02 代理権の有無によって何と何に分かれるか？

有権代理と無権代理

03 代理の要件は（3つ）？

①代理権の存在、②顕名、③代理行為

04 任意代理において代理権の範囲を明確に定めなかった場合、代理人ができる行為は？

管理行為（保存行為、財産の性質を変えない範囲内での利用行為・改良行為）（103条）

05 自己契約とは？

代理人自身が代理行為の相手方となる場合

06 双方代理とは？

当事者双方の代理人となる場合

07 自己契約・双方代理は原則としてどうみなされるか？

代理権を有しない者がした行為（無権代理行為）とみなされる（108条1項本文）。

08 自己契約・双方代理が有効となる場合は（2つ）？

①本人があらかじめ許諾した行為である場合、②すでに成立した契約等の債務を履行するのみである場合（108条1項ただし書）

09 本人と代理人の利益が相反する代理行為は原則としてどうみなされるか？

無権代理行為とみなされる（108条2項本文）。

10 本人と代理人の利益が相反する代理行為が有効となる場合は？

本人があらかじめ許諾している場合（108条2項ただし書）

11 代理権の濫用とは？

代理人が自己又は第三者の利益を図る目的で代理権の範囲内の行為をした場合

12 代理権の濫用は原則として有効な代理行為か？

有効な代理行為である（107条）。

13 代理権の濫用が無権代理行為とみなされる要件は？

相手方が代理人の目的を知り、または知ることができた場合（107条）

14 復代理とは？

代理人が、さらに本人のために代理人を選任し、この第二の代理人（復代理人）が本人のために代理行為を行うこと

15 法定代理人が復代理人を選任する場合の要件は？

自己の責任で復代理人を選任可能（105条前段）

16 復代理人が本人に損害を与えた場合における法定代理人の責任は？

原則として法定代理人も責任を負う。ただし、やむを得ない事由がある場合は、選任・監督責任のみ負担する(105条後段)。

17 任意代理人が復代理人を選任する場合の要件は？

本人の許諾又はやむを得ない事由がある場合である(104条)。

18 復代理人が本人に損害を与えた場合における任意代理人の責任は？

代理権授与行為に関する契約の債務不履行の責任を負う。

19 復代理人は誰の代理人か？

復代理人の権限の範囲内で本人の代理人となる(106条1項)。

20 復代理人が委任事務を処理するにあたって金銭等を受領したとき、誰に引き渡すべきか？

特別の事情がない限り、本人に受領物を引き渡す義務を負うほか、代理人にも引き渡す義務を負う(判例)。

21 復代理人が代理人に受領物を引き渡した場合、本人に対する受領物引渡義務も消滅するか？

消滅する(判例)。

22 任意代理における本人についての代理権消滅事由は(委任による代理権を除く)？

本人の死亡(111条1項1号)

23 代理人に対する後見開始の審判は任意代理・法定代理双方の代理権の終了事由か？

双方の代理権の終了事由である(111条1項2号)。

24 本人の死亡によっては代理権が消滅しない旨の合意の効力は？

有効である(判例)。

25 本人のためにする意思をもって代理人が直接本人の名で行為した場合、有効な代理行為といえるか？

有効な代理行為となりうる(判例)。

26 代理人の相手方に対する意思表示の効力が意思の不存在等により影響を受ける場合、その事実の有無は誰を基準に考えるのか？

代理人を基準に考える(101条1項)。

◤ 過去問チェック (争いのあるときは、判例の見解による)

01 代理は、本人の意思で他人に代理権を授与する場合に限り始まるものである。

×(区2019改題)「限り始まるものである」が誤り。

02 通説に照らすと、本人の完成した意思表示を相手に伝えるために、本人の意思表示を書いた手紙を届けたり、本人の口上を伝えたりする行為は代理行為であり、本人のために自ら意思を決定して表示する者は使者である。

×（区2019改題）「代理行為」「使者」が誤り。

03 法定代理の場合には本人の意思によらずに代理権が与えられるので委任状の交付は必要ないが、任意代理の場合には代理権授与行為を証明するため委任状の交付が必要であり、これを欠いた代理権授与行為は無効となる。

×（国般2002改題）「任意代理の場合には代理権授与行為を証明するため委任状の交付が必要であり、これを欠いた代理権授与行為は無効となる」が誤り。

04 権限の定めのない代理人は、財産の現状を維持・保全する保存行為をすることはできるが、代理の目的である物又は権利の性質を変えない範囲内において、その利用又は改良を目的とする行為をすることはできない。

×（国般2019）「その利用又は改良を目的とする行為をすることはできない」が誤り。

05 自己が当事者となる契約についてその相手方の代理人となる自己契約や、当事者双方の代理人となる双方代理は、民法上禁止されているが、これに違反して行われた法律行為は、代理権を有しない者がした行為とはみなされない。

×（国般2002改題）「代理権を有しない者がした行為とはみなされない」が誤り。

06 代理人による自己契約及び双方代理は、本人の利益を害するおそれが大きいので禁じられており、本人は、これらの行為をあらかじめ許諾することができない。

×（区2012）「本人は、これらの行為をあらかじめ許諾することができない」が誤り。

07 AがBに対してA所有の甲自動車を売却する代理権を授与し、他方で、CもBに対して甲自動車を購入する代理権を授与していたところ、Bは、A及びCから事前にその許諾を得ることなく、A及びCの代理人として、甲自動車の売買契約を締結した。この場合、A又はCのいずれかが追認すれば、甲自動車の売買契約の効果はA及びCに帰属する。

×（裁2015）「A又はCのいずれかが追認すれば、甲自動車の売買契約の効果はA及びCに帰属する」が誤り。

08 自己契約及び双方代理は原則として禁止されているが、本人があらかじめ許

諾している行為や債務の履行については例外とされており、例えば、登記申請行為における登記権利者と登記義務者の双方を代理することは、債務の履行に当たり、許される。

○（国般2017）

[09] AがBにA所有の土地の売却に関する代理権を与えたところ、Bは、売却代金を自己の借金の弁済に充てるつもりで、その土地をCに売却した。この場合、BはAに土地売買の効果を帰属させる意思があるとしても、Bの代理行為は常に無効となる。

×（税・労・財2017改題）「Bの代理行為は常に無効となる」が誤り。

[10] Aが甲土地をCに売却する代理権をBに与えていたところ、Bが代金を自己の個人的な借金の返済に充てる目的で、Aの代理人として甲土地をCに売却し、このようなBの意図についてCが善意であったが過失があった場合、Bの代理行為は、代理権を有しない者がした行為とみなされない。

×（裁2011改題）「Bの代理行為は、代理権を有しない者がした行為とみなされない」が誤り。

[11] 復代理とは、代理人が自らの責任で新たな代理人（復代理人）を選任して本人を代理させることをいい、復代理人の選任は、法定代理では常に行うことができるが、任意代理では本人の許諾を得た場合又はやむを得ない事由がある場合にのみ行うことができる。

○（国般2017）

[12] 委任による代理人は、自己の責任でいつでも復代理人を選任することができる。

×（裁2009改題）「自己の責任でいつでも復代理人を選任することができる」が誤り。

[13] 委任による代理人がやむを得ない事由により復代理人を選任した場合には、その選任及び監督についてのみ、本人に対してその責任を負う。

×（国般2019改題）「その選任及び監督についてのみ、本人に対してその責任を負う」が誤り。

[14] 法定代理人は、やむを得ない事由及び本人の許諾がなくとも復代理人を選任することができ、この場合、本人に対して、復代理人の選任及び監督についての責任のみを負う。

×（裁2021改題）「復代理人の選任及び監督についての責任のみを負う」が誤り。

15 復代理人は、その権限内の行為について、本人を代表する。
○（裁2009改題）

16 復代理人が復代理の権限の範囲を越えて行為をしたが、それが代理人の代理権の範囲を越えない場合には、復代理人の当該行為は無権代理とはならない。
×（裁2013）「復代理人の当該行為は無権代理とはならない」が誤り。

17 復代理人が本人の許諾を得て選任された場合、代理人の有する本人に対する代理権が消滅しても、当該復代理人の復代理権が消滅することはない。
×（国般2015）「当該復代理人の復代理権が消滅することはない」が誤り。

18 本人代理人間で委任契約が締結され、代理人復代理人間で復委任契約が締結されたことにより、民法第106条第2項に基づき本人復代理人間に直接の権利義務が生じた場合、復代理人が委任事務を処理するに当たり金銭等を受領したときは、復代理人は本人に対して直接受領物引渡義務を負うから、復代理人の代理人に対する受領物引渡義務は消滅する。
×（税・労2005）「復代理人の代理人に対する受領物引渡義務は消滅する」が誤り。

19 Bから代理権を与えられていたAは、Bの許諾を得て、復代理人Cを選任した。Cは、委任事務処理のため受領した100万円をAに引き渡したが、AがこれをBに引き渡さない場合、Bは、Aのほか、Cに対しても、100万円の引渡しを求めることができる。
×（裁2008改題）「Cに対しても」が誤り。

20 委任による代理権は、原則として本人の死亡により消滅する。
○（国般2019改題）

21 代理人として選任された後に、破産手続開始の決定を受けた場合には、その代理権は消滅する。
○（国般2008改題）

22 代理人が保佐開始の審判を受けた場合、法定代理と任意代理のいずれにおいても、代理権は消滅する。
×（税・労・財2017）「代理権は消滅する」が誤り。

23 任意代理の場合、代理人は本人の信任を得て代理人となっており、本人の死亡後その相続人との間で代理人の地位が継続するのは適当ではないから、代理権は本人の死亡により消滅し、本人の死亡によっても代理権は消滅しない旨の合意があったとしても、当該合意は無効である。

×（国般2013）「当該合意は無効である」が誤り。

24 代理人が本人のためにすることを示さないでした意思表示は錯誤とみなされ、その効果は、本人にも代理人にも帰属しない。

×（区2012）全体が誤り。

25 代理人が本人のためにすることを示さずに意思表示をした場合、相手方において、代理人が本人のためにすることを知らず、かつ、知らなかったことについて過失がなかったときは、代理人と相手方との間にその意思表示の法律効果が発生し、代理人は、表示と内心の意思との不一致を理由とする錯誤の主張をすることもできない。

○（裁2017）

26 代理人が本人のためにすることを示さないでした意思表示は、代理人が本人のためにすることを相手方が知り、又は知ることができたとき、代理人に対して直接にその効力を生じる。

×（区2019）「代理人に対して直接にその効力を生じる」が誤り。

27 代理人が本人のためにする意思をもって、直接本人の名で契約を締結した場合でも、相手方は契約の相手について正しく情報を得ているから、有効な代理行為となり得る。

○（裁2009）

28 代理による意思表示は、代理人に代理権を授与した本人が、代理による意思表示の内容を了知して初めて本人に対して効力が生じる。

×（裁2012改題）「代理人に代理権を授与した本人が」が誤り。

29/予 代理人が相手方に対してした意思表示の効力が意思の不存在、錯誤、詐欺、強迫又はある事情を知っていたこと若しくは知らなかったことにつき過失があったことによって影響を受けるべき場合には、その事実の有無は、本人について決する。

×（予想問題）「本人について決する」が誤り。

[30] Aは、Bを代理してB所有の自動車をCに譲渡したが、この売買契約の際、CはAを欺罔した。この場合、詐欺を理由として意思表示を取り消すことができるのはAであって、Bは取り消すことはできない。

× (裁2016)「Aであって、Bは取り消すことはできない」が誤り。

[31/予] 相手方が代理人に対してした意思表示の効力が、意思表示を受けた者がある事情を知っていたこと又は知らなかったことにつき過失があったことによって影響を受けるべき場合には、その事実の有無は、本人について決する。

× (予想問題)「本人について決する」が誤り。

[32] 特定の法律行為をすることを委託された場合において、代理人が本人の指図に従ってその行為をしたときは、本人は、自ら知っていた事情について代理人が知らなかったことを主張することができない。

○ (区2016)

[33] 行為能力者であるAが、未成年者であるBに対して土地を購入する代理権を授与し、Bが、Aの代理人として、Bが未成年者であることを知っているCとの間で、C所有の乙土地を購入する契約を締結した場合、Cの利益を保護する必要はないから、Aは、代理人であるBが未成年者であったことを理由に、乙土地の売買契約を取り消すことができる。

× (裁2015改題)「Cの利益を保護する必要はないから」、「乙土地の売買契約を取り消すことができる」が誤り。

[34] 任意代理における代理人は、意思能力を有している必要はあるが、行為能力は要しないとされている。

○ (国般2018改題)

[35/予] 制限行為能力者が代理人としてした行為は、行為能力の制限によっては取り消すことができないから、制限行為能力者が他の制限行為能力者の法定代理人としてした行為についても、行為能力の制限によっては取り消すことができない。

× (予想問題)「制限行為能力者が他の制限行為能力者の法定代理人としてした行為についても、行為能力の制限によっては取り消すことができない」が誤り。

[A] 代理人が本人の許諾を得て復代理人を選任した場合、代理人が死亡したときであっても本人が生存していれば、復代理人の代理権が消滅することはない。

× (裁2013)「復代理人の代理権が消滅することはない」が誤り。

[B] 代理人が本人の許諾を得て復代理人を選任した場合、本人が後見開始の審判を受けたときであっても、そのことによって復代理人の代理権が消滅することはない。

○ (裁2013)

[C] 民法第192条における善意無過失の有無は、法人については、第一次的にはその代表機関について決すべきであるが、その代表機関が代理人により取引をしたときは、その代理人について判断すべきである。

○ (税・労2005)

10 法律行為－代理②

本節は、無権代理を扱います。無権代理では、相手方あるいは本人を保護する制度を確認しましょう。

1 無権代理とは

> **設例** Aから何も依頼されていないのに、Bは「A代理人B」と名のり、Cとの間でA所有の土地をCに売却する契約を締結した。売買契約の効力はどうなるのか。

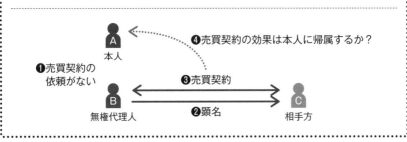

❹売買契約の効果は本人に帰属するか？

❶売買契約の依頼がない

❸売買契約

❷顕名

A 本人

B 無権代理人

C 相手方

意義 無権代理とは、代理人として行為をした者が代理権を有しなかった場合をいう。

無権代理行為とは、代理権を有しない者がした行為をいう。

原則 無権代理行為は、本人が追認しなければ、本人に対して直接その効力を生じない(113条1項)。すなわち、本人の追認がない限り、**本人に無権代理行為の効果が帰属しない**(効果不帰属)ということである。

例外 本人の追認によって、契約の時(代理行為時)に遡って、当初から有効な契約(代理行為)があったものと同様の効果を生じる(遡及効)(116条本文)。
[01]

設例 において、BはA所有の土地を売却する代理権を有しないので、Bが当該土地をCに売却することは無権代理行為である。したがって、売買契約の効果は本人Aに帰属しない（効果不帰属）。ただし、Aの追認があれば、売買契約の効果がAに帰属する。

2 無権代理行為があった場合の法律関係

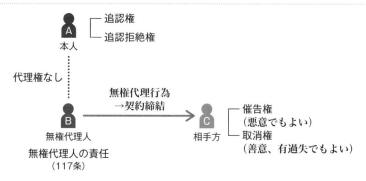

【無権代理行為があった場合の法律関係】

1 本人Aの追認権・追認拒絶権

| 意義 | 追認とは、事後的に無権代理行為の効果を本人に帰属させることをいう。追認拒絶とは、無権代理行為を確定的に効果不帰属とすることをいう。

無権代理行為について、追認をする権利（追認権）、追認拒絶をする権利（追認拒絶権）は、いずれも本人が有している。

| 趣旨 | 本人の利益を考慮したものである。

① 追認（または追認拒絶）の方法

| 原則 | 追認（または追認拒絶）は、原則として相手方に対して行う。 02

| 例外 | 無権代理人に対して追認（または追認拒絶）をした場合、本人の追認権（または追認拒絶権）の行使を相手方が知らない間は、追認権（または追認拒絶権）の行使を相手方に主張することができない（113条2項）。 02

| 趣旨 | 追認（または追認拒絶）の事実を知らない相手方を保護する。

② 法定追認の類推適用 発展

| 問題点 | 法定追認を定めた規定（125条）は、無権代理行為の追認に類推適用され

るか。

結論 類推適用されない(最判昭54.12.14)。

理由 取消しの対象となる行為の追認と無権代理行為の追認とは、その性質が大きく異なる。

③ 追認(または追認拒絶)の効果

　追認をした場合、無権代理行為は、**別段の意思表示がない限り、無権代理行為(契約)の時に遡って本人に対して効力を生じる**(本人に効果帰属)(遡及効)(116条本文)。 03

　追認拒絶をした場合、**無権代理行為は本人に対して効力を生じない**(本人に効果不帰属に確定)。

〈解説〉 無権代理行為の追認の遡及効は、第三者の権利を害することはできない(116条ただし書)。

2 相手方の催告権

意義 相手方の催告権とは、相手方が本人に対して、**相当の期間を定め、無権代理行為(無権代理人がした契約)を追認するか否かを確答するように請求する**ことをいう(114条前段)。

趣旨 本人が追認するか否かが判明するまで無権代理行為の効果が確定しないとすれば、相手方が不安定な地位に立たされるため、これを解消する。

① 相手方の催告権の要件

　114条前段は相手方の善意を要求していないので、無権代理人に代理権がないことを相手方が知っていた場合(悪意)であっても、催告権の行使が認められる。04

② 催告の効果

　相当の期間内に本人による確答がなければ、本人が**追認拒絶をしたとみなされる**(114条後段)。05

　確答として本人の追認または追認拒絶があれば、無権代理人がした契約が、契約の時に遡って本人に対して効力を生じる、または生じないことに確定する。

3 相手方の取消権

意義 相手方の取消権とは、無権代理行為(無権代理人がした契約)を相手方が確定的になかったものにする(無効にする)ことをいう。

趣旨 本人が追認するか否かが判明するまで無権代理行為の効果が確定しないとすれば、相手方が不安定な地位に立たされるため、これを解消する。

① 相手方の取消権の要件

(ア) 本人が無権代理行為を追認していないこと

相手方は、**本人が追認する前**であれば、無権代理行為を取り消すことができる（115条本文）。[06]

本人が追認をしても、相手方が追認の事実を知らなかった場合には、過失の有無を問わず、相手方は取消権を行使することができる。[07]

理由 本人は、無権代理人に対して追認をした場合、相手方がその事実を知ったときを除いて、追認をした事実を相手方に主張することができない（113条2項）。

(イ) 相手方が契約時に無権代理について善意であること

相手方は契約時に無権代理について**善意**であれば、過失があっても取消権を行使することができる。[08]

理由 契約の時において、無権代理人に**代理権がないことを相手方が知っていた場合（悪意）**には、無権代理人がした契約（無権代理行為）を取り消すことができない（115条ただし書）。

② 取消権行使の相手方 /発展

取消権の行使の相手方は、**本人・無権代理人のいずれでもよい**。[A]

③ 取消しの効果

相手方が取消権を行使した場合、無権代理人がした契約（無権代理行為）は、**初めから無効**であったとみなされる（121条）。

/発展 したがって、相手方が取消権を行使した後、本人は無権代理人がした契約を追認することはできない。[B]

理由 相手方の取消権の行使によって、無権代理人がした契約は無効と確定するからである。

4 無権代理人の責任

意義 **無権代理人の責任**とは、代理人が自己の代理権を証明せず、又は本人が追認しない場合に、**相手方の選択**に従い、相手方に対して無権代理行為にかかる義務を**履行**するか、相手方に生じた**損害を賠償する責任**を負うことをいう（117条1項）。

① 無権代理人の責任の法的性格

問題点 無権代理人の責任の法的性格は過失責任か。

結論 法律が特別に認めた**無過失責任**である（最判昭62.7.7）。したがって、無権代理人は、免責事由に該当しない限り、自己に代理権がないことについて過失がない場合でも、無権代理人の責任を負わなければならない。 [09]

理由 相手方の保護、取引の安全、代理制度の信用を保持する必要がある。

〈語句〉●無過失責任とは、過失がなくても責任を負うことをいう。

② 無権代理人の責任の免責事由

以下のいずれかの事由が認められる場合は、無権代理人の責任が発生しない（117条2項各号）。

【免責事由】

相手方の悪意(1号)	無権代理人が代理権を有しないことを相手方が知っていたとき（悪意）。 [10]
相手方の善意有過失 ＋無権代理人の善意(2号)	無権代理人が代理権を有しないことを相手方が過失によって知らなかったとき（善意有過失）。ただし、無権代理人が自己に代理権がないことを知っていたとき（悪意）を除く。 [10]
無権代理人の制限行為能力(3号)	無権代理人が行為能力の制限を受けていたとき。 [11]

③ 無権代理人の責任の内容

相手方が履行を選択した場合には、無権代理人によって本人が負うとされた債務の履行責任が生じ、相手方が損害賠償請求を選択した場合には、損害賠償責任が生じる。

問題点 🖉発展 本人所有の不動産を無権代理人として相手方に売り渡す契約を締結した者が、後に当該契約（無権代理行為）の目的物を取得した場合、無権代理人と相手方との法律関係はどうなるか。

結論 相手方が、無権代理人に対し、履行を求めたときは、売買契約が無権代理人と相手方との間に成立したと同様の効果を生じる（最判昭41.4.26）。 [C]

理由 117条1項は無権代理人の責任の一つとして「履行…の責任」を掲げており、これは債務者が負うべき契約上の履行責任と理解することができる。

【無権代理行為の相手方保護】

	善意無過失	善意有過失	悪意
催告権(114条)	○	○	○
取消権(115条)	○	○	×
無権代理人の責任(117条)	○	× (無権代理人が自己に代理権がないことを知っていたときは○)	×

5 無権代理人の責任と表見代理

　無権代理人の責任の要件と表見代理(後述)の成立の要件が共に充たされる場合において、相手方が無権代理人の責任追及をしたときに、**無権代理人は、表見代理が成立することを主張してその責任を免れることはできない。**(詳細は本章 **11** 節 **7** 項「表見代理と無権代理人の責任との関係」で扱う)。

③ 無権代理人と本人との間の相続

　無権代理の場合、本人は追認拒絶権を行使することができる(113条2項)。では、本人と無権代理人間に相続(又は共同相続)が生じた場合、本人の有する追認拒絶権を行使することができるのか。これが無権代理人と本人との間の相続の問題である。この問題について、以下のような考え方がある。

【2つの考え方】

学説	内容
資格融合説	無権代理人と本人の間に相続が生じると、無権代理人の資格と本人の資格とが融合し、本人自らが法律行為をしたのと同様な法律上の地位を生じるとする考え方である。
資格併存説	無権代理人と本人の間に相続が生じたとしても、無権代理人の資格と本人の資格との融合は生じず、無権代理人が両者の資格を併せ持つことになるとする考え方である。

※通説は資格併存説であるが、判例は、資格融合説と資格併存説を事例によって併用していると評価されている。

　無権代理人と本人との間の相続の問題について、以下の4つの類型が問題となる。

1 無権代理人が本人を単独で相続した場合

> **設例❶** (1) Aの子Bは、代理権がないのにAの代理人と称して、Cとの間でA所有の土地の売買契約を締結した。その後、Aが死亡し、Bが単独で相続した。Bは、Aの追認拒絶権を承継したとして、Cに対し追認を拒絶することにより、契約の効果不帰属を主張することができるだろうか。
> (2) また、Aが追認拒絶権を行使した後に死亡していた場合はどうか。

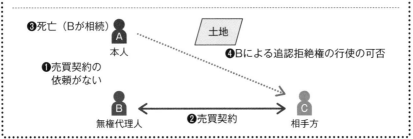

❸死亡（Bが相続） A 本人　　　土地
❶売買契約の依頼がない　　　❹Bによる追認拒絶権の行使の可否
B 無権代理人　❷売買契約　C 相手方

問題点❶ 無権代理人が本人を単独相続した場合、無権代理人は本人から追認拒絶権を承継したとして追認を拒絶することができるか（ **設例❶** (1)）。

結論 契約は当然に有効となり、無権代理人は追認を拒絶することはできない（**資格融合説と整合的**）（最判昭40.6.18）。 12

理由 無権代理人が本人を相続し本人と代理人との資格が同一人に帰するに至った場合においては、本人が自ら法律行為をしたのと同様な法律上の地位を生じたものといえるからである。

問題点❷ 無権代理人が本人を相続した場合において、本人が生前追認を拒絶していた場合は、無権代理行為は有効となるか（ **設例❶** (2)）。

結論 **無権代理行為は有効にはならない**（最判平10.7.17）。 13

理由 本人が追認拒絶権を行使した時点で効果不帰属が確定しているため、その後に無権代理人が本人を相続したとしても、本人の追認拒絶権は問題とならないからである。

〈語句〉●**単独相続**とは、相続人が一人で被相続人を相続する場合をいう。複数人で被相続人を相続する場合は、共同相続という。

> **設例❶**(1)において、本人Aが死亡し、無権代理人Bが単独で相続したことにより、BC間の売買契約は当然に有効となり、無権代理人は追認を拒絶することはできない。
>
> **設例❶**(2)においては、本人Aが追認拒絶権を行使したことにより本人に効果が帰属しないことが確定するので、その後に無権代理人Bが本人Aを相続してもBC間の売買契約は有効とはならない。

2 本人が無権代理人を単独で相続した場合

> **設例❷**　Aの親Bは、代理権がないのにAの代理人と称して、Cとの間でA所有の土地の売買契約を締結した。その後、Bが死亡し、Aがその唯一の相続人となった。Aは追認拒絶権を行使して、契約の効果不帰属を主張することができるだろうか。
>
>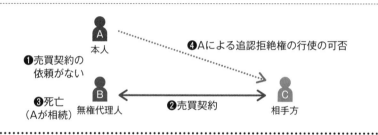

問題点❶　本人が無権代理人を単独相続した場合、本人は追認を拒絶することができるか。

結論　**本人は追認を拒絶することができる(資格併存説と整合的)**(最判昭37.4.20)。
[14]

理由　①　被相続人の無権代理行為は、**本人の相続により当然に有効となるものではない**。[15]

　　　　②　本人が無権代理行為を行ったわけではないから、本人による追認拒絶権の行使は、**何ら信義に反するところはない**。

問題点❷　本人が追認拒絶権を行使できる地位にある場合、これを理由に無権代理人の責任(117条)を免れることができるか。

結論　**本人は無権代理人の責任を免れることができない**(最判昭48.7.3)。[14]

理由　本人は相続により**無権代理人の債務を承継する**のであり、本人として無権代理行為の追認を拒絶できる地位にあったからといって、無権代理人の

債務を免れることはできない。

> 設例❷において、本人AがBを単独相続しても、当該売買契約は当然に有効にはならず、Aは追認拒絶権を行使して、当該売買契約の効果不帰属を主張することができる。ただし、Aは、無権代理人の債務を承継するので、追認拒絶権を行使できる地位にあることを理由に無権代理人の責任を免れることはできない。

3 相続人が無権代理人、本人の順に相続した場合

> 設例❸　Aの妻Bは、代理権がないのにAの代理人と称して、Cとの間でA所有の土地の売買契約を締結した。その後、Bが死亡し、これをAが子のDとともに相続したが、その翌年にAも死亡したため、Dがこれを相続した。この場合、Dは追認拒絶権を行使して、契約の効果不帰属を主張することができるだろうか。

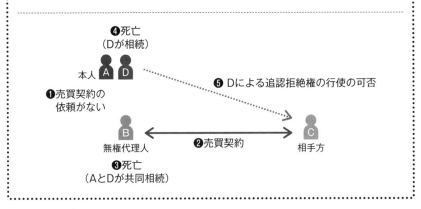

❹死亡
（Dが相続）

本人 A D

❶売買契約の依頼がない

❺ Dによる追認拒絶権の行使の可否

無権代理人 B

❷売買契約

相手方 C

❸死亡
（AとDが共同相続）

問題点　無権代理人が死亡し、その無権代理人を本人と他の共同相続人が共に相続し、その後、本人が死亡したため、その本人を他の共同相続人が相続した場合、共同相続人は追認を拒絶することができるか。

結論　追認を拒絶することができない（資格融合説と整合的）（最判昭63.3.1）。 16

理由　当該相続人は、すでに無権代理人の地位を承継しているため、その後に、本人の地位を承継した場合には、**無権代理人が本人を相続した場合と同視される**。したがって、相続人である「他の共同相続人」は本人の資格で無権代理行為の追認を拒絶する余地はなく、本人が自ら法律行為をしたのと同様の

法律上の地位を生じる。

> 設例❸において、Dは、先に無権代理人Bの地位を承継し、その後本人Aの地位を承継していることから、無権代理人の本人相続と同様に考えることになる。したがって、Dは追認拒絶権を行使して、契約の効果不帰属を主張することはできない。

4 無権代理人が本人を共同相続した場合

> 設例❹　Aの子Bは、代理権がないのにAの代理人と称して、Cとの間でA所有の土地の売買契約を締結した。その後、Aが死亡し、BがAの妻Dとともに相続した。当該売買契約は、Bの相続分の範囲で有効となるだろうか。

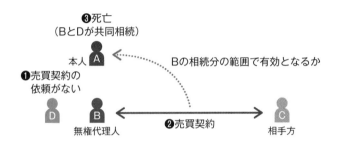

問題点　無権代理人が、他の共同相続人とともに、本人を共同相続した場合、無権代理人の相続分に関して有効となるか。

結論　共同相続人全員で追認しない限り、無権代理行為は無権代理人の相続分においても当然に有効とはならない(最判平5.1.21)。 17 18

理由　①　無権代理行為を追認する権利は、その性質上共同相続人全員に不可分的に帰属する。 18

②　無権代理行為に関与していない共同相続人が追認を拒絶しても不当とはいえない。

> 設例❹において、無権代理人Bは、Dとともに本人Aを相続しているので、BとDで追認をしない限り、当該売買契約はBの相続分においても当然に有効とはならない。

《解説》　他の共同相続人全員が無権代理行為の追認をしている場合に、無権代理人が追認を拒絶することは信義則上許されない(最判平5.1.21)。■設例❹の場合、Dが追認をしているのにBが追認を拒絶することは許されない。

【無権代理人と本人との間の相続のまとめ】

単独相続				共同相続	
無権代理人が本人を単独相続		本人が無権代理人を相続 ■設例❷	相続人が無権代理人、本人の順に相続 ■設例❸	無権代理人が本人を共同相続 ■設例❹	
本人が追認拒絶せず死亡 ■設例❶ (1)	本人が追認拒絶後に死亡 ■設例❶ (2)				
追認拒絶不可	追認拒絶の効果主張可	追認拒絶可能ただし、無権代理人の責任は免除されない。	追認拒絶不可	共同相続人全員が追認しなければ、有効にならない。	
当然有効	効果不帰属に確定	当然有効とはならない	当然有効	当然有効とはならない	

重要事項 一問一答

01 本人による無権代理行為の追認又は追認拒絶は誰に対して行うのか?

原則として相手方である(113条2項本文)。

02 無権代理人に対する追認権又は追認拒絶権の行使は相手方に主張できるか?

本人の追認権又は追認拒絶権の行使を相手方が知らない間は、追認権又は追認拒絶権の行使を相手方に主張することができない(113条2項ただし書)。

03 本人が無権代理行為を追認した場合の効果は?

別段の意思表示がない限り、無権代理行為(契約)の時に遡って本人に対して効力を生じる(効果帰属)(116条本文)。

04 本人が無権代理行為の追認を拒絶した場合の効果は?

無権代理行為は本人に対して効力を生じない(効果不帰属に確定する)。

05 相手方は、無権代理行為の時に代理人に代理権がないことについて悪意の場合、本人に催告をすることができるか?

できる(114条前段)。

06 相手方が本人に催告を行ったが、確答がない場合は?

本人が追認拒絶をしたとみなされる(114条後段)。

07 相手方は、無権代理行為の時に代理人に代理権がないことについて悪意の場合、無権代理行為を取り消すことができるか?

できない(115条ただし書)。

08 相手方は、無権代理行為の時に代理人に代理権がないことにつき善意有過失の場合、無権代理行為を取り消すことができるか?

できる(115条ただし書)。

09 無権代理人の責任の法的性格は?

法律が特別に認めた無過失責任である(判例)。

10 無権代理人が代理権を有しないことを相手方が過失によって知らなかったが、無権代理人が自己に代理権のないことを知っていた場合、無権代理人の責任は発生するか?

発生する(117条2項2号ただし書)。

11 無権代理人が行為能力の制限を受けていた場合、無権代理人の責任は発生するか?

発生しない(117条2項3号)。

12 無権代理人が本人を単独相続した場合、無権代理人は本人から追認拒絶権を承継したとして、これを行使することができるか?

無権代理人は本人の追認拒絶権を行使することができない(判例)。

13 無権代理人が本人を単独相続した場合において、本人が生前に追認を拒絶していた場合、無権代理行為は有効となるか?

無権代理行為は有効にはならない(判例)。

14 本人が無権代理人を単独相続した場合、本人は無権代理行為の追認を拒絶することができるか?

本人は追認を拒絶することができる(判例)。

15 無権代理人が死亡し、無権代理人を本人と他の共同相続人が相続したが、その後に本人が死亡したため、その本人を他の共同相続人が相続した場合、他の共同相続人は追認を拒絶することができるか?

無権代理人が本人を相続した場合と同様、追認を拒絶することができない(判例)。

16 無権代理人が、他の共同相続人とともに、本人を共同相続した場合、無権代理行為は無権代理人の相続分に関してだけ当然に有効となるか?

共同相続人全員で追認しない限り、無権代理行為は無権代理人の相続分においても当然には有効とはならない(判例)。

▶ 過去問チェック (争いのあるときは、判例の見解による)

01 無権代理によって締結された契約は、いかなる場合にあっても遡及効が否定されるため、その代理行為の法律効果は、本人に帰属しないだけでなく、代理人にも帰属しない。

×（区2010）全体が誤り。

02 無権代理行為の追認は、相手方が追認の事実を知ったときを除き、相手方に対してしなければ、その相手方に対抗することができない。
○（国般2019改題）

03 本人が無権代理行為を追認した場合、別段の意思表示がないときは、追認の時点からその効力を生ずる。
×（税・労・財2012）「追認の時点からその効力を生ずる」が誤り。

04 無権代理人と取引をした相手方は、その者が代理権を与えられていないことを知らなかった場合に限り、本人に対し、相当の期間を定めて、その期間内に追認をするかどうかを確答すべき旨の催告をすることができる。
×（国般2015）「その者が代理権を与えられていないことを知らなかった場合に限り」が誤り。

05 無権代理人と契約を締結した相手方は、本人に対し、相当の期間を定めて、その期間内に追認をするかどうかを確答すべき旨の催告をすることができ、この場合において、本人がその期間内に確答をしないときは、追認したものとみなされ、当該追認は契約のときにさかのぼってその効力を生ずる。
×（区2016）「追認したものとみなされ、当該追認は契約のときにさかのぼってその効力を生ずる」が誤り。

06 無権代理行為の相手方は、本人の追認後であっても相当の期間内であれば、無権代理行為を取り消すことができる。
×（税・労・財2012）全体が誤り。

07 Aが代理権がないにもかかわらずB所有の不動産をBの代理人と称してCに売却した場合に、BはAの無権代理行為を追認したが、Cがそれを知らずに無権代理行為を取り消したときは、Bの追認行為を知らなかったことに過失があっても、取消は有効である。
○（裁2004改題）

08 無権代理人がした契約について、契約の時において代理権を有しないことを相手方が知らなかった場合、本人が追認をしない間は、相手方はこれを取り消すことができる。

○（裁2020）

[09] 他人の代理人として契約をした者が、自己の代理権を証明できず、かつ、本人の追認を得られず、相手方の選択に従い履行又は損害賠償の責任を負う場合、この責任は、他人の代理人として契約をした者の過失の有無を問わずに生じる。
○（区2008）

[10] 民法第117条により無権代理人が相手方に対して負う責任について、無権代理人が代理権を有しないことを相手方が知っていたときは、無権代理人は責任を負わない。しかし、無権代理人が代理権を有しないことを相手方が過失により知らなかったにすぎないときには、無権代理人は常に責任を負わなければならない。
×（国般2012改題）「無権代理人は常に責任を負わなければならない」が誤り。

[11] Ｂが、代理権がないのにＡの代理人と称して、Ｃとの間でＣ所有の土地の売買契約を締結した場合、Ｃは、Ｂが行為能力を有しなかったときには、Ｂに対し、無権代理人としての責任を追及して、売買代金の支払を請求することはできない。
○（裁2010改題）

[12] 本人が無権代理行為について追認も追認拒絶もせずに死亡し、無権代理人が本人を相続した場合には、無権代理人は本人の資格で無権代理行為の追認を拒絶することができる。
×（国般2006）「無権代理人は本人の資格で無権代理行為の追認を拒絶することができる」が誤り。

[13] 本人が無権代理行為の追認を拒絶して死亡した後、無権代理人が本人を相続した場合には無権代理行為が無効であることを主張することができない。
×（裁2020）「無権代理行為が無効であることを主張することができない」が誤り。

[14] 無権代理人Ａは、Ｂの代理人であるとして、Ｃから自動車を購入した。その後、Ａが死亡し、ＢがＡを相続した。この場合、Ｂは、無権代理人の地位を相続しているが、本人の地位も有しているため、Ｃに対し、追認を拒絶することができ、また、民法第117条の無権代理人の責任を負うこともない。
×（裁2018改題）「民法第117条の無権代理人の責任を負うこともない」が誤り。

[15] 本人が無権代理人を単独相続した場合、無権代理行為は本人の相続により当然有効となるものではないとするのが判例である。

○（税・労・財2012）

[16] 無権代理人を本人とともに相続した者がその後更に本人を相続した場合、当該相続人は、本人の資格で無権代理行為の追認を拒絶することができるとするのが判例である。

×（税・労・財2012）「本人の資格で無権代理行為の追認を拒絶することができるとするのが判例である」が誤り。

[17] 無権代理人と他の相続人が本人を共同して相続した場合、他の共同相続人全員の追認がなくても、無権代理人の相続分に該当する部分については、当然に有効になる。

×（裁2020）「無権代理人の相続分に該当する部分については、当然に有効になる」が誤り。

[18] 無権代理人が本人を他の相続人と共に相続した場合には、無権代理行為を追認する権利は相続人全員に不可分的に帰属するので、共同相続人全員が共同してこの権利を行使しない限り、無権代理行為は有効とはならない。

○（国般2006）

[A] Bが、代理権がないのにAの代理人と称して、Cとの間でC所有の土地の売買契約を締結した場合、CがBに代理権がないことを知らないときは、Cは、当該売買契約を取り消すことができ、その取消しの意思表示は、A、Bのいずれにしてもよい。

○（裁2010改題）

[B] Aが代理権がないにもかかわらずB所有の不動産をBの代理人と称してCに売却した場合、Aに代理権がないことを知らなかったCが、売買契約を取り消したときは、BはAの代理行為を追認することはできない。

○（裁2004改題）

[C] 無権代理人が、本人所有の不動産を相手方に売り渡す契約を締結し、その後、本人から当該不動産を譲り受けて所有権を取得した場合において、相手方が、無権代理人に対し、民法第117条による履行を求めたときは、売買契約が無権代理人と相手方との間に成立したと同様の効果を生じる。

○（国般2018）

11 法律行為—代理③

本節では、表見代理を扱います。3種類の表見代理の特徴と成立要件を確認しましょう。

1 表見代理の概説

意義 表見代理とは、本人に帰責性があることを基礎として、その帰責性をもとに無権代理人が真実の代理人であるかのような外観が作出され、その外観を信頼して相手方が取引に入った場合に、有権代理と同じように無権代理行為の効果を本人に帰属させる制度である。

趣旨 権利外観法理※を基礎として、代理権があると信頼した相手方の取引の安全を保護することにある。 ※ 権利外観法理については、本章 **5** 節「法律行為—法律行為と意思表示①」を参照のこと。

〈語句〉●帰責性とは、落ち度等の責められるべき理由のことをいう。

表見代理の成立には、一般に、次の3つの要素が必要である。

【表見代理成立の3要素】
① 無権代理人が、代理権を有するような外観を有すること（**外観**）
② 相手方が、外観を信頼して取引したこと（**善意かつ無過失**）
③ 本人が、外観の作出について責められれるべき理由があること（**帰責性**）

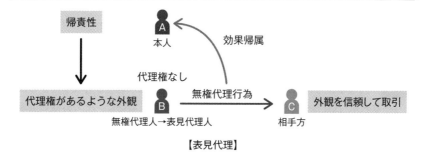

【表見代理】

② 表見代理の類型

民法は、表見代理として、3つの類型を規定している(109条1項、110条、112条1項)。

【表見代理の類型】

①代理権授与の表示による表見代理 　(109条1項)	本人が、第三者に対し、他人(無権代理人)に代理権を授与したかのような表示をした場合
②権限外の行為の表見代理(110条)	代理人が、権限外の代理行為をした場合
③代理権消滅後の表見代理(112条1項)	元代理人が、代理権が消滅した後に代理行為をした場合

③ 代理権授与の表示による表見代理(109条1項)

> **設例**　Aは、Bに代理権を与えていないにもかかわらず、自己の不動産の売却を依頼する旨の委任状を渡した。その後、Bは当該委任状を用い、Aの代理人としてCとの間でA所有の不動産の売買契約を締結した。相手方Cは、代理権授与の表示による表見代理によって保護されるだろうか。

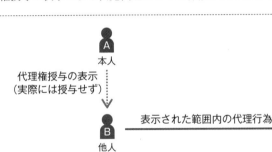

本人

代理権授与の表示
(実際には授与せず)

表示された範囲内の代理行為

他人　　　　　　　　　　　　　　　　　　第三者

1 意義

意義　代理権授与の表示による表見代理とは、有効な代理権が存在するかのような表示(代理権授与表示)が本人によってなされた場合に、その**外観を信頼した善意無過失の第三者**(代理権の不存在を知らず、かつ知らないことにつき過失がない第三者)を保護し、無権代理人と第三者との**取引(無権代理行為)の効果を本人に帰属させる**という制度である(109条1項)。

趣旨　本人が代理権授与の表示をした場合、第三者からすれば無権代理人に代理権があると信じるのが自然なので、表示をした本人とそれを信頼した第

三者との利益衡量から、無権代理行為の効果を本人に帰属させて第三者(相手方)の取引の安全を保護するものである。

> **設例** において、AはBに代理権を授与していない。しかし、Aが自ら交付した委任状を通じて、結果的に、Cに対しBに代理権を授与したような表示がされたことになる。この場合、CがBに代理権があると過失なく信じて契約を締結すれば、Cは、代理権授与表示による表見代理によって保護される。

2 成立要件

> 【代理権授与の表示による表見代理─成立要件】
> ① 代理権授与の表示のあること
> ② 表示された代理権の範囲内の行為であること
> ③ 第三者の善意無過失（主観的要件）

① 代理権授与の表示のあること

本人が、実際には代理権を与えていないのに、他人に代理権を与えたかのような表示(代理権授与表示)を第三者(相手方)に対してしたことをいう。表示の方式に制限はなく、口頭・書面(委任状など)を問わない。もっとも、代理権授与の表示を本人以外の者が本人に無断でした(委任状を無断で偽造した等)場合は、109条1項は適用されない。 01

問題点 /**発展** 本人が、第三者に対して他人に自己の名前や商号の使用を許したことを表示した場合は109条1項の代理権の表示にあたるか。

結論 109条1項の代理権の表示にあたる(最判昭35.10.21)。 A

理由 他人に自己の名称、商号等の使用を許し、もしくはその者が自己のために取引する権限ある旨を表示することにより、その他人のする取引が自己の取引であるかのような外形を作出した者は、この外形を信頼して取引した第三者に対し、自ら責に任ずべきであることが、109条1項等の法理から認められるからである。

② 表示された代理権の範囲内の行為であること

代理権授与の表示を受けた者が、表示された代理権の範囲内の行為をすることが必要である。これに対して、代理権授与の表示を受けていない者が、表示された代理権の範囲内の行為をしても109条1項は適用されない。 02

なお、表示された**代理権の範囲外**の行為が行われた場合には、109条2項の問題となる（次の **❹** 項「権限外の行為の表見代理（110条）」で扱う）。

③ 第三者の善意無過失（主観的要件）

第三者が、無権代理人が代理権を与えられていないことについて、**善意かつ無過失**でなければならない。 04

問題点 　第三者の善意無過失についての主張・立証責任は誰が負うか。

結論 　第三者が**悪意又は善意有過失であること**の主張・立証責任を**本人**が負うので、本人は、相手方の悪意又は善意有過失を主張・立証した場合に、109条1項の責任を免れることができる（最判昭41.4.22）。 04

理由 　本人が代理権授与表示を行っている以上、第三者が表示内容の代理権があると信じるのは自然なことであるから、第三者に対して自らの善意無過失の主張・立証責任を負わせるのは相当でない。

3 効果

第三者に対して他人に代理権を与えた旨を表示した者（本人）は、その他人が第三者との間でした行為について、その責任を負う。

❹ 権限外の行為の表見代理（110条）

設例 　Aは自己の土地を賃貸することをBに依頼し、委任状を渡したが、委任事項は特に書かなかった。そこでBは、この委任状を用いて、Aの代理人としてCにAの土地を売却する契約を締結してしまった。Cは、権限外の行為の表見代理によって保護されるだろうか。

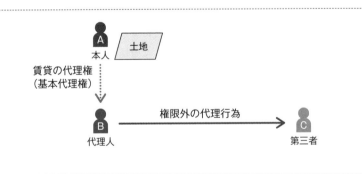

1 意義

意義 権限外の行為の表見代理(権限踰越の表見代理ともいう)とは、代理人が本人から**与えられた代理権(基本代理権)の範囲を超える行為(権限外の行為)**をした場合に、第三者が代理人の権限があると信じ、そう信じることについて**正当な理由があるとき**は、代理人と第三者との取引の効果を本人に帰属させる制度である。[05]

趣旨 本人が他人に何らかの代理権を与えている場合、第三者からすれば他人に代理権ありと信じやすくなるうえ、権限外の行為を行うような者に代理権を与えた本人の保護の必要性は必ずしも高くはない。そこで、本人と代理権を信頼した第三者との利益衡量から、無権代理行為の効果を本人に帰属させて第三者(相手方)の取引の安全を保護するものである。

設例 において、Bは賃貸の代理権(基本代理権)しかないのに、売却という権限外の行為をしている。この場合、Bが売却の代理権を有すると信じることについてCに**正当な理由(善意無過失**と同義)があれば、Cは、権限外の行為の表見代理によって保護される。

2 成立要件

【権限外の行為の表見代理―成立要件】
① **基本代理権**の存在
② **権限外の行為**をしたこと
③ 第三者が代理人の権限があると信ずべき**正当な理由**があること

① 基本代理権の存在

意義 基本代理権とは、代理人が有している何らかの代理権をいう。

110条が適用されるには、代理人が何らかの代理権(**基本代理権**)を有していたことが必要となる。代理人に対して基本代理権を与えた点に**本人の帰責性**を認めることができるからである。

ここでは、どのような代理権が基本代理権として認められるかが問題となる。

問題点❶ 公法上の行為に関する代理権を基本代理権とすることができるか。

原則 単なる公法上の行為についての代理権(印鑑証明書交付申請などの代理権)は、**基本代理権とすることはできない**(最判昭39.4.2)。

理由 表見代理は私法上の取引の安全の保護を目的としているから、基本代理権は、**私法上の行為についての代理権**でなければならない。

例外 不動産の贈与契約の履行のために当該不動産の所有移転登記の委託を受けた場合など、公法上の行為が**特定の私法上の取引行為の一環としてなされるもの**である場合は、公法上の行為の代理権を基本代理権と認めることを妨げない(最判昭46.6.3)。 06

理由 この場合、**公法上の行為の私法上の作用**を看過することはできず、権限の外観に対する第三者の信頼を保護する必要があることは、私法上の行為の代理権を与えた場合と異ならない。

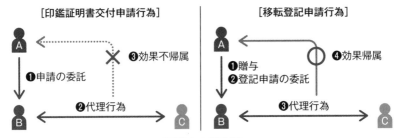

[印鑑証明書交付申請行為]　　　　　　[移転登記申請行為]

【公法上の代理権】

問題点❷ 〈発展〉事実行為(投資勧誘行為、経理事務の処理)の委託を基本代理権とすることができるか。

結論 基本代理権とすることはできない(最判昭35.2.19)。 B

理由 110条は、無権代理人が何らかの**法律行為を行う権限を有することが必要**であるところ、特段の事情がない限り、事実行為の委託からは、法律行為を行うことを代理する権限を有することにはならない。

〈発展〉甲会社の経理担当者Aらが、甲会社の取締役たるBから、B名義のゴム印及びもっぱら取締役として使用するため届け出てあった印章を預かり、Bの不在中これに代わり会社のためBの職務を行うことを認められていても、B個人に法律効果の及ぶような行為につきこれを代理する権限をかつて与えられたことがないときは、110条の表見代理の成立の余地はない(最判昭34.7.24)。 C

〈語句〉●事実行為とは、意思表示(法律関係を形成する意思を外部に表示すること)に基づかない行為である。意思表示に基づく行為である法律行為(本章 5 節「法律行為—法律行為と意思表示①」を参照)と対立する概念である。

【公法上の代理権と110条】

本人が委託したもの	行為の内容	結論
印鑑証明書交付申請の代理	本人の土地についての抵当権設定契約	表見代理は不成立(最判昭39.4.2)
移転登記申請の代理	本人を連帯保証人とする連帯保証契約	移転登記申請が私法上の義務履行の一環としてなされたときは、例外的に表見代理成立の余地あり(最判昭46.6.3)
発展 勧誘外交員を使用して一般人を勧誘し金員の借入をしていた会社の勧誘員が、自分の長男に勧誘行為をさせていた	勧誘員である親の代理人として借入金契約の締結	他に特段の事由の認められないかぎり基本代理権を有していたとはいえない(最判昭35.2.19) [B]
発展 取締役名義のゴム印・印章を預かり、当該取締役の不在中、会社のためにその職務を代わりに行うことを認められていた	取締役名義での保証契約の締結	法律効果の及ぶ権限を付与されておらず、110条にいう「代理人」にあたらない(最判昭34.7.24)。 [C]

② 権限外の行為をしたこと

授与された基本代理権の範囲を超える代理行為が行われたことである。例えば、授与された基本代理権が土地の賃貸借であるのに、代理行為は土地の売買の場合である。

③ 第三者が代理人の代理権を信ずべき正当な理由があること

第三者が代理人に**代理権があると信じ**、そう信じることについて**正当な理由**(=善意無過失)を有していることである。

問題点 「第三者」とはどの範囲の者か。

結論 「第三者」とは、**直接の相手方に限定される**(最判昭36.12.12)。 [07]

理由 第三者が代理人に代理権限あるものと信ずべき正当な理由のあるときに限るものであるから、このような事情が認められうるのは無権代理人と法律行為を行う直接の相手方に限られる。

③ 効果

本人は、代理人が第三者との間でした行為について、その責任を負う。

4 代理権授与の表示＋代理権の範囲外の表見代理（109条2項）

> **設例** Aは、Bに対し自己所有の土地の賃貸を依頼するつもりで委任状を渡しておいたが、結局依頼はしないことにした。ところが、Bは委任状をAに返還せず、これを用いてAの代理人としてCとの間で当該土地の売買契約を締結した。Cは表見代理によって保護されるか。

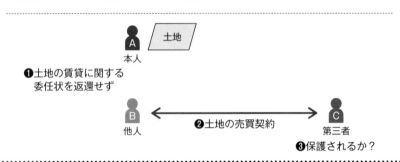

① 意義

> **意義** 第三者に対して他人に**代理権を与えた表示**をして、その他人が**表示された代理権の範囲外の行為**をした場合、第三者が他人の行為について代理権があると信じるについて**正当な理由（善意無過失）**があるときに、他人と第三者との**行為の効果を本人に帰属させる**制度である（109条2項）。

> **趣旨** 法改正前において、本人が他人に代理権を与えた表示をしていたという点に旧109条を適用し、さらに、その他人が表示された代理権の範囲外の行為をしたという点に旧110条を重ねて適用（重畳適用）することにより、表見代理の成立を認めていた判例を明文化したものである。

② 成立要件

> **【代理権授与の表示＋代理権の範囲外の表見代理―成立要件】**
> ① 本人が第三者に対して他人に代理権を与えた旨を表示したこと
> ② 表示された代理権の範囲内においてその他人が第三者との間で行為をしたとすれば109条1項の規定によりその責任を負うべき場合であること
> ③ その他人が第三者との間でその代理権の範囲外の行為をしたこと
> ④ 第三者がその行為についてその他人の代理権があると信ずべき**正当な理由（善意無過失）**があること 08/予

③ 効果

本人は、他人が第三者との間でした行為についての責任を負う。

> **設例** の場合において、本人Aは、Bに対し自己所有の土地の賃貸を依頼する
> つもりで委任状を渡しておいた (代理権授与の表示、要件①)。Bが仮に第三
> 者Cと賃貸借契約を結んでいたとすると、Bに代理権がないことについてC
> が善意無過失であれば、代理権授与の表示の表見代理 (109条1項) によって保
> 護される場合である (要件②)。しかし、Bは、委任状をAに返還せず、これ
> を用いてAの代理人としてCとの間で当該土地の売買契約を締結している (要
> 件③)。そこで、Cは、Bの行為について代理権があると信ずべき**正当な理由**
> **(善意無過失)** があれば (要件④)、109条2項の表見代理によって保護される。

5 110条に関するその他の問題点

① 代理人が直接本人の名において権限外の行為をした場合と110条

問題点 🔷**発展** 代理人が直接本人の名において権限外の行為をした場合に、相
手方がその行為を本人自身の行為と信じたとき、110条を適用すること が
できるか (「顕名」の問題点については、本章 **9** 節 **2** 項「代理の要件」を参照のこと)。

結論 権限外の行為につき相手方が**本人自身の行為と信じた**ことについて**正当な**
理由がある場合には、110条を**類推適用**することができる (最判昭44.12.19)。
（ D ）

理由 ① 相手方がその行為を本人自身の行為と信じているのであり、代理人
の代理権を信じたものではないから、110条の直接適用はできない。

② 相手方の信頼が取引上保護に値する点において、代理人の代理権限
を信頼した場合と異なるところはなく類推適用により保護する必要が
ある。

② 日常家事債務（761条）と110条

設例　Aの妻Bは、夫Aが長期療養中であり生活費に困ったことから、Aの所有する土地について、Aの代理人としてCとの間で売買契約を締結した。相手方Cはどのような法律構成によって保護されるか。

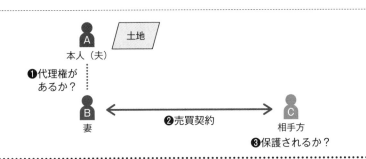

問題点❶　761条本文は、「夫婦の一方が日常の家事に関して第三者と法律行為をしたときは、他の一方は、これによって生じた債務について、連帯してその責任を負う。」と規定しているが、これは何を定めたものか。

結論　761条本文は、夫婦は相互に日常の家事に関する法律行為につき他方を代理する権限を有することを定めたものである（最判昭44.12.18）。 09

理由　761条本文の趣旨は、夫婦で共同生活を営む以上、日常家事において負担した債務は夫婦で責任を負うべきとするものであり、夫婦が互いに日常家事に関して代理権を有していると解することが761条本文の趣旨に合致する。

問題点❷　夫婦の一方が、761条本文所定の日常の家事に関する代理権の範囲を越えて第三者と法律行為をした場合、第三者の保護をどのように図るべきか。

結論　権限外の行為の相手方である第三者において、その行為がその夫婦の日常の家事に関する法律行為に属すると信ずるにつき正当の理由のあるときにかぎり、110条の趣旨を類推して第三者の保護をはかるべきである（最判昭44.12.18）。 09

理由　① 夫婦の一方が日常の家事に関する代理権の範囲を越えて第三者と法律行為をした場合に、その代理権の存在を基礎として広く110条の表見代理の成立を認めることは、夫婦別産制をそこなうおそれがある。
　　② 夫婦の一方が他の一方に対しその他の何らかの代理権を授与していない以上、権限外の行為の相手方である第三者において、その行為が当該夫婦の日常の家事に関する法律行為の範囲内に属すると信ずるにつき正当の理由のあるときにかぎり保護をはかれば足りる。

設例において、妻Bは夫Aの土地売却に関する代理権を有していない。しかし、ABは互いに日常家事に関する代理権を有することから、Cは、BC間の土地売買契約がABの日常家事に関する法律行為であると信じるにつき正当の理由のある場合（善意無過失）にかぎり、110条の趣旨を類推することによって保護されることになる。 [10]

〈**語 句**〉●夫婦別産制(762条)とは、夫婦であっても財産関係は原則として別々との考えをいう(夫の財産は夫のもの、妻の財産は妻のもの)。詳細は『民法 下』「親族・相続」で扱う。

⑤ 代理権消滅後の表見代理（112条1項）

設例　Aが所有する不動産の販売・管理の代理権を与えられていたBが、代理権が消滅した後に、かつての代理権の範囲内でAの代理人として第三者Cに不動産を売却してしまった。Cは代理権消滅後の表見代理によって保護されるか。

1 意義

意義　代理権消滅後の表見代理とは、本人から与えられた代理権が消滅したにもかかわらず、他人がかつての代理権の範囲内の行為をした場合に、第三者が過去に存在した代理権の消滅について善意無過失の場合、代理人と第三者との取引の効果を本人に帰属させるという制度である(112条1項)。

趣旨　本人が与えた代理権の消滅の事実については、本人・他人間の内部事情

であって、第三者からは分かりにくく、かつての代理権の範囲内の行為をすれば、他人に代理権があると信じやすくなるうえ、無権代理行為を行うような者に代理権を与えた本人の保護の必要性は必ずしも高くはない。そこで、本人と代理権を信頼した第三者との利益衡量から、無権代理行為の効果を本人に帰属させて第三者の取引の安全を保護するものである。

> **設例**において、Aから、その所有する不動産の販売・管理の代理権を与えられていたBが、その代理権が消滅した後に、かつての代理権の範囲内でAの代理人として行動し、CがBの代理権が消滅していたことについて**善意無過失**で不動産を買い受けた場合には、Cは代理権消滅後の表見代理によって保護される（112条1項）。

2 成立要件

【代理権消滅後の表見代理—成立要件】
① 本人が他人に代理権を与えたこと
② 代理権の消滅後に、当該代理権の範囲内の行為をしたこと
③ 代理権の消滅の事実を第三者が過失なく知らなかったこと

① 本人が他人に代理権を与えたこと

他人に対して本人が代理権を与えたことが前提となる。与えられた代理権の消滅が前提となることから、当初から代理権が与えられていない場合は、112条1項の表見代理は問題とならない。[11]

② 代理権の消滅後に、当該代理権の範囲内の行為をしたこと

本人から与えられていた代理権が消滅した後に、当該代理権の範囲内の行為をしたことが必要となる。代理権の範囲外の行為をした場合には、112条2項の問題となる。

③ 代理権の消滅の事実を第三者が過失なく知らなかったこと

第三者（相手方）が、代理権の消滅の事実について**善意無過失**であることが必要となる。

3 効果

　他人に代理権を与えた者は、その他人が第三者との間でした行為について、第三者に対してその責任を負う。

4 代理権消滅後＋代理権の範囲外の表見代理（112条2項）

> **設例**　Aが所有する不動産の賃貸・管理の代理権を与えられていたBが、その代理権が消滅した後に、Aの代理人として第三者Cに不動産を売却してしまった。Cは表見代理によって保護されるか。

① 意義

意義　他人がかつて有していた代理権の範囲外の行為をした場合においても、第三者がその行為についてその他人の代理権があると信ずべき正当な理由（善意無過失）があるときに、他人と第三者との行為の効果を本人に帰属させる制度である（112条2項）。

趣旨　法改正前に、旧112条と旧110条を重ねて適用（重畳適用）することにより、表見代理の成立を認めていた判例を明文化したものである。

② 要件

> 【代理権消滅後＋代理権の範囲外の表見代理—成立条件】
> ①　本人が他人に代理権を与えたが、その代理権が消滅したこと
> ②　消滅した代理権の範囲内においてその他人が第三者との間で行為をしたとすれば112条1項の規定によりその責任を負うべき場合であること
> ③　その他人が第三者との間でその代理権の範囲外の行為をしたこと
> ④　第三者がその行為についてその他人の代理権があると信ずべき正当な理由（善意無過失）があること 12/予

③ 効果

　本人は、他人が第三者との間でした行為についての責任を負う。

設例において、Aから、A所有の不動産の賃貸・管理に関する代理権を与えられていたBが、その代理権が消滅した後に、Aの代理人として行動し、かつての代理権の範囲外である不動産の売却行為をしているので、Cが当該売却行為についてBに代理権があると信じるつき**正当な理由（善意無過失）**がある場合には、Cは112条2項の表見代理によって保護される。

6 法定代理人への表見代理規定の適用の可否

問題点 法定代理人の行為につき表見代理規定の適用があるか。

結論 109条、112条は適用されないが（109条につき大判明39.5.17）、110条は適用される（大連判昭17.5.20）。

理由 法定代理権は法律の規定によって与えられるため、本人による代理権授与の表示および代理権授与を観念することができない。

なお、夫婦間の日常家事に関する相互代理権（761条）も一種の法定代理権であるが、この点については前述した（本節 ④ 項 5 「110条に関するその他の問題点」参照）。

【法定代理と表見代理の適用関係】

	代理権授与の表示による表見代理	権限外の行為の表見代理	代理権消滅後の表見代理
法定代理人への適用の可否	適用されない	適用される	適用されない

7 表見代理と無権代理人の責任との関係

問題点❶ 無権代理行為の相手方は、表見代理が成立する場合にも、表見代理の主張をせずに、無権代理人の責任を追及することができるか。

結論 無権代理人の責任を追及することができる（最判昭62.7.7）。 13

理由 無権代理人の責任は、表見代理が成立しない場合における補充的な責任すなわち、表見代理によって保護を受けることのできない相手方を救済する制度ではないのであって、表見代理と無権代理人の責任とは**別個独立の制度である。** 13

問題点❷ 無権代理人が自ら表見代理の成立を主張してその責任を免れることができるか。

結論 責任を免れることはできない（最判昭62.7.7）。 14

理由 ① 表見代理の成立によって、代理行為の効果は本人に帰属するが、無

権代理行為であることには変わりがない。

② 表見代理は相手方保護のための制度であり、無権代理人が表見代理の成立要件を主張立証して自己の責任を免れることは、制度趣旨に反する。

重要事項 一問一答

01 表見代理の類型は (3つ) ?

①代理権授与の表示による表見代理(109条1項)、②権限外の行為の表見代理(110条)、③代理権消滅後の表見代理(112条1項)

02 第三者が代理権授与の表示による表見代理 (109条1項) によって保護されるための要件は (3つ) ?

①代理権授与の表示のあること、②表示された代理権の範囲内の行為であること、③第三者の善意無過失

03 第三者が権限外の行為の表見代理 (110条) によって保護されるための要件は (3つ) ?

①基本代理権の存在、②権限外の行為をしたこと、③第三者が代理人の権限があると信ずべき正当な理由があること

04 公法上の行為についての代理権が、権限外の行為の表見代理 (110条) の要件としての基本代理権に当たる場合は?

公法上の行為が特定の私法上の取引行為の一環としてなされるものであるときは、基本代理権と認めることを妨げない(判例)。

05 第三者が代理権消滅後の表見代理 (112条1項) によって保護されるための要件は (3つ) ?

①本人が他人に代理権を与えたこと、②代理権の消滅後に、当該代理権の範囲内の行為をしたこと、③代理権の消滅の事実を相手方が過失なく知らなかったこと

06 無権代理人が自ら表見代理の成立を主張してその責任を免れることができるか?

できない(判例)。

過去問チェック (争いのあるときは、判例の見解による)

01 成年者Bは、Aの代理人と称して、Cに対し、Aの所有する甲土地を売却した(以下、この売買契約を「本件契約」という。)。Bは、本件契約の際、Cに対して、Bに甲土地を売却する代理権を付与する旨が記載されたAの委任状を示したが、その委任状はBがAに無断で偽造したものであり、BはAから何ら代理権を授与

法律行為—代理③ 175

されていなかった。この場合、Cが、本件契約締結時に、BがAから代理権を授与されていないことを知らず、そのことについて過失がなければ、代理権授与の表示による表見代理が成立する。

×（裁2014改題）「代理権授与の表示による表見代理が成立する」が誤り。

02 AがBに対して、Aの所有する不動産を売却する代理権をCに与えた旨を表示した場合において、その表示を受けていないDが当該表示を信頼してCとの間で当該不動産を買い受ける契約を締結しても、民法第109条第1項は適用されない。

○（国般2015改題）

03 第三者に対して他人に代理権を与えた旨を表示した者は、その代理権の範囲でその他人が第三者との間でした行為については、第三者が、その他人が代理権を与えられていないことについて、善意・無過失でなくてもその責任を負う。

×（区2008）「善意・無過失でなくてもその責任を負う」が誤り。

04 代理権授与の表示による表見代理が成立するためには、代理行為の相手方が、無権代理人が代理権を有すると信じ、かつ、そのように信じたことについて無過失であったことを、その相手方において主張立証しなければならない。

×（裁2017）「無権代理人が代理権を有すると信じ、かつ、そのように信じたことについて無過失であったことを、その相手方において主張立証しなければならない」が誤り。

05 代理人が与えられた代理権の権限外の行為をした場合において、相手方が代理人に権限があると信ずべき正当な理由があるときは、その代理行為の効果は本人に帰属する。

○（区2012）

06 登記申請行為は公法上の行為であるから、これが契約上の債務の履行という私法上の効果を生ずる場合であっても、登記申請行為についての代理権は民法第110条の基本代理権とはならない。

×（裁2019）「これが契約上の債務の履行という私法上の効果を生ずる場合であっても、登記申請行為についての代理権は民法第110条の基本代理権とはならない」が誤り。

07 民法第110条によって保護されない悪意の第三者からの転得者は、善意であっても保護されない。同条の第三者は、無権代理人に代理権があると誤信した直接の相手方に限られるからである。

[08/予] 第三者に対して他人に代理権を与えた旨を表示した者は、その代理権の範囲内においてその他人が第三者との間でした行為について、その責任を負うことがあるが、その他人が第三者との間でその代理権の範囲外の行為をしたときは、第三者がその行為についてその他人の代理権があると信ずべき正当な理由があったとしても、その行為についての責任を負わない。

×（予想問題）「第三者がその行為についてその他人の代理権があると信ずべき正当な理由があったとしても、その行為についての責任を負わない」が誤り。

[09] 民法第761条は、夫婦が相互に日常の家事に関する法律行為につき他方を代理する権限を有することをも規定していると解すべきであるから、夫婦の一方が当該代理権の範囲を超えて第三者と法律行為をした場合は、当該代理権を基礎として、一般的に権限外の行為の表見代理が認められる。

×（国般2018）「当該代理権を基礎として、一般的に権限外の行為の表見代理が認められる」が誤り。

[10] Aは、妻であるBに無断で、自己の借金の返済のためにB所有の自宅建物をCに売却した。Cが、AとBが夫婦であることから、AにB所有の自宅建物の売却について代理権が存在すると信じて、取引をした場合には、民法第110条の趣旨を類推適用して、CはB所有の自宅建物の所有権を取得する。

×（裁2018）「AにB所有の自宅建物の売却について代理権が存在すると信じて、取引をした場合には」が誤り。

[11] 民法第112条は、代理権が消滅した場合の規定であるから、いったんは正規の代理権が存在していたことが必要である。

○（裁2019）

[12/予] 他人に代理権を与えた者は、代理権の消滅後にその代理権の範囲内においてその他人が第三者との間でした行為について、代理権の消滅の事実を過失なく知らなかった第三者に対してその責任を負うが、その他人が第三者との間でその代理権の範囲外の行為をしたときは、第三者がその行為についてその他人の代理権があると信ずべき正当な理由があるときに限り、その行為についての責任を負う。

○（予想問題）

[13] 無権代理人の責任について定める民法第117条は、本人側に何らかの帰責の

要素を必要とする表見代理によっては保護を受けることのできない場合の相手方を保護し、もって取引の安全を保護しようとするものであるから、無権代理人の責任の要件と表見代理の要件をともに満たす場合には、相手方は表見代理の成立を主張しないで直ちに無権代理人に対して責任を問うことはできない。

× (国般2010) 全体が誤り。

[14] 無権代理行為の相手方は、表見代理が成立する場合であっても、表見代理の主張をせずに、直ちに無権代理人に対して、履行又は損害賠償の請求をすることができるが、これに対し無権代理人は、表見代理の成立を主張してその責任を免れることができる。

× (裁2021)「表見代理の成立を主張してその責任を免れることができる」が誤り。

[A] 民法第109条は、本人が、第三者に対して他人に代理権を与えた旨を表示した場合の規定であるから、本人が、第三者に対して他人に自己の名前や商号の使用を許したことを表示した場合には、適用されない。

× (裁2019)「適用されない」が誤り。

[B] 一般人を勧誘して金員の借入れをしている会社の外交員Aから勧誘行為を委託されていたAの長男Bが、勧誘に際し、金員の借入れに係る会社の債務につき勝手にAを代理して、Cとの間でAを保証人とする保証契約を締結した場合、勧誘自体は単なる事実行為であっても、民法第110条所定の表見代理(権限外の行為の表見代理)が成立する要件である基本代理権があるとされる場合は、法律行為をなす代理権が与えられた場合に限られず、事実行為の委託がされた場合も含むものであるから、同条所定の表見代理が成立し、Cは保護される。

× (国般2010)「限られず、事実行為の委託がされた場合も含むものであるから、同条所定の表見代理が成立し、Cは保護される」が誤り。

[C] 会社甲の経理担当者Aが、甲の取締役であるBからB個人に法律効果の及ぶような行為をする代理権を与えられていなかった場合においても、専ら取締役として使用するために届け出てあったB名義の印章を預かり、Bの不在中にBに代わり会社のためBの職務を行うことが認められていたときは、民法第110条所定の表見代理が成立する要件である基本代理権の存在に欠けることはなく、Aが預かっていた印章を使用して勝手にBを代理して、Cとの間でB個人名義の連帯保証契約を締結したときは、同条所定の表見代理が成立し、Cは保護される。

× (国般2010)「民法第110条所定の表見代理が成立する要件である基本代理権の存在に欠けること

はなく」「同条所定の表見代理が成立し、C は保護される」が誤り。

[D] 代理人が直接本人の名において権限外の行為をした場合において、相手方がその行為を本人自身の行為と信じたときは、そのように信じたことについて正当な理由がある限り、民法第110条の規定を類推適用して、本人はその責に任ずる。
○（税・労2005）

12 法人

本節では、自然人のほかに権利主体となりうる存在として、法人について扱います。試験対策としては、権利能力のない社団が中心となります。

❶ 法人とは

1 意義

意義 法人とは、**自然人以外で権利能力（法人格）を認められた存在**をいう。

一定の組織・団体を「人」として扱い、法律上の権利義務の主体として、その存在を認めるのである。この組織・団体は、法人格を取得することで、組織・団体それ自体が権利義務の主体となり、自然人と同じように法律行為を行うことができる。

2 法人の種類

① 構成による分類

社団法人	一定の目的の下に結集した人の集まり（社団）に法人格を与えたものをいう
財団法人	一定の目的の下に拠出される財産に法人格を与えたものをいう

② 設立目的による分類

営利法人	営利を目的とする法人をいう （例）会社法上の会社（株式会社など）
非営利法人	営利を目的としない法人をいう

〈語句〉●営利とは、事業活動によって利益を獲得し、その得られた利益を構成員に分配することを目的とするという意味である。

③ 非営利法人の中での分類 01

一般法人	一般社団法人および一般財団法人がある(後述 ④ 項「一般社団法人」で扱う)。
公益法人	公益(学術・技芸・慈善・祭祀・宗教など)を目的とする法人をいう(33条2項)。これには、公益社団法人および公益財団法人がある。

　営利法人は会社法により規律され、一般法人は民法、一般社団法人及び一般財団法人に関する法律(以下、一般社団・財団法人法と略す)により規律され、公益法人は民法、一般社団・財団法人法、公益社団法人及び公益財団法人の認定等に関する法律(以下、認定法と略す)により規律される。 02

公益	非公益・非営利	営利
公益社団法人(認定) 公益財団法人(認定)	一般社団法人 一般財団法人	営利社団法人※

※ 営利法人は、利益を分配する対象である構成員の集まり(社団)が存在することを前提にするので、営利社団法人は存在するのに対し、営利財団法人は存在しない。 02

3 ▷ 民法の法人に関する規定の位置づけ

　公益を目的とする法人、営利事業を営むことを目的とする法人その他の法人の設立・組織・運営・管理については、民法その他の法律の定めるところによる(33条2項)。 03

　もっとも、民法には、このような法人制度全体の原則規定や、外国法人(日本国内に本店も主たる事務所も有しない法人)に関する基本的規定のみが存在しており、法人に関する具体的規定は一般社団・財団法人法などに存在する。 03

2 法人設立の立法主義

　法人は、民法その他の法律の定めるところによらなければ、成立しない(法人法定主義)(33条1項)。したがって、法律の規定に従った設立手続を経ることで法人は成立する。 04

3 法人の権利能力 発展

　法人は、社会的実在であるとして権利能力を付与するものであるとしても、自然人と権利能力の範囲は同じではない。以下の制限がある。

1 性質による制限

法人は、身体・生命に関する人格権、親族法上の権利(婚姻、養子縁組)といった自然人に固有の権利は認められない。

2 法令による制限

法人も自然人と同様に社会の一員であることから、法令により権利能力が制限されていれば、それに従う(34条)。

3 目的による制限

問題点❶ 法人の権利能力は「定款その他の基本約款で定められた目的の範囲内」に制限される(34条)。これは何を制限しているのか。

結論 法人の権利能力を制限している(最大判昭45.6.24、八幡製鉄政治献金事件)。したがって、法人は、設立目的として定款その他の基本約款に記載された目的の範囲内で事業を行うことができ、**目的の範囲外の行為は無効**となる。

理由 34条は、「目的の範囲内において、権利を有し、義務を負う」と規定している。

問題点❷ 「目的の範囲内」の行為であるか否かをどのように解釈するべきか。

結論 営利法人については「目的の範囲内」を広く解釈し(最大判昭45.6.24、八幡製鉄政治献金事件)　A　、公益を重視する法人についてはこれを狭く解釈する(最判昭41.4.26、農業協同組合による員外貸付事件)。

理由 ① 営利法人については、法人と取引をした相手方の保護の必要があり、そのように解したとしても構成員の期待に反しない。

② 公益を重視する法人については、取引の安全よりも公益活動の基盤を確保する必要があり、公益目的に賛同した構成員(社団の場合)または財産の拠出者(財団の場合)の期待を重視すべきである。

〈解説〉 具体的には、会社による政党への政治資金の寄附は、**目的の範囲内の行為**であるとし(最大判昭45.6.24、八幡製鉄政治献金事件)、税理士会が政治資金規正法上の政治団体に金員の寄附をすることは、**目的の範囲外の行為**であるとした(最判平8.3.19、南九州税理士会事件)。　A　B

〈語句〉●定款その他の基本約款とは、実質的には**法人の組織活動の根本規則**のことをいい、形式的には根本規則を記載した書面(又は電磁的記録媒体に記録された情報)をいう。

❹ 一般社団法人 ✍発展

意義 一般社団法人とは、一般社団・財団法人法に基づいて設立された社団法人のことをいう。

1 設立

① 定款の作成

一般社団法人の社員になろうとする2人以上の者(設立時社員)が共同して**定款を作成**し(電磁的記録での作成も可能)〔C〕、当該社員全員が定款に署名又は記名押印したうえで、公証人の認証を受けなければならない(一般社団・財団法人法10条1項、2項、13条)。

〈語句〉●社員とは、社員総会の構成員である自然人又は法人をいう。

② 設立時理事の選任

理事が一般社団法人の必須機関なので(一般社団・財団法人法60条1項)、定款又は設立時社員の過半数の賛成で、設立時理事(設立に際して理事になる者)を選任しなければならない(同法15条1項)。

〈解説〉 理事以外の機関として、設立時監事(設立に際して監事になる者)、設立時会計監査人(設立に際して会計監査人になる者)を選任する場合もある(一般社団・財団法人法15条2項)。

③ 定款の調査および設立の登記

設立時理事は、設立手続が法令・定款に違反しているかを調査しなければならない(一般社団・財団法人法20条1項)。その後、主たる事務所の所在地で**設立の登記**をすることで、一般社団法人が成立する(同法22条)。〔D〕

2 機関

意義 機関とは、法人の意思決定や運営・管理を行う組織や、その業務を行う立場にある者のことをいう。

① 総説

一般社団・財団法人法は、一般社団法人において**社員総会**を機関とすることを前提としている(同法第2章第3節第1款)。そして、社員総会以外の機関として**1人又は2人以上の理事**を置かなければならない(同法60条1項、必要的機関、次頁の【一般社団法人の機関設計】①参照)。その他、定款の定めで、**理事会、監事、会計監査人**を置くこ

とができる(同法60条2項)。

　ただし、理事会設置一般社団法人(同④参照)及び会計監査人設置一般社団法人(同③参照)の場合は、**監事を置かなければならない**(同法61条)。また、大規模一般社団法人(貸借対照表の負債の合計額が200億円以上の一般社団法人をいう)の場合は、**会計監査人を置かなければならない**(同法62条、2条2号、同③又は⑤参照)。

　趣旨　　一般社団法人の規模や実態に応じた自由な機関設計が可能となる。

　一般社団法人の機関設計は次の①から⑤までの5通りとなる。

【一般社団法人の機関設計】
① 　社員総会＋理事…機関の最小設計
② 　社員総会＋理事＋監事
③ 　社員総会＋理事＋監事＋会計監査人
④ 　社員総会＋理事＋監事＋理事会
⑤ 　社員総会＋理事＋監事＋理事会＋会計監査人…機関の最大設計

---

② 社員総会

　意義　　社員総会とは、一般社団法人の全構成員によって構成される最高意思決定機関をいう。

③ 理事および理事会

　意義　　理事とは、一般社団法人の業務執行機関をいう。
　　　　　理事会とは、一般社団法人のすべての理事で組織する合議制の機関をいう(一般社団・財団法人法90条1項)。理事会は理事の中から代表理事を選定しなければならない(同法90条3項)。

　〈**解説**〉　理事は原則として一般社団法人の代表者となるが、他に代表理事その他一般社団法人を代表する者を定めた場合は、その者が代表者となる(同法77条1項)。

④ 監事および会計監査人

　意義　　監事とは、一般社団法人の職務執行の監査を行う機関をいう。
　　　　　会計監査人とは、一般社団法人の会計の監査を行う機関をいう。

⑤ 役員等の一般社団法人に対する損害賠償責任

　理事、監事又は会計監査人が、その任務を怠った(＝任務懈怠)ことにより一般社

団法人に損害を与えた場合には、一般社団法人に対し、その損害を賠償する責任を負う(一般社団・財団法人法111条1項) E 。なお、理事が競業取引及び利益相反取引(同法84条1項)を行った場合、一般社団法人の損害額及び理事の任務懈怠を推定する規定がある(同法111条2項、3項)。

3 法人の不法行為責任

代表理事その他の代表者が、職務を行うについて他人に損害を与え、不法行為責任が生じた場合は、法人も損害賠償責任を負う(一般社団・財団法人法78条)。 F

趣旨 不法行為(民法709条)は、法人の目的の範囲内の行為ではないが、代表者の職務により生じた損害について法人の責任を否定するのは不当だからである。

5 一般財団法人 〔発展〕

意義 一般財団法人とは、一般社団・財団法人法に基づいて設立された財団法人のことをいう。

1 設立

一般財団法人の設立には、**設立者**(1人でもよいが、2人以上の場合は全員で)が**定款を作成**(または電磁的記録、自然人については遺言でも可能)しなければならない(一般社団・財団法人法152条1項、2項) G 。また、一般社団法人と同様、定款への署名又は記名押印、公証人の認証を要する(同法152条、155条)。

定款には、目的、名称、主たる事務所の所在地などのほか、**設立者の拠出財産**などを記載し、又は記録する(絶対的記載事項)(同法153条1項)。拠出財産の価額の合計額は**300万円以上**でなければならない(同法153条2項)。その他、相対的記載事項及び任意的記載事項を記載し、又は記録することができる(同法154条)。

設立者は、定款認証後、財産(金銭でも現物でもよい)を拠出する(同法157条1項)。その後、主たる事務所の所在地で**設立の登記**をすると、一般財団法人が成立する(同法163条)。 H

2 機関

① 総説

一般財団法人は、評議員、評議員会、理事、**理事会**、監事が必要的機関であり(一般社団・財団法人法170条1項)、大規模一般財団法人(貸借対照表の負債の合計額が200億円以上の一般財団法人をいう)は、会計監査人を置かなければならない(同法

171条、2条3号)。 I

　一般財団法人の機関設計は次の2通りとなる。

【一般財団法人の機関設計】
① 評議員＋評議員会＋理事＋理事会＋監事
② 評議員＋評議員会＋理事＋理事会＋監事＋会計監査人

　なお、理事、理事会、監事、会計監査人の権限および任期、役員等の損害賠償責任、法人の損害賠償責任については、一般社団法人の規定が準用される(同法197条、177条、198条)。 I J K

　以下では、一般財団法人固有の機関である評議員および評議員会について述べる。

② 評議員および評議員会

意義 評議員とは、一般財団法人の評議員会の構成員たる機関をいう。
　　　評議員会とは、すべての評議員により組織される一般財団法人の最高の決議機関をいう(一般社団・財団法人法178条)。

❻ 公益法人認定法上の公益法人 /発展

1 意義

意義 公益社団法人とは、認定法4条の認定を受けた一般社団法人をいう(認定法2条1号)。
　　　公益財団法人とは、認定法4条の認定を受けた一般財団法人をいう(同法2条2号)。
　　　公益目的事業とは、学術、技芸、慈善その他の公益に関する別表各号に掲げる種類の事業であって、不特定かつ多数の者の利益の増進に寄与するものをいう(同法2条4号)。

2 公益認定

　公益目的事業を行う一般法人(一般社団法人又は一般財団法人)は、**行政庁の認定**を受けることができる(認定法4条)。したがって、**公益法人**になるには**一般法人**であることが必要である(同法2条1号、2号)。

```
┌──────────┐          ┌──────────┐
│一般社団法人│  認定   │公益社団法人│
│一般財団法人│   ➡    │公益財団法人│
└──────────┘          └──────────┘
```

法令等で定められた基準に基づいた
行政庁による公益認定

【一般法人と公益法人】

7 法人格否認の法理 /発展

1 意義

意義 　法人格否認の法理とは、法人格が法律の適用を回避するために濫用され、または法人格が全くの形骸にすぎない場合に、当該事案に限り、法人がその構成員または他の法人と独立した法人格を有することを否定する法理である(最判昭44.2.27)。

趣旨 　法人と法人の構成員とは別人格を有する。しかし、両者の法人格の独立性を貫くことがかえって、正義・公平の原則に反する結果が生じる場合がある。そこで、法人格を否定し、当該法人と法人の構成員、または当該法人と他の法人を同一視することによって、妥当な処理を図るものである。

2 類型

法人格否認の法理は、以下の2類型で問題となる(最判昭44.2.27)。 L

【法人格否認の法理】

類型	意義
形骸化事例	法人の実質が全くの個人であるような場合であり、法人の取引相手からすればその取引が法人としてされたのか個人としてされたのか明らかでないような場合
濫用事例	法人格を意のままに利用している者が、違法・不当な目的のために法人格を濫用している場合

3 効果

当該事案に限り、法人がその構成員または他の法人と独立した法人格を有することを否定し、同一の法人格(法人と構成員、法人と他の法人)として法律問題を処理する。

8 権利能力のない社団（権利能力なき社団）

1 意義

意義 権利能力のない社団（権利能力なき社団）とは、社団としての実質を備えていながら法令上の要件を満たさないために法人として登記できない、または登記を行っていないために法人格を有しない社団をいう。権利能力のない社団の具体例としては、組織が確立しているPTA、法人格を取得していないマンションの管理組合などがある。

〈解説〉 権利能力のない社団は、それ自体は権利義務の主体となることができないので、その構成員が全員で対外的法律関係を結ぶしかないのが原則である。しかし、法人としての実体が存在する以上、社会的には団体としての行為が実在する。そこで、法律的にも、できるかぎり実体に即した扱いをしようとするものである。

① 権利能力のない社団と法人格取得後の社団との同一性 /発展

権利能力のない社団が法人格を取得した場合、取得前後の団体は同一性を有するので、権利能力のない社団に存在していた権利義務は、移転行為をしなくても設立された法人に移転する（東京高判昭35.3.14）。 **M**

2 成立要件

権利能力のない社団の成立要件について判例は、以下の点を挙げている（最判昭39.10.15）。

【権利能力のない社団—成立要件】05 06
① 団体としての組織をそなえ、
② そこには多数決の原則が行われ、
③ 構成員の変更にもかかわらず団体そのものが存続し、
④ その組織によって代表の方法、総会の運営、財産の管理その他団体としての主要な点が確定しているもの。
---

3 財産（権利）の帰属

① 団体の権利

権利能力のない社団の財産（権利）は、社団の構成員に総有的に帰属する（最判昭32.11.14）。

意義 　総有とは、共同所有形態の一つであり、持分を観念できず団体の権利義務が構成員全員に不可分的に帰属することをいう。

〈解説〉 　権利能力のない社団は、権利義務の主体にはなりえないのが原則であるが、「総有」(詳細は第2章**3**節**❶**項「共同所有の形態」で扱う)という概念を用いることで、事実上、団体それ自体に財産や債務が帰属することと同様の結論を認めている。

[法人] 　　　　　　　　[権利能力のない社団]

法人が所有している建物 　　　　構成員全員で総有している建物

【法人と権利能力のない社団の比較】

② 持分・財産の分割請求

問題点 　権利能力のない社団を脱退した元社員(元構成員)は、当該社団の財産に対して、共有の持分権又は財産の分割請求権を有するか。

結論 　当然には有しない(最判昭32.11.14)。[07]

理由 　① 　権利能力のない社団の財産は、社団を構成する総社員(総構成員)の総有に属するものである。

　　　② 　当該社団の財産に関し、共有の持分権又は分割請求権を有するには、総社員の同意をもって、総有の廃止その他当該財産の処分に関する定めが必要である。

③ 不動産の登記方法

問題点❶ 　権利能力のない社団は、当該社団が所有する不動産について、当該社団を権利者とする登記をすることができるか。

結論 　①社団を権利者とする登記をすることは許されない。②社団の代表者である旨の肩書を付した代表者の個人名義の登記も許されない(最判昭47.6.2)。[08]

理由 　① 　権利能力のない社団の資産である不動産については、社団の代表者が、社団の構成員全員の受託者たる地位において、**代表者の個人名義で所有権の登記をすることができるにすぎず**、法人格を有しない以上、社団名義での登記は許されない。

　　　② 　社団の代表者である旨の肩書を付した代表者の個人名義の登記を許すことは、実質において、権利能力のない社団を権利者とする登記を

許容することにほかならないので、同じく許されない。

×: 所有者　〇〇同窓会　代表　水道橋　太郎
×: 所有者　〇〇同窓会
○: 所有者　水道橋　太郎

【不動産の登記方法】

〈解説〉　判例は、構成員全員の共有名義で登記をするという方法もあるが、構成員の変動が予想される場合に常時真実の権利関係を公示することが困難であることから、代表者の個人名義で登記をすることが行われているとする（最判昭47.6.2）。

問題点❷　権利能力のない社団の資産である不動産の登記名義人たる旧代表者がその地位を失い、新代表者が選任された場合、新代表者は、旧代表者に対して、当該不動産について自己の個人名義に所有権移転登記手続をする旨を請求することができるか。

結論　請求することができる（最判昭47.6.2）。 `09`

理由　代表者の交代によって、旧代表者が権利能力のない社団の構成員全員の受託者たる地位を失い、新代表者がその地位を取得している。

4 団体の債務

【団体の債務】

問題点❶　権利能力のない社団の代表者が社団の名においてした取引上の債務について、構成員は、取引の相手方に対して直接に個人的債務ないし責任を負担するか。

結論　負担しない（最判昭48.10.9）。 `10`

理由　団体の債務は、社団の構成員全員に、一個の義務として総有的に帰属するので、構成員各自には個人的債務ないし責任は帰属せず、社団の総有財産だけがその責任財産となるからである。

〈語句〉　●責任財産とは、一般債権者（担保を持っていない債権者）による差押えの対象となる債務者の財産のことを責任財産という。

問題点❷　権利能力なき社団（又は財団）の代表者は、取引の相手方に対し、直

接に個人的債務ないし責任を負担するか。

結論 負わない(最判昭48.10.9、財団法人につき最判昭44.11.4)。 11 12

理由
① 権利能力なき社団の債務は、社団の構成員全員に、一個の義務として総有的に帰属することから、構成員各自には個人的債務ないし責任は帰属しないところ、**代表者も構成員の一人にすぎない。**
② 権利能力なき財団の債務は、当該財団が、社会生活において独立した実体を有していることから、当該財団の代表者が当該財団の代表者として債務負担行為をした以上、債務は当該財団に帰属する。

〈解説〉 判例は、権利能力なき財団の要件として、個人財産から分離独立した基本財産を有し、かつ、その運営のための組織を有していることを挙げる。

5 民事訴訟・行政事件訴訟の当事者能力

代表者又は管理人の定めがあれば、権利能力のない社団(又は財団)が民事訴訟及び行政事件訴訟の当事者となることができる(民事訴訟法29条、行政事件訴訟法7条)。 13

重要事項 一問一答

01 法人とは?

自然人以外で権利能力(法人格)を認められた存在をいう。

02 法人を構成によって分類するとどう分類されるか(2つ)?

社団法人と財団法人

03 権利能力のない社団の財産はどのように帰属しているか?

社団の構成員に総有的に帰属する(判例)。

04 権利能力のない社団を脱退した元社員(元構成員)は、持分又は財産分割請求権を有するか。

当然には有しない(判例)。

05 権利能力のない社団の資産である不動産につき当該社団を権利者とする登記をすることができるか?

できない(判例)。

06 権利能力のない社団の債務について、構成員は個人的債務や責任を負担するか?

負担しない(判例)。

07 権利能力のない社団の債務について、代表者は直接に個人的債務ないし責任を負担するか?

負担しない(判例)。

08 権利能力のない社団が訴訟の当事者となることはできるか?

代表者又は管理人の定めがあれば、民事訴訟及び行政事件訴訟の当事者となることができる(民事訴訟法29条、行政事件訴訟法7条)。

過去問チェック(争いのあるときは、判例の見解による)

01 一般社団法人は、公益社団法人とは異なり、営利法人である。

×(国般2016改題)「営利法人である」が誤り。

02 法人には、営利法人・公益法人という区別と、社団法人・財団法人という区別があるが、営利法人である社団法人・財団法人については、会社法に規定されている。

×(裁2007改題)「・財団法人」が誤り。

03 民法は、法人の設立、組織、運営及び管理についてはこの法律の定めるところによると規定しており、法人制度全体の原則規定だけでなく、法人の管理、解散等に係る一般的な規定は全て同法で定められている。

×(国般2019)「法人の管理、解散等に係る一般的な規定は全て同法で定められている」が誤り。

04 法人は、民法その他の法律の規定によらなければ成立しないが、実質的に法人としての実態を備えている人・財産の集団については、法人格が認められる。

×(裁2007)「法人格が認められる」が誤り。

05 権利能力なき社団は、これを認定する基準として、団体としての組織、代表の方法、総会の運営など社団としての実体を備える必要があるが、社団はその構成員の変動から独立して存在しうる一体性をもっている必要がない。

×(区2002)「社団はその構成員の変動から独立して存在しうる一体性をもっている必要がない」が誤り。

06 団体としての組織を備え、多数決の原則が行われ、構成員の変更にかかわらず団体が存続するが、その組織において代表の方法、総会の運営、財産の管理等団体としての主要な点が確定していない場合、この団体は、民法上の組合としては認められないが、権利能力のない社団としては認められる。

×(区2013)「権利能力のない社団としては認められる」が誤り。

07 権利能力のない社団の財産は、当該社団を構成する総社員の総有に属するものであるが、総有の廃止その他財産の処分に関して総社員の同意による定めがない場合であっても、当該社団を脱退した元社員は、当然に、当該財産に関して、共有の持分権又は分割請求権を有するとした。

× (区2018)「当然に、当該財産に関して、共有の持分権又は分割請求権を有するとした」が誤り。

08 いわゆる権利能力のない社団の資産は、その社団の構成員全員に総有的に帰属しているのであって、社団自身が私法上の権利義務の主体となることはないから、社団の資産たる不動産についても、社団はその権利主体となり得るものではなく、したがって、登記請求権を有するものではないとするのが判例である。

○ (国般2019)

09 権利能力なき社団の資産である不動産について、登記上の所有名義人となった代表者がその地位を失い、これに代わる新代表者が選任されたときは、新代表者は、旧代表者に対して、当該不動産について自己の個人名義に所有権移転登記手続をすることを求めることができる。

○ (税・労2011)

10 権利能力のない社団の代表者が社団の名においてした取引上の債務は、その社団の構成員全員に、一個の義務として総有的に帰属するものであり、社団の総有財産がその責任財産となるだけでなく、構成員各自も、取引の相手方に対して、直接、個人的債務ないし責任を負うとした。

× (区2018)「構成員各自も、取引の相手方に対して、直接、個人的債務ないし責任を負うとした」が誤り。

11 権利能力なき社団の代表者が社団の名においてした取引上の債務は、その社団の構成員全員に、一個の義務として総有的に帰属するとともに、社団の総有財産だけがその責任財産となり、各構成員は、取引の相手方に対し、直接に個人的債務ないし責任を負わないのが原則であるが、権利能力なき社団の代表者は、取引の相手方に対し、直接に個人的債務ないし責任を負う。

× (税・労2011)「取引の相手方に対し、直接に個人的債務ないし責任を負う」が誤り。

12 いわゆる権利能力なき財団の代表者が代表者として約束手形を振り出した場合、当該代表者は、個人として、当然に振出人としての責任を負うものではない。

○ (税・労2011)

[13] 権利能力なき社団自体が訴訟当事者となることはできない。

× (裁2007改題) 全体が誤り。

[A] 会社による政党への政治資金の寄附は、一見会社の定款所定の目的と関わりがないものであるとしても、客観的、抽象的に観察して、会社の社会的役割を果たすためになされたものと認められる限りにおいては、会社の定款所定の目的の範囲内の行為であるとすることを妨げないとするのが判例である。

○ (国般2019)

[B] 税理士に係る法令の制定改廃に関する政治的要求を実現するため、税理士会が政治資金規正法上の政治団体に金員の寄附をすることは、税理士会は税理士の入会が間接的に強制されるいわゆる強制加入団体であることなどを考慮してもなお、税理士会の目的の範囲内の行為といえるから、当該寄附をするために会員から特別会費を徴収する旨の税理士会の総会決議は無効とはいえないとするのが判例である。

× (国般2019)「なお、税理士会の目的の範囲内の行為といえるから、当該寄附をするために会員から特別会費を徴収する旨の税理士会の総会決議は無効とはいえないとするのが判例である」が誤り。

[C] 一般社団法人の設立に際しては、定款を作成しなければならない。

○ (国般2016改題)

[D] 一般社団法人を設立するためには、行政庁の認可を得なければならない。

× (国般2016改題)「行政庁の認可を得なければならない」が誤り。

[E] 一般社団法人の理事は、その任務を怠ったときは、これによって法人に生じた損害を賠償する責任を負う。

○ (国般2016改題)

[F] 一般社団法人の代表者がその職務を行うについて第三者に損害を与えた場合には、その代表者自身に不法行為責任が生じないときであっても、法人はその損害を賠償する責任を負う。

× (国般2016改題)「法人はその損害を賠償する責任を負う」が誤り。

[G] 一般財団法人の設立に際しては、定款を作成しなければならない。

○ (国般2016改題)

H 一般財団法人を設立するためには、行政庁の認可を得なければならない。

× (国般2016改題)「行政庁の認可を得なければならない」が誤り。

I 一般財団法人においては、理事会を置き、代表理事を定めなければならない。

○ (国般2016)

J 一般財団法人の理事は、その任務を怠ったときは、これによって法人に生じた損害を賠償する責任を負う。

○ (国般2016改題)

K 一般財団法人の代表者がその職務を行うについて第三者に損害を与えた場合には、その代表者自身に不法行為責任が生じないときであっても、法人はその損害を賠償する責任を負う。

× (国般2016改題)「法人はその損害を賠償する責任を負う」が誤り。

L およそ社団法人において法人とその構成員たる社員とが法律上別個の人格であることはいうまでもなく、このことは社員が一人である場合でも同様であるから、法人格が全くの形骸にすぎない場合、又はそれが法律の適用を回避するために濫用されるような場合においても、法人格を否認することはできないとするのが判例である。

× (国般2019)「法人格を否認することはできないとするのが判例である」が誤り。

M 権利能力なき社団は、法人格を取得した場合、法律的かつ形式的には主体の交代となり、社団としての前後同一性を失うことから、権利義務は移転行為をしなければ設立された法人に移転されない。

× (区2002)「社団としての前後同一性を失うことから、権利義務は移転行為をしなければ設立された法人に移転されない」が誤り。

13 時効 ―総説と取得時効・消滅時効

本節では、時効とは何か（総説）、時効各論とされている取得時効、消滅時効を扱います。

---

1 総説

1 時効とは何か

意義 時効とは、一定の事実状態が継続することによって、その事実状態の通りの権利の取得又は消滅が認められる制度である。時間の効力により権利を変動させるのが時効の特徴である。

趣旨 後述するように、継続する事実状態の尊重、権利の上に眠る者は保護されない、立証の困難の救済、の3つが趣旨として挙げられている。

〈語句〉●事実状態とは、法的根拠のある状態ではなく、事実上生じている状態のことをいう。

2 時効の種類

時効には、継続する事実状態の通りに権利を取得する取得時効と、継続する事実状態の通りに権利が消滅する消滅時効がある。

> **設例❶** [取得時効] ①Aは、B所有の甲土地の上に建物を建てて、自己の土地として使用を開始した。②20年間使用を継続したところで、Bがこの事実を知り、Aに対して、建物を壊して土地を明け渡すように請求してきた。Aは、どのような主張をすることができるか。
>
>
>
> ①Aが甲土地を自分の土地として使用開始
>
> ②Aが20年間使用継続
> 事実状態の継続
>
> ❸時効完成＋援用
>
> ❹Aが甲土地の所有権を取得（Bは甲土地の所有権を喪失）
> 継続した事実状態の通りになる

設例❶ の場合、Aは、❸甲土地について時効が完成（時効に必要な期間を経過）したことを理由に時効を援用（時効の利益を欲する旨の意思表示）して、❹甲土地の所有権を主張することができる。すなわち、この場合、②「Aが甲土地を自己の土地として使用している」という事実状態（⇒ Aが甲土地の所有者であるかのような状態）の通りに、Aが甲土地の所有権を取得することができる。

設例❷ ［消滅時効］① Aは、Bに100万円を貸したが、貸したこと自体を忘れており、②返済期日から10年を経過しても、Bに返済を請求しないまま放置していた。その後、Aが貸金の返済を求めてきた場合、Bはどのような主張をすることができるか。

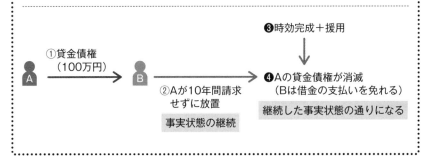

❸時効完成＋援用

①貸金債権
（100万円）

②Aが10年間請求
せずに放置

事実状態の継続

❹Aの貸金債権が消滅
（Bは借金の支払いを免れる）

継続した事実状態の通りになる

設例❷ の場合、Bは、❸債権の時効が完成したことを理由に時効を援用して、❹債権の消滅を主張することができる。すなわち、この場合、②「Aが100万円の返済を請求しない」という事実状態（⇒ Aの貸金債権が存在しないかのような状態）の通りに、Aの100万円の貸金債権が消滅することになる。

3 > 時効制度の趣旨（時効の存在理由）／発展

　時効によって他人の物が自分の所有物になったり、自分が負担する借金が消滅したりするので、時効は非道徳的な制度と言われることがある。そこで、時効制度の趣旨（時効の存在理由）は何であるかが議論されている。

　時効制度の趣旨として指摘されているものは、主として次の3つである。時効の法的構成と関連して、学説により強調度が異なる。

① 社会秩序の安定（継続する事実状態の尊重）

　一定期間にわたり継続する事実状態には保護すべき価値が生じるので、そのような継続する事実状態を法律上も尊重し、社会秩序を安定させることである。 A

【社会秩序の安定】

[取得時効] 設例❶	Aが甲土地を自己の土地として使用を継続しているので、Aが甲土地の所有者であるかのような状態を尊重する。
[消滅時効] 設例❷	Aが100万円の返済を10年経過後も請求しないので、Aの貸金債権が存在しないかのような状態を尊重する。

② 権利の上に眠れる者は保護されない（権利を失うことの正当化）

　権利者であっても、権利を放置する場合は、これを失ってもやむをえないことである。これは**権利の上に眠れる者は保護されない**と表現されている。

【権利の上に眠れる者は保護されない】

[取得時効] 設例❶	Bは、甲土地の無断使用をするAに対して、甲土地の返還を請求できたはずなのに、これを行わなかったので、**甲土地の所有権を失ってもやむをえない**。
[消滅時効] 設例❷	Aは、Bに100万円の返済を請求できたはずなのに、これを行わなかったので、**貸金債権を失ってもやむをえない**。

③ 立証の困難性の救済

　長い期間が経過すると、証拠が散逸するなどして権利の変動を立証することが難しくなるため、時効によって立証の困難さを救済することである。

2 取得時効

意義	**取得時効**とは、一定の事実状態が継続することによって、**その事実状態の通りに権利を取得する**ことを認める制度である。事実状態を継続させた者が権利を取得する結果として、元の権利者は自らの権利を失うことになる。

1 取得時効の対象となる権利

① 所有権（162条）

　他人が所有する物を、自らが所有者として継続的に占有することにより、その物の所有権を時効取得するものである。

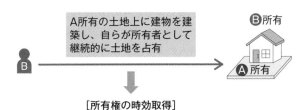

[所有権の時効取得]

【所有権の時効所得】

〈語句〉●占有とは、物を自己の事実的支配下に置くことである(詳細は第2章 **5** 節「占有権」で扱う)。意訳すると、所持することである。

② 所有権以外の財産権(163条)

　他人の財産権(所有権以外)を、自らが権利者として継続的に行使することにより、その財産権を時効取得するものである。取得時効の対象となる財産権の例として、用益物権(地上権・地役権・永小作権)(第2章 **6** 節「用益物権」で扱う)、質権(第3章 **4** 節「質権」で扱う)、不動産賃借権(『民法 下』「債権各論」で扱う)が挙げられる。しかし、事実状態を保護する占有権は財産権ではないので、取得時効の対象とならない。

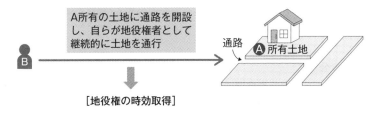

[地役権の時効取得]

【所有権以外の財産権の時効取得】

2 所有権の取得時効

要件　所有の意思をもって、平穏かつ公然に、他人の物(動産・不動産を問わない)の占有を継続することである。 [01]

効果　占有者が他人の物の所有権を取得する。その結果、他人がその物の所有権を失う。

① 所有の意思

意義　所有の意思をもった占有のことを自主占有という。

　所有の意思をもって占有していることは、186条1項により推定される。したがって、自己の占有に所有の意思があることを占有者が証明する必要はない。 [02]

問題点　所有の意思の有無は、どのように決するべきか。

結論 所有の意思の有無は、**占有に至った原因（権原）によって外形的・客観的に決まる**（最判昭45.6.18）。したがって、買主や不法占拠者による占有は自主占有であるのに対して、賃借人による占有は自主占有ではない（他主占有である）。

自主占有	他主占有
買主、不法占拠者の占有	賃借人の占有 03 04

〈語 句〉●他主占有とは、所有の意思をもたない占有のことである（詳細は第2章 **5** 節 **4** 項「占有の態様」で扱う）。
　　　　●推定とは、反証がない限り、当該規定の通りに扱うことである。

〈参考〉　占有者は、**所有の意思をもって、善意で、平穏に、かつ、公然と占有を**するものと推定する（186条1項）。05

発展 必ずしも本人が直接占有をする必要はなく、占有代理人の占有（代理占有）に基づいて、本人が占有権を取得することもできる（181条、「代理占有」については第2章 **5** 節 **4** 項「占有の態様」で扱う）。例えば、賃貸人が他人の土地を自己の土地として賃貸借契約を締結した場合、賃貸人の占有が代理占有かつ自主占有に該当し、賃貸人は賃借人による土地の占有を通じて占有権を取得する（賃貸人は自主占有なので土地所有権を時効取得する場合がある）。 B

② 平穏かつ公然に

意義 平穏とは、**暴行や強迫によって占有を取得していないこと**をいい、公然とは、**占有している事実を隠していないこと**をいう。

　平穏かつ公然に占有していることは、186条1項により推定される。したがって、平穏かつ公然に占有していることを占有者が証明する必要はない。

③ 他人の物

意義 他人の物とは、時効取得者ではない人の所有物であることを意味する。

問題点 条文上は「他人の物」とあるので、自己の物の時効取得（取得時効による権利取得）は認められないのか。

結論 **自己の物についても時効取得が認められる**（最判昭42.7.21）。06

理由 契約書を紛失したり登記を経由していなかったりして、自己の物であることを立証するのが困難であるときに、その物の時効取得を認めて立証の困難さから占有者を救済することが時効制度の趣旨に合致する。

④ 占有期間

　占有開始時における占有者の主観的事情に応じて、継続しなければならない占有期間が異なる。そして、**占有開始時に善意無過失であれば、占有開始後に悪意になっても、短期取得時効が適用される**（大判昭5.11.7）。 07

(ア) 長期取得時効

　他人の物であることを知り、又は過失によって知らなかったとき（悪意又は有過失）は、占有期間が**20年**となる（162条1項）。

(イ) 短期取得時効

　他人の物であることを知らず、かつ、知らないことについて過失がなかったとき（善意無過失）は、占有期間が**10年**となる（162条2項）。 07

問題点　善意無過失による占有は推定されるのか。

結論　**善意による占有は推定される**（186条1項）のに対して、**無過失による占有は推定されない**（最判昭46.11.11）。したがって、短期取得時効を主張する場合は、無過失による占有であることを**占有者が立証**しなければならない。 05

【所有権の取得時効の要件】

	長期取得時効（162条1項）	短期取得時効（162条2項）
共通要件	①所有の意思をもった占有（自主占有）②平穏かつ公然に占有　③他人の物の占有	
占有期間	④占有開始時に悪意又は有過失⑤20年間の継続占有	④占有開始時に善意無過失⑤10年間の継続占有

3 　所有権以外の財産権の取得時効

要件　自己のためにする意思（自ら権利行使をする意思）をもって、平穏かつ公然に、他人の所有権以外の財産権を行使することである（163条）。

財産権の行使	具体例	方法
物の占有を伴う財産権	地上権、永小作権、不動産賃借権※	占有
物の占有を伴わない財産権	地役権	準占有

※ 債権は、特定の債務者に対して一定の行為を請求する権利であることから、時効取得はないが、不動産賃借権に関しては例外的に時効取得が認められる（最判昭43.10.8）。 08 09

効果　**権利行使者が他人の財産権を時効取得する**。その結果、他人がその財産権を失う。

〈**語句**〉●準占有とは、自己のためにする意思をもって財産権の行使をすることをいう。準占有には占有に関する規定が適用される（205条）。

① 地役権の時効取得に関する特則 発展

地役権(他人の土地を自己の土地の便益に供する権利)は、**継続的に行使され、かつ、外形上認識する**ことができるものに限り、時効取得することができる(283条)。

趣旨 土地の利用を許しているだけで地役権の時効取得を認めるのは、土地所有者に酷な結果となるからである。

なお、通行地役権の時効取得の場合、「継続的」というためには、他人所有の土地(承役地)の上に通路を開設することを要し、その開設は権利行使者(要役地の所有者)によってなされたことを要する(最判昭30.12.26)。 C

② 不動産賃借権の時効取得の要件 発展

問題点 不動産賃借権の時効取得は、どのような要件を満たすときに認められるか。

結論 ①目的物の継続的な用益という外形的事実があり、かつ、②その用益が賃借の意思に基づくものであることが客観的に表現されている(賃料の支払いを継続している場合など)ときに、163条所定の時効期間を経過することで、不動産賃借権の時効取得を認めることができる(最判昭43.10.8)。

【不動産賃借権の時効取得】

4 公共用財産の取得時効 発展

公共用財産が、長年の間事実上公の目的に供用されることなく放置され、公共用財産としての形態、機能を全く喪失し、その物の上に他人の平穏かつ公然の占有が継続したために実際上公の目的が害されず、その物を公共用財産として維持すべき理由がなくなった場合は、公共用財産について**黙示的に公用が廃止**されたものとして取得時効が成立する(最判昭51.12.24)。 D

〈語句〉●**公共用財産**とは、国や地方公共団体が直接公共の用に供し、または供するものと決定した財産である。道路、河川、水路、湖沼、公園などが該当する。

③ 消滅時効

意義 　消滅時効とは、一定の事実状態が継続することによって、その事実状態の通りに権利が消滅することを認める制度である。元の権利者が自らの権利を失う結果として、事実状態を継続させた者が義務を免れる。

1 消滅時効の対象となる権利

① 債権（166条1項）

　債権については、貸金債権、売買代金債権、賃金債権（賃金請求権）、損害賠償債権（損害賠償請求権）が代表例である。

② 債権又は所有権以外の財産権（166条2項）

消滅時効の対象となるもの	地上権、永小作権、地役権等
消滅時効の対象とならないもの	所有権 10 、占有権

問題点 　🖉**発展** 所有権に基づく物権的請求権及び登記請求権は消滅時効の対象となるか。

結論 　所有権に基づく物権的請求権及び登記請求権は、**所有権とは独立して消滅時効の対象とならない**（大判大5.6.23）。　**E**

理由 　所有権が消滅時効にかからず存在し続ける以上、所有権の侵害があるときに発生する物権的請求権は消滅しないし、所有権の移転等があるときに発生する登記請求権も消滅しない。

2 債権の消滅時効

要件 　原則として、①債権者が権利を行使することができることを知った時（**主観的起算点**）から5年間、又は、②権利を行使することができる時（**客観的起算点**）から10年間、債権が行使されないことである。

効果 　**債権が時効消滅する**（166条1項）。その結果、債務も消滅するので、債務者は債務の弁済を免れる。

① 客観的起算点

問題点 　客観的起算点である「**権利を行使することができる時**」とは、どのような意味か。

結論 　**権利行使について法律上の障害がなくなった時**を意味する。権利を行使することができるのを債権者が知らない場合など、事実上の障害は考慮され

ない。具体的には、債権の種類に応じて、次表のように解されている。

【債権の消滅時効】

	具体例	客観的起算点
確定期限付き債権	4月1日に支払う	**期限到来時（4月1日）** [11]
不確定期限付き債権	父が死亡したら支払う	**期限到来時（父死亡時）**※1 [12]
停止条件付債権	試験に合格したら支払う	条件成就時（試験合格時）※2
期限の定めのない債権 /発展	請求を受けたら支払う	債権成立時（契約成立時）※3 [F]
債務不履行による損害賠償請求権※4	本来の債務が履行不能になったので損害賠償を請求する	**本来の債務の履行を請求できる時**（最判平10.4.24）[13]
契約解除による原状回復請求権 /発展	契約解除後に支払済みの代金の返還を請求する	契約解除時（大判大7.4.13）[G]
弁済供託における供託金取戻請求権 /発展	債権者が供託を受諾しなかったので供託金の取戻しを請求する	供託者が免責の効果を受ける必要が消滅した時（最大判昭45.7.15）[H]
期限の利益喪失約款付債権 /発展	期限の利益喪失約款のある割賦払金弁済契約において、割賦払債権の債務不履行があった	**原則** 各割賦金額につき約定弁済期の到来時（最判昭42.6.23） **例外** 債権者が残債務全額の弁済を求める意思表示をした場合は、全額について当該意思表示のあった時（最判昭42.6.23）[I]

※1 弁済期（履行遅滞となる時）は「期限到来後に履行の請求を受けた時」または「期限到来を知った時」のどちらか早い時である（412条2項）。

※2 弁済期は「条件成就を債務者が知った時」である。

※3 弁済期は「履行の請求を受けた時」である（412条3項）。ただし、貸金債権の場合は「催告後に相当期間を経過した時」である（591条1項）。

※4 債務不履行による損害賠償請求権を行使するには、債務不履行が債務者の帰責事由によることを必要とする（415条1項ただし書）。

（ア）契約解除による原状回復請求権 /発展

　契約の解除による原状回復請求権の消滅時効の起算点は、**解除の時**である（大判大7.4.13）。[G]

理由　原状回復請求権は、解除によって新たに発生するものであるから。

（イ）弁済供託における供託金取戻請求権 /発展

　弁済供託における供託金の取戻請求権の消滅時効の起算点は、供託の基礎となった債務について紛争の解決などによってその不存在が確定するなど**供託者が免責の効果を受ける必要が消滅した時**である（最大判昭45.7.15）。[H]

理由　起算点を供託の時からと解すると、債務から免責されるという効果を生

ぜしめる供託の制度趣旨に反するからである。

〈語句〉●供託金取戻請求権とは、供託後に供託原因が消滅したときや当該供託が無効で
　　　あること等により供託者が行う払渡請求をいう。これにより供託関係は本来の
　　　目的を達しないまま終了する。詳細は、『民法 下』「債権総論」で扱う。

(ウ) 期限の利益喪失約款付債権 📖発展

　割賦金弁済契約において、割賦払の約定に違反したときは債務者は債権者の請求
により償還期限にかかわらず直ちに残債務全額を弁済すべき旨の約定が存する場合
には、(原則)一回の不履行があっても、各割賦金額につき約定弁済期の到来毎に順
次消滅時効が進行し、(例外)債権者が特に残債務全額の弁済を求める旨の意思表示
をした場合にかぎり、その時から全額について消滅時効が進行する(最判昭42.6.23)。
[I]

| 理由 | 期限の利益喪失約款は、債権者の利益のためにあるから、債権者は弁済
期を変更させる形成権を取得したのであり、それを行使しない限り弁済期
は変更せず、時効は進行しない。

② 時効期間

(ア) 損害賠償請求権(損害賠償債権)

| 原則 | 損害賠償請求権(債務不履行による損害賠償請求権など)の時効期間も、
一般の債権と同じく、主観的起算点から5年間、客観的起算点から10年間
である(166条1項)。

| 例外 | 人の生命・身体の侵害による損害賠償請求権の時効期間については、主観
的起算点から5年間は変わらないが、客観的起算点から20年間に延長され
る(167条)。14/予

| 趣旨 | 人の生命・身体を害する不法行為による損害賠償請求権の時効期間(次
の(イ)で扱う)が、被害者若しくは法定代理人が損害及び加害者を知った時
から5年間、又は不法行為時から20年間(724条の2、724条)であることと
の均衡を図ったものである。

(イ) 不法行為による損害賠償債権

| 原則 | ①被害者又はその法定代理人が損害及び加害者を知った時から3年間、
②不法行為の時から20年間である(724条)。15

| 例外 | 人の生命・身体を害する不法行為による損害賠償請求権の時効期間につ
いては、①の時効期間が被害者又はその法定代理人が損害及び加害者を
知った時から5年間に延長される(724条の2)。16/予

| 趣旨 | 人の生命・身体の侵害による損害賠償請求権の時効期間における主観的
起算点が5年間であること(166条1項1号)との均衡を図ったものである。

発展 被害者又はその法定代理人が「損害を知った時」とは、被害者が損害の発生を現実に認識した時であり、被害者が損害発生の可能性を認識した時は含まない（最判平14.1.29）。損害の発生を現実に認識していなければ、被害者は、加害者に対して損害賠償請求権を行使することができないからである。 $\boxed{J}$

（ウ）定期金債権

意義 定期金債権とは、一定の期間にわたって、金銭その他の物の給付を定期的に給付させることを目的とする基本権としての債権である。企業年金や養育費が代表例である。この定期金債権から発生する金銭その他の物の給付を請求する支分権としての各債権のことを定期給付債権という。

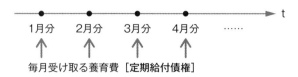

【定期金債権と定期給付債権】

【定期金債権の消滅時効期間】

定期金債権 （基本権）	①定期給付債権を行使することができることを知った時から**10年**（168条1項1号）、または、②定期給付債権を行使することができる時から**20年**（168条1項2号）。
定期給付債権 （支分権）	①定期給付債権を行使することができることを知った時から**5年**（166条1項1号）、または、②定期給付債権を行使することができる時から**10年**（166条1項2号）。

（エ）確定判決等によって確定した権利

原則 確定判決または確定判決と同一の効力があるもの（和解調書、調停調書など）によって確定した権利は、**10年より短い時効期間の定めがあっても、時効期間は10年となる**（169条1項）。 $\boxed{17}$

趣旨 債権の存在の確証が生じたこと、再び短期の消滅時効にかかりまた提訴するのは煩雑といえるからである。

例外 権利確定の時に弁済期の到来していない債権については、10年の時効期間が適用されない（169条2項）。 $\boxed{17}$

〈語句〉●和解調書とは、裁判上の和解（裁判所が関与する和解）の成立時に作成される書面である。
●調停調書とは、民事調停や家事調停で合意に至った時に作成される書面である。

3 債権・所有権以外の財産権

要件 債権・所有権以外の財産権を、**権利を行使することができる時**(客観的起算点)から**20年間**行使しないことである。ここでは主観的起算点(権利を行使できることを知った時)が設定されていない。

効果 債権・所有権以外の財産権が時効により消滅する(166条2項)。その結果、財産権による負担を受けていた者は、その負担から解放される。

発展 例えば、地上権(他人の土地において工作物または竹木を所有するため、その土地を使用する権利)が時効消滅すると、地上権が設定されていた土地の所有者は、地上権の負担から解放される。 K

【消滅時効の時効期間】

内容	主観的起算点から	客観的起算点から
一般の債権(166条1項)	債権者が権利を行使することができることを知った時から5年間	権利を行使することができる時から10年間
人の生命・身体の侵害による損害賠償請求権(債務不履行)(167条)		権利を行使することができる時から20年間
人の生命・身体の侵害による損害賠償請求権(不法行為)(724条の2)	被害者又はその法定代理人が損害及び加害者を知った時から5年間	不法行為時から20年間
不法行為による損害賠償請求権(724条)	被害者又はその法定代理人が損害及び加害者を知った時から3年間	
定期金債権(168条1項)	各債権を行使することができることを知った時から10年間	各債権を行使することができる時から20年間
確定判決等によって確定した権利(169条1項)	—	裁判上の請求等が終了した時から10年間
債権・所有権以外の財産権(166条2項)	—	権利を行使することができる時から20年間

重要事項 一問一答

01 2種類の時効は何か?

権利を取得する取得時効と、権利が消滅する消滅時効

02 3つの時効制度の趣旨は何か?

社会秩序の安定(継続する事実状態の尊重)、権利の上に眠る者は保護されない(権利を失うことの正当化)、立証の困難性の救済

03 取得時効の対象となる権利は何か?

所有権(162条)、所有権以外の財産権(163条)

04 長期取得時効、短期取得時効は、それぞれ何年間の継続占有が必要か?

長期取得時効は20年間(162条1項)、短期取得時効は10年間(162条2項)

05 短期取得時効が成立するには、占有開始時に善意であれば足りるか?

善意無過失であることを要する(162条2項)。

06 所有権や所有権に基づく物権的請求権は消滅時効の対象となるか?

どちらも消滅時効の対象外である。

07 債権の消滅時効について、客観的起算点と主観的起算点とは何か?

客観的起算点とは、権利を行使することができる時をいい、主観的起算点とは、債権者が権利を行使することができるのを知った時をいう(166条1項)。

08 人の生命・身体の侵害による損害賠償請求権の時効期間は?

債権者が権利を行使することができるのを知った時から5年間、または権利を行使することができる時から20年間(167条)

09 債権・所有権以外の財産権の時効期間は?

権利を行使することができる時から20年間(166条2項)

---

01 動産については、即時取得が所有権の原始取得の制度として特別に設けられているので、動産の所有権を時効取得することはない。

×(裁2017)「動産の所有権を時効取得することはない」が誤り。

02 占有者は所有の意思で占有するものと推定されるため、当該占有が自主占有に当たらないことを理由に取得時効の成立を争う者は、当該占有が所有の意思のない占有に当たることについての立証責任を負う。

○(国般2011)

03 BはAから甲土地を賃借したが、占有当初から、内心では甲土地を自己の所有物にしようと考えていた場合に、Bが甲土地の占有を始めてから20年間経過すれば、Bは甲土地の所有権を時効により取得できる。

×(裁2004)「Bは甲土地の所有権を時効により取得できる」が誤り。

[04] AがB所有の甲土地をBから賃借して20年間継続して占有している場合、Aは甲土地を時効取得することができる。

×（裁2021）「Aは甲土地を時効取得することができる」が誤り。

[05] 10年の取得時効を主張する占有者は、自己が善意・無過失であることや占有が平穏かつ公然であることを立証する必要はないが、所有の意思をもって占有していることについては立証する必要がある。

×（税・労・財2020）「無過失」「所有の意思をもって占有していることについては立証する必要がある」が誤り。

[06] 民法は、所有権の取得時効の対象物を他人の物としており、これは自己の物について取得時効の援用を許さない趣旨であるから、所有権に基づいて不動産を占有する者が当該不動産につき取得時効を援用することはできない。

×（税・労・財2018）「これは自己の物について取得時効の援用を許さない趣旨であるから、所有権に基づいて不動産を占有する者が当該不動産につき取得時効を援用することはできない」が誤り。

[07] 他人の物を所有の意思をもって平穏かつ公然と、占有開始の時から善意無過失で10年間占有した者はその所有権を取得するが、占有開始後に悪意となった場合は、占有開始の時から20年間占有しなければその所有権を取得できない。

×（区2017）「占有開始の時から20年間占有しなければその所有権を取得できない」が誤り。

[08] 所有権以外の財産権についても時効取得は可能であるが、財産権のうち債権に関しては、特定の債務者に対して一定の行為を要求しうるにすぎないので、時効取得することはない。

×（裁2017）「時効取得することはない」が誤り。

[09] 取得時効によって取得できる財産権は、所有権に限られるから、土地の賃借権を時効取得することはできない。

×（裁2018）全体が誤り。

[10] 消滅時効とは、一定期間権利が行使されなかったことによってその権利が消滅するという制度をいい、債権は10年間、所有権は20年間権利を行使しないときは、消滅時効により消滅する。

×（区2014改題）「所有権は20年間」が誤り。

11 貸金返還請求権の消滅時効は、弁済期の定めがある場合でも、金員を貸し付けた時から進行する。

× (裁2002)「金員を貸し付けた時から進行する」が誤り。

12 不確定期限の定めのある債権の消滅時効は、債務者が期限の到来を知った時から進行する。

× (裁2019)「債務者が期限の到来を知った時から進行する」が誤り。

13 債務の履行期後に当該債務が債務者の責めに帰すべき事由により履行不能となった場合、履行不能による損害賠償請求権の消滅時効の起算点は、債務の履行期ではなく、履行不能となった時であるとするのが判例である。

× (税・労2010)「債務の履行期ではなく、履行不能となった時である」が誤り。

14/予 人の生命又は身体の侵害による損害賠償請求権は、債権者が権利を行使することができることを知った時から5年間行使しないとき、権利を行使することができる時から10年間行使しないときに、時効により消滅する。

× (予想問題)「10年間」が誤り。

15 不法行為に基づく損害賠償債務は、被害者又はその法定代理人が損害又は加害者を知るまでは消滅時効の進行は開始しない。

× (裁2005改題)「損害又は加害者」が誤り。

16/予 人の生命又は身体を害する不法行為による損害賠償請求権は、被害者又はその法定代理人が損害及び加害者を知った時から5年間行使しないとき、又は、不法行為の時から20年間行使しないときに、時効により消滅する。

○ (予想問題)

17 確定判決によって確定した弁済期の到来していない債権の時効期間は、10年より短い時効期間の定めがあるものであっても、10年となる。

× (税・労・財2018)「10年より短い時効期間の定めがあるものであっても、10年となる」が誤り。

A 時効制度は長期にわたって永続した事実状態を法律上も尊重し、法律関係の安定を図ることを主旨とするものである。

○ (税・労2010改題)

B Aが、B所有の甲土地を自己所有の土地として、第三者であるCに賃貸し、Cが甲土地を20年間継続して占有している場合、Aは甲土地を時効取得することができる。

○（裁2021）

C 既に通路が設けられており、要役地所有者がこれを一般の通路であると信じ、その所有地から公路に出入りするため10年以上通行してきたもので、その間何人からも異議がなかった事実を認定した場合に、地役権の時効取得の要件を満たすには、承役地たるべき他人所有の土地の上に通路の開設があっただけで足り、その開設が要役地所有者によってなされたことは要しないとした。

×（区2020）「承役地たるべき他人所有の土地の上に通路の開設があっただけで足り、その開設が要役地所有者によってなされたことは要しないとした」が誤り。

D 公共用財産が、長年の間事実上公の目的に供用されることなく放置され、公共用財産としての形態、機能を全く喪失し、その物の上に他人の平穏かつ公然の占有が継続したが、そのため実際上公の目的が害されることもなく、もはやその物を公共用財産として維持すべき理由がなくなった場合には、当該公共用財産について黙示的に公用が廃止されたものとして、取得時効の成立を妨げないとした。

○（区2020）

E 所有権そのものが消滅時効により消滅することはないが、所有権に基づく登記請求権は、所有権から発生した請求権であって、所有権そのものとは別個の権利であると観念されるから、「債権又は所有権以外の財産権」に当たり、20年間行使しないときは、消滅時効により消滅する。

×（裁2010）「所有権そのものとは別個の権利であると観念されるから、『債権又は所有権以外の財産権』に当たり、20年間行使しないときは、消滅時効により消滅する」が誤り。

F 債務の履行について期限を定めなかった場合、債務者が履行の請求を受けた時から消滅時効の進行が開始する。

×（裁2005改題）「債務者が履行の請求を受けた時から消滅時効の進行が開始する」が誤り。

G 契約の解除による原状回復請求権の消滅時効は、解除の時から進行する。

○（裁2004）

H 最高裁判所の判例では、民法は、消滅時効は権利を行使することができる時

から進行すると定めているので、弁済供託における供託金取戻請求権の消滅時効は、供託者が免責の効果を受ける必要が消滅した時から進行するのではなく、供託の時から進行するとした。

×（区2012）「供託者が免責の効果を受ける必要が消滅した時から進行するのではなく、供託の時から進行するとした」が誤り。

I 割賦金弁済契約において、「債務者が割賦金の支払を1度でも怠った場合は、期限の利益を喪失させる旨の債権者の意思表示により期限の利益が失われ、債権者は残債務全部の履行を請求できる。」という特約が付されている場合は、債務者が1度でも割賦金の支払を怠ると、その時から残債務全額の消滅時効が進行する。

×（裁2014）「その時から残債務全額の消滅時効が進行する」が誤り。

J 不法行為に基づく損害賠償請求権の消滅時効の起算点は、被害者又はその法定代理人が損害及び加害者を知った時である。ここでいう「損害を知った時」とは、損害を現実に認識した時のみならず、損害発生の可能性を認識した時も含む。

×（裁2014改題）「損害を現実に認識した時のみならず、損害発生の可能性を認識した時も含む」が誤り。

K Aは、Bから地上権の設定を受けたが、その後、25年間、同地上権を一切行使しなかった。この場合、Bが、Aに対し、同地上権について時効を援用する旨の意思表示をしたとしても、Aの同地上権は時効消滅しない。

×（裁2008）「Aの同地上権は時効消滅しない」が誤り。

14 時効―総則①

本節では、時効総則のうち、時効の完成、援用、効果を扱います。時効の援用は、担保物権や債権総論の分野の論点でもあるので、該当分野を学習した後に、学習することを勧めます。

1 時効の完成

意義 時効の完成とは、一定の事実状態の継続が、それぞれに必要な**法定の期間を経過すること**をいう。

問題点 時効の完成のみで時効の効果が発生するのか。

結論 時効の効果は、時効の完成のみでは確定的に発生せず(**不確定効果説**)、当事者による**時効の援用**(145条)によって初めて確定的に発生する(**停止条件説**)(最判昭61.3.17)[01]。時効の完成後に時効の利益を放棄(146条)すると、その後は時効の援用ができなくなる。

時効の完成(法定期間の経過)＋援用＝時効の効果の発生

趣旨 時効の利益を良しとしない者もいるので、時効の利益を受けるかどうかについて当事者の意思を尊重する。

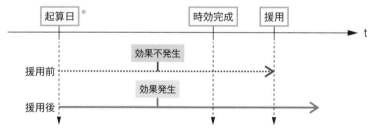

※ 起算日については、後述の **3** 項 2 「時効の効果の遡及効」で扱う。

【時効の完成と効果(停止条件説)(判例)】

2 時効の援用

意義 時効の援用とは、時効の利益を欲する旨の意思表示をいう。時効の援用があって初めて時効の効果が確定的に発生する(停止条件説)。

趣旨 時効の利益の享受を当事者の意思に委ねるため、時効の効果の発生要件として時効の援用を必要とした。

1 時効の援用権者 /発展

問題点 「時効は、当事者(消滅時効にあっては、保証人、物上保証人、第三取得者その他権利の消滅について正当な利益を有する者を含む。)が援用しなければ、裁判所がこれによって裁判をすることができない。」(145条)。時効の援用権者である「当事者」(145条)は誰のことを指すか。

結論 当事者とは、**直接に時効の利益を受ける者**である(大判明43.1.25)。消滅時効の場合は、「**保証人、物上保証人、第三取得者**その他権利の消滅について**正当な利益を有する者**」(145条括弧書)が当事者に含まれることが明示されている。

① 保証人

保証人は**主たる債務**(債権者の主たる債務者に対する債権)の**消滅時効**を援用することができる(145条)。 A

理由 ①主たる債務が消滅すると、②保証債務も消滅するので(付従性※)、保証人は直接に主たる債務の時効の利益を受けている。 ※ 保証、付従性については『民法 下』「債権総論」で扱う。

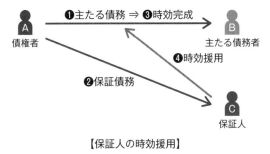

【保証人の時効援用】

② 物上保証人

物上保証人は**被担保債権の消滅時効**を援用することができる(145条)。 B

理由 ①被担保債権が消滅すると、②抵当権も消滅するので(付従性)、物上保証人は直接に被担保債権の時効の利益を受けている。

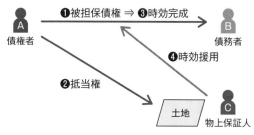

【物上保証人の時効援用】

〈語句〉●物上保証人とは、他人の債務を担保するため自己の不動産に抵当権を設定した者をいう。抵当権、付従性とともに、第3章 **5** 節「抵当権①－抵当権総説」で扱う。

③ 第三取得者

抵当不動産の第三取得者は**被担保債権の消滅時効**を援用することができる(145条)。 C

> **理由**　①被担保債権が消滅すると②抵当権も消滅し(付従性)、抵当権の負担のない不動産になるので、第三取得者は直接に被担保債権の時効の利益を受けている。

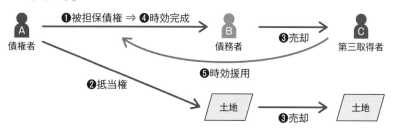

【第三取得者の時効援用】

〈語句〉●抵当不動産の第三取得者とは、抵当権が設定された不動産を譲り受けた者のことをいう。詳細は第3章 **5** 節「抵当権①－抵当権総説」で扱う。

④ 詐害行為の受益者

> **問題点**　詐害行為の受益者(その行為により利益を受けた者)は**被保全債権の消滅時効**を援用することができるか。

> **結論**　援用することができる(最判平10.6.22)。 D

> **理由**　①被保全債権が消滅すると②受益者への処分行為(贈与など)が詐害行為として取り消されなくなるので、受益者は直接に被保全債権の時効の利益を受けている。

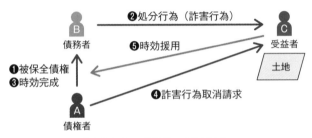

【詐害行為の受益者の時効援用】

〈語句〉●詐害行為とは、債務者が債権者を害することを知ってした行為(債務者所有の不動産を不当に安く他人に譲るなど)をいう。詳細は『民法 下』「債権総論」で扱う。

⑤ 後順位抵当権者

問題点 　後順位抵当権者は**先順位抵当権者の被保全債権**の消滅時効を援用することができるか。

結論 　援用することはできない(最判平11.10.21)。　E

理由 　①被担保権が消滅して、②一番抵当権が消滅し、抵当権の順位上昇によって二番抵当権が一番抵当権となり、配当額が増加するが、後順位抵当権者にとって時効による間接的な利益にすぎない。

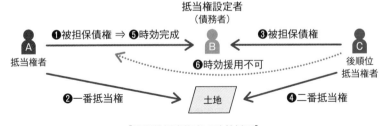

【後順位抵当権者の時効援用】

〈語句〉●後順位抵当権とは、1つの不動産に複数の抵当権が設定されている場合の劣後する抵当権をいう。順位上昇の原則とともに、第3章 **5** 節「抵当権①―抵当権総説」で扱う。

⑥ 土地上の建物賃借人

問題点 　土地上の建物賃借人は**建物所有者(建物賃貸人)の土地の取得時効**を援用することができるか。

結論 　援用することはできない(最判昭44.7.15)。　F

理由 　建物所有者による土地の時効取得によって、建物賃借人は建物の明渡し

請求を受けるおそれがなくなるが、土地と建物は別個の不動産であるから、これは建物賃借人にとって時効による間接的な利益にすぎない。

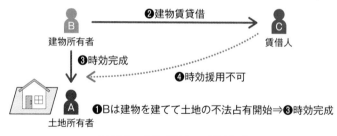

【土地上の建物賃借人の時効援用】

⑦ 一般債権者

問題点 一般債権者は債務者の他の債権者が有する債権の消滅時効を援用することはできるか。

結論 援用することはできない。なお、債務者が無資力(弁済する資力がない状態)であれば、自らの債権の保全に必要な限度で、債権者代位権(423条)に基づいて当該債権の消滅時効の援用権を代位行使することはできる(最判昭43.9.26)。 G

理由 ① 債務者の他の債権者が有する債権の時効消滅によって、一般債権者は債務者から弁済を受けやすくなるが、これは一般債権者にとって時効による間接的な利益にすぎない。

② 債権者代位権は民法上認められている制度なので、これを用いることとまでは妨げられない。

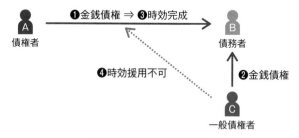

【一般債権者の時効援用】

〈語句〉●債権者代位権とは、債権者が、自己の債権を保全するため、債務者に属する権利を、債務者に代わって行使できる権利である。詳細は『民法 下』「債権総論」で扱う。

【援用権の行使】

種類	具体例		援用権者の例
消滅時効	AのBに対する金銭債権について消滅時効が完成した	肯定	・B（債務者本人） ・Bの保証人C・Bの連帯保証人C ・Bの物上保証人C ・Bの債務について抵当権が設定された不動産（抵当不動産）の第三取得者C ・Bの処分行為が詐害行為として取り消されるときの受益者C
		否定	・Bの一般債権者C ・Bの債務について設定された抵当権の後順位抵当権者C
取得時効	A所有の土地についてBに所有権の取得時効が完成した	肯定	B（土地の占有者本人）
		否定	Bが土地上に建物を建ててCに賃貸した場合の建物賃借人C

2 時効の援用の方法

時効の援用は、**裁判上で行使**することができる（145条）とともに、**裁判外でも行使**することができる（停止条件説）（大判昭10.12.24）。

3 時効の援用の範囲 /発展

問題点 　被相続人※（相続される者）の占有により取得時効が完成した場合、その共同相続人※（相続をする複数の相続人）は、どの範囲で取得時効を援用することができるのか。

結論 　**自己の相続分**※の**限度**においてのみ援用することができる（最判平13.7.10）。

　(H) ※ 被相続人、共同相続人、相続分については、『民法 下』「親族・相続」で扱う。

理由 　時効の完成により利益を受ける者は自己が直接に受けるべき利益の存する限度で時効を援用することができるものと解すべきであるから。

❸ 時効の効果の発生

時効の完成と時効の援用という要件を満たすと、時効を援用した者に時効の効果（権利の得喪）が確定的に発生する（停止条件説）。

1 時効の効果の相対効

意義 時効の効果の相対効とは、時効の効果が時効の援用をした者についてのみ生じることである(大判大8.6.24)。したがって、援用権者が複数いる場合、そのうち1人による時効の援用は、他の援用権者に影響を及ぼさない。

趣旨 時効の利益の享受を当事者の意思に委ねるという時効の援用の趣旨から導かれる。

(例)**発展** 主たる債務(債権者の主たる債務者に対する債権)の消滅時効を保証人が援用した場合、保証人との関係では主たる債務の時効消滅の効果が生じるが(付従性により保証債務も消滅)、この効果は主たる債務者に及ばない。 [I]

　したがって、主たる債務者が自ら時効を援用しない限り、主たる債務者との関係では主たる債務の時効消滅の効果は生じない。

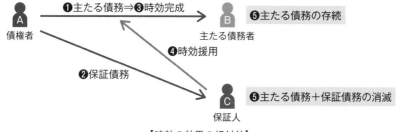

【時効の効果の相対効】

　発展 主たる債務者が主たる債務について消滅時効を援用した場合、援用の効果は相対効なので、保証人が保証債務を免れるためには、主たる債務の時効消滅を自ら援用することが必要である(大判昭8.10.13等)。 [J]

2 時効の効果の遡及効

意義 時効の効果の遡及効とは、時効の効果が起算日に遡ることである(144条)。 [02]

趣旨 時効の効果が時効完成時に生じることにすると、取得時効であれば、占有開始時から時効完成時までは、原権利者の権利を認めることになるため、目的物の利害関係人と複雑な関係関係が生じてしまう。

〈語句〉●起算日とは、時効期間の始まりとなった事実状態が開始された時点(起算時)の日である。

① 時効の起算日

取得時効	占有を開始した時点（占有開始時）〔03〕
消滅時効	権利を行使することができるようになった時点（権利行使可能時）

② 時効の効果の遡及効

具体的には、下表のように時効の効果の遡及効が発生する。

【時効の効果の遡及効】

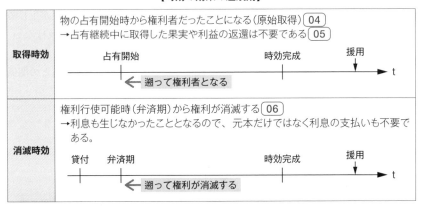

取得時効	物の占有開始時から権利者だったことになる（原始取得）〔04〕 →占有継続中に取得した果実や利益の返還は不要である〔05〕
消滅時効	権利行使可能時（弁済期）から権利が消滅する〔06〕 →利息も生じなかったこととなるので、元本だけではなく利息の支払いも不要である。

〈語句〉●原始取得とは、前主の権利に制限や負担がついていても、それらを承継しない所有権の取得形態をいう。詳細は第2章 **2** 節「所有権①」で扱う。

③ 起算日の選択

時効援用者が任意に起算点を選択し、時効完成の時期を早めたり遅らせたりすることはできない（最判昭35.7.27）。〔07〕

理由 不動産の時効取得において、任意に起算日を選択して、原権利者からの譲受人を常に **時効完成前の第三者**※ として、自らが登記不要とするのは許されない。 ※ 時効完成前の第三者については、第2章 **8** 節 **4** 項「取得時効と登記」で扱う。

3 時効利益の放棄

意義 時効利益の放棄とは、**時効の効果によって得られる利益を、それを享受する者が自ら放棄する**ことである。時効利益の放棄ができるのは **時効完成後** に限られ、時効完成前に放棄することはできない（146条）。〔08〕

趣旨 時効完成前の放棄を認めると、弱い立場の債務者は放棄を強いられ（ex. 時効利益を放棄すれば、金銭を貸してあげる）、実質的に時効制度の意味の

多くが失われるからである。

【時効利益の放棄】

時効の完成前	時効完成後
放棄不可	放棄可能

/発展 時効の援用について、停止条件説(判例)に立つと、時効利益の放棄は裁判外でも行うことができることになる。 K

/発展 時効の効果と同様に、**時効利益の放棄の効果も相対効**である。

(例)主たる債務者が時効の利益を放棄しても、保証人に対してその効力を生じることはなく、保証人は独自に主たる債務の消滅時効を援用することができる(大判大5.12.25)。反対に、保証人が主たる債務の時効の利益を放棄しても、主たる債務者は独自に主たる債務の消滅時効を援用することができる。 L M

4 時効完成後の債務承認

意義 債権の消滅時効が完成した後、**債務者が何らかの形で債務の存在を認める認識を示すこと**を時効完成後の債務の承認という。例えば、AのBに対する金銭債権の消滅時効が完成した後、Bが当該債権について支払い猶予を申し出るような場合である。

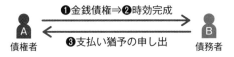

【時効完成後の債務の承認】

時効完成後の債務の承認の法的意味は、債務者が時効完成を知っていたか否かに応じて、次のように分けて考えることができる。

① 債務者が時効完成を知っていた場合

債務者は、自己に時効利益がある旨を承知の上で、支払いの意思を示しているので、**時効利益の放棄(146条)に該当する。**

② 債務者が時効完成を知らなかった場合

問題点 債務者は時効利益を放棄する意思がないから、時効の援用ができるのではないか。

結論❶ **信義則上、債務の承認後の時効の援用は許されない(援用権の喪失)**(最

大判昭41.4.20) **09** 。なお、消滅時効完成後に債務の承認をしたことだけから、債務者が時効完成の事実を知って承認したものと**推定することは許されない**(最大判昭41.4.20)。 **10**

理由 時効完成後の債務の承認は、時効による債務消滅の主張と矛盾する行為であり、相手方は債務者がもはや時効の援用をしないであろうと考えるからである。

結論❷ 債務の承認後、再び時効期間を経過した場合には**新たな時効完成**が認められ、時効の援用が可能になる(最判昭45.5.21)。 **11**

理由 債務の承認は、新たな時効の進行を否定するものではないから。

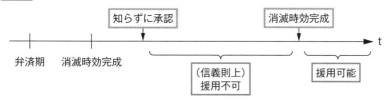

5 時効学説 /発展

時効の完成と時効の援用の関係については、大きく実体法説と訴訟法説との対立がある。

実体法説は、時効が実体法上の権利得喪原因とする見解で、時効により権利を取得し(162条)、または権利が消滅する(166条)という民法の規定と整合的である **N** 。これに対して、訴訟法説は、時効が訴訟において権利関係を証明するための手段として特別に認める訴訟法上の制度とする見解である。

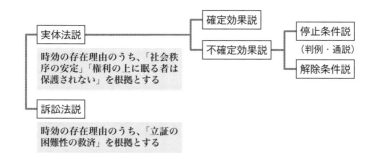

【時効学説の分類】

【各説における時効完成と時効援用の効果など】

	解除条件説	停止条件説	確定効果説	訴訟法説
時効の完成の効果	時効利益の放棄を解除条件として権利得喪が生じる	時効の援用を停止条件として権利得喪が生じる	確定的に権利得喪の効果が生じる	権利得喪の効果は生じない ○
時効の援用の効果	権利得喪の効果を確定させる意思表示	権利得喪の効果を確定的に発生させる意思表示	訴訟上の攻撃防御方法の提出	訴訟における法定証拠の提出行為 ○
時効の援用の行使方法	・裁判上・裁判外で行使できる ・撤回が不可能である		・裁判上でのみ行使できる ・撤回が可能である	

重要事項 一問一答

01 時効の効果は時効の完成だけで発生するか？

時効の完成だけは確定的に発生せず、時効の援用によって初めて確定的に発生する(判例)。

02 時効の援用権者である「当事者」とは誰を指すか？

直接に時効の利益を受ける者を指す(判例)。消滅時効の場合は、保証人、物上保証人、第三取得者その他権利の消滅について正当な利益を有する者が含まれる(145条括弧書)。

03 時効の援用は裁判上で行うべきか？

時効の援用は、裁判上に限らず、裁判外で行うこともできる(判例)。

04 時効の効果は誰に及ぶのか？

時効の援用をした者についてのみ生じる(判例)。

05 時効の効果の遡及効とは何か？

時効の効果が起算日に遡ること(144条)。

06 時効利益の放棄とは何か？

時効完成後に、時効の効果によって得られる利益を、それを享受する者が自ら放棄すること。

07 時効完成後にそれを知らずに債務を承認した場合はどうなるか？

信義則上、債務を承認した後の時効の援用は許されない(判例)。

過去問チェック（争いのあるときは、判例の見解による）

01 時効による債権消滅の効果は、時効期間経過とともに、確定的に生ずるものであるため、時効期間の経過が明らかに認められるときは、当事者による時効の援用がなくとも、裁判所は、これを判決の基礎とすることができる。

× (国般2011)全体が誤り。

02 時効が完成した後に当事者が時効を援用すれば、時効の効力が確定的に生じるが、その効力は、援用した時から生じ、起算日にさかのぼることはない。

× (裁2002)「援用した時から生じ、起算日にさかのぼることはない」が誤り。

03 時効が完成し援用されると、取得時効の場合は新たな権利が取得されるが、その権利の取得日は、時効の期間が満了し、時効を援用した日である。

× (区2007)「時効の期間が満了し、時効を援用した日である」が誤り。

04 土地について10年間の占有による取得時効が完成し、これを援用したAは、時効完成時から、同土地の所有権を原始取得する。

× (裁2013)「時効完成時から」が誤り。

05 時効が完成し、当事者がそれを援用したときには、時効の効力はその起算日に遡って発生するため、目的物を時効取得した者は、占有の開始時から正当な権利者であるが、時効期間中に生じた果実を取得する権限はない。

× (国般2021)「時効期間中に生じた果実を取得する権限はない」が誤り。

06 時効は、その起算日にさかのぼって効力を生ずるところ、弁済期の定めのある貸金債務の債務者が消滅時効を援用したときは、当該貸金債務に係る金銭消費貸借契約を締結した日ではなく、当該貸金債務の弁済期にさかのぼって、消滅時効による債務消滅の効力が生ずる。

○ (裁2010)

07 取得時効完成の時期を定めるにあたって、取得時効の基礎たる事実が法律に定めた時効期間以上に継続した場合においては、必ずしも時効の基礎たる事実の開始した時を起算点として時効完成の時期を決定すべきものでなく、取得時効を援用する者において任意にその起算点を選択し、時効完成の時期をあるいは早めあるいは遅らせることができるとした。

× (区2020)「必ずしも時効の基礎たる事実の開始した時を起算点として時効完成の時期を決定すべきものでなく、取得時効を援用する者において任意にその起算点を選択し、時効完成の時期をあるいは早めあるいは遅らせることができるとした」が誤り。

08 時効の利益は、時効が完成する以前に、あらかじめ放棄することができるの

で、時効の利益を放棄したのちには、その時効の効果を援用することはできない。
×（区2014）全体が誤り。

09 時効の完成後にそのことに気付かないで債務の弁済をした場合には、後に時効の完成を知ったとき改めて時効を援用することができる。
×（裁2020）「後に時効の完成を知ったとき改めて時効を援用することができる」が誤り。

10 時効の利益の放棄があったとするためには、債務者において時効完成の事実を知っていたことを要し、債務者が消滅時効の完成後に当該債務の承認をした場合には、時効完成の事実を知って承認したものと推定される。
×（国般2009）「時効完成の事実を知って承認したものと推定される」が誤り。

11 債権の消滅時効の完成後に債務者が当該債務を承認した場合には、承認以後再び消滅時効が完成しても、当該債務者は再度完成した消滅時効を援用することができない。
×（国般2009）「当該債務者は再度完成した消滅時効を援用することができない」が誤り。

A XはYから借金をし、Xの友人Zが保証人となった。Xの債務の時効が完成した場合、Zは主たる債務者Xの意向とは無関係にその時効を援用することができる。
○（税・労2009）

B 物上保証人は、主たる債務が時効により消滅すれば自己の財産を換価処分されることがなくなるが、そのことは反射的利益にすぎないので、当該債務の消滅時効を援用できない。
×（国般2004）「そのことは反射的利益にすぎないので、当該債務の消滅時効を援用できない」が誤り。

C 時効は、当事者が援用しなければ裁判所がこれによって裁判をすることができないが、抵当不動産の第三取得者は、被担保債権の消滅時効を援用することができない。
×（国般2014改題）「被担保債権の消滅時効を援用することができない」が誤り。

D 詐害行為の受益者は、詐害行為取消権を行使する債権者の債権が消滅すれば、受益者の取得した利益の喪失を免れることができるが、その利益は時効の直接の効果ではなく、反射的利益にすぎないというべきであり、直接利益を受ける者に

当たらないから、同債権の消滅時効を援用することができない。

× (裁2015)「その利益は時効の直接の効果ではなく、反射的利益にすぎないというべきであり、直接利益を受ける者に当たらないから、同債権の消滅時効を援用することができない」が誤り。

[E] 後順位抵当権者は、先順位抵当権の被担保債権の消滅により抵当権の順位が上昇し、これにより自己の被担保債権に対する配当額が増加することがあり得るため、先順位抵当権の被担保債権の消滅時効を援用することができる。

× (税・労・財2020)「先順位抵当権の被担保債権の消滅時効を援用することができる」が誤り。

[F] 土地の所有権を時効取得すべき者から、その者が当該土地上に所有する建物を賃借している者は、当該土地の取得時効を援用できる。

× (国般2004)「当該土地の取得時効を援用できる」が誤り。

[G] 債権者は、債務者が他の債権者に対して負っている債務の消滅時効を援用することはできないが、その債務者が援用権を行使しないときは、債務者が無資力であれば、自己の債権を保全するに必要な限度で、債権者代位権に基づいて債務者の援用権を代位行使することができる。

○ (国般2014)

[H] 被相続人の占有により取得時効が完成した場合において、その共同相続人の一人は、自己の相続分の限度においてのみ、取得時効を援用することができる。

○ (裁2017)

[I] 保証人が主債務の消滅時効を援用した場合、その効果は主債務者に及ばない。

○ (裁2020)

[J] Aは、実父Cを連帯保証人として、Bとの間で金銭消費貸借契約を締結して1,000万円を借り入れたが、Aが弁済をしないまま、債権の消滅時効期間が経過した。Aが時効を援用した場合は、その効果はCにも及ぶから、Cが時効を援用しなくても、BはCに対して弁済の請求をすることができず、Cは弁済の義務を免れるとするのが判例である。

× (税・労2002改題)「その効果はCにも及ぶから、Cが時効を援用しなくても、BはCに対して弁済の請求をすることができず、Cは弁済の義務を免れるとするのが判例である」が誤り。

[K] 通説に照らすと、時効の利益は、時効の完成後でなければ放棄することができず、また、時効の援用と同様に必ず裁判上で放棄しなければならない。

×（区2007改題）「時効の援用と同様に必ず裁判上で放棄しなければならない」が誤り。

[L] AはBに対して、100万円を貸し付け、CはBの債務を連帯保証した。弁済日から10年が経過した後、AはBに対して支払を求めたところ、Bは時効の利益を放棄した上で、50万円を支払った。この場合、連帯保証人であるCは、自らの負う保証債務について、消滅時効を援用してAからの請求を拒むことはできない。

×（裁2009）「連帯保証人であるCは、自らの負う保証債務について、消滅時効を援用してAからの請求を拒むことはできない」が誤り。

[M] 保証人が時効完成後に主債務の時効の利益を放棄した場合、その効果は主債務者にも及ぶ。

×（裁2020）「その効果は主債務者にも及ぶ」が誤り。

[N] 時効は、権利者の権利を消滅させ、無権利者が権利を取得する制度であり、実体法上の権利得喪原因であるとする見解は、民法162条1項に「所有権を取得する。」、同166条1項に「債権は、次に掲げる場合には、時効によって消滅する。」と規定されていることを根拠としている。

○（裁2007改題）

[O] 時効は、債務者が弁済の事実を証明し、あるいは所有権者が自らの所有権を証明する困難を緩和するための制度であるとする見解からは、時効の完成によって時効の効果は確定的に発生し、時効の援用を訴訟上の攻撃防御方法の提出であるとする考え方を導くことができる。

×（裁2007改題）「時効の完成によって時効の効果は確定的に発生し、時効の援用を訴訟上の攻撃防御方法の提出であるとする考え方を導くことができる」が誤り。

15 時効―総則②

本節では、時効総則のうち、時効の完成猶予・更新、取得時効の中断、除斥期間を扱います。時効の完成猶予・更新については、各規定の異同を押さえておきましょう。

❶ 時効の完成猶予・更新

1 総説

> **設例** Aは、Bに対する貸金債権について、支払日（Aは支払日を事前に把握していたものとする）から4年を経過しても一切の支払いがないので、Bに電話で連絡を取り、支払の催促をした。しかし、Bは「Aに対する借金はない」と言い張っている。Aが、貸金債権を消滅させないようにするためには、どのような手段が考えられるだろうか。

意義 時効の完成猶予とは、時効の完成を一定の時点まで猶予する（先延ばしする）ことである。これに対して、時効の更新とは、これまで経過していた時効期間がリセットされて（ゼロに戻って）、新たな時効期間が開始されることである。

> **設例** の場合、Bがあと1年間だけAの追及から逃れると、貸金債権の時効が完成するので、Aとしては時効の完成を阻止するする必要がある。
>
> そこで、Bに対して借金の返済を求める訴えを提起する（裁判上の請求）ことで、時効の完成を先延ばしすることができる（完成猶予）。
>
> また、Bに借金の存在を認めさせる（権利の承認）ことで、それまで経過した時効期間をリセットすることができる（更新）。

2 時効の完成猶予と更新の区分

民法は、当事者やその関係者との間で生じる事実ごとに、時効の更新が生じる事由（更新事由）と時効の完成猶予が生じる事由（完成猶予事由）とを区分している。一

般的には、権利行使の意思を明らかにしたといえる事実は完成猶予事由に区分され、権利の存在について確証が得られたといえる事実は更新事由に区分している。

　例えば、Aが、電話でBに「借金を支払え」と告げること（**催告**）は、Aが権利行使の意思を明らかにしたといえる事実であり、**完成猶予事由**にあたる。また、Bが、Aに対して借金の一部を返済すること（**権利の承認**）は、BがAに対する債務の存在を認めているから、権利の存在について確証が得られたといえる事実であり、**更新事由**にあたる。

【時効の完成猶予と更新の主な区分】

種類	完成猶予・更新型	完成猶予型	更新型
内容	① 裁判上の請求等（147条） ② 強制執行等（148条）	① 仮差押え・仮処分（149条） ② 催告（150条） ③ 協議を行う旨の書面による合意（151条） ④ 未成年者・成年被後見人と完成猶予（158条） ⑤ その他の完成猶予（159条～161条）	① 権利の承認（152条1項）

3 完成猶予・更新型

① 裁判上の請求等による時効の完成猶予・更新（147条）

意義　裁判上の請求等とは、**裁判上の請求**または**その他の裁判上の手続**のことである。裁判上の請求は、訴訟の提起（訴えの提起）のことで、その他の裁判上の手続は、①支払督促、②訴え提起前の和解、③民事調停、④家事調停、⑤倒産手続への参加、の5つの手続のことである。

〈語句〉●支払督促とは、主に金銭の支払や有価証券の引渡しを目的とする請求につき、債権者の申立てにより裁判所書記官が発する命令である。

●訴え提起前の和解とは、訴訟提起前に、簡易裁判所に対して和解を申し立てることである（民事訴訟法275条）。

●倒産手続には、破産法に基づく破産手続、民事再生法に基づく再生手続（民事再生手続）、会社更生法に基づく更生手続（会社更生手続）がある。

（ア）裁判上の請求等の事由が終了するまでの間の時効の完成猶予

　裁判上の請求等の事由がある場合には、その事由が終了するまでの間は、時効が完成しない（完成猶予事由）（147条1項）。 01

【裁判上の請求等による時効の完成猶予】

裁判上の請求	**発展** 裁判上の請求は、給付の訴えが一般的であるが、確認の訴えや形成の訴えでもよい 〔 A 〕 原告の訴訟の提起に対して被告が提起する反訴も含まれる これらの訴訟の提起が行われた時点で、訴訟手続が終了するまで時効の完成が猶予される 〔 01 〕
その他の裁判上の手続	①支払督促、②訴え提起前の和解、③民事調停、④家事調停、⑤倒産手続への参加の申立てが行われた時点で、これらの手続が終了するまで時効の完成が猶予される

〈語句〉●給付の訴えとは、被告に特定の給付を求める訴えのことである。
　　　●確認の訴えとは、特定の権利・義務または法律関係の有無を争い、その確認を求める訴えのことである。(例)所有権確認の訴え
　　　●形成の訴えとは、既存の法律関係の変動をもたらす法律要件が満たされることを主張し、その変動を宣言する判決を求める訴えのことである。(例)婚姻の取消しの訴え
　　　●反訴とは、被告となっている当事者が、原告を被告として訴えることである。

(イ) 権利が確定することなく事由が終了した場合の時効の完成猶予

　確定判決または確定判決と同一の効力を有するもの(和解調書、調停調書など)によって権利が確定することなく裁判上の請求等の事由が終了した場合(訴えの取下げ、訴えの却下等)には、その終了の時から6か月を経過するまでの間は、時効の完成が猶予される(完成猶予事由)(147条1項柱書の括弧書)。〔02〕〔03/予〕

　この完成猶予事由があることで、後述する「協議を行う旨の合意」「権利の承認」により時効の完成猶予・更新を生じさせる余地が残されている。

〈語句〉●訴えの取下げとは、原告が、裁判所に対する申立てを撤回することである。
　　　●訴えの却下とは、当事者の申立てに対して、事件の実体の当否についての判断に入らず、不適法として排斥する裁判をいう。

(ウ) 権利が確定して事由が終了した場合の時効の更新

　確定判決または確定判決と同一の効力を有するものによって権利が確定した場合には、裁判上の請求等の事由が終了した時から新たに時効の進行を始める(更新事由)(147条2項)。〔04/予〕

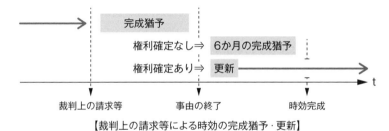

完成猶予

権利確定なし⇒ 6か月の完成猶予

権利確定あり⇒ 更新

t

裁判上の請求等　　事由の終了　　時効完成

【裁判上の請求等による時効の完成猶予・更新】

② 強制執行等による時効の完成猶予・更新（148条）

意義　強制執行等とは、強制執行、担保権の実行、その他の強制的な手続の相称である。担保権の実行には、抵当権の実行、物上代位、担保不動産収益執行（第3章 **6** 節「抵当権②—抵当権の効力」で扱う）などが含まれる。

　強制執行等による時効の完成猶予・更新は「裁判上の請求等による時効の完成猶予・更新」と基本的な構造が類似している。

〈語 句〉●担保不動産収益執行とは、裁判所が選任した管理人が、賃料の回収、契約の締結・解除などを行って生じた抵当不動産の収益から、抵当権者が優先弁済を受けるものである。

（ア）強制執行等の事由が終了するまでの間の完成猶予

　強制執行等の事由がある場合、その事由が終了するまでの間は、時効が完成しない（完成猶予事由）（148条1項）。05/予

【強制執行等による時効の完成猶予】

強制執行 （1号）	強制執行の申立てがあった時に、その手続が終了するまで時効の完成が猶予される。この申立てに基づいて、裁判所が目的物の差押えを行うことになる
担保権の実行 （2号）	担保権の競売の申立てがあった時に、その手続が終了するまで時効の完成が猶予される。この申立てに基づいて、裁判所が目的物の差押えを行うことになる
その他の強制的な手続 （3号、4号）	形式的競売（民事執行法195条）または財産開示手続（同法196条）、第三者からの情報取得手続（同法204条）の申立てがあった時に、その手続が終了するまで時効の完成が猶予される

〈語 句〉●形式的競売とは、留置権による競売や共有物分割のための競売など、本来の目的とは異なる形で物を金銭に換価するための競売である。
●財産開示手続とは、強制執行の前提として、債権者が債務者の財産に関する情報を取得する手続である。

（イ）取下げや取消しによって事由が終了した場合の完成猶予

　申立ての取下げまたは法律の規定に従わないことによる取消しによって強制執行等

の事由が終了した場合には、その終了の時から6か月を経過するまでの間は、時効が完成しない(完成猶予事由)(148条1項括弧書)。05/予

(ウ) 取下げや取消しによらずに事由が終了した場合の時効の更新

　強制執行等の事由が取下げや取消しによらずに終了した場合には、その終了の時から新たに時効の進行を始める(更新事由)(148条2項)。実際に時効の更新が生じるのは、強制執行等の手続が終了したが、未弁済の債権が残るなどして権利が実現されなかった場合である。

　これに対して、強制執行等の手続が終了することによって、債権の全額が弁済されるなどして権利が実現された場合には、対象となる権利が存在しなくなる(消滅する)ので、時効の更新が生じない。

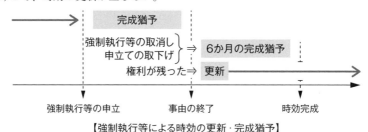

【強制執行等による時効の更新・完成猶予】

(エ) 時効の利益を受ける者に対する通知 発展

　強制執行等は、時効の利益を受ける者に対して行わない場合は、その者に通知をした後でなければ、時効の完成猶予又は更新の効果を生じない(154条)。時効の完成猶予・更新の相対効の原則(次の❷項 「時効の完成猶予・更新の相対効の原則」で扱う)の例外にあたる。

　　(例)債権者Aが物上保証人Cの所有する不動産について抵当権を実行し、競売開始決定による差押えの効力が生じた後、競売開始決定の正本が債務者Bに送達された場合、当該正本の送達が154条の「通知」にあたり、当該正本が債務者Bに送達されたときに、被担保債権について消滅時効の完成猶予または更新の効力を生じる(最判平8.7.12)。 B

4 完成猶予型

① 仮差押え・仮処分による時効の完成猶予(149条)

　意義　仮差押え・仮処分とは、訴訟を提起する前に、財産や法律上の地位を保全する手続のことをいう。

　仮差押え・仮処分については、これらの事由が終了した時から6か月を経過するまでの間は、時効が完成しない(完成猶予事由)(149条)。06 07/予

　完成猶予の状態を継続させるには、仮差押え・仮処分の手続が完了した時から6

か月以内に裁判上の請求等を行うことが必要である（147条1項）。

> **趣旨**　仮差押え・仮処分は、訴訟提起前に権利を暫定的に保全する手続にすぎず、権利の存在を確定させる（債務名義を得る）手続ではないので、完成猶予の効果のみを認め、更新の効果を認めないことにしている。

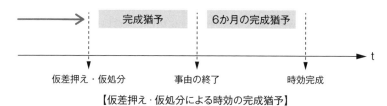

【仮差押え・仮処分による時効の完成猶予】

② 催告（裁判外の請求）による時効の完成猶予（150条）

（ア）催告の時から6か月間の完成猶予

　裁判外の請求である催告(ex.電話やメール等で「金返せ」)には、時効を更新させる効果はない。しかし、催告をした場合には、その時から6か月を経過するまでの間は、時効が完成しない（完成猶予事由）（150条1項）。 08

　完成猶予の状態を継続させるには、催告の時から6か月以内に裁判上の請求等を行うことが必要である（147条1項）。

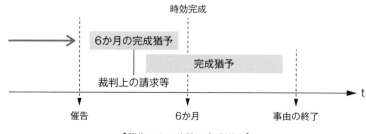

【催告による時効の完成猶予】

（イ）催告による完成猶予がされている間の再度の催告

　催告によって時効の完成が猶予されている間に行われた再度の催告は、時効の完成猶予の効力を有しない（150条2項）。したがって、催告を繰り返して6か月の期間を引き延ばすことはできない。 09

> (例)消滅時効の完成まで残り1か月の債権を有するAが、債務者Bに履行の請求（催告）を行った場合、この時から6か月間時効の完成が猶予される。しかし、猶予期間中に再び履行の催告をしても6か月の期間は延長されない。したがって、最初に履行の催告をした時から6か月以内に裁判上の請求等を行ったり、Bに債務の存在を承認させたりしないと、Aの債権の消滅時効が

完成する。 09

③ 協議を行う旨の書面による合意による時効の完成猶予（151条）

（ア）①～③に掲げる時のいずれか早い時までの完成猶予

　権利についての協議を行う旨の合意（協議を行う旨の合意）が書面（電磁的記録を含む）によって行われた場合には、下表の①～③に掲げる時のいずれか早い時までの間は、時効が完成しない（完成猶予事由）（151条1項・4項）。 10/予

　趣旨　この完成猶予事由は、当事者間による自発的な紛争解決を促進することを趣旨とする。

〈語句〉●電磁的記録とは、人の知覚では認識できない方式（電子的方式、磁気的方式など）で作られる記録であって、電子計算機（パソコン、スマートフォンなど）による情報処理に供されるものを指す（151条4項括弧書）。

【協議を行う旨の合意による時効の完成猶予】

以下の①～③に掲げる時のいずれか早い時までの間は、時効が完成しない（151条1項）

①　協議を行う旨の合意があった時から1年を経過した時（1号）

②　協議を行う旨の合意において、当事者が協議を行う期間（1年未満に限る）を定めたときは、その期間を経過した時（2号）

③　当事者の一方から相手方に対して協議の続行を拒絶する通知が書面（または電磁的記録）で行われたときは、その通知の時から6か月を経過した時（3号）

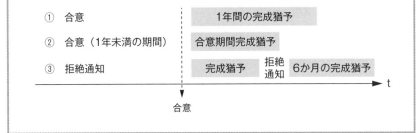

　債権の消滅時効の完成が迫っている場合、債権者は、債務者が協議に応じれば「協議を行う旨の合意」を選択し、協議に応じなければ「裁判上の請求等」を選択し、時効の完成を猶予させることができる。

（イ）再度の合意による完成猶予

　協議を行う旨の合意によって時効の完成が猶予されている期間中に、**再度の合意**を行うことで、さらに時効の完成を猶予させることができる（151条2項本文）。ただし、再度の合意には、「時効の完成が猶予されなかったとすれば時効が完成すべき

時から通じて５年を超えることができない」という期間制限がある(151条２項ただし書)。

④ 未成年者・成年被後見人と時効の完成猶予（158条）

時効期間の満了前６か月以内の間に、未成年者・成年被後見人に法定代理人がいない場合には、その未成年者・成年被後見人が行為能力者となった時または法定代理人が就職した時から６か月を経過するまでの間は、その未成年者・成年被後見人に対する時効は完成しない(完成猶予事由)(158条１項)。11/予

趣旨 処分能力および管理能力がない未成年者や成年被後見人を保護することを趣旨とする。

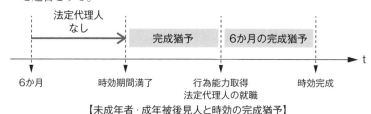

【未成年者・成年被後見人と時効の完成猶予】

⑤ その他の完成猶予 発展

【その他の完成猶予（159条～161条）】

夫婦間の権利の時効の完成猶予(159条)	夫婦の一方が他の一方に対して有する権利については、婚姻の解消の時から６か月を経過するまでの間は、時効が完成しない。
相続財産に関する時効の完成猶予(160条)	相続財産に関しては、相続人が確定した時、管理人が選任された時又は破産手続開始の決定があった時から６か月を経過するまでの間は、時効が完成しない。
天災等による時効の完成猶予(161条)	時効の期間の満了の時に当たり、天災その他避けることのできない事変のため裁判上の請求等(147条１項)または強制執行等(148条１項)の手続を行うことができないときは、その障害が消滅した時から３か月を経過するまでの間は、時効が完成しない。 C

5 更新型

① 権利の承認による時効の更新

意義 権利の承認とは、時効の利益を受ける者が、自己の権利の不存在を認めること(取得時効の場合)、または相手方の権利の存在を認めること(消滅時効の場合)をいう。消滅時効において、債務者による債務の承認が典型例である。債務の一部弁済や債務の弁済猶予の申入れが債務の承認に該当する。

（ア）権利の承認があった時から更新

　権利の承認があった場合は、その時から新たに時効の進行を始める（更新事由）（152条1項）。 12

（イ）更新事由を知らずに権利の承認があった場合

　更新事由であるとは知らずに権利の承認をしても、時効の更新の効果が生じる（大判大8.4.1参照）。

> **理由**　権利の承認は、これを行う者が一定の認識を示すだけなので、意思表示ではなく観念の通知（本章 **7** 節「法律行為─無効・付款」参照）である。 12

（ウ）権利の承認を行う者の能力

　権利の承認を行う者については、**処分能力や処分権限は不要**である（152条2項）のに対し、**管理能力は必要**である（大判昭13.2.4）。

> **理由**　承認は、単に権利の存在を認識して表示する行為であって（観念の通知）、更新の効果が生じるのは、承認をした者の効果意思に基づくものではないから。

　したがって、管理能力がある**被保佐人や被補助人**は、保佐人や補助人の同意がなくても**単独で有効に権利の承認**ができる。

　📝**発展** 管理能力がない未成年者（法定代理人の同意がある場合を除く）や成年被後見人が単独でした権利の承認は取消しの対象となる（大判昭13.2.4）。権利の承認が取り消されると、弁済期から時効が進行していることになる。 D

〈語句〉●**処分能力**とは、目的物の売却などの処分行為を単独で行うことのできる能力である。152条2項の「相手方の権利についての処分につき行為能力の制限を受けていないこと」を指す。

　　　　●**管理能力**とは、目的物の利用などの管理行為を単独で行うことのできる能力を指す。

【権利の承認による時効の更新】

承認（一部を弁済・支払い猶予の申入れ）	時効完成前（152条）
被保佐人・被補助人 （処分能力なし・管理能力あり）	単独で承認可能 →承認にあたる→更新
未成年者・成年被後見人 （処分能力なし・管理能力なし）	単独で承認不可能 →単独の承認は取消し可

② 時効の完成猶予・更新が生じる範囲

1 時効の完成猶予・更新の相対効の原則

意義 時効の完成猶予・更新は、**完成猶予事由・更新事由が生じた当事者**および**その承継人**の間においてのみ、その効力を有する(153条)。これを時効の完成猶予・更新の相対効という。

2 例外的に絶対効が生じる場合 /発展

当事者およびその承継人以外の者に対して、時効の完成猶予・更新の効力が及ぶという例外的な場合がある(**絶対効**)。

【時効の完成猶予・更新の絶対効】

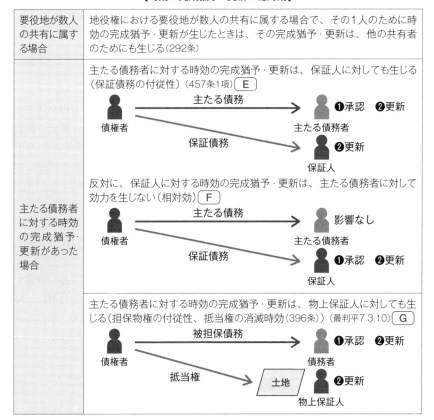

要役地が数人の共有に属する場合	地役権における要役地が数人の共有に属する場合で、その1人のために時効の完成猶予・更新が生じたときは、その完成猶予・更新は、他の共有者のためにも生じる(292条)

③ 時効の完成猶予・更新における問題点 /発展

1 訴訟の提起（裁判上の請求）

① 訴訟の相手方として応訴した場合

訴訟の相手方（被告）が原告の請求棄却を求めて応訴することは、訴えの提起ではないが、裁判上の請求に準じて時効の完成猶予・更新が認められる。

【応訴による完成猶予・更新】

時効の種類	事例
消滅時効	債務者（原告）が、債権者を相手方として、債務不存在確認の訴えを提起したが、債権者（被告）が応訴して、自己の債権の存在を主張し、被告勝訴の判決が確定した（大連判昭14.3.22） H
取得時効	土地の占有者（原告）が、所有者を相手方として、所有権移転登記手続請求の訴えを提起したが、所有者（被告）が応訴して、自己の所有権の存在を主張し、その主張が判決によって認められた（最大判昭43.11.13）。

② 一部請求

一部請求とは、訴訟を提起する際に、「100万円の債権のうちの50万円を請求する」というように、債権の一部のみを請求することである。この場合、訴訟の提起による時効の完成猶予・更新の効果は、債権者が債権の一部である旨を明示（明示的一部請求）していれば、その一部についてのみ生じるのに対し、これを明示していなければ、債権全額について生じる（最判昭45.7.24）。 I

2 協議を行う旨の合意と催告の重複

協議を行う旨の合意と催告とが重複した場合は、どちらか一方の効力しか認められないという取扱いがなされている。

具体的には、催告により時効の完成が猶予されている間に協議を行う旨の合意をしても、協議を行う旨の合意による時効の完成猶予の効力が生じない。反対に、協議を行う旨の合意により時効の完成が猶予されている間に催告をしても、催告による時効の完成猶予の効力が生じない（151条3項）。

④ 占有の中止等による取得時効の中断（自然中断）

取得時効（162条、163条）に限定された事由である。占有者が、任意に物の占有（または財産権の行使）を中止したとき、または他人によって物の占有を奪われたとき

は、取得時効が中断する(164条、165条)。

　ただし、占有回収の訴え(200条)を提起して勝訴し、現実にその物の占有を回復したときは、現実に占有しなかった間も占有を失わず、占有が継続していたものとみなされる(最判昭44.12.2)。この場合は取得時効が中断しない。[13]

〈語句〉●中断とは、それまでに経過した期間は無意味となり、その後、再び占有を開始しても、それまでの期間は算入されない。
　　　　●占有回収の訴えとは、占有の侵奪者を相手として、占有者が占有の回復を求める訴えのことである。詳しくは、第2章 **5** 節「占有権」で扱う。

5 除斥期間 /発展

意義　除斥期間とは、権利関係を早期に確定させる目的で、**一定の権利について法律の定めた存続期間**であって、その存続期間が経過するまでに権利を行使しないと、その**権利が当然に消滅する**ものをいう。除斥期間と消滅時効とは、下表の点において異なる。

【消滅時効と除斥期間の違い】

	消滅時効	除斥期間
完成猶予・更新	あり	なし [J]
援用	必要(145条)	不要
起算点	・債権者が権利を行使することができることを知った時 ・権利を行使することができる時	権利の発生時
遡及効	あり(144条)	なし

重要事項 一問一答

01 時効の完成猶予、時効の更新とは何か?

　時効の完成猶予とは、時効の完成を一定の時点まで先延ばしすること、時効の更新とは、時効期間がゼロに戻り新たな時効期間が開始されることである。

02 裁判上の請求等の事由がある場合、いつまで時効の完成が猶予されるか?

　裁判上の請求等の事由が終了するまでの間(147条1項)

03 確定判決によって権利が確定することなく裁判上の請求等の事由が終了した場合、直ちに時効が完成するか?

　裁判上の請求等の終了時から6か月を経過するまで時効の完成が猶予される(147条1項柱書の括弧

書)。

04 確定判決によって権利が確定した場合、時効の完成が猶予されるか?

時効が更新される(147条2項)。

**05 強制執行の申立ての取下げによって権利が確定することなく強制執行等の事由が
終了した場合、直ちに時効が完成するか?**

強制執行等の終了時から6か月を経過するまで時効の完成が猶予される(148条1項括弧書)。

06 仮処分・仮差押えについては、いつまで時効の完成が猶予されるか?

仮処分・仮差押えの事由の終了時から6か月を経過するまでの間(149条)

07 催告については、いつまで時効の完成が猶予されるか?

催告時から6か月を経過するまでの間(150条1項)

08 権利について協議を行う旨の合意は、口頭で行っても効力を生じるか?

書面(電磁的記録を含む)によって行わないと効力が生じない(151条1項、4項)。

09 権利の承認の効果は?

権利の承認があった場合は、その時から新たに時効の進行を始める(更新事由)(152条1項)。

10 時効の完成猶予・更新は、誰に対して生じるのが原則であるか?

完成猶予事由・更新事由が生じた当事者およびその承継人との間においてのみ、その効力を生じ
るのが原則である(153条)。

11 占有の中止等による中断は消滅時効に限定された事由であるか?

取得時効に限定された事由である(164条)。

過去問チェック (争いのあるときは、判例の見解による)

(01) 裁判上の請求が行われた場合、訴えを提起した時点で時効の更新の効力が生
じる。

×(税・労2010改題)「時効の更新の効力が生じる」が誤り。

(02) 裁判上の請求は、訴えの却下又は取下げの場合には、時効の完成猶予の効力
は生じない。

×(税・労2010改題)「時効の完成猶予の効力は生じない」が誤り。

(03/予) 裁判上の請求をしたものの、確定判決又は確定判決と同一の効力を有するも
のによって権利が確定することなく裁判が終了した場合、時効はその終了の時から
進行を始める。

×(予想問題)「時効はその終了の時から進行を始める」が誤り。

[04/予] 裁判上の請求をしたところ、確定判決または確定判決と同一の効力を有するものによって権利が確定した場合には、裁判が終了した時から新たに時効の進行を始める。
○（予想問題）

[05/予] 強制執行の申立てがあると、その手続が終了するまで時効の完成が猶予されるが、申立てが取り下げられると、取下げの時から直ちに時効は進行する。
×（予想問題）「取下げの時から直ちに時効は進行する」が誤り。

[06] 仮差押え及び仮処分は権利者が債務名義を得ていない段階であるので、時効の完成猶予事由になることはない。
×（区2011改題）「時効の完成猶予事由になることはない」が誤り。

[07/予] 債権について仮差押え又は仮処分がある場合には、これらの事由が終了した時から直ちに時効は進行を始める。
×（予想問題）「これらの事由が終了した時から直ちに時効は進行を始める」が誤り。

[08] 債権者が債務者に債務の履行を書面で催告しても、それだけでは消滅時効の完成猶予の効力は生じない。
×（裁2002改題）「それだけでは消滅時効の完成猶予の効力は生じない」が誤り。

[09] Bに対し貸金債権を有しているAは、Bに対し、同債権の消滅時効が完成する1か月前に同貸金の返還を催告し、さらにその催告の5か月後に再度催告したが、Bは一切返還しなかった。そこで、Aは、2度目の催告の3か月後に、Bに対し、同貸金の返還を求める訴えを提起した。この場合、Bが、Aに対し、同債権について時効を援用する旨の意思表示をすることにより、Aの同債権は時効消滅する。
○（裁2008改題）

[10/予] 権利について協議を行う旨の合意が行われ、当事者が協議を行う期間（1年未満）を定めたときは、その期間を経過した時から時効は進行するが、この合意は口頭によるものでもよい。
×（予想問題）「この合意は口頭によるものでもよい」が誤り。

[11/予] 時効期間の満了前6か月以内の間に、未成年者又は成年被後見人に法定代理人がいない場合には、その未成年者・成年被後見人が行為能力者となった時または

15　時効─総則②　241

法定代理人が就職した時までの間は、その未成年者・成年被後見人に対する時効は完成しない。

× (予想問題)「までの間は」が誤り。

[12] 通説に照らすと、承認は観念の通知であって、それ自体は法律行為ではないため、時効の更新事由とはならない。

× (区2017改題)「時効の更新事由とはならない」が誤り。

[13] 取得時効が成立するためには、時効期間中、目的物の占有が継続していることが必要であるが、他人に占有を奪われた場合には、占有回収の訴えを提起し、それに勝訴して現実に占有を回復すれば、占有を失っていた期間も占有が継続していたものとみなされる。

○ (税・労・財2018)

[A] 給付の訴えは、裁判上の請求として時効の完成猶予の効力が生じるが、確認の訴え及び形成の訴えは、時効の完成猶予の効力を生じない。

× (区2011改題)「確認の訴え及び形成の訴えは、時効の完成猶予の効力を生じない」が誤り。

[B] 金銭債権を担保するために、第三者所有の不動産に抵当権が設定された場合において、その抵当権に基づく担保不動産競売の開始決定がされ、その決定正本が裁判所から債務者に送達されたときは、当該金銭債権の消滅時効の完成は猶予される。

○ (税・労・財2018改題)

[C] 時効の期間の満了の時に当たり、天災その他避けることのできない事変のため時効の完成猶予に係る手続をすることができないときは、その障害が消滅した時から2週間を経過するまでの間は、時効は完成しない。

× (区2017改題)「2週間」が誤り。

[D] Bは、Aから、1年後に弁済するとの約定で金員を借り受けた。Bは、弁済期の到来から1年後、自己の債務を承認したが、承認をした当時、Bは17歳であった。Bが承認をしてから1年後、Bは、Aに対し、その承認を取り消す旨述べた。Aは、弁済期の到来から11年後、Bに対して貸金返還請求訴訟を提起した。Bは、消滅時効を援用することができる。

○ (裁2006改題)

E　Aは、平成18年6月3日、Bに対し、弁済期を1年後と定めて100万円を貸し付けたが、Bはその後一切貸金の返済をしていない（A及びBはいずれも商人ではなく、上記貸付行為は商行為ではない）。Bには、連帯保証人Cがいたが、Bは、平成27年12月13日、Aに対して、貸金債務の存在を認めた上で、分割弁済することを申し出た。時効の更新には相対的効力しかないため、Cは、平成29年12月1日、消滅時効を援用することができる。

×（裁2018改題）「時効の更新には相対的効力しかないため、Cは、平成29年12月1日、消滅時効を援用することができる」が誤り。

F　保証債務の消滅時効が承認により更新した場合は、主たる債務についても時効更新の効力が生ずる。

×（裁2003改題）「主たる債務についても時効更新の効力が生ずる」が誤り。

G　Cは、AのBに対する債務を担保するため、自己の所有する甲土地に抵当権を設定した。Aの債務の弁済期から4年経ったところで、AはBに対し、支払期限を猶予してほしいと願い出たが、弁済のないまま、弁済期から5年が経過した。BがAの債務の弁済期の当日に、自己のAに対する債権を行使することができるのを知ったとしても、CはAの債務の消滅時効を援用することができる。

×（裁2016改題）「CはAの債務の消滅時効を援用することができる」が誤り。

H　債務者から提起された債務不存在確認訴訟に対する債権者の訴え棄却を求める応訴は、訴えの提起そのものではないため、たとえ勝訴したとしても、当該応訴は裁判上の請求には該当せず、当該債権の消滅時効は更新されない。

×（税・労・財2018改題）「たとえ勝訴したとしても、当該応訴は裁判上の請求には該当せず、当該債権の消滅時効は更新されない」が誤り。

I　一個の債権の数量的な一部についてのみ判決を求める旨明示して訴訟が提起された場合であっても、訴え提起による消滅時効の完成猶予の効力は、その一部の範囲においてのみ生ずるものではなく、当該債権全体に及ぶ。

×（国般2011改題）「訴え提起による消滅時効の完成猶予の効力は、その一部の範囲においてのみ生ずるものではなく、当該債権全体に及ぶ」が誤り。

J　時効と類似する制度として除斥期間を挙げることができ、除斥期間についても、時効と同様に完成猶予や更新が生じるものと一般に解されている。

×（税・労2010改題）「時効と同様に完成猶予や更新が生じるものと一般に解されている」が誤り。

過去問 Exercise

問題1 制限行為能力者に関するア〜オの記述のうち、妥当なものののみを全て挙げているのはどれか。ただし、争いのあるものは判例の見解による。 国税・財務・労基2016 [H28]

ア 成年被後見人は、精神上の障害により事理を弁識する能力を欠く常況にある者であるため、成年被後見人自身が行った、日用品の購入その他日常生活に関する行為を取り消すことができる。

イ 被保佐人の相手方は、被保佐人が行為能力者とならない間に、その保佐人に対し、その権限内の行為について、1か月以上の期間を定めて、その期間内にその取り消すことができる行為を追認するかどうかを確答すべき旨の催告をすることができる。この場合において、その保佐人がその期間内に確答を発しないときは、その行為を追認したものとみなされる。

ウ 被保佐人は、精神上の障害により事理を弁識する能力が著しく不十分な者であるため、元本の領収や借財をするといった重要な財産上の行為を、保佐人の同意があったとしても行うことができない。

エ 被補助人は、精神上の障害により事理を弁識する能力が不十分な者であるが、自己決定の尊重の趣旨から、本人以外の者の請求によって補助開始の審判をするには本人の同意が必要である。

オ 制限行為能力者が行為能力者であることを信じさせるために「詐術」を用いた場合には、取消権を行使することができない。「詐術」とは、制限行為能力者が相手方に対して、積極的に術策を用いたときに限られるものではなく、単に制限行為能力者であることを黙秘しただけであっても、詐術に当たる。

① ア、ウ **④** ア、イ、ウ

② ア、オ **⑤** イ、エ、オ

③ イ、エ

ア ✕ 「成年被後見人自身が行った、日用品の購入その他日常生活に関する行為を取り消すことができる」という部分が妥当でない。成年被後見人の法律行為は、取り消すことができる。ただし、日用品の購入その他日常生活に関する行為については、取消しの対象から除外されており、成年被後見人が単独で有効にすることができる(9条)。これは、成年被後見人の財産的利益の保護と自己決定の尊重との調和を図る趣旨である。

イ ◯ 条文により妥当である。被保佐人の相手方が、被保佐人が行為能力者とならない間に、保佐人に対し、その権限内の行為について、1か月以上の期間を定めて、その期間内にその取り消すことができる行為を追認するかどうかを確答すべき旨の催告をした場合において、保佐人がその期間内に確答を発しないときは、その行為を追認したものとみなされる(20条2項)。

ウ ✕ 「保佐人の同意があったとしても行うことができない」という部分が妥当でない。被保佐人が、元本を領収することや借財をするには、保佐人の同意を得なければならない(13条1項1号、2号)。これは、被保佐人は原則として単独で法律行為を行えるとしつつ、重要な財産行為については、被保佐人の保護の見地から、保佐人の同意を必要とするという趣旨である。

エ ◯ 条文により妥当である。本人以外の者の請求によって補助開始の審判をするには、本人の同意が必要である(17条2項)。これは、被補助人の自己決定を尊重すべきという趣旨である。

オ ✕ 「単に制限行為能力者であることを黙秘しただけであっても、詐術に当たる」という部分が妥当でない。制限行為能力者が行為能力者であることを信じさせるため詐術を用いたときは、その行為を取り消すことができない(21条)。そして、この「詐術」には単に制限行為能力者であることを黙秘することは含まれないが、そのことを黙秘していた場合であっても、他の言動などと相まって相手方を誤信させ、又は、誤信を強めたと認められる場合には「詐術」に当たるとするのが判例である(最判昭44.2.13)。

　以上より、妥当なものは**イ**、**エ**であり、正解は **③** となる。

意思表示に関するア〜オの記述のうち、妥当なもののみを全て挙げているのはどれか。ただし、争いのあるものは判例の見解による。　　　　国般2017［H29改題］

ア 表意者が真意ではないことを知りながらした意思表示は、原則として有効であるが、相手方がその真意ではないことを知っている場合や知ることができた場合は無効となる。

イ 相手方と通じてした虚偽の意思表示の無効は、善意の第三者に対抗することはできないが、第三者が利害関係を持った時点では善意であっても、その後に虚偽であることを知った場合は、善意の第三者ではなくなるから、意思表示の無効を対抗することができる。

ウ 相手方と通じてした虚偽の意思表示の無効を対抗することができないとされている第三者は、善意であることに加えて、無過失であることが必要である。

エ 錯誤が表意者の重大な過失によるものであった場合には、原則として意思表示の取消しをすることができないが、相手方が表意者と同一の錯誤に陥っていたときには、意思表示の取消しをすることができる場合がある。

オ 詐欺による意思表示は、善意無過失の第三者に対してもその取消しを対抗することができ、強迫による意思表示も、詐欺と比べて表意者を保護すべき要請が大きいため、当然に善意無過失の第三者に対してその取消しを対抗することができる。

❶ ア、イ

❷ ア、エ

❸ イ、ウ

❹ イ、エ

❺ ウ、オ

ア ○ 条文により妥当である。意思表示は、表意者がその真意ではないことを知ってしたときであっても、原則として有効であるが(93条1項本文)、相手方が表意者の真意ではないことを知り、または知ることができたときは、無効とする(93条1項ただし書)。

イ ✕ 「善意の第三者ではなくなるから、意思表示の無効を対抗することができる」という部分が妥当でない。相手方と通じてした虚偽の意思表示(通謀虚偽表示)は、善意の第三者に対抗することができない(94条2項)。また、第三者が善意か否かは、当該法律関係につき、第三者が利害関係を有するに至った時期を基準として決せられるべきとするのが判例である(最判昭55.9.11)。よって、第三者が利害関係を持った時点では善意であれば、その後に虚偽を知った場合でも、善意の第三者でなくなるわけではない。

ウ ✕ 「善意であることに加えて、無過失であることが必要である」という部分が妥当でない。判例は、94条2項の第三者として保護されるためには、無過失であることは必要ないとしている(大判昭12.8.10)。条文上無過失は要求されていないし、虚偽表示を信頼した第三者の保護の必要性が高いからである。

エ ○ 条文により妥当である。錯誤が表意者の重大な過失によるものであった場合には、原則として意思表示の取消しをすることができない(95条3項柱書)。ただし、相手方が表意者と同一の錯誤に陥っていたときには、錯誤について表意者に重大な過失があったとしても、それをもって意思表示の取消しをすることを妨げない(95条3項2号)。この場合、相手方も同一の錯誤に陥っている以上、表意者のみが錯誤によるリスクを負担するのは不公平だからである。したがって、本記述の表意者は、他の要件を満たすことで、錯誤による意思表示の取消しができるから、「相手方が表意者と同一の錯誤に陥っていたときには、意思表示の取消しをすることができる場合がある」ということになる。

オ ✕ 「詐欺による意思表示は、善意無過失の第三者に対してもその取消しを対抗することができ」という部分が妥当でない。詐欺による意思表示は、善意無過失の第三者に対してその取消しを対抗することができない(96条3項)。これに対し

て、96条3項には同条1項と異なり、強迫による意思表示が含まれていないため、強迫による意思表示の取消しは、善意無過失の第三者に対抗することができる。

　以上より、妥当なものは**ア**、**エ**であり、正解は ❷ となる。

問題3

無効と取消しに関するア～カの記述のうち、妥当なもののみを全て挙げているのはどれか。 国般2014 [H26]改題

ア 意思表示が、それに対応する意思を欠く錯誤に基づいて行われ、その錯誤が法律行為の目的及び取引上の社会通念に照らして重要なものであるときは、その意思表示は無効とされる。

イ 表意者は、強行法規に反する法律行為を取り消すことができる。

ウ 公の秩序又は善良の風俗に反する法律行為は無効とされる。

エ 強迫による意思表示は無効とされる。

オ 不法な条件を付した法律行為は無効とされる。

カ 成年被後見人の法律行為は無効とされる。

1 イ、エ
2 ウ、オ
3 ア、ウ、カ
4 イ、エ、カ
5 ウ、エ、オ

ア ✗ 「その意思表示は無効とされる」という部分が妥当でない。意思表示が、①意思表示に対応する意思を欠く錯誤(表示錯誤)、または、②表意者が法律行為の基礎とした事情についてのその認識が真実に反する錯誤(基礎事情の錯誤)に基づくものであって、その錯誤が法律行為の目的及び取引上の社会通念に照らして重要なものであるときは、その意思表示を取り消すことができる(95条1項)。

イ ✗ 「取り消すことができる」という部分が妥当でない。強行法規とは、法令中の公の秩序に関する規定(91条参照)であり、当事者間の合意によっても適用を排除することのできないものをいう。そして、強行法規によって禁じられていることを内容とする法律行為は無効とされる。

ウ ○ 条文により妥当である。90条は、「公の秩序又は善良の風俗に反する法律行為は、無効とする」と定めている。

エ ✗ 「無効とされる」という部分が妥当でない。96条1項は、「強迫による意思表示は、取り消すことができる」と定めている。取り消すことができる以上、いったんは有効であることを前提にしており、無効ではない。

オ ○ 条文により妥当である。132条前段は、「不法な条件を付した法律行為は、無効とする」と定めている。

カ ✗ 「無効とされる」という部分が妥当でない。9条本文は、「成年被後見人の法律行為は、取り消すことができる」と規定している。したがって、成年被後見人の法律行為は、いったんは有効であることを前提にしており、無効となるわけではない。

　以上より、妥当なものは**ウ**、**オ**であり、正解は ❷ となる。

問題4 代理に関するア〜オの記述のうち、妥当なもののみを全て挙げているのはどれか。ただし、争いのあるものは判例の見解による。

国般2017 [H29]

ア 復代理とは、代理人が自らの責任で新たな代理人(復代理人)を選任して本人を代理させることをいい、復代理人の選任は、法定代理では常に行うことができるが、任意代理では本人の許諾を得た場合又はやむを得ない事由がある場合にのみ行うことができる。

イ 自己契約及び双方代理は、代理権を有しない者がした行為とみなされるが、本人があらかじめ許諾している行為や債務の履行については例外とされており、例えば、登記申請行為における登記権利者と登記義務者の双方を代理することは、債務の履行に当たり、許される。

ウ 契約の締結時に相手方から代理人に対し詐欺があった場合、代理人の意思表示に瑕疵があったかどうかは、本人ではなく、代理人を基準として判断することになるため、本人の事情について考慮されることはない。

エ 無権代理人である子が本人である親を単独相続した場合においては、本人が死亡前に無権代理行為の追認拒絶をしていたときであっても、無権代理人が本人の追認拒絶の効果を主張することは信義則に反し許されないため、無権代理行為は当然に有効となる。

オ 代理権踰越の表見代理が認められるためには、代理人が本人から何らかの代理権(基本代理権)を与えられている必要があるが、基本代理権は、私法上の行為についての代理権であることが必要であり、公法上の行為についての代理権がこれに含まれることはない。

① ア、イ ④ ウ、エ
② ア、エ ⑤ ウ、オ
③ イ、オ

解説

ア ○ 条文により妥当である。復代理とは、代理人が自らの責任で新たな代理人を選任して本人を代理させることである。任意代理人は、本人の許諾を得たとき、またはやむを得ない事由があるときでなければ、復代理人を選任することができない（104条）。これに対し、法定代理人は、自己の責任で復代理人を選任することができる（105条前段）。したがって、法定代理人による復代理人の選任は常に行うことができる。

イ ○ 条文及び判例により妥当である。自己契約や双方代理は、原則として代理権を有しない者がした行為とみなされる（108条1項本文）。ただし、債務の履行や本人があらかじめ許諾している行為については、例外的に有効な代理行為になる（108条1項ただし書）。そして、登記申請行為は債務の履行行為にすぎず、本人の利益が害されるおそれがない（108条2項が規定する利益相反行為にも該当しない）と考えられるため、同一人が登記権利者、登記義務者双方の代理人となること（双方代理）も許されるとするのが判例である（最判昭43.3.8）。

ウ × 「本人の事情について考慮されることはない」という部分が妥当でない。代理人が相手方に対してした意思表示の効力が詐欺によって影響を受けるべき場合、その事実の有無は、代理人を基準にして判断される（101条1項）。しかし、特定の法律行為をすることを委託された代理人がその行為をしたときは、本人は、自ら知っていた事情又は過失によって知らなかった事情について、代理人が知らなかったことを主張することができない（101条3項）。したがって、本人の事情について考慮されることもあり得る。

エ × 「無権代理人が本人の追認拒絶の効果を主張することは信義則に反し許されないため、無権代理行為は当然に有効となる」という部分が妥当でない。判例は、本人の追認拒絶後に無権代理人が本人を相続しても、無権代理行為が有効になるものではなく、無権代理人が本人の追認拒絶権の効果を主張することが信義則に反するとはいえないとしている（最判平10.7.17）。本人の追認拒絶により無権代理行為の無効が確定しており、相続という偶然の事情によって突如有効なものとして扱うことは法的安定性を欠くからである。

オ ✕　「公法上の行為についての代理権がこれに含まれることはない」という部分が妥当でない。代理権踰越(権限外の行為)の表見代理(110条)において、公法上の行為についての代理権は、原則として基本代理権に当たらないが、公法上の行為が特定の私法上の取引行為の一環としてなされる場合には、基本代理権にあたるとするのが判例である(最判昭46.6.3)。

　以上より、妥当なものは**ア**、**イ**であり、正解は **①** となる。

時効に関するア〜オの記述のうち、妥当なもののみを全て挙げているのはどれか。　　　　　　　　　予想問題

ア　一般の債権については、債権者が権利を行使することができることを知った時から5年間、又は、債権者が権利を行使することができる時から10年間、権利を行使しないと、時効によって消滅する。

イ　債務不履行に基づく人の生命又は身体の侵害による損害賠償請求権については、債権者が権利を行使することができることを知った時から5年間、又は、権利を行使することができる時から20年間、権利を行使しないと、時効によって消滅する。

ウ　不法行為に基づく人の生命又は身体の侵害による損害賠償請求権については、被害者又はその法定代理人が損害及び加害者を知った時から3年間、又は、不法行為の時から20年間、権利を行使しないと、時効によって消滅する。

エ　確定判決又は確定判決と同一の効力を有するものによって確定した権利については、確定の時に弁済期の到来していない債権であっても、裁判上の請求等が終了した時から10年間、権利を行使しないと、時効によって消滅する。

オ　債権又は所有権以外の財産権については、権利を行使することができる時から10年間、権利を行使しないと、時効によって消滅する。

1　ア、イ

2　ア、ウ

3　ウ、エ

4　ウ、オ

5　エ、オ

解説

ア ○ 条文により妥当である。一般の債権は、債権者が権利を行使することが できることを知った時から5年間、又は、権利を行使することができる時から10 年間、権利を行使しないと、時効によって消滅する（166条1項）。

イ ○ 条文により妥当である。債務不履行に基づく人の生命又は身体の侵害に よる損害賠償請求権は、債権者が権利を行使することができることを知った時から 5年間、又は、権利を行使することができる時から20年間、権利を行使しないと、 時効によって消滅する（167条、166条1項）。

ウ ✕ 「被害者又はその法定代理人が損害及び加害者を知った時から3年間」が 妥当でない。不法行為に基づく人の生命又は身体の侵害による損害賠償請求権は、 被害者又はその法定代理人が損害及び加害者を知った時から5年間、又は、不法行 為の時から20年間、権利を行使しないと、時効によって消滅する（724条の2）。

エ ✕ 「確定の時に弁済期の到来していない債権であっても」という部分が妥当 でない。確定判決又は確定判決と同一の効力を有するものによって確定した権利に ついては、10年より短い時効期間の定めがあるものであっても、その時効期間は 10年とする（169条1項）。しかし、169条1項の規定は、権利確定時に弁済期の到来 していない債権には適用しない（169条2項）。

オ ✕ 「権利を行使することができる時から10年間」という部分が妥当でない。 債権又は所有権以外の財産権については、権利を行使することができる時から20 年間、権利を行使しないと、時効によって消滅する（166条2項）。

　以上より、妥当なものは**ア**、**イ**であり、正解は**1**となる。

第 2 章

物　権

　本章では、物権が物に対する直接排他的な支配権であることを前提に、それが、各問題にどのように反映しているのかを理解しましょう。特に、公務員試験では、対抗問題、即時取得、占有権が重要ですので、これらを重点的に学習しましょう。

1 物権総論

本節では、物権の性質・種類・目的等を扱います。

1 物権法の全体像

```
┌─ 総則 ──┬── 物権法定主義、意思主義
│         ├── ┃不動産物権変動と対抗要件┃、動産物権変動と対抗要件
│         └── 混同
├─ 所有権 ─┬── 所有権の内容、相隣関係
│          └── 所有権の取得、┃共有┃
├─ 占有権 ──── ┃占有権の取得┃、┃占有権の効力┃、┃占有権の消滅┃
└─ 用益物権 ── 地上権、永小作権、地役権、入会権
```

2 物権の性質

意義 　物権とは、特定の物を直接かつ排他的に支配する権利である。物権は、直接性、排他性、絶対性という性質を有する点で、これらを有しない債権と区別される。

〈語句〉●債権とは、特定の者(債務者)に対して特定の行為を請求することができる権利である。

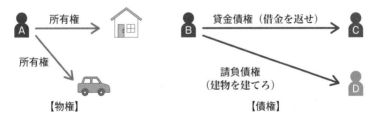

【物権の性質】

直接性 （直接支配性）	他人を介在することなく、特定の物を直接支配することができる。具体的には、特定の物を使用し、収益し、または処分することができる
排他性	特定の物を独占的に支配することができる。したがって、1個の物の上に同一内容の物権は1つしか成立しないことになる（一物一権主義）01
絶対性	特定の物に対する直接かつ排他的な支配を誰に対しても主張することができる

【物権と債権の性質の違い】

	物　権	債　権
権利の客体	特定の物	債務者の行為
直接性	あり（他人の行為を介在せずに支配できる）	なし（債務者に対して履行を請求できるにすぎない）
排他性	あり（1個の物の上に同一内容の物権は1つだけ）01	なし（1人の債務者に同一内容の債権が複数成立する）
絶対性	あり（誰に対しても主張できる）	なし（債務者に対してのみ主張できる ⇒ 相対性）
優先的効力	**原則** 物権が債権に優先する。「売買が賃貸借を破る」02 **例外** 債権が物権に優先する場合がある※03	

※ 不動産の賃借権は登記を備えると物権に対抗することができる（605条）。詳細は、第**2**節**3**項「所有権の効力（物権の効力）」で扱う。

3 物権の種類

　物権は、物の**使用**（自ら使う）、**収益**（他人に貸す）、**処分**（売却する）を内容とする権利であるが（直接性）、これら使用・収益・処分の権利のうち、どの権利をどのような形で有するかにより、次のように分類される。04

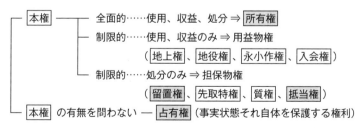

【物権の分類】

〈語句〉●**本権**とは、物の支配の根拠となる権利のことをいう。物権の他に、賃借権などの債権の場合もある。
　　　●**制限物権(制限的物権)**とは、使用・収益・処分の権利のうち、1つまたは2つの権利しか有さない物権のことをいう。制限物権は、他人の所有物の上にのみ成立する。

4 物権法定主義

意義　　物権法定主義とは、**物権は、民法その他の法律で規定されたもの以外に創設することができない**ことをいう(175条)。具体的には、①法律で規定されていない種類の物権を創設することの禁止や、②法律で規定された物権の内容について、その規定以外の内容を創設することの禁止を意味する。05

趣旨　①　封建的な物権関係を廃止する(民法制定時)。
　　　　②　物権には排他性・絶対性があるので、物権の種類やその内容をあらかじめ法定し、国民の側が勝手に創設することができないことにして、取引の安全を確保する必要がある。

例外　　判例が**慣習法上の物権**を認めている場合がある。判例が認めた慣習法上の物権として、**譲渡担保権、水利権、温泉権(湯口権)**などがある。06

〈解説〉　債権は、その内容を含めて、当事者間の契約で自由に創設することができるのを原則とする(契約自由の原則)(521条参照)。

5 物権の客体(目的)

1 物権の客体としての特定の物

　物権の客体(目的)は物(詳細は第1章 8 節 1 項「物」参照)である。すなわち、**有体物である不動産・動産**(85条、86条)が物権の客体となる。ただし、空間地上権や権利質などのように物以外を客体とすることがある。07

　また、物に対する排他的な支配を可能にするため、**物権の客体は特定の物**でなければならず、不特定の物を物権の客体にすることはできない。

〈語句〉●**空間地上権**とは、工作物を所有する目的で、土地の上の空間を使用する権利である(269条の2)。例えば、土地の上に電線を通すために地上権を空間に設定する場合が挙げられる。本章 6 節 2 項「地上権」で扱う。
　　　●**権利質**とは、債権その他の財産権を目的とする質権である(362条1項)。例えば、著作権に質権を設定して金銭を借り受ける場合が挙げられる。第3章 4 節「質

権」で扱う。

2 一物一権主義

| **意義** | 一物一権主義とは、①1個の物の上に同一内容の物権は1つしか成立しないことや、②1つの物権の客体は1個の独立した物でなければならないことを意味する原則である。①は物権の排他性のことであり、②は独立性・単一性という2つの内容を意味する。

① 独立性

| **意義** | 独立性とは、1個の物の一部分又は構成部分には独立して物権が成立しないことをいう。1個の物であるか否かは、物理的形状から明らかである場合を除いて、社会通念によって決まる。

(ア) 土地

　土地の個数は、地表を人為的に区画して定められる。そして、登記簿に記載された土地の単位を「筆」といい、「一筆の土地」は登記簿上の1個の土地を意味する。一筆の土地を分割して数筆の土地とするには、分筆の手続が必要となる(不動産登記法39条以下)。

　もっとも、判例は、分筆手続前でも、**一筆の土地の一部を譲渡**することができるとしている(大連判大13.10.7)[08][09]。また、分筆されていない**土地の一部について占有及び時効取得が可能である**ともしている(大連判大13.10.7)。

(イ) 建物

　1個の建物は、登記簿に記載されている一棟の建物をいう。

② 単一性

| **意義** | 単一性とは、数個の物の上に1個の物権は成立しないことをいう。もっとも、集合物(ex.倉庫内の商品全部)に対する譲渡担保の設定が認められている(最判昭54.2.15)。[09]

〈語句〉 ●譲渡担保とは、債権担保の目的で、設定者所有の目的物の所有権を債権者(譲渡担保権者)に移転する形を取り、債権が弁済された場合には再び設定者の下に所有権を受け戻すが(受戻権)、弁済されない場合には債権者(譲渡担保権者)が目的物の所有権ないし処分権を確定的に取得する形式によってなされる担保物権のことをいう。第3章❿節「非典型担保物権」で扱う。

01 物権にはどのような性質があるか?

直接性、排他性、絶対性。債権はこれらを有しない。

02 所有権は、物の使用、収益、処分のすべてを行うことができるか?

すべてを行うことができる。

03 用益物権に当てはまる物権は何か?

地上権、地役権、永小作権、入会権

04 物権法定主義とは何か?

民法その他の法律で規定されたもの以外に物権を創設することができないこと(175条)

05 物権の客体は不特定の物であってもよいか?

特定の物でなければならない。

06 一物一権主義とは何か?

①1個の物の上に同一内容の物権が成立しないこと(排他性)、②1つの物権の客体は1個の独立した物でなければならないこと(独立性・単一性)

過去問チェック (争いのあるときは、判例の見解による)

01 物権には排他性があるから、一つの物権が存する物の上に同じ内容の物権が同時に成立することはない。

○（裁2002）

02 物権は債権に対して優先的効力を有しており、同一の物について物権と債権が競合する場合は、その成立の前後にかかわりなく物権が債権に優先するのが原則である。

○（国般2011）

03 物権の債権に対する優先的効力とは、同一物について物権と債権とが競合するときは、いかなる場合であっても、常に物権が債権に対して優先することをいう。

×（区2013）「いかなる場合であっても、常に物権が債権に対して優先することをいう」が誤り。

04 通説に照らして民法上の物権を分類すると、自分の物に対する物権である所有権と他人の物に対する物権である制限物権に分けられるが、制限物権のうち他人の物を利用する用益物権には、占有権、永小作権及び地役権が含まれる。

× (区2009改題)「占有権」が誤り。

[05] 通説に照らすと、契約自由の原則から、物権は民法その他の法律に定めるもののほか、契約によって自由に創設することができるが、物権法定主義により、物権の内容を民法その他の法律に定められているものとは違ったものとすることはできない。

× (区2009改題)「契約自由の原則から」「のほか、契約によって自由に創設することができるが」が誤り。

[06] 民法上、物権法定主義が規定されているから、慣習法によって物権的権利の成立を認めることはできない。

× (裁2002)「慣習法によって物権的権利の成立を認めることはできない」が誤り。

[07] 通説に照らすと、物権の客体は物であることを要し、民法において物とは有体物をいうものとされているので、物権には、有体物以外のものを客体とするものはない。

× (区2009改題)「有体物以外のものを客体とするものはない」が誤り。

[08] 同じ内容の物権は、一つの物の上に一つしか成立しないことから、不動産登記法に基づき登記された一筆の土地について、その一部の譲渡を受けた場合、譲受人は、分筆登記の手続を経ない限り、当該土地の一部について所有権を取得することはできない。

× (国般2018)「分筆登記の手続を経ない限り、当該土地の一部について所有権を取得することはできない」が誤り。

[09] 物権の客体は、一個の独立した物でなければならず、一個の物の一部分や数個の物の集合体が一つの物権の客体となることはない。

× (税2021)「一個の物の一部分や数個の物の集合体が一つの物権の客体となることはない」が誤り。

2 所有権①

本節では、所有権絶対の原則、相隣関係、所有権の効力（物権の効力）、所有権の取得を扱います。全体的に出題の少ない分野です。

1 所有権絶対の原則とその制約

意義 所有権とは、物の使用・収益・処分の全てを自由に行うことができる権利である(206条)。言いかえると、物の使用・収益・処分について他人の干渉を受けない権利である。この点から、**所有権は物に対する完全な支配権**であるということができ、これを**所有権絶対の原則**という。〔01〕

趣旨 近代以前は物に対する権利関係が複雑であり錯綜している状態であったが、このような状態を整理して「所有権」に単純化し、所有権者が物に対する完全な支配権を有することにした。

例外 他者との利害調整の必要性、都市の秩序維持、国民への危険発生の防止などの観点から、所有権には「**法令の制限内において**」という制限が課せられている(206条)。現在では、法令に基づいて所有権の行使に対するさまざまな制限が設けられている。〔01〕

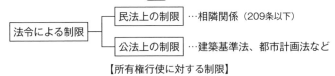

【所有権行使に対する制限】

〈解説〉 憲法上、財産権の内容を公共の福祉に適合するように法律で定める旨と、正当な補償の下に私有財産を公共のために用いることができる旨が規定されているので(憲法29条2項、3項)、所有権の行使に対する制限は憲法上も予定されているといえる。

2 相隣関係 *発展*

意義 相隣関係とは、**所有権相互の関係を調整するための制限**である。民法ででは、所有者の異なる土地が隣接する場合に、そのことから法律上当然に、互いに相手に対し一定の要求をすることができる権利として規定されてい

る(これを**相隣権**と呼ぶことがある)。

〈解説〉　相隣関係の規定は地上権(詳細は本章 **6** 節 **2** 項「地上権」で扱う)にも準用される(267条)ほか、土地賃借権(詳細は『民法 下』「債権各論」で扱う)にも類推適用される(最判昭36.3.24)。

【相隣関係概観】

種類		内容
隣地の使用に関するもの	隣地使用権	必要な範囲内で隣地を使用する権利(209条) 改正
	隣地通行権	袋地・準袋地の所有者が公道に至るために隣地(囲繞地)を使用する権利(210〜213条)
継続的給付に関するもの	設置権・接続権	継続的給付を受けるための設備の設置権等(213条の2、213条の3) 改正
水に関するもの	排水	自然水流に対する妨害の禁止(214条)、水流の障害の除去(215条)、水流に関する工作物の修繕等(216条)、雨水を隣地に注ぐ工作物の設置の禁止(218条)等
	流水	堰の設置・使用(222条)等
境界に関するもの		境界標の設置(223条)、囲障の設置(225条)等
境界付近の建築等		竹木の枝の切除・根の切取り(233条) 改正 、建物を境界線から50cm以上離す(234条)、境界線から1m未満に他人の宅地を見通せる窓・縁側を設けるときは目隠しを付ける(235条)等

1 隣地の使用に関するもの

① 隣地使用権(隣地立入権) 改正

意義　隣地使用権(隣地立入権)とは、①境界またはその付近における**障壁や建物その他の工作物の築造・収去・修繕**、②境界標の調査または境界に関する測量、③越境した枝の切取り(233条3項)、のいずれかの目的のため必要な範囲内で、**隣地を使用することができる権利**である(209条1項本文)。 [A/予]

趣旨　特に狭い土地であっても有効に利用できるようにするため、必要な場合に隣地を使用することを認めた。

【隣地使用権】

住家への立入り	住家への立入りをするときは、その居住者の承諾が必要である(209条1項ただし書)A/予。裁判所が承諾に代わる判決をすることができる旨の制度は存在しない
日時・場所・方法 改正	隣地を使用する日時・場所・方法は、隣地所有者や隣地使用者(隣地を現に使用している者)のために損害が最も少ないものを選ばなければならない(209条2項)B/予
事前通知 改正	隣地を使用する場合は、あらかじめ、目的・日時・場所・方法を隣地所有者と隣地使用者の双方に通知しなければならない。ただし、あらかじめ通知することが困難なときは、使用を開始した後、遅滞なく、通知することをもって足りる(209条3項)C/予
償金請求権	隣地の使用によって隣地所有者や隣地使用者が損害を受けたときは、その償金を請求することができる(209条4項)

② 隣地通行権(囲繞地通行権)

意義 隣地通行権とは、袋地(他の土地に囲まれて公道に通じない土地)または準袋地の所有者が、その袋地または準袋地を囲んでいる他の土地(隣地)を通行することができる権利である(210条)D。旧民法では、袋地または準袋地を囲んでいる他の土地のことを囲繞地と名付けていたため、その名残りで囲繞地通行権と呼ばれることも多い。

趣旨 隣地を通行する権利を認めることで、袋地・準袋地を有効に利用できるようにする。

〈語句〉●準袋地とは、池沼・河川・水路・海を通らなければ公道に至ることができない土地、又は崖があって土地と公道とに著しい高低差がある土地のことをいう(210条2項)。

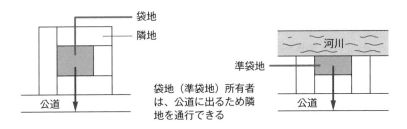

【所有権①】

(ア) 通行の場所・方法と通路の開設

隣地の通行の場所・方法は、通行権者(隣地通行権を有する袋地・準袋地の所有者)にとって必要な限度で、かつ、隣地のために損害が最も少ないものを選ばなけれ

ばならない(211条1項)。また、通行権者は、必要があるときは、隣地に**通路を開設**することができる(211条2項)。

(イ) 償金の支払い

通行権者は、その通行する隣地の損害に対して償金を支払わなければならない(212条本文)[D]。支払方法に関しては、通路の開設のために生じた損害に対するものを除き、1年ごとに償金を支払うことができる(212条ただし書)。

(ウ) 対抗要件の要否

| 問題点 | 袋地の所有権を取得した者は、所有権取得登記を経由していなくても、隣地の所有者またはその利用権者に対して、隣地通行権を主張することができるか。 |

| 結論 | 隣地通行権を主張することができる(最判昭47.4.14)。[E] |

| 理由 | 袋地の所有者が隣地通行権を主張する場合は、不動産取引の安全保護を図るための公示制度とは関係がないので、**対抗要件を具備する必要はない。** |

(エ) 袋地又は準袋地が土地の分割等によって生じた場合

| 設例 | B地を分割してB1地とB2地が生じ、B1地が袋地又は準袋地になった(**分割**)。又は、B地の一部であるB2地を他人に譲渡し、B1地が袋地又は準袋地になった(**一部譲渡**)。B1地の所有者は、A地又はC地を通行することができるのか。 |

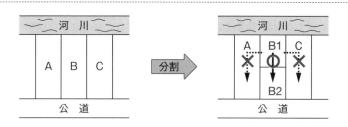

袋地又は準袋地の原因を生じさせた当事者に隣地通行権を負担させるとの観点から、①土地の分割によって袋地又は準袋地が生じた場合、または②土地の所有者がその土地の一部を譲り渡したことによって袋地又は準袋地が生じた場合には、袋地又は準袋地の所有者は、**他の分割者・譲渡者の所有地のみを通行**することができるとともに、**償金を支払うことを要しない**(213条1項、2項)。[F]

| 趣旨 | 土地の分割・譲渡の際に、不便な土地が生ずることを予期すべきであるから、隣地所有者に負担を与える通行権を認めるのではなく、分割者・譲渡者の間で解決すべきものとした。 |

> **設例** では、B1地の所有者は、公道に通じるため、B2地（残余地）のみを通行することができる（213条1項前段）。そして、B1地の所有者は、B2地の所有者に償金を支払うことを要しない（213条1項後段）。

問題点　213条に基づく隣地通行権は残余地に特定承継（売買による所有権の移転等）が生じると消滅するか。例えば、**設例** のB2地が売却された場合、残余地(B2地)の通行権が消滅するのか。

結論　通行権は消滅しない（残余地以外を通行することはできない）（最判平2.11.20）。
[G]

理由　209条以下の相隣関係に関する規定は、土地の利用の調整を目的とするものであって、対人的な関係を定めたものではなく、213条の規定する隣地通行権も、袋地に付着した物権的権利で、残余地自体に課せられた物権的負担と解すべきものである。

2 継続的給付を受けるための設備の設置権等 改正

意義　土地の所有者は、他の土地に設備を設置し、又は他人が所有する設備を使用しなければ電気・ガス・水道水の供給その他これらに類する継続的給付（以下「継続的給付」という）を受けることができないときは、継続的給付を受けるため必要な範囲内で、他の土地に設備（導管等）を設置し、又は他人が所有する設備（導管等）を使用（接続）することができる（213条の2第1項）。これを「継続的給付を受けるための設備の設置権等」といい、ライフライン設置権とも呼ばれている。[H/予]

趣旨　電気・ガス・水道水等の現代的なライフラインが私たちの生活に不可欠であることから、他人の土地へのライフラインの設置等を認める規定が設けられた。

【継続的給付を受けるための設備の設置権等】

場所・方法	設備の設置・使用の場所・方法は、他の土地等（他の土地または他人が所有する設備）のために損害が最も少ないものを選ばなければならない（213条の２第２項）
事前通知	他の土地に設備を設置し、または他人が所有する設備を使用する者は、あらかじめ、目的・場所・方法を他の土地等の所有者と他の土地を現に使用している者の双方に通知しなければならない（213条の２第３項）
償金の支払い	他の土地に設備を設置する者は、その土地の損害（隣地使用権に基づく隣地の使用によって隣地の所有者又は隣地使用者が受けた損害を除く）に対して償金を支払わなければならない（213条の２第５項本文）他人が所有する設備を使用する者は、その設備の使用を開始するために生じた損害に対して償金を支払わなければならない（213条の２第６項）
設備使用の費用負担	他人が所有する設備を使用する者は、利益を受ける割合に応じて、その設置・改築・修繕・維持に要する費用を負担しなければならない（213条の２第７項）

3 水利に関するもの

　水利に関するものは、民法214条〜222条において細かく規定されている。ここでは、主なものとして６つを挙げる。

【水利に関するもの】

自然水流に対する妨害の禁止	土地の所有者は、隣地から水が**自然に**流れて来るのを妨げてはならない（214条） **趣旨** 隣地の利用価値を確保する
水流の障害の除去	① 水流が天災その他避けることのできない事変により低地において閉塞したときは、高地の所有者は、自己の費用で、水流の障害を除去するため必要な工事をすることができる（215条） ② 費用の負担について別段の慣習があるときは、その慣習に従う（217条）
水流に関する工作物の修繕等	① 他の土地に貯水、排水又は引水のために設けられた工作物の破壊又は閉塞により、自己の土地に損害が及び、又は及ぶおそれがある場合には、その土地の所有者は、当該他の土地の所有者に、工作物の修繕若しくは障害の除去をさせ、又は必要があるときは予防工事をさせることができる（216条） ② 費用の負担について別段の慣習があるときは、その慣習に従う（217条）
雨水を隣地に注ぐ工作物の設置の禁止	土地の所有者は、直接に雨水を隣地に注ぐ構造の屋根その他の工作物を設けてはならない（218条） **趣旨** 隣地の利用を妨げる工作物の設置を禁じた
堰の設置	① 水流地の所有者は、堰を設ける必要がある場合には、対岸の土地が他人の所有に属するときであっても、**その堰を対岸に付着させて設けることができる**（222条1項本文）〔Ｉ〕 ② 上記によって生じた損害に対して、償金を支払わなければならない（222条1項ただし書）
堰の使用	① 対岸の土地の所有者は、水流地の一部がその所有に属するときは、その対岸に付着させて設けた堰を使用することができる（222条2項） ② 他人の堰を使用する者は、その利益を受ける割合に応じて、堰の設置及び保存の費用を分担しなければならない（222条3項、221条2項）

〈**語句**〉●堰とは、農業用水・工業用水・水道用水等の水を川からとるために、河川を横断して水位を制御する施設である。

4 境界に関するもの

主に境界標や囲障の設置について規定されている。境界線上に設けた境界標、囲障、障壁、溝及び堀は、原則として、相隣者の共有に属するものと推定される（229条）。障壁については、推定されないものがある（230条1項、2項本文）。

【境界に関するもの】

境界標の設置	① 土地の所有者は、隣地の所有者と共同の費用で、境界標を設けることができる（**境界標の設置権**）（223条）**J** **趣旨** 境界標は、相隣者の土地の所有権が及ぶ範囲を明確にするという点で、相隣者に共通の利益を与えるから ② 境界標の設置及び保存の費用は、相隣者が**等しい割合**で負担するが、**測量の費用は、その土地の広狭に応じて分担する**（224条）**J** **趣旨** 土地の測量の費用は、土地の広さに応じるのが公平といえる
囲障の設置	① 二棟の建物がその所有者を異にし、かつ、その間に空地があるときは、各所有者は、他の所有者と共同の費用で、その境界に囲障を設けることができる（**囲障の設置権**）（225条1項） **趣旨** 囲障の設置によって建物所有者の生活領域を保護する ② 当事者間に協議が調わないときは、囲障は、**板塀又は竹垣その他これらに類する材料**のもので、かつ、**高さ2m**のものでなければならない（225条2項） ③ 囲障の設置及び保存の費用は、相隣者が等しい**割合**で負担する（226条） **趣旨** 囲障が建物所有者のそれぞれの生活領域を保護することになり、建物所有者の共通の利益となるから ④ 相隣者の一人は、上記の材料より良好なものを用い、又は上記の高さを増して囲障を設けることができるが、これによって生ずる費用の増加額を負担しなければならない（227条） ⑤ 以上の規定と異なる慣習があるときは、その慣習に従う（228条）

5 境界付近の建築等に関するもの

① 竹木の枝の切除 改正

　竹木の枝の切除について、次表のように越境する竹木の枝を**自ら切除することが**認められた。

【竹木の枝の切除】

竹木の枝の切除	土地の所有者は、隣地の竹木の枝が境界線を越えるときは、その**竹木の所有者**に、その枝を切除させることができる(233条1項) K
竹木の共有者による切除	隣地の竹木の枝が境界線を越える場合で、竹木が数人の共有に属するときは、**各共有者は、その枝を切り取ることができる**(233条2項) 改正 **趣旨** 共有物の竹林の枝が越境した場合に、それを切除することは共有物の保存行為に該当することを明らかにした
土地の所有者が自ら切除できる場合	隣地の竹木の枝が境界線を越える場合で、①〜③のいずれかに該当するときは、**土地の所有者は、その枝を切り取ることができる**(233条3項)※ 改正 L ① 竹木の所有者に枝を切除するよう催告したにもかかわらず、竹木の所有者が相当の期間内に切除しないとき(催告の手続) ② 竹木の所有者を知ることができず、またはその所在を知ることができないとき(所在不明) ③ 急迫の事情があるとき

※ 233条3項の規定により、枝の切除が認められる場合には、必要な範囲内で、**隣地の使用権**が認められる(209条1項3号)。

② 竹木の根の切取り

隣地の竹木の根が境界線を越えるときは、**その根を切り取ることができる**(233条4項)。竹木の根を自ら切り取るに当たっては、竹木の枝を自ら切除する場合と異なり、催告の手続、所在不明、急迫の事情を必要としない。 M

③ 境界線付近の建築の制限

境界線付近の建築の制限	① 建物を築造するには、境界線から**50cm以上**の距離を保たなければならない(234条1項)。 ② 上記に違反して建築をしようとする者がある場合、隣地の所有者は、その建築を中止させ、又は変更させることができるが、建築に着手した時から1年を経過し、又はその建物が完成した後は、損害賠償の請求のみをすることができる(234条2項)。 ③ 境界線から**1m未満**の距離において他人の宅地を見通すことのできる窓又は縁側(ベランダを含む)を設ける者は、**目隠し**を付けなければならない(235条1項)。 ④ 以上の規定と異なる慣習があるときは、その慣習に従う(236条)。

3 所有権の効力(物権の効力)

所有権者は、以下のような形で、他人に対して自らの所有権を主張することができる。なお、学問的には「物権の効力」として論じられている部分であるため、基本

的には他の物権にも共通して当てはまると考えてよい（占有権については特殊な規定がある）（詳細は本章 **5** 節「占有権」で扱う）。

1 優先的効力

　自己の所有権と両立しない他の権利を主張する者に対して、自己の所有権の優先性を主張する効力である。優先性を争う他人が、所有権等の物権を主張している場合と、賃借権等の債権を主張している場合とで異なる。

① 他人が物権を主張している場合（物権相互間の優先的効力）

　同一の物の上に同一内容の物権は１つしか成立しない（物権の排他性）ことから、同一の物の上に同一内容の物権が競合する場合には、**先に成立した方の物権が優先**するのが原則である（いわゆる早い者勝ち）。

　しかし、実際には、**先に対抗要件**（不動産の場合は登記、動産の場合は引渡し）を**具備した方の物権が優先**することになる（177条、178条）。

原則	時間的な前後で決する
修正	対抗要件具備の前後で決する

② 他人が債権を主張している場合（物権の債権に対する優先的効力）

　物権は全ての人に主張することができる（絶対性）のに対して、債権は債務者に主張することができるにとどまる（相対性）。この点から、同一の物の上に物権と債権とが競合する場合には、物権の方が優先するのが原則である。 02

　ただし、物権が債権に優先しない例外的な場合もある。例えば、**登記を備えた不動産の賃貸借**（賃借権）は、その後に当該不動産について物権を取得した者にも主張することができる（605条）。したがって、不動産の賃貸借は物権に近い効力が認められているといえる。 02

原則	物権が債権に優先する
例外	物権が債権に優先しない（債権が物権に優先する）

〈解説〉 物権の債権に対する優先的効力を端的に表現した法格言として「売買は賃貸借を破る」がある。例えば、AがBに書籍を賃貸した後、その書籍をCに売却した場合、Cの所有権が優先するので、BはCにその書籍を引き渡さなければならない。

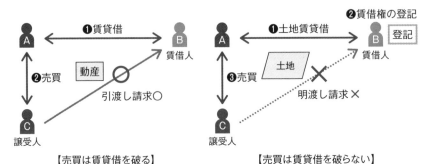

【売買は賃貸借を破る】 【売買は賃貸借を破らない】

2 物権的請求権

① 物権的請求権の意義・種類

意義 物権的請求権※とは、物権が侵害されているか、侵害されようとしている場合に、物権者が、妨害者に対して、**物権に対する侵害の除去や予防を請求することができる権利**をいう。民法上の規定はないが、物権の効力として当然に備わっていると解されている。 [03] ※ 留置権や抵当権に関連する箇所は、それぞれの権利を学習後に確認することを勧める。

趣旨 ① 物権の排他性・絶対性から、**物に対する円満な支配状態の侵害に対する保護が与えられるべき**である。

② 民法が占有権について占有の訴え(占有訴権)を認めているので、他の物権についても同様の権利を認めていると解するべきである。

③ 民法が占有の訴えに対して「**本権の訴え**」(202条1項)を明示しており、物権的請求権を当然の前提にしている。

【物権的請求権の種類】

種類	意義	対応する占有の訴え
①返還請求権	他人が物権の目的物を占有する場合に、その返還を請求する権利 [04]	占有回収の訴え（200条）
②妨害排除請求権	他人が目的物の占有以外の方法によって物権の実現を妨害している場合に、その妨害の排除（停止）を請求する権利 [05]	占有保持の訴え（198条）
③妨害予防請求権	他人が物権の実現を侵害するおそれがある場合に、その予防を請求する権利	占有保全の訴え（199条）

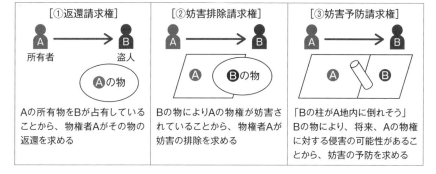

[①返還請求権]
A 所有者 → B 盗人
Aの物
Aの所有物をBが占有していることから、物権者Aがその物の返還を求める

[②妨害排除請求権]
A → B
A Bの物
Bの物によりAの物権が妨害されていることから、物権者Aが妨害の排除を求める

[③妨害予防請求権]
A → B
A B
「Bの柱がA地内に倒れそう」Bの物により、将来、Aの物権に対する侵害の可能性があることから、妨害の予防を求める

② 物権的請求権の発生要件

物に対する円満な支配状態が侵害されている状況（または侵害されようとしている状況）があれば、それだけで物権的請求権の行使が認められる。

問題点　物権的請求権の行使が認められるには、物権の侵害または侵害のおそれについて、相手方の故意又は過失を必要とするか。

結論　相手方の故意又は過失は**必要としない**（大判昭12.11.19）。したがって、相手方に故意又は過失がなくても、物権的請求権の行使が認められる [06]。不可抗力による侵害でも、物権的請求権は発生する。

理由　相手方に故意または過失がなければ物権的請求権の行使が認められないとすると、物に対する円満な支配状態の侵害に対する保護が十分に図れなくなる。

③ 物権的請求権の相手方 (被告)

問題点❶　物権的請求権の相手方(訴訟を提起する場合は被告)は誰になるのか。

結論　現に**物権を侵害している者**(または侵害しようとしている者)を相手方としなければならない。すなわち、土地所有権に基づく物権的請求権は、現実に土地を占拠して土地所有権を侵害している者を相手方としなければならない(最判昭35.6.17)。

　　(例)　A所有の土地にBの自動車が不法に駐車している場合、自動車の所有者がCに替われば、Cが相手方となる。

理由　物権的請求権は、物権に対する侵害の除去や予防を請求するものであるから、現実に物に対する円満な支配状態を侵害している者(妨害者)を相手方とすることが必要である。

　　📝**発展**　A所有のカメラをBが盗み、これをCに賃貸した場合、(代理占有の場合)(詳細は本章 **5** 節「占有権」で扱う)、賃貸人B(間接占有者)も賃借人C(直接占有者)を通じて間接占有を有しているので、現に物権を侵害している者にあたり、AはB・Cのいずれを相手方とすることもできる。 N

問題点❷　建物の所有による土地の不法占拠の場合、建物所有権を有しない建物の登記名義人Bは、物権的請求権の相手方となり、土地所有者Aに対して建物収去・土地明渡しの義務を負うのか(単なる登記名義人の場合)。

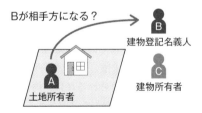

Bが相手方になる？

【Bが単なる登記名義人の場合】

結論　建物の登記名義人が実際には**建物の所有権を有しておらず**、建物所有者との合意により自己名義の登記を有するにすぎない場合には、土地所有者に対し、**建物収去・土地明渡しの義務を負わない**(最判昭47.12.7)。 07

理由　建物の所有権を有しない登記名義人は、建物を収去する権能を有しないことから、土地所有者の所有権に基づく請求に対して建物収去義務を負うものではない。

問題点❸　建物の所有による土地の不法占拠の場合、建物所有権を有しない建物の登記名義人Bは、物権的請求権の相手方となり、土地所有者Aに対して建物収去・土地明渡しの義務を負うのか(自らの意思に基づいて所有権取得の登記を経由した場合)。

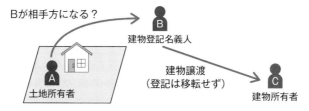

【Bが自らの意思に基づいて所有権登記を経由した場合】

結論 他人の土地上の建物の所有権を取得した者が自らの意思に基づいて所有権取得の登記を経由した場合には、当該建物を他人に譲渡しても、引き続き登記名義を保有する限り、土地所有者に対し、譲渡による建物所有権の喪失を主張して建物収去・土地明渡しの義務を免れることはできない(最判平6.2.8)。 [08]

理由 ① 土地所有者が建物譲渡人に対して所有権に基づき建物収去・土地明渡しを請求する場合の両者の関係は、土地所有者が地上建物の譲渡による所有権の喪失を否定してその帰属を争う点で、あたかも建物についての物権変動における対抗関係にも似た関係といえる。

② 建物所有者は、自らの意思に基づいて自己所有の登記を経由し、これを保有している以上、土地所有者との関係では建物所有権の喪失を主張することができないと解すべきである。

③ 登記名義人がたやすく建物の所有権の移転を主張して明渡しの義務を免れることが可能になるという不合理を生ずるおそれがある。

④ 訴訟での主張・立証事由

訴訟手続的にみると、例えば、ある不動産について、所有権に基づく返還請求権を行使する場合、請求者は、①自己に不動産の**所有権があること**、②返還請求の**相手方が不動産を占有していること**を主張・立証すればよい。 [09]

〈解説〉 占有権の主張についての詳細は、本章 **5** 節 **6** 項「占有権の効力」で扱う。

⑤ 物権的請求権の消滅時効 (所有権の場合) / 発展

所有権自体と同じく消滅時効によって消滅することはない(大判大5.6.23)。 [O]

理由 所有権に基づく物権的請求権は、その所有権の一作用であって、所有権から発生する**独立の権利でない**から。

⑥ 物権的請求権の譲渡（所有権の場合）🖊発展

物権的請求権だけを**所有権と切り離して譲渡することはできない**（大判昭3.11.8）。
P

> **理由**　所有権に基づく物権的請求権は、物に対する円満な支配状態の侵害に対する保護を趣旨とするものであり、所有権から独立した権利ではない。

⑦ 賃貸借契約の終了に基づく返還請求権との関係🖊発展

> **問題点**　不動産の賃貸借契約が終了した場合、所有者である賃貸人は、賃借人に対して、賃貸借契約の終了に基づいて不動産の返還を請求することができるが、所有権に基づいて不動産の返還を請求することもできるのか。

> **結論**　所有者である賃貸人は、賃借人に対して、**所有権に基づいて不動産の返還を請求することもできる**（通説）。**Q**

> **理由**　両者は実体法上の根拠が異なるので、双方の請求は別個に検討されるべきである。

⑧ 物権的請求権と所有権以外の物権🖊発展

物権的請求権は、物権の性質から認められるものであることから、所有権以外の物権についても物権の種類に応じて認められると解されている。例えば、地上権・永小作権などは、所有権の場合と同様の物権的請求権が認められる。これに対して、占有権は、占有訴権が明文上あるため、物権的請求権が認められないと解されている。**R**

4 所有権の取得 🖊発展

1 所有権取得の方式

所有権は、下表のように**承継取得**または**原始取得**の方式によって取得する。

【所有権取得の方式と内容】

方式	意義	具体例
承継取得	前の所有権者から所有権を引き継ぐことで、抵当権等の目的物の負担も引き継ぐ	特定の物権を個別的に承継する**特定承継**(ex.売買、贈与)、特定の人や団体に属する物権を包括的に承継する**包括承継**(ex.相続、会社の合併)
原始取得	新たに成立する所有権を取得するもので、目的物の負担を引き継がない	時効取得(162条)、即時取得(192条、詳細は本章**10**節「即時取得」で扱う)、無主物の帰属(239条)、遺失物の拾得(240条)、埋蔵物の発見(241条)、添付(242〜248条)

2 無主物の帰属・遺失物の拾得・埋蔵物の発見

無主物の帰属 (239条)	① 所有者のいない動産は、**所有の意思を持って占有**することによって所有権を取得する ② 所有者のいない**不動産**は、**国庫に帰属**する
遺失物の拾得 (240条)	遺失物法の定めるところに従い、公告をした後**3か月**以内に所有者が判明しないときは、拾得した者が所有権を取得する
埋蔵物の発見 (241条)	**原則** 埋蔵物は、公告後**6か月**以内に所有者が判明しないときは、発見者が所有権を取得する **例外** 他人の所有する物の中から発見された埋蔵物は、発見者とその他人が等しい割合で所有権を取得する

問題点 ゴルフ場のロストボールは、所有者のいない動産(無主物)なのか。

結論 ゴルファーが誤ってゴルフ場内の人工池に打ち込み放置したいわゆるロストボールは、ゴルフ場側が早晩その回収、再利用を予定していたときは、ゴルフ場側の所有に帰していたのであって、所有者のいない動産(無主物)ではない(最決昭62.4.10)。 S

理由 池の中に打ち込み放置されたロストボールは、ゴルファーからゴルフ場への贈与により、権利の承継的な取得があったか、あるいは、ゴルファーが回収を断念したことで所有権を放棄したことになり、ゴルフ場の管理者が当該ボールの占有を開始することにより、所有権を取得する。

3 添付の種類

意義 添付とは、数個の物が融合し、または1個の物に他人の労力が加わることにより、**社会観念上新たな1個の物ができた**といえる場合に、その新たな物について1個の所有権が成立する場合である。添付が生じる場合とし

て、民法では**付合・混和・加工**の３種類を規定している。

趣旨　新たな１個の物ができた場合に、それを分離して元に戻すことを要求するのは社会経済上の不利益が大きいので、新たな１個の物の所有権が誰に帰属するのかを規定することで、その経済的価値を保存する。

【添付の種類】

付合 (242〜244条)	数個の物が結合して１個の物ができた（分離が社会経済上著しく不利益といえる状態となった）場合
混和 (245条)	異なる所有者に属する物（液体や穀物等）が混ざり合って識別ができなくなった場合
加工 (246条)	他人の動産に工作を加えて新たな物が作り出された場合

4 付合

付合には、不動産に他人所有の物が付着する不動産の付合と、動産同士が付着する動産の付合の２種類がある。

① 不動産の付合

意義　不動産の付合とは、**不動産に物が従として付合すること**(242条本文)、すなわち不動産に他人所有の物が付着することである。例えば、建物に増築を施した場合や、土地に植えた庭木が成長して根付いた場合が挙げられる。

増築

建物に付合
→建物所有権に吸収

庭木が根づいた土地と付合
→土地所有権に吸収

【不動産の付合】

【不動産の付合における所有権の帰属】

原則	不動産の所有者は、その不動産に従として付合した物の所有権を取得するので(242条本文)、付合した物の所有権は**不動産所有権に吸収される**※1 〔 T 〕〔 U 〕 **趣旨** 不動産の所有者と、それに付属させた動産の所有者が異なるときに、1個の物として単独の所有権に帰属させてしまうことが、社会的経済的利益に合致するし、法律関係も簡明になる
例外	**権原**※2をもって物を付属させた場合は付合が生じないので、その物の所有者に所有権が留保される(242条ただし書) (例)Aが庭木を育成するためにB所有の土地を賃借していた場合、庭木の所有権はAに留保される (例)建物の賃借人が建物所有者(賃貸人)の承諾を得て増改築をした場合、増改築部分は賃借人の所有に留保される。ただし、**増改築部分が独立性を有しないときは、242条ただし書は適用されず、増改築部分は建物所有者に帰属する**(下記表「不動産の付合に関する判例」を参照)

※1 付合した物の所有権を失った者は、不動産所有者に対して、不当利得の規定(703条・704条)に従い、償金の支払いを請求することができる(償金請求権)(248条)。

※2 ここにいう「権原」は、地上権・賃借権等の不動産の使用権のことを指す。

【不動産の付合に関する判例】

賃借人と増築①	二階建アパートの階下の一画の区分所有権者が、これを賃貸の目的で改造するために取りこわし、柱および基礎工事等を残すだけの工作物とした上で、工作物を、賃借人の負担で改造する約束で賃貸し、賃借人において約旨に従い建物として完成させた場合には、賃借人の工事により附加された物の附合により、**建物は工作物所有者の所有に帰したものと解すべきである**(最判昭34.2.5)〔 V 〕
賃借人と増築②	建物の賃借人が増築したが、増築部分が建物と別個独立の存在を有せず、その構成部分となっているような場合には、増築部分は242条により**建物の所有者の所有に帰属する**(最判昭38.5.31)〔 W 〕
公有水面と土砂	① 公有水面を埋め立てるため投入された土砂は、その投入によって直ちに公有水面の地盤に附合して国の所有となることはなく、原則として、埋立工事の竣工認可の時に**埋立権者の取得する埋立地に附合するものであって、その時までは、独立した動産としての存在を失わない**(最判昭57.6.17)〔 X 〕 ② 公有水面を埋め立てるため投入された土砂は、動産としての独立性を失わない限り、埋立権とは別個にこれを譲渡することができる(最判昭57.6.17)〔 X 〕

〈語句〉●公有水面とは、国が所有する河、海、湖、沼その他の公共の用に供する水流又は水面をいう(公有水面埋立法1条1項)。

② 動産の付合

意義 動産の付合とは、所有者を異にする数個の動産が、付合により、損傷しなければ分離ができなくなった場合、又は分離に過分の費用を要する場合で

第2章 物権

ある(243条)〔 Y 〕。付合により生じた動産のことを**合成物**という。合成物の所有権の帰属は、それを構成する数個の動産について主従の区別ができるか否かによって異なる。

〈**解説**〉　主従の区別は、主に経済的価値の大小によって決するべきと解されている。

【合成物の所有権の帰属】

主従の区別ができる場合	合成物の所有権は**主たる動産の所有者に帰属する**ので(243条)、従たる動産が主たる動産の所有権に吸収される〔 Y 〕 (例)自動車の窓ガラスを交換した場合、交換後の窓ガラスの所有権は、その自動車の所有者に帰属する
主従の区別ができない場合	各動産の所有者は、付合時における**価格の割合**に応じて合成物を**共有する**(244条) (例)時価100万円の指輪に時価100万円のダイヤモンドを取り付けた場合、取り付け後の指輪は、指輪の所有者とダイヤモンドの所有者の共有(持分割合は均等)となる

※従たる動産の所有者には償金請求(248条)で処理をする。

5 混和

意義　混和とは、所有者を異にする物が**混ざり合って識別ができなった場合**をいう。例えば、異なる酒を一つの瓶に入れた場合が挙げられる。混和については、**動産の付合と同様に扱われる**(245条)。

6 加工

意義　加工とは、他人の動産に**工作を加えて新たな物を作り出す場合**のことをいい、作り出された新しい物のことを**加工物**という。例えば、服地を仕立屋に持ち込んでスーツを製作してもらう場合が挙げられる。

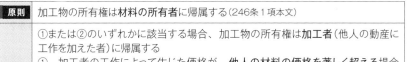

【加工物の所有権の帰属】

原則	加工物の所有権は**材料の所有者**に帰属する（246条1項本文）
例外	①または②のいずれかに該当する場合、加工物の所有権は**加工者**（他人の動産に工作を加えた者）に帰属する ①　加工者の工作によって生じた価格が、**他人の材料の価格を著しく超える場合**（246条1項ただし書） ②　加工者が材料の一部を供した場合で、加工者が供した材料の価格に工作によって生じた価格を加えたものが、他人の材料の価格を超える場合（246条2項）

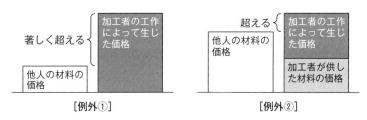

【加工者に所有権が帰属する場合】

問題点　建築途中の未だ独立の不動産に至らない建前に、第三者が材料を供して工事を施し、独立の不動産である建物に仕上げた場合、建物所有権の帰属は、どの規定に基づいて決定すべきか。

結論　動産の付合に関する243条ではなく、**加工に関する246条2項に基づいて**決定すべきである（最判昭54.1.25）。　Ｚ

理由　建物の建築のように、材料に施される工作が特段の価値を有し、建物の価格が原材料の価格よりも相当程度増加する場合には、加工の規定に基づいて所有権の帰属を決定するのが妥当である。

重要事項 一問一答

01 所有権絶対の原則とは何か？

所有権が物の使用、収益、処分について他人の干渉を受けない権利であり、物に対する完全な支配権であるという原則である。

02 相隣関係のうち隣地の使用に関するものは何か？

隣地使用権、隣地通行権

03 隣地使用権の行使として住家の立入りは可能か？

住家の居住者の承諾があれば可能である（209条1項ただし書）。

04 隣地を使用する日時、場所、方法の制約はあるか？

隣地所有者や隣地使用者のために損害が最も少ないものを選ばなければならない（209条2項）。

05 隣地通行権における袋地とは何か。

他の土地に囲まれて公道に通じない土地(210条1項)

06 隣地通行権を有する袋地の所有者は、隣地（囲繞地）に通路を開設できるか?

開設できる(211条2項)。

07 袋地の所有者が償金を支払わなくてよい場合はあるか。

袋地が土地の分割によって生じた場合(213条1項)、または土地の所有者がその土地の一部を譲り渡したことによって袋地が生じた場合(213条2項)

08 継続的給付を受けるための設備の設置権等（ライフライン設置権）における「継続的給付」とは何か?

電気、ガス、水道水の供給その他これらに類する継続的給付のこと(213条の2第1項)

09 隣地の竹木の枝が境界線を越える場合、竹木の所有者に催告しても切除しなければ、土地の所有者が自ら切除できるか?

竹木の所有者に枝を切除するよう催告したが、相当期間内に切除しないときは、自ら枝を切除できる(233条3項1号)。

10 隣地の竹木の根が境界線を越える場合、土地の所有者は自ら切り取りができるか?

自ら切り取りができる(233条4項)。催告の手続は不要である。

11 同一の物の上に同一内容の物権が競合する場合はどうなるか?

先に成立した物権が優先するのを原則とするが、実際には先に対抗要件を具備した物権が優先する。

12 債権が物権に優先する場合はあるか?

債権が物権に優先する場合もある。例えば、登記を備えた不動産賃借権は、その後に当該不動産について物権を取得した者にも主張できる(605条)。

13 3種類の物権的請求権とは何か?

返還請求権、妨害排除請求権、妨害予防請求権

14 物権的請求権の相手方とすべきなのは誰か。

現に物権を侵害している者(または侵害しようとしている者)を相手方とすべきなのが原則である。

15 相続や時効取得は承継取得の具体例であるか、原始取得の具体例であるか?

相続は承継取得であるが、時効取得は原始取得である。

16 付合とは何か?

数個の物が結合して1個の物ができた場合で、不動産の付合と動産の付合がある。

17 不動産の所有者が、その不動産に従として付合した物の所有権を取得しない場合とは?

物の所有者が権原をもってその物を付属させた場合(242条ただし書)。

18 付合により生じた動産（合成物）の主従の区別ができる場合、合成物は誰の所有になるのか？

主たる動産の所有者に帰属する(243条)。

19 混和とは何か？

所有者を異にする物が混ざり合って識別ができなくなった場合(245条)

20 加工物の所有権は誰に帰属するのが原則か？

材料の所有者に帰属するのが原則(246条1項本文)

▶ 過去問チェック（争いのあるときは、判例の見解による）

01 所有権は物に対する全面的な支配権であるから、所有権の行使を法律で制限することはできない。

×（裁2002）「所有権の行使を法律で制限することはできない」が誤り。

02 通説に照らすと、物権の債権に対する優先的効力とは、同一物について物権と債権とが競合するときは、いかなる場合であっても、常に物権が債権に対して優先することをいう。

×（区2013改題）「いかなる場合であっても、常に物権が債権に対して優先することをいう」が誤り。

03 物権は、物に対する絶対的・排他的な支配権であるから、その円満な支配状態が侵害された場合は、その侵害を除去するために物権的請求権を行使することができる。

○（国般2011改題）

04 留置権者は、留置権の目的物を第三者に奪われた場合、その第三者に対して留置権に基づく物権的請求権により目的物の返還を請求することができる。

×（裁2011）「留置権に基づく物権的請求権により目的物の返還を請求することができる」が誤り。

05 抵当権の設定された土地が不法に占有されている場合、抵当権者は、不法占有者に対し、抵当権に基づいて妨害の排除を求めることはできる。

○（裁2011）

06 物権的請求権の行使の要件として、侵害者の故意・過失が必要である。

×（国般2011改題）「侵害者の故意・過失が必要である」が誤り。

07 Aは、Bの所有する土地上に無断で建物を建築したが、AC間の合意により

当該建物の所有権保存登記は所有権者ではないCの名義でなされていた場合、Cは、Bに対し、当該建物の収去義務を負わない。
◯（裁2017）

08 他人の土地上の建物の所有権を取得した者が、自らの意思に基づいて自己名義の所有権取得登記を経由した場合には、たとえ建物を他に譲渡したとしても、引き続き当該登記名義を保有する限り、土地所有者による建物収去・土地明渡しの請求に対し、当該譲渡による建物所有権の喪失を主張して建物収去・土地明渡しの義務を免れることはできない。
◯（国般2016）

09 建物の所有者であるAが、当該建物を占有するBに対し、所有権に基づき当該建物の返還を求める場合、Aは、Bに占有権原がないことを主張・立証する必要はなく、Bが、自己に占有権原があることを主張・立証する必要がある。
◯（裁2019）

A/予 土地の所有者は、境界付近において障壁を修繕するため、隣地を使用するには、隣人の承諾が必要となるが、隣人の住居に立ち入るには、居住者の承諾が必要となる。
×（予想問題）「隣人の承諾が必要となるが」が誤り。

B/予 土地の所有者が、境界の付近における障壁の修繕のため、隣地を使用する場合には、使用の日時、場所及び方法は、隣地の所有者及び隣地を現に使用している者のために損害が最も少ないものを選ばなければならない。
◯（予想問題）

C/予 土地の所有者は、境界に関する測量のため隣地を使用することができるが、あらかじめ通知することが困難であっても、あらかじめその目的、日時、場所及び方法を隣地の所有者及び隣地使用者に通知しなければならない。
×（予想問題）「あらかじめ通知することが困難であっても、あらかじめその目的、日時、場所及び方法を隣地の所有者及び隣地使用者に通知しなければならない」が誤り。

D 他の土地に囲まれて公道に通じない土地の所有者は、公道に至るため、その土地を囲んでいる他の土地を通行することができるので、その通行する他の土地の損害に対して償金を支払う必要は一切ない。

×（区2014）「その通行する他の土地の損害に対して償金を支払う必要は一切ない」が誤り。

[E] 最高裁判所の判例では、袋地の所有権を取得した者は、所有権取得登記を経由していなくても、囲繞地の所有者ないしこれにつき利用権を有する者に対して、囲繞地通行権を主張することができるとした。
○（区2019）

[F] 分割によって公道に通じない土地が生じたときは、その土地の所有者は、公道に至るため、その土地を囲んでいる他の土地を通行することができるが、その通行する他の土地の損害に対して償金を支払わなければならない。
×（区2010）「その土地を囲んでいる他の土地を通行することができるが、その通行する他の土地の損害に対して償金を支払わなければならない」が誤り。

[G] 最高裁判所の判例では、共有物の分割によって袋地を生じた場合、袋地の所有者は他の分割者の所有地についてのみ囲繞地通行権を有するが、この囲繞地に特定承継が生じた場合には、当該通行権は消滅するとした。
×（区2019）「当該通行権は消滅するとした」が誤り。

[H/予] 土地の所有者は、他の土地に設備を設置し、又は他人が所有する設備を使用しなければ電気、ガス又は水道水の供給その他これらに類する継続的給付を受けることができないときは、継続的給付を受けるため必要な範囲内で、他の土地に設備を設置することができるが、他人が所有する設備を使用することはできない。
×（予想問題）「他人が所有する設備を使用することはできない」が誤り。

[I] 水流地の所有者は、堰を設ける必要がある場合には、対岸の土地が他人の所有に属するときであっても、その堰を対岸に付着させて設けることができる。
○（区2010）

[J] 土地の所有者は、隣地の所有者と共同の費用で境界標を設けることができるが、境界標の設置及び保存並びに測量の費用は、土地の所有者と隣地の所有者が土地の広狭にかかわらず等しい割合で負担する。
×（区2019）「並びに測量の費用」が誤り。

[K] 土地の所有者は、隣地の竹木の枝が境界線を越えるときは、その竹木の所有者に、その枝を切除させることができる。

○（区2014改題）。

L　土地の所有者は、隣地の竹木の枝が境界線を越えるときは、竹木の所有者に、その枝を切除させることができるだけで、自らその枝を切り取ることはできない。
×（区2010改題）「だけで、自らその枝を切り取ることはできない」が誤り。

M　土地の所有者は、隣地の竹木の根が境界線を越えるときは、自らその根を切り取ることができる。
○（区2014改題）

N　Aの所有するギターをBが無断でCに賃貸し、当該賃貸借契約に基づいてCがこれを占有している場合、Aは、当該ギターを直接占有するCに対してだけでなく、Bに対しても、所有権に基づく返還請求権を行使することができる。
○（裁2017）

O　物権的請求権は、物権と独立して消滅時効にかかる。
×（裁2003）全体が誤り。

P　所有権に基づく物権的請求権は、確定日付ある証書による通知又は承諾を対抗要件として、所有権から独立して物権的請求権のみを譲渡することができる。
×（裁2019改題）全体が誤り。

Q　建物の賃貸借契約が終了したとき、建物の所有者である賃貸人は、賃借人に対し、賃貸借契約の終了に基づいて建物の返還を求めることはできるが、所有権に基づいて建物の返還を請求することはできない。
×（裁2019）「所有権に基づいて建物の返還を請求することはできない」が誤り。

R　占有権が侵害された場合、占有訴権だけでなく、占有権に基づく物権的請求権も発生する。
×（裁2003）「占有権に基づく物権的請求権も発生する」が誤り。

S　ゴルフ場内にある人工池の底から領得したゴルフボールは、いずれもゴルファーが誤って同所に打ち込み放置したいわゆるロストボールであり、これらは無主物であるので、ゴルフ場側が早晩その回収、再利用を予定しているとしても、ゴ

ルフ場側の所有に帰すとは言えないとした。

×（区2014）「無主物であるので、ゴルフ場側が早晩その回収、再利用を予定しているとしても、ゴルフ場側の所有に帰すとは言えないとした」が誤り。

[T] ある者が土地の所有者に無断で他人の土地に木を植えてその木が根を張った場合、その木の所有権は土地の所有者が有することになる。

○（裁2002）

[U] 不動産に附合した物がその不動産の従物になることはない。

○（裁2002）

[V] 二階建アパートの階下の一画の区分所有権者が、これを賃貸の目的で改造するために取りこわし、柱および基礎工事等を残すだけの工作物とした上で、当該工作物を、賃借人の負担で改造する約束で賃貸し、賃借人において約旨に従い建物として完成させた場合には、賃借人の工事により付加された物の付合により、当該建物は工作物所有者の所有に帰したものと解すべきであるとした。

○（区2014）

[W] 甲建物の賃借人が甲建物に増築し、当該増築部分が甲建物と別個独立の存在を有せず一体となっている場合であっても、その構成部分は甲建物に付合しているとはいえないので、当該増築部分の所有権は、増築者である賃借人に帰属し、甲建物の所有者は、当該増築部分の所有権を保有しないとした。

×（区2014）「その構成部分は甲建物に付合しているとはいえないので、当該増築部分の所有権は、増築者である賃借人に帰属し、甲建物の所有者は、当該増築部分の所有権を保有しないとした」が誤り。

[X] 公有水面を埋め立てるため投入された土砂は、埋立工事の竣工認可の時に埋立権者の取得する埋立地に付合するのではなく、公有水面への投入によって直ちに公有水面の地盤に付合して国の所有となるので、独立した動産としての存在を有していたとしても、埋立権とは別個に当該土砂を譲渡することはできないとした。

×（区2014）全体が誤り。

[Y] 所有者を異にする数個の動産が、付合により、損傷しなければ分離することができなくなった場合において、付合した動産について主従の区別をすることができるときは、合成物の所有権は、主たる動産の所有者に帰属する。

○（裁2012）

<u>Z</u> 建築途中のいまだ独立の不動産に至らない建前に第三者が材料を供して工事を施し独立の不動産である建物に仕上げた場合における建物所有権の帰属は、動産の付合に関する民法第243条の規定に基づいて決定される。

×（国般2016）「動産の付合に関する民法第243条の規定に基づいて決定される」が誤り。

所有権②―共有

本節では、共有を扱います。本試験では、条文事項のみならず、判例知識まで出題されており、難度の高い分野です。

① 共同所有の形態

意義 共同所有とは、**数人が１つの物を共同で所有する**ことをいう。共同所有には、共有、合有、総有という３つの形態がある。それぞれの特徴をまとめると下表のようになる。

【共同所有の形態】

形態	共有（狭義の共有）	合有	総有
特徴	・各人に持分権がある ・持分の処分や分割の請求は自由	・各人に潜在的な持分権がある ・持分の処分や分割の請求は制限あり	・各人に持分権がない ・分割の請求はできない
具体例	・通常の共有（249条～264条） ・遺産共有	組合の財産関係	権利能力のない社団の財産関係

以下で見ていくのは通常の「共有」である。

② 共有の概要

通常の共有（以下、単に「共有」という）は、共同所有の最も一般的な形態である。例えば、次図のように ABC が共同で甲不動産や乙動産を購入して所有している場合である 01 。ABC のように**共有関係にある者**のことを**共有者**という。

この場合、ABC は、それぞれ甲不動産や乙動産に対する持分（ABC の持分の割合は相等しいものと推定される）（250条）を有するとともに、甲不動産や乙動産の管理や分割について民法の規定に基づいて決定を行うことになる。

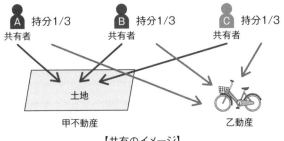

【共有のイメージ】

　なお、共有に関する規定は、数人で所有権以外の財産権を有する場合について準用されており(264条)、これを**準共有**という。例えば、土地に関する地上権や賃借権の共有が挙げられる。

❸ 各共有者の持分・持分権

意義　持分(共有持分)とは、各共有者が共有物に対して有する所有権の割合のことをいう。そして、各共有者は、**共有物の全部**について、その持分に応じた使用をすることができる(249条1項)。このような**持分に基づいた各共有者の権利**のことを持分権(共有持分権)という。 02

趣旨　持分権の本質が所有権であることから、持分権が共有物の全部に及ぶとしつつも、他の共有者の持分権と調整するために、共有物の使用を持分に応じたものに制限することにした。

〈解説〉　民法では持分権のことも「持分」の文言を使用しており、「持分」には、本来の意味のみならず持分権の意味も含まれている。例えば、持分権の放棄のことを「持分の放棄」と規定している(255条)。

1 持分権の処分 (持分の処分)

　前述のとおり、持分権は所有権の本質を有するので、**持分権の処分(持分の処分)**は、**各共有者が自由に行うことができる**。例えば、持分権の売却、持分権への抵当権の設定、持分権の放棄などを行うことができる。 02

2 持分権に基づく主張

　持分権は所有権の本質を有するので、各共有者は、**単独で**、持分権に基づく主張をすることができる。判例が認めている持分権に基づく主張は、(1)**自己の持分の範囲内**において主張することができる場合と、(2)**共有物の全部**について主張することができる場合、(3)他の共有者の持分権の回復について主張することができる場合と

に区分される。

① 自己の持分の範囲内において主張することができる場合

持分権の確認請求	土地の共有者は、その土地の一部が自己の所有に属すると主張する第三者に対して、単独で、その土地が**自己の持分権に属すること**の確認を裁判所に請求することができる(最判昭40.5.20)
自己の持分についての更正登記	**共有者の一人が勝手に単独名義の登記を経由した場合**、他の共有者は、**自己の持分についての更正（一部抹消）登記**※の手続を請求することができる(最判昭59.4.24)**[03]**
不法行為に基づく損害賠償請求	共有者は、共有物に対する不法行為(709条)により受けた損害について、**自己の持分の割合に応じてのみ**、その賠償を請求することができる(最判昭41.3.3)**[04]**

※ **更正登記**は、登記した事項の一部に誤りがある場合、それを訂正するために行われる。他の共有者の持分についての更正登記の手続を請求することはできない(最判平22.4.20)。

② 共有物の全部について主張することができる場合

共有物の全部について主張することができる場合は、いずれも各共有者が単独で行うことができる**保存行為**(252条5項)に該当することが理由である。

不法行為者に対する妨害排除・明渡請求	共有物の使用を妨害する不法行為者がいる場合、各共有者は、単独で、共有物の全部について、**妨害排除と明渡し**を請求することができる(大判大7.4.19)**[05]**
無権利者に対する抹消登記請求	共有不動産が無権利者の単独名義になっている場合、各共有者は、単独で、当該登記の抹消（**全部抹消**）を請求することができ、これは**妨害排除の請求に該当する**(最判昭31.5.10)**[06]**
同意のない変更に対する差止めや原状回復の請求	共有者の一人が無断で共有物に変更を加える行為(農地から宅地への変更)をしている場合、他の共有者は、単独で、当該行為の全部の禁止(**工事の差止め**)を請求する他、当該行為により生じた結果を除去して**共有物を原状回復させる**(元に戻す)ように請求することもできる(最判平10.3.24)**[07]**
発展 共有に属する要役地のための地役権設定登記請求	要役地が数人の共有に属する場合、各共有者は、単独で共有者全員のため共有物の保存行為として、要役地のために地役権設定登記手続を求める訴えを提起することができる(最判平7.7.18)**[A]**

③ 他の共有者の持分権の回復について主張することができる場合

他の共有者の持分権侵害の回復	不動産の共有者の一人（次図のABC）は、共有不動産に対する妨害排除請求ができるから、共有不動産について実体上の権利を有しないのにAの持分権移転登記を経由している者（次図のD）に対して、その持分移転登記の抹消登記手続を請求することができる（最判平15.7.11）**08**

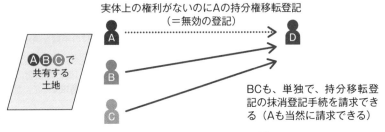

【他の共有者の持分権侵害の回復】

3 > 各共有者の持分

各共有者の持分は、相等しいものと推定される(250条)。したがって、共有者間の別段の合意または法令の規定が存在せず、持分が不明である場合に、各共有者の持分が平等の割合となる。

❹ 共有物の使用

1 > 持分に応じた使用

各共有者は、共有物の全部について、その**持分に応じた使用**をすることができる(249条1項)。**02**

2 > 自己の持分を超える使用の対価の償還 改正

① 原則（対価償還義務）

意義 共有物を使用する共有者は、他の共有者に対して、**自己の持分を超える使用の対価を償還する義務**を負う(249条2項)。例えば、ABCが共有する不動産をAが単独で使用している場合、Aは、BCに対してその使用料相当額を支払う義務を負う。**09/予**

趣旨 共有物を使用する共有者は、その使用によって自らの使用が妨げられた他の共有者の持分との関係では、無償で使用する権利はないということができる。

【自己の持分を超える使用の対価の償還】

② 例外 (対価償還が不要な場合)

　共有者間において別段の合意がある場合には、自己の持分を超える使用の**対価を償還する義務を負わない**(249条2項)。ここにいう「別段の合意」の具体例として、共有物の使用を無償とする合意が挙げられる。

　ただし、一部の共有者との間でのみ別段の合意をしても、他の共有者との間では別段の合意をしたことにはならない。この場合、他の共有者に対しては、自己の持分を超える使用の対価を償還する義務を負う。例えば、ABCが共有する不動産をAが単独で使用している場合で、AB間でのみ不動産の使用を無償とする合意があるときは、Aは、Bには使用料相当額の支払義務を負わないが、Cにはその支払義務を負う。

﹇3﹈ 善管注意義務 [改正]

意義　共有者は、**善良な管理者の注意**をもって、共有物の使用をしなければならない(善管注意義務)(249条3項)。[10/予]

趣旨　共有者は、他の共有者の持分との関係では、他人所有の物を管理しているのであり、共有物の使用に関して、自己の財産におけるのと同一の注意義務ではなく、善管注意義務を負う必要がある。

﹇4﹈ 共有物の使用に関する判例

　共有物の使用に関する判例は、次の❺項﹇3﹈「共有物を使用する共有者がある場合」で扱う。

⑤ 共有物の管理・変更

1 管理・変更の決定方法 [改正]

　民法では、共有物の管理・変更に関する行為について、管理・変更の性質に応じて、①単独で行うことができる行為、②持分に係る価格(持分の価格)の過半数で決定する行為、③全員の合意を必要とする行為に区分している。

【共有物の管理行為・変更行為の決定方法】

種類		意義	決定方法
管理行為	保存行為	共有物の**現状を維持する**行為	各共有者が**単独で行うこと**ができる(252条5項) [11] [12]
	利用行為	共有物の性質に従って**使用収益を図る**行為	各共有者の持分の価格に従い、その過半数で決定する(252条1項前段) [12] [13]
	改良行為	共有物の性質を変更しない範囲内で**交換価値を増加させる**行為	
変更行為	軽微な変更行為※	共有物の形状または効用の**著しい変更**を伴わない行為	
	著しい変更行為	共有物の形状または効用の**著しい変更**を伴う行為	共有者の**全員の同意**が必要(251条1項)

※ 2021年成立の民法改正で、軽微な変更行為の決定方法は、管理行為と同様に扱われることになった。

2 管理・変更の具体例

　共有物の管理・変更に関する行為については、当事者の一方が数人ある場合、全員からまたは全員に対してのみ、契約を解除することができる(**解除権の不可分性**)(544条1項)こととの関係で、特に**共有物の賃貸借契約の解除**の取扱いが問題となる。

問題点　共有物の賃貸借契約の解除は、解除権の不可分性から、共有者の全員で行う必要があるのではないか。

結論　**持分に係る価格の過半数の決定で行うことができる**(最判昭39.2.25)。[13]

理由　共有物の賃貸借契約の解除は、**共有物の管理行為**(利用行為)に該当するので、252条1項が適用される。

【共有物の管理行為・変更行為の具体例】

保存行為	・共有物の**返還請求**および**妨害排除請求** ・共有物の損傷した部分の**修繕**または**補修** [11] ・公租公課の負担(支払) [11]
利用行為	・共有物の**賃貸借契約の締結**※および**解除** [13] ・共有物の**管理者の選任**および**解任**(252条1項括弧書)
改良行為	・共有建物の廊下への夜間灯(防犯灯)の設置
軽微な 変更行為	・共有建物の玄関や窓ガラスの一斉交換工事 ・共有建物の階段にスロープを設置する工事
著しい 変更行為	・共有物の**売却**または贈与 ・共有建物の増築工事 ・共有地である農地を宅地化する工事

※ 共有物の賃貸借契約の締結については、後述する [5] 「共有物に対する賃借権等の設定」による制限がある。

[3] 共有物を使用する共有者がある場合 改正

共有物の円滑な利用を図る観点から、管理行為および軽微な変更行為を決定するに際して、共有物を使用する共有者がある場合の取扱いが明文化されている。

① 原則 (承諾不要)

共有物を使用する共有者がある場合であっても、**その承諾を得ることなく**、管理行為および軽微な変更行為について、各共有者の持分の価格に従い、その過半数で決定することができる(252条1項後段)。[14/予]

> **趣旨** 特に共有者間の決定がないまま共有物を使用する共有者の利益よりも、共有物の円滑な利用を重視し、共有物の利用方法の硬直化を防止しようとするものである。

② 例外 (承諾が必要な場合)

管理行為および軽微な変更行為についての決定が、**共有者間の決定に基づいて共有物を使用する共有者に特別の影響を及ぼすべきときは、その承諾を得なければならない**(252条3項)。[14/予]

> **趣旨** 共有者が共有者間の決定に基づいて共有物を使用している場合は、特別の影響が認められることを条件に、その利益を保護することにした。

〈解説〉 「特別の影響を及ぼすべき」とは、管理行為および軽微な変更行為について決定する必要性・合理性と、当該決定によって共有者が受ける不利益と

を比較衡量し、その不利益が受忍限度を超える場合をいうと解されている。

③ 共有物の使用に関する判例

問題点❶ 　共有者の一人(少数持分権者)が共有者の協議を経ないで共有物を単独で占有使用している場合、他の共有者(多数持分権者)は、当該共有者に対して、共有物の明渡請求(引渡請求)をすることができるか。

結論 　他の共有者は、当該共有者に対して、**当然に共有物の明渡請求(引渡請求)ができるわけではない**(最判昭41.5.19)〔15〕。多数持分権者が少数持分権者に対して共有物の明渡を求めることができるためには、その**明渡を求める理由を主張し立証**しなければならない。

理由 　各共有者は、自己の持分によって共有物の全部を使用収益する権原を有し(249条1項)、これに基づいて当該共有者は共有物を占有している。

【少数持分権者に対する明渡請求】

〈解説〉 　共有者間の合意または決定によらず共有物を使用する共有者に対して、他の共有者は持分の価格の従った過半数の決定により、共有物の明渡しを求めることが可能となったと解されている(252条1項後段)。そこで、本判例と252条1項後段との整合性については、過半数の決定があったことにより、判例のいう「明渡を求める理由を主張し立証」がなされたものとみると解されている。

問題点❷ 　共有者の一人が共有者の協議を経ないで第三者に対して共有物の占有使用を承認した場合、第三者の占有使用を承認していない他の共有者は、当該第三者に対して、共有物の明渡請求(引渡請求)をすることができるか。

結論 　他の共有者は、当該第三者に対して、**当然には共有物の明渡請求(引渡請求)ができるわけではない**(最判昭63.5.20)。〔16〕

理由 　第三者は、占有使用を承認した共有者の持分に基づくものと認められる限度で、共有物を占有使用する権原を有する。

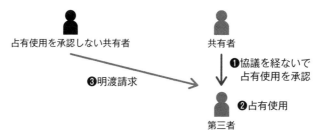

占有使用を承認しない共有者　　　　　　共有者

❶協議を経ないで
　占有使用を承認

❸明渡請求

❷占有使用
第三者

【共有者の一人から占有使用の承認を受けた第三者に対する明渡請求】

〈解説〉　本判例についても、 問題点❶ の〈解説〉と同様に考えることができる。

4 所在等不明・賛否不明の共有者がいる場合 改正

　所在等不明・賛否不明の共有者がいる場合に、それ以外の共有者のみで共有物の管理行為や軽微な変更行為が行えるようにするための制度である。

趣旨　共有物の円滑な利用を図るため。

① 要件

　他の共有者が下表のいずれかに該当する場合において、他の共有者以外の共有者が裁判所に請求することである(252条2項柱書)。

【管理行為に関する裁判ができる場合】

他の共有者の所在等不明	共有者が他の共有者(所在等不明の共有者)を知ることができず、またはその所在を知ることができないとき
他の共有者の賛否不明	共有者が他の共有者(賛否不明の共有者)に対し相当期間を定めて共有物の管理行為について決定することについて賛否を明らかにすべき旨を催告したが、当該他の共有者がその期間内に賛否を明らかにしないとき

② 効果

　裁判所は、他の共有者以外の共有者の**請求**により、管理行為および軽微な変更行為について、**他の共有者以外の共有者の持分の価格に従い、その過半数で決定できる旨の裁判**をすることができる(252条2項柱書)。 17/予

　例えば、共有者 ABCD のうち A が所在等不明の場合、裁判所は、BCD のいずれかの請求により、BCD の持分に係る価格の過半数で管理行為および軽微な変更行為について決定できる旨の裁判をすることができる。

5 共有物に対する賃借権等の設定 改正

　共有者は、各共有者の持分の価格に従い、その**過半数の決定**により、共有物に、次表に掲げる**賃借権等**(賃借権その他の使用収益を目的とする権利)**を設定する**ことができる(252条4項)。18/予

趣旨　短期賃貸借の設定について、管理権限の範囲内で可能とすることで、共有物の収益をはかることを容易にした。

【共有物に対する賃借権等の設定】

賃借権等	期間の上限
樹木の栽植または伐採を目的とする山林の賃借権等	10年
上記の賃借権等以外の土地の賃借権等	5年
建物の賃借権等	3年
動産の賃借権等	6か月

〈**解説**〉　表に掲げる期間の上限を超える賃借権等の設定は、共有者の全員の同意が必要になると解されている。

6 共有物の管理者 改正

意義　共有物の管理者とは、共有者から**共有物の管理に関する行為**(管理行為や軽微な変更)**をする**権限を与えられた者であり(252条の2第1項本文)、共有者であるか否かは問わない。共有物の管理者の選任・解任は、共有者の持分に係る価格の過半数による(252条1項括弧書)。

趣旨　共有物の適正・円滑な管理をするには、特定の者に共有物の管理を委ねる方がよい場合があり、その権限などを明確にするため規定された。

【共有物の管理者に関する民法の規定】

共有物の著しい変更をする場合	共有物の管理者は、共有者の**全員の同意を得なければ**、共有物の著しい変更ができない(252条の2第1項ただし書)(19/予)
所在不明等の共有者がいる場合	共有物の管理者が共有者を知ることができず、またはその所在を知ることができない場合、裁判所は、共有物の管理者の請求により、**当該共有者以外の共有者の同意を得て共有物の著しい変更ができる旨の裁判ができる**(252条の2第2項)(19/予)
共有者の決定事項がある場合	共有物の管理者は、共有者が共有物の管理に関する行為について決定した場合は、それに従って職務を行わなければならない(252条の2第3項)
決定事項に管理者が違反した場合	決定事項に違反して行った共有物の管理者の行為は、共有者に対して**効力を生じないが**、**善意の第三者に対抗することができない**(252条の2第4項)。例えば、共有物である建物を賃貸禁止の決定事項に違反して管理者が1年間の賃貸借契約を締結した場合、当該契約は共有者には効力を生じないが、決定を知らない契約の相手方には効力を生じないことを主張することができない **趣旨** 効力を生じないことにすると、相手方が不測の損害を被るおそれがあるので、取引の安全のため、相手方が善意の場合には、効力が生じないことを主張することができないことにした

6 共有物の管理費用の負担

1 持分に応じた管理費用の負担

意義 各共有者は、その**持分に応じ**、管理の費用を支払い、その他共有物に関する負担をする義務を負う(253条1項)(20)。例えば、共有物の修繕費用や公租公課(税金)は、各共有者が持分に応じて負担する。

趣旨 持分に応じた共有物の使用を認めている(249条1項)こととの均衡から、共有物の管理費用の負担も持分に応じて行うべきことにした。

2 管理費用を負担しない共有者がいる場合

意義 共有者が**1年以内**に管理費用を負担する義務を履行しない場合、他の共有者は、相当の償金を支払って、その者の持分を取得することができる(253条2項)。(20)

趣旨 管理費用を負担する共有者が、引き続き共有物を円滑に利用できるようにするため、相当の償金の支払いを条件に、これを負担しない共有者を追い出すことを認めている。

❼ 共有物についての債権

　共有者の一人が共有物について他の共有者に対して有する債権(共有物の保存・管理費用の立替金等)は、その**特定承継人に対しても行使**することができる(254条)。例えば、共有者ABCのうちのAがBの負担すべき共有物の管理費用の立替払をした場合、Aは、Bから持分を譲り受けたDに対しても、その立替金の支払いを請求することができる。

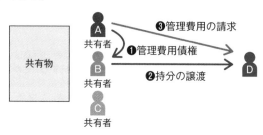

【共有物についての債権】

　📖**発展** そして、この共有物についての債権には、共有物分割契約(共有物の分割に関する特約)に基づく債権も含まれる(最判昭34.11.26)。 **B**

❽ 持分の放棄・共有者の死亡

意義　共有者の一人が、その**持分を放棄**したとき、または**死亡して相続人がない**ときは、その持分は他の共有者に帰属する(255条)。 **21**

趣旨　所有者のない不動産および相続人不存在の相続財産が国庫に帰属する(239条2項、959条)ことを共有物にも貫くと、国と他の共有者との間に共有関係が生じ、国としても財産管理上の手数がかかるなど不便であり、そうすべき実益もないので、**国庫帰属に対する例外**として規定された(最判平1.11.24参照)。

問題点　死亡した共有者に相続人は存在しないが、**特別縁故者**(958条の2)が存在する場合、当該共有者の持分(共有持分)は誰に帰属するのか。

結論　**特別縁故者に対する財産分与の対象**となり、財産分与がされず、共有持分を承継する者が存在しないまま相続財産として**残存することが確定**したときに、**初めて他の共有者に帰属する**(最判平1.11.24)。 **22**

理由　他の共有者に帰属すると解するとすれば、共有持分以外の相続財産は特別縁故者への財産分与の対象となるのに、共有持分である相続財産が財産分与の対象にならないことになり、なぜ同じ相続財産でありながら区別し

て取り扱うのか合理的な理由がない。

〈語句〉●特別縁故者とは、「被相続人と生計を同じくしていた者、被相続人の療養看護に
　　努めた者その他被相続人と特別の縁故があった者」である。家庭裁判所は、相当
　　と認めるときは、被相続人と特別の縁故のあった者の請求によって、その者に、
　　清算後残った相続財産の全部又は一部を与えることができる。例えば、事実上
　　の養子、内縁の妻が該当する。

9 共有物の分割

意義　共有物の分割とは、共有物に関する共有関係を解消させることをいう。
共有物の分割の手続として、協議による分割と裁判による分割がある。

趣旨　共有者間に意見の対立が生じると共有物の管理・変更等に障害を招き、
共有物の経済的価値が十分に実現されなくなるので、そのような弊害を除
去して共有物の経済的効用を十分に発揮させるため、共有物の分割を認め
た(最大判昭62.4.22参照)。

1 分割の手続

① 各共有者の権利
原則　共有者の協議が行われる。
例外　協議が調わないとき又は協議をすることができないときは、裁判所に対
して分割を請求することができる(共有物分割の訴え)(258条1項)。

② 各共有者の義務
　分割により取得した物・権利に不適合がある場合、他の共有者は売主と同様に、
その持分に応じて担保責任を負う(261条)。

③ 分割への参加 *発展*
　共有物について権利を有する者及び各共有者の債権者は、自分の費用で共有物の
分割に参加することができる。参加の請求があったにもかかわらず、その者を参加
させないで分割をした場合には、その分割を参加の請求をした者に対抗することが
できない(260条)。 C

2 協議による分割

意義　各共有者は、いつでも共有物の分割を請求することができる(256条1項本
文)。これを共有物分割請求権という。ただし、5年を超えない期間を定めて

共有物を分割しない旨の契約（分割禁止特約または**不分割特約**）をすることができる（256条1項ただし書）**23**。 **発展** この特約を共有物やその持分を譲り受けた者に対抗するには、その旨の**登記**が必要である（不動産登記法59条6号）。**D**

趣旨 各共有者に対し、近代市民社会における原則的所有形態である単独所有への移行を可能とさせるための権利として、共有物分割請求権が認められているので（最大判昭62.4.22参照）、分割禁止特約には期間制限を設けるべきである。

〈解説〉 協議による分割の場合は、各共有者の話し合いによって自由に共有物を分割することができる。

【共有物の分割の方法の一例】

現物分割	共有物の現物を分割する方法である (例)共有物である土地を分割してABで分け合う※
全面的価格賠償	共有者に債務を負担させて、他の共有者の持分の全部を取得させる方法である (例)AがBに対し持分権の価格を賠償する債務を負担して、Bの持分の全部を取得する
現物分割と価格賠償	現物分割と価格賠償の組合せ (例)ABCで共有する土地をAとBに分割し、ABがCに対し持分権の価格を賠償する債務を負担する
代金分割	共有物を売却して代金に換え、その代金を分け合う方法である (例)共有物を競売にかけて、競売代金をABで分け合う

※ Aが持分の価格を超える土地を取得した場合、超過分の対価をAからBに支払わせ、過不足を調整することができる（最大判昭62.4.22）。これを「部分的価格賠償」という。

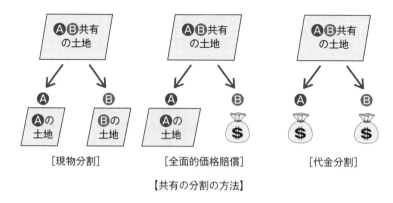

[現物分割]　[全面的価格賠償]　[代金分割]

【共有の分割の方法】

3 境界標等の分割請求 /発展

境界線上に設けられた境界標、囲障、障壁、溝および堀は、相隣者の共有に属する場合でも、分割請求権を有しない(257条)。 E

趣旨 境界標等は相隣者の共通の利益のために存在するものであるから、性質上分割できるものではない。

4 裁判による分割 改正

① 裁判による分割を行うことができる場合

共有物の分割について共有者間の**協議が調わない**とき、または共有者間で**協議をすることができない**ときは、各共有者は、**裁判所に共有物の分割を請求する**(訴えを提起する)ことができる(258条1項)。裁判所に訴えられた共有物分割請求のことを**共有物分割訴訟**(共有物分割の訴え)という。 24

② 裁判による分割の方法

原則 共有物分割訴訟において、裁判所は、**現物分割**または**価格賠償**の方法によって、共有物を分割することを命じることができる(258条2項)。 24 25

例外 現物分割または価格賠償の方法によって共有物を**分割することができない**とき、または分割によって**共有物の価格を著しく減少させるおそれがあるとき**は、裁判所は、**共有物の競売を命じる**ことができる(**代金分割**)(258条3項)。 24 25

なお、裁判所は、共有物の分割の裁判において、当事者に対して、金銭の支払い、物の引渡し、登記義務の履行その他の給付を命じることができる(258条4項)。

問題点 全面的価格賠償はどのような場合に認められるのか。

結論 共有者のうちの特定の者に共有物を取得させるのが相当で、かつ、共有物の価格が適正に評価され、共有物の取得者に支払能力があり、他の共有者にその持分の価格を取得させるとしても共有者間の実質的公平を害しないと認められる特段の事情が存する場合である(最判平8.10.31)。 26

理由 共有物を取得した者が他の共有者に賠償金を支払うことができないようでは困るので、取得者に支払能力があることを要件とするべきである。

〈解説〉 2021年成立の民法改正で、価格賠償の方法が明文規定で認められるに至ったが、その判断基準は明文化されていないので、従来からの判例の判断基準によるべきである。

数か所に分かれて存在する多数の共有不動産を現物分割する場合	一括して分割の対象とし、分割後のそれぞれの不動産を各共有者の単独所有とすることも許される(最大判昭62.4.22) [27]
共有者の一人が分割を請求したが、他の共有者は分割を欲していなかった場合	**発展** 分割請求権者に対してのみ持分の限度で現物分割をし、その余は他の者の共有として残すこともできる(最大判昭62.4.22) [F]
分割請求者が多数であるときの現物分割	**発展** 多数の共有不動産について、258条により共有物の現物分割をする場合において、分割請求者が多数であるときは、分割請求の相手方の持分の限度で現物を分割し、その余は分割請求者の共有として残す方法によることも許される(最判平4.1.24) [F]

5 共有物が相続財産である場合の特則 改正

① 裁判による分割の禁止

共有物の全部またはその持分が相続財産に属する場合で、共同相続人間で当該共有物の全部またはその持分について**遺産分割をすべきとき**は、当該共有物またはその持分につき、**裁判による分割(258条の規定による分割)**をすることができない(258条の2第1項)。

例えば、土地の共有者 AB のうち B が死亡し、B の相続人として CD がいる場合、B の持分は CD 間で遺産分割をすべき相続財産なので、B の持分について協議が調わず裁判をするときは、共有物分割訴訟ではなく、遺産分割の調停や審判の手続によるべきことになる(最判昭62.9.4参照)。

趣旨 共同相続人間での遺産の共有状態の解消は、遺産全体の価値を総合的に把握して具体的相続分に応じて行われる遺産分割の方法による必要がある。

② 共有物の持分が相続財産に属する場合の例外

共有物の持分が相続財産に属する場合で、**相続開始時から10年を経過したとき**は、相続財産に属する共有物の持分について、裁判による分割をすることができる(258条の2第2項本文)。ただし、当該共有物の持分について遺産分割の請求があった場合で、相続人が当該共有物の持分について裁判による分割をすることに異議の申出をしたときは、裁判による分割をすることができない(258条の2第2項ただし書)。

趣旨 相続開始時から10年を経過すると、具体的相続分の主張が制限されるので(904条の3本文)、裁判による共有物の分割を認めてよい。

〈解説〉 相続人が異議の申出をする場合には、裁判所から裁判による分割の請求があった旨の通知を受けた日から2か月以内に、当該通知をした裁判所に

しなければならない(258条の2第3項)。

⑩ 所在等不明共有者の持分の取扱い 改正

共有物が**不動産**の場合において、他の共有者が所在等不明共有者であるときに、裁判所が、**所在等不明共有者の持分を共有者が取得する旨の裁判**(所在等不明共有者の持分取得の裁判)や、**他人に譲渡する権限を付与する旨の裁判**(所在等不明共有者の持分譲渡権限付与の裁判)をすることができる(262条の2第1項、262条の3第1項)。

> **趣旨** 土地の共有者の一部に、特定不能(誰であるのかが分からない)または所在不明の者がいる場合に、共有者が共有物分割訴訟の提起をすることができず、法的な対応を講じることができないという問題点を解消すべく規定された。

なお、所在等不明共有者の**持分が相続財産に属する場合**(共同相続人間で遺産分割をすべき場合に限る)において、相続開始時から10年を経過していないときは、裁判所は、これらの裁判ができない(262条の2第3項、262条の3第2項)。

> **趣旨** 相続人の遺産分割上の権利を保護しなければならず、遺産分割の基準が原則として法定相続分となる相続開始時から10年の経過(904条の3本文)を待つべきである。

1 裁判の要件

不動産が数人の共有に属する場合において、共有者が他の共有者(所在等不明共有者)を知ることができず、またはその所在を知ることができないときに、**共有者が裁判所に請求**することである(262条の2第1項前段、262条の3第1項)。 28/予

2 裁判の内容

上記の要件を満たす場合、裁判所は、共有者の請求に応じて、次表のように所在等不明共有者の持分取得の裁判や所在等不明共有者の持分譲渡権限付与の裁判をすることができる。

① 所在等不明共有者の持分取得の裁判

持分取得の裁判の内容	① 他の共有者（所在等不明共有者）の持分を請求した共有者に取得させる旨の裁判をすることができる（262条の2第1項前段）28/予 ② 請求をした共有者が2人以上のときは、請求をした各共有者の持分の割合で按分して、他の共有者の持分をそれぞれ取得させる（262条の2第1項後段）
手続保障	所在等不明共有者の意思に基づくことなく持分が移転することになるため、所在等不明共有者に対して一定の手続が保障されている

② 所在等不明共有者の持分の譲渡

持分取得の裁判の内容	① 他の共有者（所在等不明共有者）の持分を特定の者に譲渡する権限を請求した共有者に付与する旨の裁判をすることができる（262条の3第1項） ② 裁判をする際には、他の共有者以外の共有者の全員が特定の者に対してその有する持分の全部を譲渡することを停止条件とする（262条の3第1項）
所有権移転	この裁判によって持分の譲渡が実現するわけではなく、譲渡の契約が締結されて初めて所有権移転の効果が生じる

重要事項 一問一答

01 共同所有の3つの形態は何か？

共有、合有、総有

02 共有者の持分の割合はどのように推定されるか？

相等しいものと推定される（250条）。

03 各共有者は、共有物の全部を使用することができるか？

各共有者は、持分に応じて、共有物の全部を使用することができる（249条1項）。

04 持分権の処分は自由にできるか？

各共有者が自己の持分権を自由に処分することができる。

05 共有者の全員でなければ、共有物の全部について妨害排除を請求することができないか？

共有物の全部についての妨害排除請求は、各共有者が単独で行うことができる（判例）。

06 共有者は、他の共有者に対し、自己の持分を超える共有物の使用に対する対価を償還すべきか？

別段の合意がない限り、対価を償還すべきである（249条2項）。

07 共有物について各共有者の持分に係る価格の過半数で決する事項は何か？

保存行為を除いた管理行為と軽微な変更行為(252条1項前段)

08 共有物について共有者の全員の同意を必要とする事項は何か?

著しい変更行為(251条1項)

09 共有物の軽微な変更を決定する際、共有物を使用する共有者の同意を得なければならない場合はあるか?

共有者間の決定に基づいて共有物を使用する共有者に特別に影響を及ぼすべきときは、その共有者の承諾を得なければならない(252条3項)。

10 共有者 ABCD のうち A が所在等不明の場合、BCD の持分に係る価格の過半数で管理行為を決定できる方法はあるか。

BCD のいずれかが裁判所に請求し、BCD の持分に係る価格の過半数で管理行為を決定することができる旨の裁判を得る方法がある(252条2項1号)。

11 建物の賃借権等の設定は、何年以内の期間であれば、各共有者の持分に係る価格の過半数で決定できるか?

3 年以内の期間(252条4項3号)

12 他の共有者は、共有者間の協議なく共有物を単独で使用している共有者の一人に対し、明渡請求ができるか(判例)?

当然に明渡請求ができるわけではない(判例)。

13 共有物の管理者とは何か?

共有者から共有物の管理に関する行為(管理行為や軽微な変更)をする権限を与えられた者である(252条の 2 第 1 項本文)。

14 共有物の管理費用の負担の割合はどうなっているか?

各共有者の持分に応じて負担する(253条1項)。

15 共有者の一人が持分を放棄した場合、その共有者の持分は誰に帰属するか?

他の共有者に帰属する(255条)。

16 各共有者は、共有物の分割をいつでも請求することができるのか?

分割禁止特約がある場合を除き、いつでも共有物の分割を請求することができる(256条1項)。

17 裁判所に共有物の分割を請求できるのは、どのような場合か?

共有物の分割について共有者の協議が調わないとき、または共有者間で協議ができないとき(258条1項)

18 裁判所が代金分割を命じることができるのは、どのような場合か?

現物分割または価格賠償の方法によって共有物を分割することができないとき、または分割によって共有物の価格を著しく減少させるおそれがあるとき(258条3項)

19 共有物の持分について裁判による分割ができない場合はあるか?

共有物の持分が相続財産に属する場合で、共同相続人間で当該共有物の持分について遺産分割をすべきとき(258条の 2 第 1 項)

20 所在等不明共有者がいる不動産につき、共有者の請求により行うことができる裁判はあるか?

所在等不明共有者の持分取得の裁判または所在等不明共有者の持分譲渡権限付与の裁判(262条の2第1項、262条の3第1項)

過去問チェック(争いのあるときは、判例の見解による)

01 共有は、共有物について複雑な権利関係を生じるところ、動産には、複雑な権利関係を公示することができる登記制度が存在しないから、動産を共有することはできない。

×(裁2012)「動産には、複雑な権利関係を公示することができる登記制度が存在しないから、動産を共有することはできない」が誤り。動産の登記制度については、本章 **9** 節 **1** 項「動産の物権変動」で扱う。

02 通説に照らすと、各共有者は、共有物の全部について、その持分に応じた使用をすることができるが、各共有者が自己の持分を譲渡し又は担保を設定するときは、他の共有者の同意を得なければならない。

×(区2017改題)「他の共有者の同意を得なければならない」が誤り。

03 不動産の共有者の1人が無断で自己の単独所有としての登記をし、当該不動産を第三者に譲渡して所有権移転登記を行ったときは、他の共有者は、共有持分権に基づき、当該移転登記の全部抹消を請求することができる。

×(国般2006)「当該移転登記の全部抹消を請求することができる」が誤り。

04 第三者が無権原で共有物を占有利用している場合は、共有者は、各自単独で、不法占有から生ずる損害の全部を賠償請求することができる。

×(裁2009)「不法占有から生ずる損害の全部を賠償請求することができる」が誤り。

05 A、B、Cの3人が各3分の1の持分で甲建物を共有している。甲建物をDが不法占拠している場合、Aは、Dに対し、B又はCの同意なしに、単独で自己の持分を超えて甲建物全部の明渡しを求めることはできない。

×(裁2011改題)「B又はCの同意なしに、単独で自己の持分を超えて甲建物全部の明渡しを求めることはできない」が誤り。

06 ある土地の共有者の1人は、当該土地について単独名義の登記を有している

無権利者に対して、自己の持分についての移転登記を請求することはできるが、不実の登記全部の抹消を請求することはできない。

×（裁2009）「不実の登記全部の抹消を請求することはできない」が誤り。

[07] 最高裁判所の判例では、共有者の一人が他の共有者の同意を得ることなく農地を造成して宅地にした場合であっても、他の共有者は、各自の共有持分権に基づき、工事の差止めや原状回復を求めることは一切できないとした。

×（区2003）「工事の差止めや原状回復を求めることは一切できないとした」が誤り。

[08] A、B、Cの3人が各3分の1の持分で甲建物を共有している。甲建物のBの持分について、無権利者Dが不実の持分移転登記を経由している場合、Aは、単独でその持分移転登記の抹消登記手続を求めることができる。

○（裁2011改題）

[09/予] A、B、Cの3人が各3分の1の持分で共有する不動産をAが単独で使用している場合、Aは、BCに対してその使用料相当額を支払う義務を負わない。

×（予想問題）「BCに対してその使用料相当額を支払う義務を負わない」が誤り。

[10/予] 共有者は、共有物の所有者であるから、自己の財産におけるのと同一の注意をもって、共有物を使用することができる。

×（予想問題）「自己の財産におけるのと同一の注意をもって、共有物を使用することができる」が誤り。

[11] 各共有者は、共有物の補修又は共有物に対する公租公課の負担を単独で行おうとする場合、各共有者の持分の価格に従い、その過半数の同意が必要である。

×（区2003）「各共有者の持分の価格に従い、その過半数の同意が必要である」が誤り。

[12] 共有物の管理に関する事項は、著しい共有物の変更の場合を除き、各共有者の持分の価格に従い、その過半数で決するが、共有物の保存行為は、各共有者が単独ですることができる。

○（区2012改題）

[13] 土地を目的とする貸借契約について、貸主が2人以上いる場合に貸主側から当該契約を解除する旨の意思表示をするには、民法第544条第1項の規定に基づき、その全員からこれを行う必要がある。

× (国般2006)「民法第544条第 1 項の規定に基づき、その全員からこれを行う必要がある」が誤り。

14/予 共有者間の決定に基づかないで共有物を使用する共有者がある場合に、その承諾を得なければ、管理行為および軽微な変更行為について決定することができない。

× (予想問題)「その承諾を得なければ、管理行為および軽微な変更行為について決定することができない」が誤り。

15 共有不動産の持分の価格が過半数を超える者は、共有物を単独で占有する他の共有者に対し、当然には、その占有する共有物の明渡しを請求することができない。

○ (国般2004)

16 第三者が、共有者の一部の者から共有者の協議に基づかないで共有物を占有使用することを承認され、共有物を占有利用している場合、持分の過半数を有する他の共有者は、当然にその全部の返還を請求することができる。

× (裁2009改題)「当然にその全部の返還を請求することができる」が誤り。

17/予 他の共有者(所在不明等の共有者)がいる場合、他の共有者以外の共有者の請求により、管理行為および軽微な変更行為について、他の共有者以外の共有者の持分の価格に従い、その過半数で決定できる旨の裁判をすることができる。

○ (予想問題)

18/予 共有者は、各共有者の持分の価格に従い、その過半数の決定により、共有物に、民法の規定する範囲内の賃借権等を設定することができる。

○ (予想問題)

19/予 共有物の管理者は、共有者の全員の同意を得なければ、共有物の著しい変更ができないが、共有物の管理者が共有者を知ることができず、またはその所在を知ることができない場合、当該共有者以外の共有者の同意を得て共有物の著しい変更をすることができる。

× (予想問題)「当該共有者以外の共有者の同意を得て共有物の著しい変更をすることができる」が誤り。

20 各共有者は、その持分に応じ、管理の費用を支払い、その他共有物に関する

負担を負うが、共有者が１年以内にこの負担義務を履行しないときは、他の共有者は、相当の償金を支払ってその者の持分を取得することができる。

○（区2017）

21 共有者の一人がその持分を放棄した場合、その持分は他の共有者に帰属するが、共有者の一人が相続人なくして死亡した場合は、その持分は国庫の所有に帰属する。

×（区2003）「共有者の一人が相続人なくして死亡した場合は、その持分は国庫の所有に帰属する」が誤り。

22 不動産の共有者の１人が相続人なくして死亡したときは、その持分は他の共有者に帰属するので、特別縁故者が存在する場合であっても、他の共有者は死亡した共有者から自己に持分移転登記をすることができる。

×（国般2006）「特別縁故者が存在する場合であっても、他の共有者は死亡した共有者から自己に持分移転登記をすることができる」が誤り。

23 各共有者は、共有状態を解消すべき必要かつ合理的な理由がある場合にのみ、共有物の分割を請求することができるが、あらかじめ、共有者間において５年を超えない期間内は分割をしない旨の契約をすることは差し支えない。

×（税・労2007改題）「共有状態を解消すべき必要かつ合理的な理由がある場合にのみ」が誤り。

24 共有物の分割について共有者間に協議が調わないときは、その分割を裁判所に請求できるが、現物分割のみが原則であるので、裁判所は、共有物の現物を分割することができない場合に限り、共有物の競売を命ずることができる。

×（区2012改題）「現物分割のみが原則であるので、裁判所は、共有物の現物を分割することができない場合に限り、共有物の競売を命ずることができる」が誤り。

25 裁判による共有物の分割方法としては、現物を分割する方法、売却代金を分割する方法、現物を分割した上で持分以上の現物を得た共有者が他の共有者に差額を賠償する方法などがあるが、共有者の１人が単独で所有権を取得し、他の共有者が持分の価格の賠償を受けるという方法は許されていない。

×（裁2009）「共有者の１人が単独で所有権を取得し、他の共有者が持分の価格の賠償を受けるという方法は許されていない」が誤り。

26 最高裁判所の判例では、共有物を共有者のうちの特定の者に取得させるのが

相当であると認められれば、当該共有物を取得する者に支払能力があるなどの特段の事情がなくても、当該共有物を共有者のうちの一人の単独所有とし、他の共有者に対して持分価格を賠償させる方法による分割も許されるとした。

×（区2017）「当該共有物を取得する者に支払能力があるなどの特段の事情がなくても、」が誤り。

[27] 分割の対象となる複数の共有地が隣接しているときは、裁判所は、これらの各共有地を一括して分割の対象とし、それぞれの土地を各共有者の単独所有とするような分割が許されるが、分割の対象となる複数の共有地が離れて存在するときは、これらの各共有地を一括して分割の対象とすることはできず、それぞれの土地を各共有者の単独所有とするような分割は許されない。

×（裁2006）「これらの各共有地を一括して分割の対象とすることはできず、それぞれの土地を各共有者の単独所有とするような分割は許されない」が誤り。

[28/予] 不動産が数人の共有に属する場合において、共有者が他の共有者を知ることができず、又はその所在を知ることができないときは、裁判所は、共有者の請求により、その共有者に、当該他の共有者の持分を取得させる旨の裁判をすることができる。

○（予想問題）

[A] 最高裁判所の判例では、要役地が数人の共有に属する場合、各共有者は、単独で共有者全員のため共有物の保存行為として、要役地のために地役権設定登記手続を求める訴えを提起することができないというべきであるとした。

×（区2021改題）「要役地のために地役権設定登記手続を求める訴えを提起することができないというべきであるとした」が誤り。

[B] 最高裁判所の判例では、共有者の一人が他の共有者との間で共有土地の分割に関する特約をしたとしても、他の共有者の特定承継人に対して、その特約は主張できないとした。

×（区2012）「その特約は主張できないとした」が誤り。

[C] 共有物について権利を有する者及び各共有者の債権者は、自己の費用で共有物の分割に参加することができ、これらの者から参加の請求があったにもかかわらず、その請求をした者を参加させないで分割をしたときは、当該分割はその請求をした者に対抗することができない。

○（税・労2007）

D　共有物である土地を5年間分割しない旨の共有者間の合意は、登記をしていなくても、その後に共有持分を譲り受けた者に対抗することができる。

×（国般2008）「登記をしていなくても、その後に共有持分を譲り受けた者に対抗することができる」が誤り。

E　境界線上に設けられた界標は相隣者の共有に属するので、各共有者は、いつでも当該界標について共有物の分割請求をすることが可能である。

×（区2003）全体が誤り。

F　多数の共有者の一人がその余の共有者らに対して共有物の分割を請求する場合、裁判所は、請求者の持分の限度で現物を分割し、残りを相手方らの共有として残すことが許されるが、多数の共有者が一人の共有者に対して共有物の分割を請求する場合は、相手方の持分の限度で現物を分割し、その余を請求者らの共有として残すことは許されない。

×（裁2006）「相手方の持分の限度で現物を分割し、その余を請求者らの共有として残すことは許されない」が誤り。

4 所有権③ ─所有者不明・管理不全

本節では、2021年成立の民法改正で導入された所有者不明土地・建物管理制度、管理不全土地・建物管理制度を扱います。所有者不明の土地・建物は公共事業などの妨げになり、管理不全の土地・建物は近隣に悪影響を与えるので、そのような土地・建物を第三者が管理できるようにするための制度です。

1 所有者不明土地・建物管理制度 改正

1 総説

意義 所有者不明土地・建物管理制度とは、所有者不明の土地・建物について、裁判所が管理人を選任し、当該管理人による管理を命じる処分（管理命令）をすることができる制度であり、2021年成立の民法改正で新設された。

趣旨 ① 所有者不明土地・建物が全国に多数存在し、公共事業・災害復興の実施や民間取引を妨げるといった多くの問題を引き起こしているので、その利用の円滑化を図る必要がある。

② 従来、所有者不明の財産を管理する制度として、不在者財産管理人（25条1項）と相続財産管理人（旧952条）がある。しかし、どちらも人単位で財産全般を管理する必要があり、非効率になりがちなので、所有者不明の土地・建物に特化した新たな財産管理制度を設けて、所有者不明土地・建物の管理を効率化・合理化する必要がある。

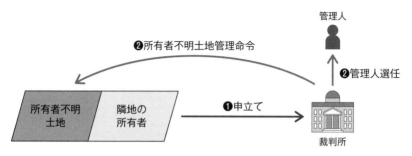

【所有者不明土地・建物管理制度】

〈解説〉 2021年成立の民法改正で、従来の相続財産管理人は、相続財産の保存を

目的とする場合は相続財産管理人(897条の2)、相続財産の清算を目的とする場合は相続財産清算人(952条)と区別されるようになった。

〈語句〉●所有者不明とは、所有者を知ることができず、またはその所在を知ることができないことをいう。

2 管理命令

① 管理命令を発するための要件

所有者不明土地・建物管理制度により、裁判所が土地について発する管理命令が**所有者不明土地管理命令**、建物について発する管理命令が**所有者不明建物管理命令**である。裁判所がこれらの管理命令を発するための要件は、下表の3つである(264条の2第1項、264条の8第1項)。

【管理命令を発するための要件】

所有者不明の土地・建物であること	① 所有者を知ることができず、またはその所在を知ることができない土地・建物であること 01/予 ② 共有の土地・建物については、共有者を知ることができず、またはその所在を知ることができない土地・建物の共有持分であること 01/予
管理の必要性があること	裁判所が「必要がある」(管理人に所有者不明の土地・建物を管理させる必要がある)と認めること 01/予
利害関係人の申立てがあること	裁判所に対して、所有者不明の土地・建物の管理について利害関係を有する者が申立てをしていること 01/予 (例)隣地所有者、時効取得を主張する者、不明共有者がいる場合の他の共有者など

② 管理命令の発令と管理人の選任

3つの要件を満たすと、裁判所は、管理命令を発することができるようになる。もっとも、**管理命令を発する場合、裁判所は、必ず管理人を選任しなければならない。**

選任される管理人は、所有者不明土地管理命令を発する場合は**所有者不明土地管理人**(264条の2第4項)、所有者不明建物管理命令を発する場合は**所有者不明建物管理人**(264条の8第4項)である。

③ 管理命令の効力が及ぶ範囲

管理命令は、その対象である土地・建物以外にも効力が及ぶことがある。管理命令の効力が及ぶ範囲については、次表のように、所有者不明土地管理命令であるか所有者不明建物管理命令であるかによって異なる。

【管理命令の効力が及ぶ範囲】

所有者不明土地 管理命令の場合 (264条の2第2項)	① 管理命令の対象とされた土地にある動産※¹にも効力が及ぶ 02/予 ② 共有持分を対象として管理命令が発せられた場合は、共有物である土地にある動産※²にも効力が及ぶ 02/予
所有者不明建物 管理命令の場合 (264条の8第2項)	① 管理命令の対象とされた建物にある動産※¹および敷地利用権※³にも効力が及ぶ ② 共有持分を対象として管理命令が発せられた場合は、共有物である建物にある動産※²および敷地利用権※³にも効力が及ぶ

※1 土地または建物の所有者が所有する動産に限る。

※2 共有持分を有する者が所有する動産に限る。

※3 建物の所有者または共有持分を有する者が有する賃借権その他の使用収益権（所有権を除く）に限る。

3 管理人の権利義務等

管理人の権利義務等に関する規定は、所有者不明土地管理命令の規定が所有者不明建物管理命令に準用されている(264条の8第5項)。そこで、所有者不明土地管理命令が発せられた場合を前提として見ていく。

① 管理処分権

原則 所有者不明土地等の管理・処分をする権利は、**所有者不明土地管理人に専属する**(264条の3第1項)。

例外 所有者不明土地管理人が保存行為または利用改良行為(所有者不明土地等の性質を変えない範囲内に限る)の範囲を超える行為をするには、裁判所の許可を得なければならない。裁判所の許可を得ないでなされた場合、許可がないことをもって**善意の第三者に対抗することはできない**(264条の3第2項)。 03/予

趣旨 裁判所の許可がないことを知らないで取引をした第三者の利益を保護する必要がある。

〈語句〉●所有者不明土地等とは、①所有者不明土地管理命令の対象とされた土地またはそれらの共有持分、②管理命令の効力が及ぶ動産、③これらの管理、処分その他の事由により所有者不明土地管理人が得た財産のことをいう(264条の3第1項)。

② 訴訟の当事者になる資格

所有者不明土地管理命令が発せられた場合には、所有者不明土地等に関する訴えについては、**所有者不明土地管理人を原告または被告とする**(264条の4)。したがって、所有者不明土地管理人は、所有者不明土地等に関する訴訟の当事者となる資格

を有する。

③ 善管注意義務

　所有者不明土地管理人は、所有者不明土地等の所有者(その共有持分を有する者を含む)のために、**善良な管理者の注意**をもって、その権限を行使しなければならない(264条の5第1項)。

〈解説〉　数人の者の共有持分を対象として所有者不明土地管理命令が発せられた場合、所有者不明土地管理人は、当該所有者不明土地管理命令の対象とされた共有持分を有する者全員のために、誠実かつ公平に権限を行使しなければならない(264条の5第2項)。

④ 解任・辞任

　所有者不明土地管理人がその任務に違反して**所有者不明土地等に著しい損害を与え**たことその他重要な事由があるときは、裁判所は、**利害関係人の請求**により、所有者不明土地管理人を**解任**することができる(264条の6第1項)。04/予

　また、所有者不明土地管理人は、正当な事由があるときは、**裁判所の許可を得**て、**辞任**することができる(264条の6第2項)。04/予

⑤ 費用・報酬

　所有者不明土地管理人は、所有者不明土地等から裁判所が定める額の費用の前払および報酬を受けることができる(264条の7第1項)。05/予

　そして、所有者不明土地管理人による所有者不明土地等の管理に必要な費用および報酬は、所有者不明土地等の所有者(その共有持分を有する者を含む)の負担とする(264条の7第2項)。

❷ 管理不全土地・建物管理制度 改正

1 総説

意義　管理不全土地・建物管理制度とは、管理不全の土地・建物について、裁判所が管理人を選任し、当該管理人による管理を命じる処分(管理命令)をすることができる制度である。2021年成立の民法改正で新設された。

　　　土地の所有者及びその所在が判明している(所有者不明土地・建物管理制度を使用できない)場合で、土地の管理が不全であるときに使われる。

趣旨　管理不全の土地・建物の所有者に対しては、物権的請求権や人格権に基

づいて是正措置を求めることができる。しかし、継続的な管理が必要となる場合や、所有者に命じる是正措置の内容を確定することが困難な場合が想定されるので、管理不全の土地・建物の状況に応じた適切な管理を実現させる必要がある。

（例）甲土地の所有者が甲土地から遠方に居住しており、甲土地の管理がされていないことから、周囲の土地所有者の権利・利益が害される場合。

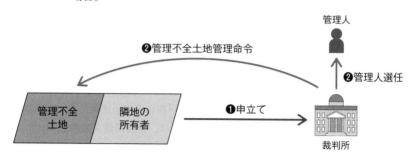

【管理不全土地・建物管理制度】

2 管理命令

① 管理命令を発するための要件

管理不全土地・建物管理制度により、裁判所が土地について発する管理命令が**管理不全土地管理命令**、建物について発する管理命令が**管理不全建物管理命令**である。裁判所がこれらの管理命令を発するための要件は、下表の３つである（264条の9第1項、264条の14第1項）。

【管理命令を発するための要件】

管理不全の土地・建物であること	所有者による土地・建物の管理が不適当であることによって他人の権利または法律上保護される利益を侵害し、または侵害するおそれがある土地・建物であること 06/予
管理の必要性があること	裁判所が「必要がある」（管理人に管理不全の土地・建物を管理させる必要がある）と認めること 06/予
利害関係人の申立てがあること	裁判所に対して、管理不全の土地・建物の管理について利害関係を有する者が申立てをしていること 06/予

② 管理命令の発令と管理人の選任

３つの要件を満たすと、裁判所は、管理命令を発することができるようになる。もっとも、**管理命令を発する場合、裁判所は、必ず管理人を選任しなければならない**。

　選任される管理人は、管理不全土地管理命令を発する場合は**管理不全土地管理人**（264条の9第3項）、管理不全建物管理命令を発する場合は**管理不全建物管理人**（264条の14第3項）である。06/予

③ 管理命令の効力が及ぶ範囲

　管理命令の効力が及ぶ範囲については、所有者不明土地・建物管理制度の場合と共通していると考えてよい。

【管理命令の効力が及ぶ範囲】

管理不全土地管理命令の場合 （264条の9第2項）	① 管理命令の対象とされた土地にある動産[※1]にも効力が及ぶ ② 共有持分を対象として管理命令が発せられた場合は、共有物である土地にある動産[※2]にも効力が及ぶ
管理不全建物管理命令の場合 （264条の14第2項）	① 管理命令の対象とされた建物にある動産[※1]および敷地利用権[※3]にも効力が及ぶ 07/予 ② 共有持分を対象として管理命令が発せられた場合は、共有物である建物にある動産[※2]および敷地利用権[※3]にも効力が及ぶ 07/予

[※1] 土地または建物の所有者が所有する動産に限る。

[※2] 共有持分を有する者が所有する動産に限る。

[※3] 建物の所有者または共有持分を有する者が有する賃借権その他の使用収益権（所有権を除く）に限る。

3 管理人の権利義務等

　管理人の権利義務等に関する規定は、管理不全土地管理命令の規定が管理不全建物管理命令に準用されている（264条の14第4項）。そこで、管理不全土地管理命令が発せられた場合を前提として見ていく。

① 管理処分権

原則　管理不全土地管理人は、**管理不全土地等の管理・処分をする権限を有する**（264条の10第1項）。

例外　管理不全土地管理人が保存行為または利用改良行為（管理不全土地等の性質を変えない範囲内に限る）の範囲を超える行為をするには、裁判所の許可を得なければならない。裁判所の許可を得ないでなされた場合、許可がないことをもって**善意無過失の第三者に対抗することはできない**（264条の10第2項）。08/予

　　趣旨　裁判所の許可がないことを過失なく知らないで取引をした第三者の利益を保護する必要がある。

　管理不全土地管理命令の対象とされた土地の処分について裁判所が許可をするには、その**所有者の同意がなければならない**（264条の10第3項）。09/予

趣旨 土地の処分は管理人の例外的な行為である。

　そして、管理不全土地等の管理処分権が管理不全土地管理人に**専属するわけではない**(所有者が自ら行った管理・処分の行為も有効である)ので、管理不全土地管理人は**管理不全土地等に関する訴訟の当事者となる資格を有しない**(所有者不明土地管理人の場合と異なる)。

〈語句〉●**管理不全土地等**とは、①管理不全土地管理命令の対象とされた土地、②管理不全土地管理命令の効力が及ぶ動産、③これらの管理、処分その他の事由により管理不全土地管理人が得た財産のことをいう(264条の10第1項)。

② 善管注意義務

　管理不全土地管理人は、管理不全土地等の所有者のために、**善良な管理者の注意**をもって、その権限を行使しなければならない(264条の11第1項)。

〈解説〉　管理不全土地等が数人の共有に属する場合には、管理不全土地管理人は、その共有持分を有する者全員のために、誠実かつ公平にその権限を行使しなければならない(264条の11第2項)。

③ 解任・辞任

　管理不全土地管理人がその任務に違反して**管理不全土地等に著しい損害を与えた**ことその他重要な事由があるときは、裁判所は、**利害関係人の請求**により、管理不全土地管理人を**解任**することができる(264条の12第1項)。

　また、管理不全土地管理人は、正当な事由があるときは、裁判所の許可を得て、**辞任**することができる(264条の12第2項)。

④ 費用・報酬

　管理不全土地管理人は、管理不全土地等から裁判所が定める額の費用の前払及び報酬を受けることができる(264条の13第1項)。

　そして、管理不全土地管理人による管理不全土地等の管理に必要な費用および報酬は、管理不全土地等の所有者の負担とする(264条の13第2項)。

重要事項 一問一答

01 所有者不明の土地・建物（共有である場合を除く）とは何か？

所有者を知ることができず、またはその所在を知ることができない土地・建物のこと(264条の2第1項、264条の8第1項)

02 所在不明土地管理命令（共有持分を対象としていないとする）の効力は、その対象とされた土地のみに及ぶのか？

対象とされた土地にある動産（土地の所有者が所有する動産に限る）にも及ぶ（264条の2第2項）。

03 所在不明土地管理命令が発せられると、所在不明土地等の管理処分権は誰に専属するか？

所在不明土地管理人に専属する（264条の3第1項）。

04 所在不明土地管理命令が発せられると、所在不明土地等に関する訴えの原告・被告は誰になるのか？

所在不明土地管理人（264条の4）

05 所在不明土地管理人は自由に辞任できるのか？

正当な事由があって裁判所の許可を得たときに辞任できる（264条の6第2項）。

06 管理不全の土地・建物とは何か？

所有者による土地・建物の管理が不適当であることによって他人の権利または法律上保護される利益を侵害し、または侵害するおそれがある土地・建物であること（264条の9第1項、264条の14第1項）

07 管理不全土地等の管理処分権は管理不全土地管理人に専属するか？

管理不全土地管理命令により、管理不全土地管理人が管理不全土地等の管理処分権を付与されるが、専属するわけではない（264条の10第2項参照）。

▶過去問チェック（すべて予想問題です）

01/予 裁判所は、所有者を知ることができず、又はその所在を知ることができない土地（土地が数人の共有に属する場合にあっては、共有者を知ることができず、又はその所在を知ることができない土地の共有持分）について、必要があると認めるときは、職権により、所有者不明土地管理人による管理を命ずる処分をすることができる。

×（予想問題）「職権により」が誤り。

02/予 所有者不明土地管理命令の効力は、当該所有者不明土地管理命令の対象とされた土地（共有持分を対象として所有者不明土地管理命令が発せられた場合にあっては、共有物である土地）にある動産には及ばない。

×（予想問題）「動産には及ばない」が誤り。

03/予 所有者不明土地管理人が、保存行為の範囲を超える行為、又は、所有者不明土地等の性質を変えない範囲内を超える利用又は改良を目的とする行為をするに

は、裁判所の許可を得なければならず、許可がないことをもって善意の第三者に対抗することができる。

×（予想問題）「善意の第三者に対抗することができる」が誤り。

04/予　所有者不明土地管理人がその任務に違反して所有者不明土地等に著しい損害を与えたことその他重要な事由があるときは、裁判所は、利害関係人の請求により、所有者不明土地管理人を解任することができるが、所有者不明土地管理人は、裁判所の許可を得て辞任することはできない。

×（予想問題）「裁判所の許可を得て辞任することはできない」が誤り。

05/予　所有者不明土地管理人は、所有者不明土地等から裁判所が定める額の費用の前払を受けることができるが、報酬を受けることはできない。

×（予想問題）「報酬を受けることはできない」が誤り。

06/予　裁判所は、所有者による土地の管理が不適当であることによって他人の権利又は法律上保護される利益が侵害され、又は侵害されるおそれがある場合において、必要があると認めるときは、利害関係人の請求により、当該土地を対象として、土地所有者による管理を命ずる処分をすることができる。

×（予想問題）「土地所有者による管理を命ずる処分」が誤り。

07/予　管理不全建物管理命令は、当該管理不全建物管理命令の対象とされた建物にある動産（当該管理不全建物管理命令の対象とされた建物の所有者又はその共有持分を有する者が所有するものに限る。）に及ぶが、当該建物を所有するための建物の敷地に関する権利（賃借権その他の使用及び収益を目的とする権利（所有権を除く。）であって、当該管理不全建物管理命令の対象とされた建物の所有者又はその共有持分を有する者が有するものに限る。）には及ばない。

×（予想問題）「当該建物を所有するための建物の敷地に関する権利（賃借権その他の使用及び収益を目的とする権利（所有権を除く。）であって、当該管理不全建物管理命令の対象とされた建物の所有者又はその共有持分を有する者が有するものに限る。）には及ばない」が誤り。

08/予　管理不全土地管理人が、裁判所の許可を得ないで、管理不全土地等の性質を変えない範囲を超えて、その利用又は改良を目的とする行為をした場合、許可がないことをもって善意でかつ過失がない第三者に対抗することができる。

×（予想問題）「善意でかつ過失がない第三者に対抗することができる」が誤り。

09/予 管理不全土地管理人が管理不全土地管理命令の対象とされた土地を処分する
には、裁判所の許可が必要となるが、許可に際して、当該土地の所有者の同意は不
要である。

× (予想問題)「当該土地の所有者の同意は不要である」が誤り。

5 占有権

本節では、占有権を扱います。多くの公務員試験受験生が苦手とする分野の一つです。条文事項について、具体例を意識しつつ、整理しましょう。

1 占有権とは何か

> **設例** Aは自転車Xで通勤していたが、ある日、駐輪場でBが自転車Xの返還を求めてきた。Bは、自転車Xが以前盗まれた自分の自転車と同じ型式なので、自分の自転車に違いないと思い、自転車Xの返還を求めたという事情があった。自転車Xは、Aが実際に長年使用しているAの所有物であるが、名前の書き入れや登録などはしていなかった。Aは、どのような主張をすればよいか。

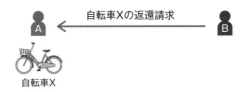

自転車Xの返還請求

自転車X

意義 占有権とは、物を事実上支配している状態（占有）を法的に保護する権利のことをいう。他の物権との違いは、本権（所有権など。次の❷項「占有権と本権」で扱う）の有無にかかわらず、占有しているだけで権利として保護される点にある。

趣旨 人が現実に物を支配している状態が本権に基づいているかどうかに関係なく、その状態に一定の法律上の効果を与えて保護することによって、社会秩序を維持するとともに、取引の安全を図ろうとしている。

ある物について、自己の所有権を根拠付ける証拠物件に乏しいと、自分がその物の所有者であるとの証明が困難になることがあり得る。そこで、民法は「物を事実上支配している者＝占有している者」に対して、本権の有無にかかわらず、一定の権利を与えることにした。

占有権を認めることにより、物を占有する者が、自らの本権を証明しなくても、他人から不当な干渉を受けることなく、その物を使用収益できるようにしたのである。

> **設例**の場合、Aは、名前の書き入れや登録などをしていないため、自転車Xの所有権を証明することは簡単ではないといえる。そこで、AはBに対して、自転車Xの占有権を主張すればよい。

❷ 占有権と本権

意義　本権とは、物に対する支配の根拠となる権利のことをいう。本権の代表例は所有権であるが、用益物権、担保物権、賃借権等も本権に該当する。

このような本権に対して、占有権は、**本権の有無にかかわらず**、物を「事実上支配している者＝占有している者」に対して、一定の権利を認めるものである。

❸ 占有権の成立要件

占有権は、物を事実上支配している状態があれば、それだけで成立する権利である。具体的には、①自己のためにする意思（占有意思）をもって、②物を所持すること、という2つの要件を満たすことによって成立する（180条）。

> 【占有権の成立要件】
> ① 自己のためにする意思（占有意思）をもって
> ② 物を所持すること

1 自己のためにする意思（占有意思）

意義　自己のためにする意思（占有意思）とは、占有権の主観的要件であり、**物の所持による利益を自分に帰属させる意思**のことである。

問題点　占有意思の有無はどのように判断されるか。

結論　占有意思が認められるかどうかは、**占有が生じた原因の性質**によって、占有意思の有無を**外形的・客観的に判断**すべきである（通説）。例えば、泥棒には盗んだ物について占有意思が認められ、アパートの賃借人には借りている部屋について占有意思が認められる。

理由　占有者の内心の意思を判断基準とするよりも、第三者から見たときに占有意思の有無を判断しやすい。

〈解説〉 幼児や重度の精神障害者等の意思無能力者は、事理を弁識する能力がないので、占有意思が認められない。

2 物の所持

意義 物の所持とは、占有権の客観的要件であり、**物が自己の支配下にあると法的に評価される状態**のことである。

問題点 どのような場合に物を所持していると認められるか。

結論 社会通念上、その物がその人の事実的支配に属すると認められる客観的関係があれば、物の所持があると認められる(大判昭15.10.24)。必ずしも物理的に物を把握している必要はない。例えば、旅行中であるAの留守宅内の家財道具は、Aが所持していると認められる。

理由 物理的に物を把握している(物を手に持っている)場合に限定すると、占有権として保護される範囲が不当に狭くなる。

〈解説〉 留守番を頼まれた者、店員、法人の代表者のように、他人の指図に従いその手足として物を所持する者を占有機関(占有補助者)という。その他人(留守番を依頼した者、店長、法人)には物の所持が認められるが、占有機関には物の所持が認められない。

❹ 占有の態様

占有は、占有者の態様に応じて、以下のように分類がなされている。**いずれの態様の占有にも占有権は認められる**ので、以下の分類は取得時効等の制度が適用されるか否かの区別において意味を有する。

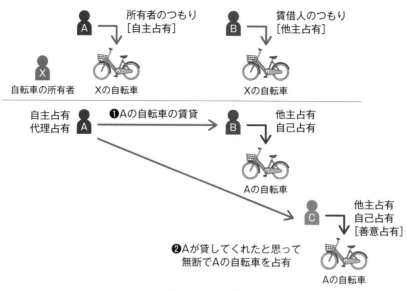

【占有権の態様】

1 自主占有・他主占有

　占有は、物に対する**所有の意思の有無**によって、**自主占有と他主占有**に分類される。

【自主占有・他主占有】

自主占有	所有の意思をもってする占有 [01] (例)買主の占有、盗人の占有
他主占有	所有の意思のない占有 (例)賃借人の占有、受寄者の占有

〈**語句**〉●**受寄者**とは、寄託契約により他人の物を保管する(預かる)者をいう。物を預けている他人は寄託者という(寄託契約については『民法 下』「債権各論」で扱う)。

① 所有の意思の有無の判断基準

問題点　所有の意思の有無は、何を基準として判断されるか。

結論　占有者の主観的意思ではなく、**占有者が占有するに至った原因(権原)によって外形的・客観的に決まる**(最判昭45.6.18、詳細は第1章 **13** 節 **2** 項「取得時効」参照)。[01]

　泥棒や買主の占有は所有の意思があり自主占有となる。反対に、賃借人や受寄者

の占有は所有の意思がなく他主占有となる。

〈解説〉　185条は、他主占有について「権原の性質上占有者に所有の意思がないものとされる場合」と規定しており、権原によって外形的・客観的に決まることを前提にしている。

② 自主占有を必要とする制度

　自主占有が必要とされる制度として、①所有権の取得時効(162条)、②動産の無主物先占(239条1項)がある。例えば、他人の自転車を占有するAは、自転車を自主占有している場合に限り、自転車の所有権を時効取得する余地がある。

　また、③占有者の損害賠償義務(191条)は、自主占有である場合に限り、善意占有のときに損害賠償義務が軽減される(詳細は本節 **6** 項「占有権の効力」で扱う)。

③ 他主占有から自主占有への転換

　他主占有は、次表の①または②のいずれか一方が認められる場合に、自主占有へと転換(変更)する(185条)。

趣旨　自主占有が認められないと、時効取得できないなどの不都合な点があることから、他主占有から自主占有への転換を認めた。

【他主占有から自主占有への転換】

自主占有に転換する場合	具体例
①　自己に占有させた者に対して自らが所有する意思があることを表示した場合 [02]	賃借人が賃貸人から借りている自転車について所有の意思を表示した
②　新たな権原(新権原)により所有の意思をもって占有を始めた場合	賃借人が賃貸人から借りている自転車を買い取った

問題点　相続が185条の「新たな権原」になる場合があるか(他主占有の相続人が、相続によって自主占有に転換されるのか)。

結論　相続人が、被相続人の死亡により、相続財産の占有を承継したばかりでなく、①新たに相続財産を事実上支配することによって占有を開始し、②その占有に所有の意思がある場合には、被相続人が他主占有であったとしても、これを承継した相続人は185条にいう「新たな権原」により自主占有をするに至ったというべきである(最判昭46.11.30)。[03]

理由　自主占有であると信頼した相続人が時効取得をする利益を保護することが必要である。

〈解説〉　判例は、相続の開始の時から、①共同相続人の一人であるAが単独に相続したものと信じて疑わず、相続開始とともに相続財産である土地を現実

に占有していたこと、②当該土地の管理、使用を専行してその収益を独占し、公租公課も自己の名でその負担において納付してきたこと、③これについて他の相続人がなんら関心をもたず、異議を述べた事実もなかった場合には、Aは相続財産につき単独所有者としての自主占有を取得したとしている（最判昭47.9.8）。 04

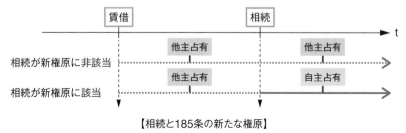

【相続と185条の新たな権原】

2 自己占有・代理占有

占有は、**直接的な所持の有無**によって、**自己占有（直接占有）と代理占有（間接占有）**に分類される。

【自己占有・代理占有】

自己占有 （直接占有）	自ら直接的に所持して占有を取得する場合 (例) 賃貸人が賃借人に自転車を貸し、賃借人がこれを所持する場合
代理占有 （間接占有）	自ら直接的に所持しておらず、占有代理人（他主占有者）を介して占有を取得する場合（181条） 05 。賃貸借等の占有代理関係が存在する必要がある。 (例) 自転車を賃借人に貸した賃貸人が、賃借人を介して、その自転車の占有を取得する場合

所有者（または自主占有者）Aが、物を占有代理人Bに預けたり、貸したりしている場合の関係は、次のようになる。 06

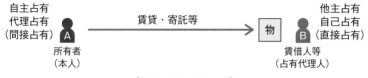

【自己占有と代理占有】

3 善意占有・悪意占有

占有は、**占有者に本権（例えば所有権）がない場合**において、**本権の不存在を知っているか否か**に応じて、**善意占有と悪意占有**に分類される。占有者に本権がある場合は、善意占有と悪意占有の区別は問題にならない。

【善意占有・悪意占有】

善意占有	本権がないのにあると誤信して占有する場合 （自分の物だと思って占有する場合）
悪意占有	本権がないことを**知りながら**占有する場合、または本権の有無に**疑いを持ちな** **がら**占有する場合（他人の物だとわかって占有する場合、他人の物かもしれな いと思いながら占有する場合）

　善意占有を必要とする制度が**果実取得権**(189条1項)である。また、所有権の取得
時効に必要な占有期間(162条)、占有者の有益費償還請求権(196条2項)等について
善意占有者が悪意占有者よりも厚く保護されている。

4 > 単独占有・共同占有

　物を一人が占有するのか、数人が共同で占有するのかで単独占有と共同占有に分
類される。

【単独占有・共同占有】

単独占有	1つの物を一人が単独で占有する場合
共同占有	1つの物を数人が共同で占有する場合 （例えば、共同相続人、共同で利用している場合の共有者）

❺ 占有権の取得

1 > 原始取得と承継取得

　所有権を取得する場合と同じく、占有権の取得についても、**原始取得**の場合と、
前の占有者から占有を承継する**承継取得**の場合がある。承継取得をする主な場合と
して、占有の移転(特定承継)と相続(包括承継)がある。

【占有の承継取得】

占有の移転 （特定承継）	占有を移転する意思をもって物を相手方に引き渡す場合 ①現実の引渡し(182条1項)、②簡易の引渡し(182条2項)、③占有改定(183 条)、④指図による占有移転(184条)がある※
相続 （包括承継）	被相続人の死亡により、法律上当然に物の占有が被相続人から相続人に移転 する場合(896条本文)

※ 引渡しの種類についての詳細は、本章 **9** 節「物権変動③」で扱う。

問題点　🖋**発展** 相続人が被相続人の占有物の存在を知らなくても、その占有権
　が相続人に承継されるか。

結論 被相続人が死亡して相続が開始するときは、特別の事情のない限り、被相続人の占有物は当然に相続人の占有に移る(最判昭44.10.30)。 A

理由 被相続人の事実的支配の中にあった物は、原則として、当然に、相続人の支配の中に承継されるとみるべきであり、その結果として占有権も承継されるからである。

2 占有を承継した場合の主張方法

① 主張方法の選択

意義 占有の承継人(B)は、自らの選択により、自己の占有のみを主張してもよいし、自己の占有に前主(前の占有者A)の占有を併せて主張してもよい(187条1項) 07 。ここでの「占有の承継人」には、特定承継人(ex.売買での買主、贈与での受贈者)のみならず、相続人も含まれる(最判昭37.5.18)。 08

趣旨 占有の承継人は、自己の固有の占有という側面と、前主からの占有の承継取得という側面を併せ持っている。

【占有の承継人 B による占有の主張方法の選択】

② 前主の占有を併せて主張する場合

意義 前主の占有を併せて主張する場合には、前主の瑕疵も承継する(187条2項)。この規定は、前主の占有を併せて主張する場合には、占有の態様が前主の占有によって決定されることを意味する。

趣旨 占有者が前主の占有を併せて主張する場合には、その瑕疵も承継させることが公平にかなう。

〈語句〉●ここにいう瑕疵とは、悪意・過失・暴行・強迫・隠匿のことをいう。

問題点 占有を開始した前主の占有の態様が善意無過失である場合、前主の占有を併せて主張する占有の承継人は、前主の善意無過失を承継するのか。

結論 占有を開始した前主の占有を併せて主張する占有の承継人は、前主の善意無過失を承継する(最判昭53.3.6)。 09

理由 占有者の善意無過失の存否を占有開始時において判定すべきとする162条2項は、時効期間を通じて占有主体に変更がなく同一人により継続された占有が主張される場合だけではなく、占有主体に変更があって承継された2

個以上の占有が併せて主張される場合にも適用される。

3 占有承継と取得時効

> 　AがX所有の土地を8年間自主占有した後、その土地をBに譲渡し、Bが自主占有を開始して10年が経過した。
>
> **設例❶**　Aの占有が悪意又は善意有過失で、Bの占有が善意無過失の場合、Bがどのような占有主張をすれば、土地の所有権を時効取得することができるか。
>
> **設例❷**　Aの占有が善意無過失で、Bの占有が悪意又は善意有過失の場合、Bがどのような占有主張をすれば、土地の所有権を時効取得することができるか。

① 前主Aの占有が悪意又は善意有過失の場合（**設例❶**）

　所有権の短期取得時効は10年、長期取得時効は20年の占有を要するところ、Bが自己の占有のみを主張する場合、Aの瑕疵を承継しないので、Bのみで善意無過失の10年間の占有となり、Bは土地を時効取得することができる。 [10]

　反対に、BがAの占有を併せて主張する場合、Aの瑕疵を承継するので、悪意又は善意有過失の18年間の占有となり、Bは土地を時効取得することはできない。

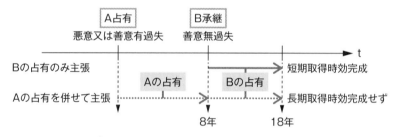

【前主Aの占有が悪意又は善意有過失の場合】

② 前主Aの占有が善意無過失の場合（**設例❷**）

　Bが自己の占有のみを主張する場合、Aの善意無過失は承継されず、Bのみで20年間の占有を必要とするので、Bは土地を時効取得することができない。

　反対に、BがAの占有を併せて主張する場合、Aの善意無過失を承継するので、善意無過失の18年間の占有となり、Bは土地を時効取得することができる。 [11]

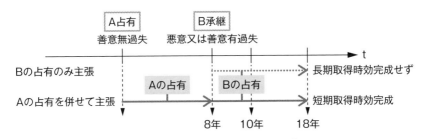

【前主Aの占有が善意無過失の場合】

4 占有と推定

① 占有の態様の推定

意義　占有者は、①所有の意思をもって、②善意で、③平穏に、かつ、④公然と占有をするものと推定する(186条1項)。**12**

「推定する」とは、訴訟の相手方が、占有者による物の占有に、①所有の意思がないこと、②善意でないこと、③平穏でないこと、④公然でないことを立証しない限り、それらがあるものとして取り扱われることを意味する。

趣旨　特に取得時効の成否が問題となる場合に、占有の態様に関する立証責任を緩和して占有者を保護する。

問題点　186条1項によって無過失は推定されるか。

結論　無過失は推定されないので、訴訟において占有者が自らの無過失を立証する必要がある。例えば、所有権の短期取得時効(10年間の取得時効)を主張する占有者は、自らが自己の物であると誤信したことについて無過失であることを立証しなければならない(最判昭46.11.11)。**13**

理由　186条1項では無過失を明示しておらず、また、無過失を立証できなくも長期取得時効(20年間の取得時効)を成立させることが可能なので、占有者に無過失の立証責任を負わせても酷でない。

〈解説〉　即時取得(192条)により動産の上に行使する権利を取得したと主張する占有者の無過失は、188条によって推定される(最判昭41.6.9)。

発展 例外的に所有の意思が推定されない場合もある。他主占有者の相続人が独自の占有に基づく取得時効の成立を主張する場合において、判例は、占有者である当該相続人において、その事実的支配が外形的客観的にみて**独自の所有の意思に基づくものと解される事情を自ら証明すべき**であるとして、186条1項の推定は適用されないとしている(最判平8.11.12)。**B**

理由　この場合には、相続人が新たな事実的支配を開始したことによって、従来の占有の性質が変更されたものであるから、変更の事実は取得時効の成

立を主張する者において立証を要するものと解するべきである。

② 占有の継続の推定

意義　前後の両時点において占有をした証拠があるときは、占有は、**その間継続**したものと推定する(186条2項)。例えば、20年前と現在の両時点における占有の証拠があれば、20年間の占有継続が推定されるが、その間に占有が中断したことが取得時効の成立を争う者によって証明されれば、20年間の占有継続の推定は覆る。[14]

趣旨　特に取得時効の成否が問題となる場合に、占有の継続に関する立証責任を緩和して占有者を保護する。

6 占有権の効力

　民法は、占有権について、本権の推定、占有訴権、果実取得権、費用償還請求権などの効力を認めた。なお、占有権は、物に対する事実上の支配という占有の事実に基づくものなので、排他性や優先的効力などの効力は認められない。

1 本権の推定

意義　占有者が**占有物について行使する権利**は、**適法に有する**ものと推定する(188条)。したがって、占有者Bに本権が存在しないことを主張するAは、自らその事実を証明しなければならない。

趣旨　物の占有者が本権を有している可能性が高いことに鑑み、占有者が本権をもって物を占有していることを推定するものである。

問題点　他人所有の土地上にある建物に居住して土地を占有するBは、その土地を占有する正権原(賃借権、使用借権、地上権)を土地所有者Aに対して主張する場合、188条を援用することができるか。

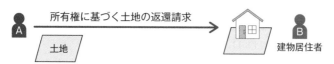

結論　他人所有の不動産を占有する正権原があるとの主張については、その主

張をする B に立証責任があるから、188条を援用して自己の正権原を土地所有者 A に対抗することができない(最判昭35.3.1)。 **15**

理由 他人の土地所有権の存在に争いがない状態で、その他人に対して土地使用の正権原を主張する場合は、188条の推定が働かないと解するべきである。

2 果実取得権

意義 果実取得権とは、**善意占有者が占有物から生ずる果実を取得する権利**を有することである(189条1項)。

趣旨 ある物から果実が生じた場合、果実取得権は本権者(所有者、地上権者、賃借人等)にあるが、善意占有者は、本権を有するものと誤信して果実を取得し、これを消費するのが通常であり、後から返還や代価償還を請求されるのは酷である。

【占有の態様による果実取得権の有無】

占有態様	果実取得権	注意点
善意占有者	**原則** あり **例外** なし	**原則** 善意の占有者は果実取得権あり。 *発展* 無過失でなくともよい **C** **例外❶** 善意占有者が本権の訴えで敗訴したときは、その**訴え提起時**から悪意占有者とみなす(189条2項) **16** **例外❷** 暴行、強迫、隠匿によって占有している者は、善意占有者であっても果実取得権がなく、悪意の占有者と同様の義務を負う(190条2項)
悪意占有者	なし	①果実を**返還する義務**に加えて、②既に消費し、過失によって損傷し、または収取を怠った果実の**代価を償還する義務**も負う(190条1項) **16** **17**

3 費用償還請求権

① 費用償還請求権とは

意義 費用償還請求権とは、占有物の**必要費**(占有物の保存等に必要な費用)または**有益費**(占有物の改良等のための費用)を支出した占有者が、それらの**費用を占有物の占有を回復する本権者(回復者)から償還させることができる**とする権利である(196条)。費用償還請求権は**占有者の善意または悪意に関係なく認められる。** **18** **19**

趣旨 占有者と回復者との間の公平を図る。必要費は、所有者が占有していても支出していたものといえる。

【費用償還請求権の範囲】

種類	償還請求権の範囲	具体例
必要費	**原則** 支出した金額を償還させることができる（196条1項本文）。 [18][20] **趣旨** 必要費は、所有者が占有していても支出していたものといえる。 **例外** 果実を取得した占有者は、通常の必要費（小規模の修繕費や公租公課等）を負担するので（196条1項ただし書）、これを償還させることはできない。[20]	・故障や破損の修繕 ・公租公課
有益費	価格の増加が現存する場合に、回復者の選択に従い、支出した金額または増加額を償還させることができる（196条2項本文）。[19] **趣旨** 有益費は、所有者が占有していても、支出されていたものとはいえない。	・トイレを和式から洋式に改造 ・床暖房の設置

② 有益費償還請求権に関する相当の期限の許与

原則 （必要費・有益費）費用償還請求権を有する占有者は、占有が不法行為によって始まった場合を除いて、**費用の償還を受けるまで占有物を留置する**ことができる（留置権）（295条）。

例外 **悪意占有者**に対しては、裁判所は、**回復者の請求**により、**有益費の償還について相当の期限を許与**することができる（196条2項ただし書）。

例えば、「占有物を返還してから6か月後に費用を償還すればよい」とすることができる。

趣旨 悪意の占有者が有益費をわざと支出し、償還請求をして留置権を行使するという弊害に備えた規定である。

有益費の償還について、相当の期限の許与が行われると、本来は占有回復時とされている費用償還請求権（留置権の被担保債権）の弁済期が先延ばしになるので、**占有者が留置権**（詳細は第3章 2 節「留置権」で扱う）**を行使することができなくなる。**

〈解説〉 被担保債権が弁済期にないときは留置権の行使をすることができないので（295条1項ただし書）、費用償還請求権の弁済期が本来の占有回復時であれば留置権の行使が可能であるのに対し、弁済期が「占有物の返還から6か月後」になると留置権を行使することができなくなる。

4 **占有者による損害賠償**

占有物が**占有者の帰責事由**（故意又は過失）によって**滅失又は損傷**したときは、その回復者（占有物の占有を回復する本権者）に対し、以下のような損害賠償責任を負う。

【占有者の種類と損害賠償の内容】

占有者の種類	賠償責任の範囲
悪意占有者	損害の全部の賠償をする義務を負う(191条本文前段)
善意の自主占有者(所有の意思のある占有者)	滅失または損傷によって現に利益を受けている限度において賠償する義務を負う(191条本文後段)
善意の他主占有者(所有の意思のない占有者)	損害の全部の賠償をする義務を負う(191条ただし書) [21]

5 > 占有の訴え(占有訴権)

① 総説

意義 占有の訴え(占有訴権)とは、他人(侵害者)に占有を侵害されるか、または侵害されようとしている場合に、占有者が、その侵害の除去または防止を請求する訴えを提起することができる権利である(197条前段)。民法では、占有保持の訴え、占有保全の訴え、占有回収の訴えの3つを認めている。

趣旨 自力救済の禁止(法律上の手続によらず実力をもって権利を実現することの禁止)を担保するために、占有者が物に対する事実上の支配を回復する権利を認めた。

　他人のために占有をする者にも、同様に占有の訴えが認められる(197条後段)。
[22]

〈語句〉●他人のために占有をする者とは、賃借人や質権者や受寄者などのいわゆる占有代理人を意味する。

【占有の訴え】

種類	内容	提訴期間
占有保持 の訴え	占有者が**占有を妨害された**ときに、**妨害の停止**及び**損害賠償**を請求することができる(198条)。 **22** (例)隣地の樹木や塀が倒れこんできた場合	妨害の存する間または妨害の消滅した後1年以内(201条1項本文)^{※2}
占有保全 の訴え	占有者が**占有を妨害されるおそれがある**ときに、妨害の**予防**又は**損害賠償の担保**^{※1}を請求することができる(199条)。**23** (例)隣地の樹木や塀が倒れそうな場合	妨害の危険の存する間(201条2項前段)^{※2}
占有回収 の訴え	占有者が**占有を奪われた**ときに、占有物の返還及び**損害賠償**を請求することができる(200条1項)。 **24**	📝**発展** 占有を奪われた時から1年以内(201条3項)　D

※**1** 将来損害が発生した場合に備えて、占有者のために賠償を確実にできる手段を講じておくことをいう。

※**2** 工事により占有物に損害を生じた場合、若しくは損害を生ずるおそれがある場合で、工事着手時から1年を経過し、又は工事が完成したときは、提起することができない(201条1項ただし書、201条2項後段)。

② 侵害者の故意・過失と損害賠償請求、その他

侵害者に**故意又は過失**がなくても、占有侵害の事実(占有保全の訴えの場合は占有侵害のおそれの事実)があるだけで、占有の訴えを提起することができる。

ただし、**損害賠償の請求**は不法行為に基づくものであるため、侵害者の**故意または過失**が必要である(709条)。

	占有の訴えの提起	損害賠償の請求
侵害者の故意・過失	不要	必要

さらに、占有の訴えを提起するのに、占有者が、①自己占有(直接占有)であるか代理占有(間接占有)であるかは問わない(197条)とともに、②善意占有であるか悪意占有であるかも問わない(大判大13.5.22)。**24**

③ 占有回収の訴え

(ア) 占有を奪われた

占有者がその**占有を奪われた**ときは、占有回収の訴えにより、その物の返還及び損害の賠償を請求することができる。

意義　「**奪われた**」とは、**占有者の意思に基づくことなく占有が奪われた**ことをいう。例えば、窃盗、強盗がこれにあたる。

問題点　占有物を詐取された(だまし取られた)場合や遺失した(なくしてしまっ

た)場合は、「奪われた」として占有回収の訴えを提起することができるか。

結論 占有回収の訴えを提起することはできない(大判大11.11.27)。 [25]

理由 詐取や遺失は「占有を奪われた」(200条1項)に該当しない。

📖**発展** 建物賃借人が当該建物を転貸した場合において、転借人が当該建物を自己のためにのみ占有する旨の意思を表示し、賃借人に対する当該建物の返還を拒絶したとしても、当該建物は転貸借契約に基づいて賃借人から転借人に任意に引き渡されていることから、「占有を奪われた」に該当しない(最判昭34.1.8)。 [E]

(イ) 交互侵奪 📖**発展**

意義 交互侵奪とは、Aの物をBが奪い(第一侵奪)、これをまたAが自力で奪い返した(第二侵奪)場合のように占有侵奪が交互に行われることをいう。

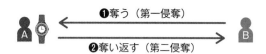

❶奪う(第一侵奪)
❷奪い返す(第二侵奪)

問題点 第二侵奪において占有を奪われたBは、侵奪者Aに対して占有回収の訴えを提起できるか。

《A説》 占有回収の訴えを提起することができる(大判大13.5.22)。 [F]

理由 ① 条文上、占有回収の訴えの提訴権者は占有を侵害された者である。

② 侵奪された占有について、占有権限の有無は問われない。

③ Bの占有回収の訴えを認めないということは、本権者Aの自力救済を認めることになる。

《B説》 占有回収の訴えを提起することはできない。 [G]

理由 ① 第一侵奪の時から1年以内であれば、AB間においては、まだ物についてAの支配が継続しているとみるべきであり、Bの占有は保護に値するだけの占有として確立しているとはいえない。

② Bによる占有回収の訴えを認めても、第一侵奪の時から1年以内であればAによる占有回収の訴えの提起が可能であるから、訴訟の繰り返しとなり不経済である。

(ウ) 侵奪した者の特定承継人

占有回収の訴えは、占有侵奪者の特定承継人が善意である(占有侵奪の事実を知らなかった)場合には、その者に対して提起することができない(200条2項)。

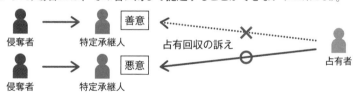

侵奪者　→　特定承継人　**善意**　占有回収の訴え　×　占有者

侵奪者　→　特定承継人　**悪意**　○　占有者

問題点 `発展` 占有侵奪者から善意の特定承継人に占有が移転した後、悪意の特定承継人に占有が移転した場合、占有回収の訴えを提起することができるか。

結論 占有回収の訴えを提起することは**できない**(大判昭13.12.26)。 `H`

理由 善意の特定承継人に占有が移転した時点で、占有回収の訴えの提起ができないことが確定する。

6 占有の訴えと本権の訴えとの関係

占有の訴えと本権の訴えとは**別個の存在**であることから、以下の2つの規定が設けられている。

① 一方の訴えが他方の訴えを妨げない

占有の訴えは本権の訴えを妨げないのと同様に、**本権の訴えは占有の訴えを妨げない**(202条1項)。例えば、Aが所有する時計をBが奪った場合、Aは、所有権に基づく返還請求権(本権の訴え)を行使してもよいし、占有回収の訴え(占有の訴え)を提起してもよく、両者を請求してもよい。

趣旨 本権の訴えと占有の訴えでは、要件・効果が異なるので、両者の関係を調整した規定である。

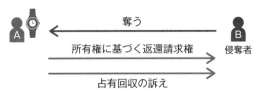

`発展` 動産質権者が質物を奪われた場合、動産質権者は、占有回収の訴えによってのみ、その質物を回復することができる(353条、詳細は第3章 **4** 節「質権」で扱う)。 `I`

② 本権の理由に基づく裁判の禁止

占有の訴えについては、**本権に関する理由に基づいて裁判をすることができない**(202条2項)。したがって、裁判所は、相手方(被告)に本権があることを理由に、占有の訴えを提起した占有者(原告)を敗訴させてはならない。 `26`

趣旨 占有の訴えと本権に関する理由に基づく裁判は、別個の目的を有するものである。

例えば、賃借人Bが賃貸人Aの所有する賃借物を賃貸借終了後も返還しないので、AがBから賃借物を自力で取り戻したところ、BがAに対して占有回収の訴

えを提起した場合、裁判所は、占有回収の訴えの要件だけで審理すべきであり、Aに賃借物の所有権があることを理由に、B敗訴の判決を言い渡すことができない。

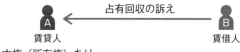

占有回収の訴え

A ← B
賃貸人　　　　　　　　賃借人
本権（所有権）あり

問題点　　占有の訴えの相手方は、**本権に基づく反訴**を提起することができるか。

結論　　提起する**ことができる**(最判昭40.3.4)。上記の事例では、AがBに対して所有権に基づく返還請求権を行使する訴訟を提起することができる。〔26〕

理由　　本権に基づく反訴を提起することを202条2項は禁止していない。

〈語句〉●反訴とは、ある訴訟の被告が、その訴訟の原告に対して訴えの提起をすることである。反訴が提起された場合は、一つの訴訟手続の中で二つの訴訟が一緒に審理される。

❼ 占有権の消滅

次表の場合に占有権が消滅する(203条、204条)。所持の喪失または自己のためにする意思の喪失によって、占有者が物に対する事実上の支配を失った場合である。

なお、占有権は物の所持という事実に基づく権利であるから、消滅時効の対象とはならず、混同による消滅もありえない。

【占有権の消滅】

種類	消滅事由	消滅しない場合
自己占有 (203条)	・占有者が占有の意思を放棄した ・占有者が占有物の所持を喪失した〔27〕	占有回収の訴えを提起し、これに**勝訴して現実に占有を回復した場合は**消滅しない(最判昭44.12.2)〔27〕
代理占有 (204条)	・本人が占有代理人に占有をさせる意思を放棄した ・占有代理人が本人に対して以後自己または第三者のために占有物を所持する意思を表示した ・占有代理人が占有物の所持を失った	代理権(代理占有の基礎となる権利)※の消滅のみによっては、占有権は消滅しない〔28〕

※（例）建物の賃借人の賃借権が挙げられる。したがって、賃借権が消滅するだけでは、建物に対する賃借人の占有権は消滅しない。

重要事項 一問一答

01 占有権とは何か?

物を事実上支配している状態を法的に保護する権利

02 本権とは何か?

物に対する支配の根拠となる権利。所有権が代表例である。

03 占有権は、本権の有無にかかわらず、権利として保護されるか?

占有権は、本権の有無にかかわらず、物を事実上支配している者に対して、一定の権利を認めるものである。

04 占有権の成立要件は?

自己のためにする意思(占有意思)、物の所持の2つである(180条)。

05 占有意思はどのように判断されるか?

占有が生じた原因の性質によって外形的・客観的に判断される(判例)。

06 所有の意思の有無による占有の分類は何か?

自主占有と他主占有

07 自主占有への転換が認められる場合とは?

自らが所有する意思があると表示した場合、または新たな権原により所有の意思をもって占有を始めた場合(185条)

08 直接的な所持の有無による占有の分類は何か?

自己占有(直接占有)と代理占有(間接占有)

09 本権の不存在を知っているか否かによる占有の分類は何か?

善意占有と悪意占有

10 占有の承継人は、自己の占有に前主の占有を併せて主張できるか?

主張できる(187条1項)。この場合は前主の瑕疵を承継する(187条2項)。

11 自己の占有に前主の占有を併せて主張する場合、前主の善意無過失を承継するか?

善意無過失の存否は最初の占有者の占有開始時に判定されるので(判例)、占有を開始した前主の占有を併せて主張する場合は、その前主の善意無過失を承継する。

12 占有者は、善意で、平穏に、かつ公然と占有するものと推定されるか?

推定される(186条1項)。無過失は推定されない(判例)。

13 前後の両時点において占有をした証拠があるときは、何が推定されるか?

占有がその間継続したものと推定する(186条2項)。

14 占有者が占有物について行使する権利は、どのような推定がされるか?

その権利は適法に有するものと推定する(188条)。

15 悪意占有者は果実取得権を有するか?

有しない。悪意占有者は果実の返還や代価償還の義務を負う(190条1項)。

16 悪意占有者は費用償還請求権を有するか?

有する。費用償還請求権は善意占有か悪意占有かを問わず認められる。

17 占有物が占有者の帰責事由によって滅失した場合、悪意占有者はどの範囲の賠償義務を負うか?

悪意占有者は回復者に対して損害の全部の賠償義務を負う(191条本文)。

18 3種類の占有の訴えは何か?

占有保持の訴え、占有保全の訴え、占有回収の訴え

19 特定承継人が善意の場合は占有回収の訴えを提起できるか?

提起できない(200条2項本文)。

20 占有の訴えを提起したときは本権の訴えを提起できなくなるか?

占有の訴えは本権の訴えを妨げないので(202条1項)、占有の訴えを提起しても本権の訴えを提起できる。

21 占有代理人が本人に対して以後自己のために占有物を所持する意思を表示すると、占有権が消滅するか?

代理占有が消滅する(204条1項2号)。

過去問チェック (争いのあるときは、判例の見解による)

01 所有の意思がある占有を自主占有といい、この所有の意思の有無は、占有取得の原因たる事実によって外形的客観的に決められるべきものであるから、盗人の占有も自主占有に当たる。
○ (国般2016)

02 AB間でB所有の甲土地についてBを貸主としAを借主とする賃貸借契約が成立している場合において、賃貸借契約期間中に、AがBに対し、今後は所有の意思をもって甲土地を占有すると表示したときは、Aの占有は自主占有となる。
○ (国般2013)

03 甲土地の賃借人Aの相続人Bは、Aの甲土地の他主占有を承継したが、相続の際甲土地を自分の土地だと思って占有を開始した場合には、相続という新権原によりBの承継した占有は自主占有になる。
× (裁2007)「相続という新権原によりBの承継した占有は自主占有になる」が誤り。

04 共同相続人の一人が、単独に相続したものと信じて疑わず、相続開始ととも

に相続財産を現実に占有し、その管理、使用を専行してその収益を独占し、公租公課も自己の名でその負担において納付し、これについて他の相続人が何ら関心をもたず、異議も述べなかった事情の下では、前記相続人はその相続時から相続財産につき単独所有者としての自主占有を取得したとはいえないとした。

× (区2020)「いえないとした」が誤り。

05 占有権は、自己のためにする意思をもって物を所持することによって取得するので、代理人によって占有権を取得することはできない。

× (区2015)「代理人によって占有権を取得することはできない」が誤り。

06 不動産の所有者が当該不動産を第三者に賃貸した場合、賃借人は当該不動産の占有権を取得するが、賃貸人の占有権も失われるわけではなく、代理占有により占有権を有することとなる。

○ (税・労・財2015)

07 占有権とは、物に対する現実の支配に基づいて認められる権利であり、前の占有者における占有期間は、現在の占有者自身が当該物を現実に支配していたとはいえないから、現在の占有者が取得時効の成立を主張する場合において、前の占有者の占有期間を併せて主張することは認められない。

× (税・労・財2015)「前の占有者の占有期間を併せて主張することは認められない」が誤り。

08 民法第187条第1項の規定は、相続のような包括承継の場合にも適用されるから、相続人は、その選択に従い、自己の占有のみを主張し、又は被相続人の占有に自己の占有を併せて主張することができる。

○ (国般2007)

09 自己の占有と前主の占有とを併せて取得時効を主張する場合、善意・無過失で不動産の占有を始めた者から占有を承継した者が悪意であったときは、10年間の取得時効により所有権を取得することはできないとするのが判例である。

× (税・労2003)「10年間の取得時効により所有権を取得することはできないとするのが判例である」が誤り。

10 占有者の承継人は、前主の占有と併せずに自己の占有のみを主張することができるが、相続の場合は、相続人は被相続人の占有をそのまま承継することから、被相続人が悪意であれば、相続人が善意・無過失であっても10年間の取得時効に

より所有権を取得することはできないとするのが判例である。

×（税・労2003）「相続人が善意・無過失であっても10年間の取得時効により所有権を取得することはできないとするのが判例である」が誤り。

11 Aが、B所有の甲土地を5年間継続して占有していたCから、甲土地を購入して引渡しを受け、さらに6年間継続して占有している場合、甲土地がB所有であることについてCが善意無過失であっても、Aが善意無過失でなければ、Aは甲土地を時効取得することができない。

×（裁2021）「Aが善意無過失でなければ、Aは甲土地を時効取得することができない」が誤り。

12 占有者は、善意で、平穏に、かつ、公然と占有をするものと推定するが、所有の意思は推定されないので、所有の意思を表示する必要がある。

×（区2015）「所有の意思は推定されないので、所有の意思を表示する必要がある」が誤り。

13 占有者は、所有の意思をもって、平穏かつ公然に、善意・無過失で占有するものと推定されるため、10年の取得時効を主張する者は、これらの要件について立証する必要はない。

×（裁2019）「・無過失」が誤り。

14 Aは、Bが所有する甲土地を所有の意思をもって、平穏に、かつ、公然と占有し、占有開始から20年が経過した時点においてもAが甲土地を占有していた。この場合、Aの占有がその20年の間に中断していたことが証明されれば、AはBに対し、甲土地の時効取得を主張することはできない。

○（裁2009）

15 他人の所有地上の建物に居住している者が、その敷地を占有する正権原を主張する場合には、民法第188条（占有物について行使する権利の適法の推定）を援用して自己の権原を所有者に対抗することができる。

×（税・労2005）「民法第188条（占有物について行使する権利の適法の推定）を援用して自己の権原を所有者に対抗することができる」が誤り。

16 善意の占有者は、占有物から生ずる果実を取得することができるが、本権の訴えにおいて敗訴した場合は占有開始時から悪意の占有者とみなされるため、占有開始時から収取した果実を返還しなければならない。

×（国般2019）「占有開始時から悪意の占有者とみなされるため、占有開始時から収取した果実を返

還しなければならない」が誤り。

[17] 悪意の占有者は、果実を返還し、かつ、既に消費し、又は過失によって損傷した果実の代価を償還する義務を負うが、収取を怠った果実の代価を償還する義務は負わない。

×（区2021）「収取を怠った果実の代価を償還する義務は負わない」が誤り。

[18] 占有者が占有物の保存のために必要な費用を支出した場合には、悪意の占有者であっても、その占有物を返還するときには、原則として回復者に当該費用の償還を請求することができる。

○（税・労2010）

[19] 占有者は、その善意、悪意を問わず、占有物の改良のために支出した有益費については、その価格の増加が現存する場合に限り、回復者の選択に従い、その支出した金額又は増加額を償還させることができる。

○（区2011）

[20] 占有者が占有物を返還する場合には、その物の保存のために支出した金額その他の必要費を回復者から償還させることができるが、占有者が果実を取得したときは、通常の必要費は、占有者の負担に帰する。

○（区2018）

[21] 占有物が占有者の責めに帰すべき事由により滅失したときは、その回復者に対し、善意であって、所有の意思のない占有者は、その滅失により現に利益を受けている限度で賠償する義務を負い、その損害の全部を賠償することはない。

×（区2021）「その滅失により現に利益を受けている限度で賠償する義務を負い、その損害の全部を賠償することはない」が誤り。

[22] 占有者がその占有を妨害されたときは、占有保持の訴えにより、損害の賠償を請求することができるが、他人のために占有をする者は、その訴えを提起することができない。

×（区2021）「他人のために占有をする者は、その訴えを提起することができない」が誤り。

[23] 占有者がその占有を妨害されるおそれがあるときは、占有保全の訴えにより、その妨害の予防を請求することはできるが、損害賠償の担保を請求することは

できない。

×（区2018）「損害賠償の担保を請求することはできない」が誤り。

24　善意の占有者は、その占有を奪われたときは、占有侵奪者に対し、占有回収の訴えにより、その物の返還及び損害の賠償を請求することができるが、悪意の占有者は、その物の返還及び損害の賠償を請求することができない。

×（区2018）「その物の返還及び損害の賠償を請求することができない」が誤り。

25　占有者が他人に欺かれて物を交付した場合、当該占有者の占有移転の意思には瑕疵があるといえるため、当該占有者は、占有回収の訴えにより、その物の返還及び損害の賠償を請求することができる。

×（国般2016）「占有回収の訴えにより、その物の返還及び損害の賠償を請求することができる」が誤り。

26　無権限で不動産を占有する者に対して所有者が実力で排除することを予防するため、占有者による占有保全の訴えが提起された場合、所有者は、その本訴において所有権が自分にある旨の抗弁は許されないものの、所有権に基づく反訴を提起することは許されるとするのが判例である。

○（税・労2003）

27　占有権は占有者が占有物の所持を失うことにより消滅するが、占有者は、占有回収の訴えを提起して勝訴すれば、現実にその物の占有を回復しなくても、現実に占有していなかった間も占有を失わず占有が継続していたものと擬制される。

×（国般2019）「現実にその物の占有を回復しなくても」が誤り。

28　代理占有が成立するためには、本人と占有代理人との間に賃貸借等の占有代理関係が存在することが必要であるから、賃貸借関係が終了した場合は、賃借人が引き続き占有している場合であっても、賃貸人の代理占有は当然に消滅する。

×（国般2007）「賃貸人の代理占有は当然に消滅する」が誤り。

A　被相続人の事実的支配の中にあった物は、原則として、当然に相続人の支配の中に承継されるとみるべきであるから、被相続人が死亡して相続が開始するときは、相続人が相続の開始を知っていたか否かにかかわらず、特別の事情のない限り、相続人は、被相続人の占有権を承継する。

○（国般2007）

B Aは、Cが所有する甲建物の管理を委託され、甲建物に住んでいたが、15年経ったところでAが死亡した。Aの唯一の相続人であるBは、管理委託の事情を知らずに、甲建物に住み始め、さらに10年が経った。Aを相続して甲建物を占有しているBは、所有の意思を持って占有しているものと推定されるから、取得時効を争うCがA又はBの占有は所有の意思のないものであることを主張立証しなければならない。

× （裁2016）「Aを相続して甲建物を占有しているBは、所有の意思を持って占有しているものと推定されるから、取得時効を争うCがA又はBの占有は所有の意思のないものであることを主張立証しなければならない」が誤り。

C AがB所有の甲山林を自己の所有と信じて占有し、甲山林から生じた果実を採取して消費した場合であっても、Aが甲山林を自己の所有と信じたことに過失があるときは、Aの果実収取権は否定され、Aは、Bに対し、消費した果実の代価を返還しなければならない。

× （国般2013）「Aの果実収取権は否定され、Aは、Bに対し、消費した果実の代価を返還しなければならない」が誤り。

D 占有者がその占有を奪われたときは、占有回収の訴えにより、その物の返還を請求することができるが、占有回収の訴えは、占有を奪われたことを知った時から1年以内に提起しなければならない。

× （税・労・財2017）「占有を奪われたことを知った時」が誤り。

E Aは、X所有の建物をXから賃借し、そのうちの一室をBに転貸した。その後、Bは、この一室の返還を拒絶し、自己のためにのみ占有する旨の意思を表示した。この場合、Aは、Bに対し、占有回収の訴えによりその一室の明渡しを求めることができる。

× （裁2005）「占有回収の訴えによりその一室の明渡しを求めることができる」が誤り。

F Aの占有している物をBが侵奪し、その侵奪から1年以内にAがBから占有を奪還した場合、BはAに対し、占有回収の訴えにより返還請求をすることができるとの見解は、Aの最初の占有状態がなお継続していると解されるから、その奪還は秩序の回復であると認められることを根拠の1つとする。

× （国般2002改題）「Aの最初の占有状態がなお継続していると解されるから、その奪還は秩序の回復であると認められることを根拠の1つとする」が誤り。

G Aの占有している物をBが侵奪し、その侵奪から1年以内にAがBから占有を奪還した場合、BはAに対し、占有回収の訴えにより返還請求をすることができないとの見解は、民法においては、正当な権利者といえども、国家の所定の救済手続によることなく私力を用いてその権利を防衛ないし実現することは禁止されていると解されることを根拠の1つとする。

× (国般2002改題)「民法においては、正当な権利者といえども、国家の所定の救済手続によることなく私力を用いてその権利を防衛ないし実現することは禁止されていると解されることを根拠の1つとする」が誤り。

H 占有回収の訴えは、占有侵奪者の悪意の特定承継人に対しても提起できるので、Aが、甲から盗んだ物を、盗品であることにつき善意のBに売却し、さらに、Bが、盗品であることにつき悪意のCにこれを転売した場合、甲はCに対して占有回収の訴えを提起できる。

× (裁2007)「甲はCに対して占有回収の訴えを提起できる」が誤り。

I Aは、Xを債務者として、X所有の指輪を目的とする質権を設定し、この指輪を占有していたが、BがAからこの指輪を窃取した。この場合、Aは、Bに対し、質権に基づく返還請求訴訟又は占有回収の訴えのいずれによっても指輪の返還を求めることができる。

× (裁2005)「質権に基づく返還請求訴訟又は占有回収の訴えのいずれによっても指輪の返還を求めることができる」が誤り。

6 用益物権 発展

本節では、他人の土地を基礎として、その土地の使用・収益を行うことができる権利である用益物権を扱います。民法上、地上権・地役権・永小作権・入会権の４種類が規定されていますが、学習の中心となるのは、公務員試験での出題が見られる地上権と地役権になります。

1 用益物権 ― 総説

意義 用益物権とは、他人の土地を基礎として、その土地の使用・収益を行うことができる権利をいう。民法上、地上権・地役権・永小作権・入会権の４種類が規定されている。 A

2 地上権

1 総説

意義 地上権とは、他人の土地において工作物または竹木を所有するため、その土地を使用する権利である(265条)。他人の土地の上に建物・橋・水路・電柱・トンネル等を所有したり、植林したりする場合に利用される。地上権を設定する時に土地の上に建物や植林が存在していることは必要としない。 B

地上権は賃借権に類似するが、地上権が物権であるのに対し、賃借権が債権であることから、次表のように権利の内容は大きく異なる。

【地上権と賃借権の比較】

	地上権	賃借権
権利の性質	物権	債権
目的	工作物または竹木の所有目的に限定（265条）	目的は問わない
対象	土地、地下、空間（265条、269条の2）	物（不動産または動産）（601条）
地代・賃料	地代の支払いを要素としない（266条）	賃料の支払いを要素とする（601条）
存続期間	制限なし	上限50年（604条1項）
他人への譲渡	土地の所有者の承諾は不要	賃貸人の承諾が必要（612条1項）

2 ▷ 区分地上権

意義　区分地上権とは、**地下又は空間**について、工作物を所有するため、**上下の範囲を定めて**地上権の目的とすることができる権利である（269条の2第1項前段、地下又は空間を目的とする地上権）**C**。例えば、他人の土地の地下であれば、地下駐車場、地下商店街、地下鉄のため、また他人の土地の上空であれば、空中ケーブル、モノレール、高速道路のためがある。

　区分地上権を設定するときに、空間や地下に工作物が存在していることは必要としない。

趣旨　土地利用の効率化を図るため規定された。

　区分地上権の場合においては、設定行為で、地上権の行使のためにその土地の使用に制限を加えることができる（269条の2第1項後段）。**C**

3 ▷ 地上権の成立

　地上権は、通常土地所有者との設定契約によって成立するが、時効取得の場合や、法律の規定によって当然に成立する場合（法定地上権）（388条）もある。

① 地代の支払

　地上権は地代の支払いを要素としない（地代の支払いの約束が成立要件ではない）ので、無償の地上権を設定することも可能である。**D**

　なお、地上権者が土地の所有者に定期の地代を支払わなければならない場合には、永小作権についての274条〜276条の規定が準用される（266条1項）。これらの規定が地上権に適用されるときは、次表のようになる。

【永小作権に関する規定の準用】

地代の減免 (274条)	地上権者は、不可抗力により収益について損失を受けたときであっても、地代の免除または減額を請求することができない E
地上権の放棄 (275条)	地上権者は、不可抗力によって、引き続き3年以上全く収益を得ず、または5年以上地代より少ない収益を得たときは、その権利を放棄することができる
地上権の消滅請求 (276条)	地上権者が引き続き2年以上地代の支払を怠ったときは、土地の所有者は、地上権の消滅を請求することができる

② 地上権の存続期間

地上権の存続期間は制限がないので、存続期間を定めるか否かを含めて、当事者が自由に決定することができる。もっとも、地上権の存続期間の定めがない場合に、別段の慣習が存在するときはそれに従う(大判明32.12.22)。 F

なお、設定行為で地上権の存続期間を定めなかった場合で、別段の慣習がないときは、地上権者は、いつでもその権利を放棄することができる(268条1項本文)。

〈解説〉 設定行為で存続期間を定めなかった地上権を放棄する場合で、地代を支払うべきときは、1年前に予告をするか、または期限の到来していない1年分の地代を支払わなければならない(268条1項ただし書)。 G

4 譲渡・担保設定・賃貸

地上権者は、地上権を他人に譲渡することや、これを担保に供すること(ex.地上権への抵当権の設定は369条2項が認めている)ができるほか、地上権が設定された土地を賃貸することができる。これらを行う場合に、土地の所有者の承諾を得る必要はない。 H

理由 地上権は物権であるから。

5 工作物の収去等

原則 地上権者は、その権利が消滅した時に、土地を原状に復して、その工作物や竹木を収去することができる(269条1項本文)。 I

例外 土地の所有者が時価相当額を提供して工作物や竹木を買い取る旨を通知したときは、地上権者は、正当な理由がある場合を除き、買取を拒むことができない(269条1項ただし書)。 I

趣旨 地上の工作物は、土地から切り離されるとその価値を減少させ、それに伴い土地の価値も減少することもあるため、地主に任意に工作物等を買い取らせて、収去による損失を防ぐことにした。

3 地役権

1 総説

意義 　地役権とは、設定行為で定めた目的に従い、**他人の土地を自己の土地の便益に供する権利**である(280条本文)。例えば、自己の土地(甲地)から公道に出るという目的のために、他人の土地(乙地)を通行させてもらう場合である(**通行地役権**)。

　地役権において**便益を受ける自己の土地を要役地**(281条1項本文かっこ書)といい、要役地の便益に供される他人の土地を**承役地**(285条1項本文かっこ書)という。

〈解説〉　自己の土地が袋地であれば隣地通行権を有するが(210条)、隣地通行権には他人の土地のために損害が最も少ないものを選択する等の制限がある(211条1項)。しかし、通行地役権を設定すれば、そのような制限なく他人の土地を通行することも可能になる。

① 目的

　他人の土地を自己の土地の便益に供する目的であればよい。例えば、送電線のための地役権、水道を引いてくるための引水地役権、眺望や日照を確保するための眺望・観望地役権等がある。　J

② 設定地

要役地に隣接しない土地を承役地として地役権を設定することができる。　K

理由 　他人の土地を自己の土地の便益に供するために設定される権利であるから、そのような関係があれば両土地が隣接している必要はないため。

③ 成立

　地役権は、設定行為(地役権設定契約)によって成立する。

④ 対価の支払い

地役権は対価の支払いを要素としないので（対価の支払いの約束を成立要件としない）、無償の地役権を設定することも可能である。

⑤ 地役権の存続期間

地役権の存続期間は制限がないので、存続期間を定めるか否かを含めて、当事者が自由に決定することができる。永久地役権も可能である。

⑥ 対抗要件

登記が対抗要件となる（177条）。

2 地役権の特性

① 地役権の付従性

地役権は、設定行為に別段の定めがあるときを除き、要役地の所有権に従たるものとして、**要役地の所有権とともに移転**する（281条1項）。 L

趣旨 要役地の所有権と地役権とは不可分一体の関係に立つから。

したがって、地役権設定登記がされていなくても、要役地の譲受人は、**要役地の所有権移転登記**をすれば、承役地の所有者に対して地役権を対抗することができる（大判大13.3.17）。 L

また、地役権を要役地から分離して譲渡することはできない（281条2項）。

趣旨 要役地の所有権と地役権とは不可分一体の関係に立つから。

② 地役権の不可分性

土地の共有者の一人は、その持分につき、その土地（要役地）のために又はその土地（承役地）について存する地役権を消滅させることができない（282条1項）。 M

趣旨 土地が共有関係にあっても、地役権がその土地の全体に及ぶから。

土地の分割又は一部譲渡によって、各々の所有者を異にするに至ったときでも、原則として、地役権は消滅せず、その各部（要役地）のために、又は各部（承役地）の上に存続する（282条2項本文）。

③ 取得時効の特則（要役地が共有されている場合）

土地を共有している場合における地役権の時効取得は、次表のとおりである（284条）。次表については**時効取得を推し進める方向**で規定されている。

【土地共有の場合における地役権の時効取得】

共有者の一人の時効取得(1項)	土地の共有者の一人が時効によって地役権を取得したときは、他の共有者も、これを取得する〔N〕
時効の更新(2項)	共有者に対する時効の更新は、地役権を行使する各共有者に対してしなければ、その効力を生じない
共有者の一人の時効の完成猶予(3項)	地役権を行使する共有者が数人ある場合には、その一人について時効の完成猶予の事由があっても、時効は、各共有者のために進行する〔N〕

④ 消滅時効の特則(要役地が共有されている場合)

　要役地が数人の共有に属する場合において、その一人のために時効の完成猶予または更新があるときは、その**完成猶予または更新は、他の共有者のためにも、その効力を生ずる**(292条)。時効消滅をできる限り阻止する方向で規定されている。地役権は、持分のために存在することはできないからである(282条1項参照)。

3 地役権の取得

　地役権の譲渡・相続・時効によって、地役権の取得が認められる。〔O〕

　時効による地役権の取得には、①すでに成立している地役権をその要役地とともに取得する場合と、②地役権を新たに取得する場合とがある。

　②の場合は、地役権は、**継続的に行使**され、かつ、**外形上認識**することができるものに限り、時効によって取得することができる(283条)。したがって、次表の継続地役権かつ表現地役権に該当するものに限り、時効取得の余地がある。判例は、通行地役権の時効取得に関する継続の要件としては、**承役地たるべき他人の土地の上に通路を開設し、その開設は要役地所有者によってなされることを要する**としている(最判昭30.12.26)。〔P〕

【地役権の分類】

継続地役権と不継続地役権	継続的な状況を伴うか(継続地役権)、それとも伴わないか(不継続地役権)の違いである (例)通路を開設しないでその都度通行する地役権→不継続地役権
表現地役権と不表現地役権	外部から認識できるか(表現地役権)、それとも認識できないか(不表現地役権)の違いである (例)地下の水路の設置の地役権→不表現地役権

4 地役権の消滅

　地役権は、存続期間の満了(存続期間を定めていた場合)、放棄、混同(179条)、

時効(166条2項)等によって消滅する。

〈解説〉 　放棄(287条)とは、「工作物の設置義務等」に関する義務を負担する承役地の所有者が、地役権の行使に必要な土地の部分の所有権を地役権者に対して無償で移転し、その義務を免れることをいい、地役権者による放棄とは異なり、「委棄」とも呼ばれる。

① 承役地の時効取得による消滅

　承役地の占有者が取得時効に必要な要件を備えた場合には、地役権は、これによって消滅する(289条)。ただし、地役権者がその権利を行使すると、地役権の消滅時効は中断する(290条)ので、その後に承役地が時効取得されても、地役権は消滅しない。

② 地役権の消滅時効

　地役権も20年の消滅時効にかかるが(166条2項)、その起算点は「権利を行使することができる時」という原則によらず、以下のようになる(291条)。
　①不継続地役権→最後の行使の時
　②継続地役権→その行使を妨げるような事実の発生した時

③ 一部の不行使

　地役権者がその権利の一部を行使しないときは、その部分のみが時効によって消滅する(293条)。例えば、3mの幅の通行地役権で、1m幅のみ行使していた場合、2m幅が時効によって消滅する。

5 工作物の設置義務等

　設定行為または設定後の契約により、**承役地の所有者**が自己の費用で地役権の行使のために工作物を設け、またはその修繕をする義務を負担したときは、承役地の所有者の特定承継人も、その義務を負担する(286条)。 **Q**

6 通行地役権の承役地の譲渡と177条

問題点 　通行地役権の承役地(通行地役権が設定されている土地)の譲受人は、要役地の地役権設定登記の不存在(欠缺)を主張するについて正当な利益を有する第三者(177条の第三者)に該当するか。

結論 　通行地役権の承役地の譲渡時に、①承役地が要役地の所有者Aによって継続的に通路として使用されていることが**客観的に明らか**であり、かつ、②譲受人Cがそのことを**認識していたか又は認識することが可能**であったと

きは、譲受人Cは、通行地役権が設定されていることを知らなかったとしても、特段の事情がない限り、地役権設定登記の不存在を主張するについて**正当な利益を有する第三者に当たらない**(最判平10.2.13)。 R

理由 ①②の要件を満たす場合であれば、譲受人Cは、要役地の所有者Aが承役地について通行地役権その他の何らかの通行権を有しているのを容易に推認することができ、要役地の所有者Aに照会して通行権の有無やその内容を容易に調査することもできる。

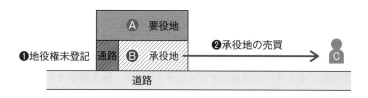

4 永小作権

意義 永小作権とは、小作料を支払って、他人の土地において耕作または牧畜をする権利である(270条)。

永小作権の特徴は、**対価の支払いを要素とする**(対価の支払いの約束が成立要件の1つである)のが、これを要素としない地上権や地役権と異なる。地上権、地役権、永小作権を比較すると、次表のようになる。

【地上権・地役権・永小作権の比較】

	地上権	地役権	永小作権
内容	工作物・竹木の所有	自己の土地の便益のため他人の土地を利用	耕作又は牧畜を行う
対価の支払の約束	成立要件ではない(当事者の合意による)		成立要件(小作料の支払の約束が必要)
設定期間	規定なし(永久でもよい)		20年以上50年以下

5 入会権 (いりあい)

意義 入会権とは、一定範囲の住民が山林原野、河川等を総有的に支配し、一定の使用収益(薪・資材の採取、漁をする等)をすることができる慣習的な権利である。

〈解説〉 前近代的な慣習を一定の権利として承認したものであり、263条、294条に断片的に規定されている。

重要事項 一問一答

01 地上権とは何か?

他人の土地において工作物または竹木を所有するため、その土地を使用する権利(265条)

02 地上権は地下や空間に設定することができるか?

上下の範囲を定めて設定することができる(269条の2第1項前段)。

03 地上権は地代の支払いを要素とするか?

要素としない。無償の地上権の設定が可能である。

04 設定行為で地上権の存続期間を定めなかった場合、地上権者はその権利を放棄することができるか?

別段の慣習がない限り、地上権者はいつでも放棄することができる(268条1項本文)。

05 地役権における要役地と承役地とは何か?

便益を受ける自己の土地を要役地、要役地の便益に供される他人の土地を承役地という。

06 地役権の存続期間に制限はあるか?

制限はない。当事者が自由に決定できる。

07 要役地の共有者に対する取得時効の更新は、地役権を行使する各共有者にしなくても、その効力を生じるか?

各共有者に対してしなければ、その効力を生じない(284条2項)。

08 要役地の共有者の一人について取得時効の完成猶予事由がある場合、時効は、各共有者のために進行するか?

進行する(284条3項)。

過去問チェック(争いのあるときは、判例の見解による)

A 民法は、用益物権として、留置権、永小作権、先取特権、入会権、地役権を規定している。

×(区2018改題)「留置権」「先取特権」が誤り。

B 地上権は、他人の土地において工作物又は竹木を所有するため、その土地を使用する権利であり、工作物又は竹木が現存しないときに、地上権を設定することはできない。

×(区2016)「地上権を設定することはできない」が誤り。

[C] 地下又は空間は、工作物を所有するため、上下の範囲を定めず区分地上権の目的とすることができ、この場合においては、設定行為で、区分地上権の行使のためにその土地の使用に制限を加えることができる。

× (区2020)「上下の範囲を定めず区分地上権の目的とすることができ」が誤り。

[D] 地上権者は、他人の土地において工作物又は竹木を所有するため、その土地を使用する権利を有するが、土地の所有者に必ず定期の地代を支払わなければならない。

× (区2009)「土地の所有者に必ず定期の地代を支払わなければならない」が誤り。

[E] 地上権者は、土地の所有者に定期の地代を支払わなければならない場合において、不可抗力により収益について損失を受けたときは、地代の免除又は減額を請求することができる。

× (区2020)「地代の免除又は減額を請求することができる」が誤り。

[F] 地上権設定契約に存続期間の定めがない場合は慣習があればそれに従い、慣習がない場合は、存続期間の上限のみ定めなければならない。

× (区2011)「存続期間の上限のみ定めなければならない」が誤り。

[G] 設定行為で地上権の存続期間を定めなかった場合において、別段の慣習がないときは、地上権者は、いつでもその権利を放棄することができるが、地代を支払うべきときは、1年前に予告をし、又は期限の到来していない1年分の地代を支払わなければならない。

○ (区2020)

[H] 地上権は、土地に対する直接の使用権であり、土地の所有者の承諾なしに、これを譲渡し、担保に供し、賃貸することができる。

○ (区2011)

[I] 地上権者は、その権利が消滅した時に、土地を原状に復してその工作物及び竹木を収去することができるが、土地の所有者が時価相当額を提供してこれを買い取る旨を通知したときは、地上権者は、いかなる場合もこれを拒むことはできない。

× (区2020)「いかなる場合もこれを拒むことはできない」が誤り。

[J] 地役権は、通行地役権のように地役権者が一定の行為をすることを目的とする場合にのみ設定できるので、眺望や日照を確保するために承役地の利用者が建物を建てないことを目的として地役権を設定することはできない。

×（区2013）全体が誤り。

[K] 地役権は、設定行為によって定めた目的に従い、承役地を要役地の便益に供する権利であるので、要役地に隣接しない土地を承役地として地役権を設定することはできない。

×（区2013）「要役地に隣接しない土地を承役地として地役権を設定することはできない」が誤り。

[L] 地役権は、設定行為に別段の定めがない限り、要役地の所有権に従たるものとして、その所有権とともに移転し、所有権の移転を承役地の所有者に対抗しうるときは、地役権の移転も登記なく対抗できる。

○（区2013）

[M] 要役地又は承役地が数人の共有に属する場合に、その土地の各共有者は、単独では地役権全体を消滅させることはできないが、自己の持分についてだけ地役権を消滅させることはできる。

×（区2013）「自己の持分についてだけ地役権を消滅させることはできる」が誤り。

[N] 土地の共有者の一人が時効によって地役権を取得したときは、他の共有者も、これを取得するが、地役権を行使する共有者が数人ある場合には、その一人について時効の完成猶予の事由があっても、時効は、各共有者のために進行する。

○（区2021）

[O] 地役権は、要役地の所有者と承役地の所有者との間の設定行為という合意がある場合にのみ成立するものであり、時効によってその取得が認められることはない。

×（区2013）「のみ成立するものであり、時効によってその取得が認められることはない」が誤り。

[P] 既に通路が設けられており、要役地所有者がこれを一般の通路であると信じ、その所有地から公路に出入りするため10年以上通行してきたもので、その間何人からも異議がなかった事実を認定した場合に、地役権の時効取得の要件を満たすには、承役地たるべき他人所有の土地の上に通路の開設があっただけで足り、その開設が要役地所有者によってなされたことは要しないとした。

×（区2020）「承役地たるべき他人所有の土地の上に通路の開設があっただけで足り、その開設が要役地所有者によってなされたことは要しないとした」が誤り。

⬜Q 設定行為又は設定後の契約により、承役地の所有者が自己の費用で地役権の行使のために工作物を設け、又はその修繕をする義務を負担したときは、承役地の所有者の特定承継人は、その義務を負担しない。

×（区2021）「承役地の所有者の特定承継人は、その義務を負担しない」が誤り。

⬜R 最高裁判所の判例では、通行地役権の承役地が譲渡された場合において、譲渡の時に、当該承役地が要役地の所有者によって継続的に通路として使用されていることがその位置、形状、構造等の物理的状況から客観的に明らかであり、かつ、譲受人がそのことを認識していたときは、譲受人は、通行地役権が設定されていることを知らなかったとしても、特段の事情がない限り、地役権設定登記の欠缺（けんけつ）を主張するについて正当な利益を有する第三者に当たらないとした。

○（区2021）

7 物権変動①

本節では、物権変動①として、物権変動の意義・物権変動の時期・物権変動における対抗要件主義を扱います。

1 物権変動とは

意義 物権変動とは、**物権の発生・変更・消滅**の総称である。例えば、買主Bが売主Aとの間で住宅の売買契約を締結すると、所有権がAからBに移転し、Bが住宅の所有権を取得する(物権の発生)。しかし、その後に住宅が火災により滅失すると、Bは住宅の所有権を失う(物権の消滅)。

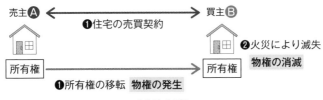

【物権変動】

〈語句〉●物権の変更とは、**物権の内容が変わる**ことを意味する。売買契約による所有権の移転のように、物権の内容の同一性を維持したまま他人に移転することは物権の変更に該当しない。

【物権変動の類型】

類型	具体例
発生	・住宅の新築による所有権の取得 ・民法上の要件の充足による留置権・先取特権の取得 ・抵当権・質権・用益物権の設定による取得 ・原始取得 (例)時効取得(162条、163条)、即時取得(192条) ・承継取得 (例)売買契約による所有権の移転※1、相続による移転※2
変更	・住宅の増築又は一部損傷による変更 ・地上権、永小作権、不動産質権の存続期間の変更(268条、278条、360条) ・抵当権の順位の変更(374条)
消滅	・住宅の滅失による所有権の消滅 ・被担保債権の弁済による担保物権の消滅 ・混同による消滅(179条)

※前表にはこれから学習する事項が多く含まれるので、物権や担保物権を学習した後に見
　直すとよい。次の **②** 項からは、物権変動の典型例である**売買契約による所有権の移転**を
　主として問題とする。

※1 売買契約による所有権の移転は、売主が所有する「ある物」の所有権が売主から買主に移転する。
　　このように、**権利義務が個別的に承継される**ことを特定承継という。

※2 相続による移転は、被相続人(亡くなった者)の権利義務が一括して相続人に移転する(896条本文)。
　　このように、**権利義務が一括して承継される**ことを包括承継(一般承継)という。

② 物権変動の時期

1 意思主義

> **第176条【物権の設定及び移転】**
> 物権の設定及び移転は、当事者の意思表示のみによって、その効力を生ずる。

意義　意思主義とは、物権の設定や移転の効力が当事者の意思表示のみによって
生じるという原則である(176条)。例えば、A の「土地を売ります」という意
思表示と B の「土地を買います」という意思表示が合致すると、AB間で売買
契約が成立し、A から B に土地の所有権が移転する。[01]

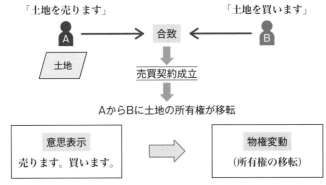

〈解説〉 📝**発展** 意思主義と対立する概念として、当事者の意思表示に加えて何ら
かの形式(ex.登記・引渡し)が備わったときに、物権の設定や移転の効力が
生じることを形式主義という。

2 特定物売買の所有権移転時期

問題点　売主が所有する特定物の売買契約(特定物売買)においては、いつの時
点で、売主から買主への所有権移転の効力が生じるか。

結論　所有権移転が将来なされるべきという**特約がない限り、売買契約を締結し**

た時点で、買主への所有権移転の効力が生じる(最判昭33.6.20)。 02

理由 物権の設定の効力発生時について民法が意思主義を採用している。

〈解説〉 「所有権の移転が将来なされるべきという特約」の例として、買主の代金支払時に所有権が移転する旨の特約や、売主から買主への登記移転時に所有権が移転する旨の特約がある。

〈語句〉●特定物とは、その個性に着目して取引の対象になる物である。不動産は原則として特定物である。特定物の詳細は、『民法 下』「債権総論」で扱う。

3 種類物売買の所有権移転時期 /発展

問題点 売主が所有する種類物の売買契約(種類物売買)においては、いつの時点で、売主から買主への所有権移転の効力が生じるか。

結論 特に売主に所有権を留保する旨の特約がない限り、**目的物が特定された時点で**、買主への所有権移転の効力が生じる(最判昭35.6.24)。

理由 種類物売買においては、契約締結時点では買主に引き渡す目的物が不明確であり、目的物が特定された時に明確になる。

〈解説〉 種類物売買では、債務者が物の給付をするのに必要な行為を完了したとき、又は債権者の同意を得て給付する物を指定したときに、目的物が特定される(種類物の特定)(401条2項)。

〈語句〉●種類物(不特定物)とは、その種類のみに着目して取引の対象となる物である。例えば、ビール10本、玉ねぎ10キログラムである。種類物売買については、『民法 下』「債権総論」で扱う。

3 公示の原則・公信の原則

1 公示の原則

意義 物権変動があった場合には、**常に公示(ex.登記、登録、占有等)を伴うことを必要とする原則である。** 03

趣旨 物権は、排他的性質を有するので、公示をもって外部から認識できるようにしないと、第三者を害する。

〈解説〉 本原則の公示には、動産には引渡し(178条)、不動産には登記(177条)が該当する。もっとも、物権変動は当事者の意思表示のみによって効力を生じるとされ(176条)、公示は第三者に対する対抗要件にすぎないことから(177条、178条)、公示のない物権変動であっても、その効力が生じないわけではない。 03

2 公信の原則

意義　公示を信頼した者は、その公示が実質的な権利を伴わないものでも、その信頼を保護されるとする原則である。[04]

趣旨　公示がされていても、公示のあるところに常に物権があるとは限らないため、物権取引の安全を図るため、公示を信頼した者を救済した。

〈解説〉　公信の原則における公示は、動産の占有が該当する[04]。動産取引において公信の原則を採用したのが、即時取得(192条)である(詳細は本章 **10** 節「即時取得」で扱う)。例えば、A所有の動産をBが占有している場合、Bの占有を信頼して(Bが権利者だと信じて)取引したCは、動産の所有権を取得する。

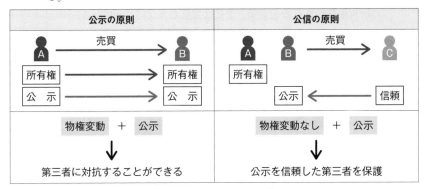

【公示の原則・公信の原則】

④ 物権変動における対抗要件主義

1 総説

第177条【不動産に関する物権の変動の対抗要件】
　不動産に関する物権の得喪及び変更は、不動産登記法(平成16年法律第123号)その他の登記に関する法律の定めるところに従いその登記をしなければ、**第三者に対抗することができない。**

第178条【動産に関する物権の譲渡の対抗要件】
　動産※に関する物権の譲渡は、その動産の引渡しがなければ、**第三者に対抗することができない。**

意義　対抗要件主義とは、不動産の場合は登記(177条)、動産の場合は引渡し

(178条)という公示方法を備えなければ、**物権変動の事実を第三者に対して対抗(主張)することができない**という原則である。 05

※ 動産については、**9**節「物権変動③」で扱う。

趣旨 物権は強力な権利である(直接性・排他性・絶対性がある)にもかかわらず、その存在が目に見えないので、取引安全の観点から、第三者から見て分かるように物権変動の事実を公示する(人々が広く知ることができる状態に置く)ことを要求し(公示の原則)、**登記又は引渡しという公示方法を物権変動の対抗要件**として位置付けた。

〈解説〉 AB間でA所有の土地をBに売却する旨の売買契約(特約はない)が締結された場合、対抗要件主義の帰結として、土地の所有権移転は売買契約の締結によって生じるが(176条)、対抗要件である登記を備えない限り、土地の所有権移転をCなどの第三者には対抗できないことになる。

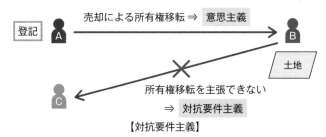

【対抗要件主義】

対抗要件主義をめぐっては、意思主義と対抗要件主義との関係や、物権変動を対抗することができない「第三者」は誰のことを指すのか、という2つの問題点がある。以下では、主に不動産物権変動を例として検討する。

2 意思主義と対抗要件主義との関係

AB間でA所有の甲土地をBに売却する旨の売買契約が締結されたが、登記名義がAにある状況で、AC間で甲土地をCに売却する旨の売買契約が締結され、登記名義がCに移転された。このように、**1つの不動産を複数人に対して譲り渡す(売却する)ことを二重譲渡**という。

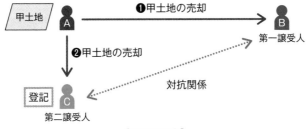

【二重譲渡①】

〈語 句〉●図中Bのように1番目に不動産を譲り受けた者を第一譲受人、図中Cのように
2番目に不動産を譲り受けた者を第二譲受人という。
●二重譲渡における第一譲受人と第二譲受人（BとC）のように、**複数の者が物権**
の支配を争う関係にあることを**対抗関係**という（通説）。

〈解 説〉　AB間で甲土地の売買契約を締結した後にAが死亡し、Aの相続人Dが
Cとの間で甲土地の売買契約を締結した場合も、二重譲渡が生じているの
でBとCが対抗関係に立つ（最判昭33.10.14参照）。相続により、DはAと法
律上同一の地位にあるものといえるからである。さらに、BがEに対して
甲土地を売却した場合には、CとEが対抗関係に立つ。06

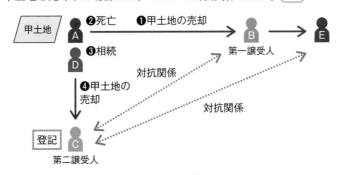

【二重譲渡②】

　二重譲渡の場合、意思主義によれば、AB間の売買契約の締結時に甲土地の所有
権がBに移転し、もはやAには甲土地の所有権がないからCに移転することもな
く、Cが甲土地の所有権を取得することはできないとも考えられる。

しかし、売買契約は意思表示の合致のみで成立するので、上記のように二重譲渡が行われることもあり得る。そして、対抗要件主義によれば、Cが登記名義を取得して対抗要件を備えた以上、Bが甲土地の所有権を第三者に主張することができない反面として、Cは甲土地の所有権を第三者に主張することができるので、Cが甲土地の所有権を取得することになる。

/発展 なお、Cが確定的に所有権を取得した結果、Bに対する甲土地の引渡しは履行不能となるので、BはAに対して債務不履行に基づく損害賠償請求（詳細は『民法 下』「債権総論」で扱う）をすることになる。 A

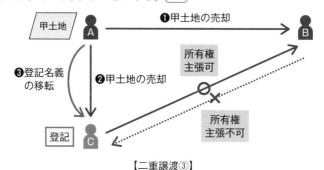

【二重譲渡③】

【対抗要件主義の具体的帰結】

事例	Cが登記を備えた場合	BCともに登記がない場合
帰結	Cが優先する CがBの物権変動を承認することはできる（大判明39.10.10）	先に登記を備えた方が優先する 登記を備えない者が訴えると敗訴する（大判明43.1.24）

/発展 問題となるのは、この結論を理論的にどのように説明するかである。多数説は**不完全物権変動論**によって説明する。

問題点 二重譲渡におけるBとCの関係（譲受人相互の関係）を理論的にどのように説明すべきか。

結論 ① 物権変動は意思表示によって生じるが、対抗要件を備えない間はBに移転した所有権が第三者に対抗することのできない不完全なものにとどまり、**Aにも所有権が不完全なまま残っている**（無権利者ではない）ので、AはCにもその不完全な所有権を移転することができる（二重譲渡をすることができる）。

② BとCは、ともに不完全な所有権を有している状態なので、対抗要件である登記を先に備えた方が、完全な所有権を取得する。

理由 意思主義を定めた176条は、177条（不動産の場合）及び178条（動産の場合）

による制約を受けるので、対抗要件(不動産の場合は登記、動産の場合は引渡し)を備えたときに、その制約から解放されて完全な所有権が帰属する。

3 > 177条の「第三者」の範囲

第三者とは、その文言的には、当事者及びその包括承継人(相続人等)以外の全ての者を指す。しかし、これを徹底する立場(無制限説)を採用すると、不法行為者や不法占拠者等も第三者に含まれてしまい、取引安全を趣旨とする177条・178条に照らして妥当でない。そこで、第三者の範囲を解釈によって制限することになる(制限説)。

問題点 登記を備えないと不動産物権変動を対抗することができない「第三者」(177条)とは、誰のことを指すのか。

結論 177条の「第三者」とは、**当事者若しくはその包括承継人以外の者**で、不動産に関する物権の得喪及び変更の**登記の欠缺(不存在)を主張する正当の利益を有する者**を指す(大連判明41.12.15)。 **07**

理由 登記という公示方法を不動産物権変動の対抗要件とした177条は、不動産の取引安全を趣旨とするから、第三者については取引安全を図るべき者にその範囲を限定してよい。

4 > 177条の「第三者」に該当する者

第三者に該当する者(=登記の欠缺を主張する正当の利益を有する者)に対しては、登記を備えないと不動産の所有権取得を対抗することができない。

【177条の「第三者」に該当する者】

該当する者	具体例
①物権取得者	・二重譲渡の譲受人 **発展** 同一の不動産について地上権を取得した者(地上権者) **B**
②目的物に支配を及ぼした債権者	・差押債権者(最判昭39.3.6) **08**
③不動産賃借人	AB間の不動産の売買契約前に、その不動産を売主Aから賃借していたC (最判昭49.3.19、605条の2第3項) **09**

① 物権取得者 — 地上権者 📌発展

　Aが、所有する土地をBに売却した後、当該土地にCのために地上権を設定した場合、Bは登記を備えないと、Cに対して地上権の負担のない土地所有権を対抗することができない。　B

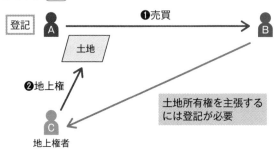

② 目的物に支配を及ぼした債権者 — 差押債権者

　AB間の土地の売買契約の後、その土地を差し押さえたAの債権者Cが差押債権者であるから、Bは登記を備えないと、Cに対して土地所有権を対抗することができない(最判昭39.3.6)。　08

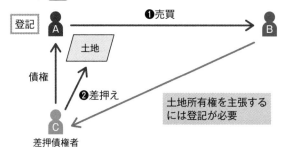

【差押債権者】

③ 不動産賃借人

　AC間の土地の売買契約の前に、その土地をAから賃借していた賃借人Bがいると、Cは登記を備えないと、Bに対して土地所有権を対抗することができない。そして、Cは登記を備えないと、Bに対して賃料を請求すること（賃貸人としての地位の主張）もできない（605条の2第3項）。 09

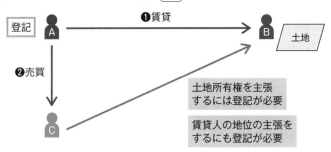

【不動産賃借人】

　なお、BがCに対して賃借権を対抗するには、Cより先に対抗要件を備えることが必要である。賃借権の対抗要件は**賃借権の登記**であるが（605条）、下表のように**借地借家法の特則**がある（詳細は『民法 下』「債権各論」で扱う）。

【賃借権の対抗要件】 発展

原則	賃借権の登記（605条）
建物所有目的による土地の賃借権（借地権）	賃借権の登記又は**借地上の建物の登記**（借地借家法10条1項）が対抗要件となる。 C
建物の賃借権（借家権）	賃借権の登記又は**建物の引渡し**（借地借家法31条）が対抗要件となる。 D

借地上の建物の登記	建物の引渡し
❶土地賃貸借　賃貸人A → 賃借人B　❸土地売買　❷B名義の建物登記　譲受人C	❶建物賃貸　賃貸人A → 賃借人B　❸建物売買　❷引渡し　譲受人C

5 177条の「第三者」に該当しない者

　第三者に該当しない者(登記の欠缺を主張する正当の利益を有しない者)に対しては、登記を備えなくても不動産の所有権取得を対抗することができる。

【第三者に該当しない者】

該当しない者	具体例
①前主と後主	不動産が順次譲渡された場合 [10]
②相続人	不動産の売主の地位を相続した者 [11]
③不法占拠者	不動産を権原がないのに占拠している者 [12]
④一般債権者 発展	不動産の売主に金銭を貸している者 [E]
⑤無権利者	所有者でないのに登記名義人である者 [13]
⑥承役地の譲受人 発展	通行地役権が設定されている土地を譲り受けた者 [F]

① 前主と後主

　土地が「A→B→C」と順次譲渡された場合、AとCが前主と後主の関係に立つから、Cは登記を備えなくても、Aに対して土地所有権を対抗することができる(最判昭39.2.13)。 [10]

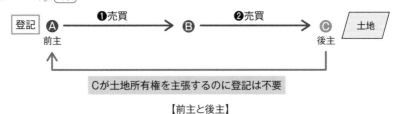

【前主と後主】

② 相続人

　AB間で土地の売買契約があった後、Aの死亡によってAの地位を相続したCは相続人なので、Bは登記を備えなくても、Cに対して土地所有権を対抗することができる。 [11]

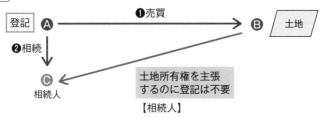

【相続人】

③ 不法占拠者

AB間で土地の売買契約があった場合で、その土地を権原がないのに占拠しているCは不法占拠者なので、Bは登記を備えなくても、Cに対して土地所有権を対抗することができる(最判昭25.12.19)。 12

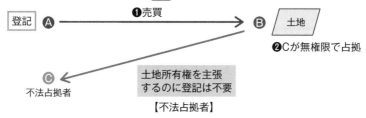

【不法占拠者】

④ 一般債権者 🖊発展

AB間で土地の売買契約があった後、Aに金銭を貸したにすぎないCは一般債権者なので、Bは登記を備えなくても、Cに対して土地所有権を対抗することができる(大判大4.7.12)。 E

解説 Cは土地を差し押さえると差押債権者となって第三者に該当する。

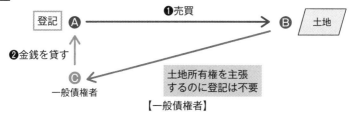

【一般債権者】

⑤ 無権利者

A名義の土地をBが文書を偽造して自己名義に移転し、これをCに譲渡して登記を備えさせた場合、Bは無権利者であり、Bからの譲受人Cも無権利者であるから、Aから土地を有効に譲り受けたDは、登記を備えなくても、B及びCに対して土地所有権を対抗することができる(大判大9.11.25)。 13

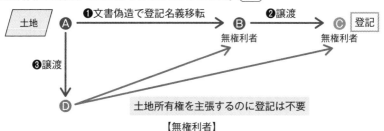

【無権利者】

⑥ 承役地の譲受人 /発展

　AB間で甲土地の譲渡があったが、譲渡以前に、甲土地にC所有の乙土地を要役地として通行地役権が設定されていた場合、譲渡の時に、①承役地（甲土地）が要役地（乙土地）の所有者Cによって**継続的に通路として使用**されていることがその位置、形状、構造等の**物理的状況から客観的に明らか**であり、かつ、②譲受人Bがそのことを**認識**していたか又は**認識することが可能**であったときは、譲受人Bは、通行地役権が設定されていることを知らなかったとしても、**特段の事情がない限り、地役権設定登記の欠缺（不存在）を主張するについて正当な利益を有する第三者に当たらない**（最判平10.2.13）。 F

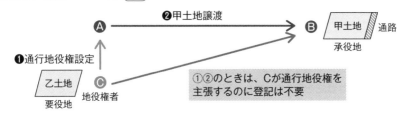

6 背信的悪意者排除論

　第三者に該当する者は、登記の欠缺を主張する正当の利益を有する者に限定されるが、主観的要件（善意又は悪意）は影響するのか。善意者（登記の欠缺を知らなかった者）は影響しないといえるが、悪意者（登記の欠缺を知っていた者）も影響しないといえるのかが問題となる。

問題点❶　悪意者は第三者に該当するのか。

結論　①　**単純悪意者**（単に登記の欠缺を知っていただけの者）は**第三者に該当する**（最判昭32.9.19）。14

　　　　②　**背信的悪意者**（登記の欠缺を主張することが信義に反する悪意者）は**第三者に該当しない**（最判昭43.8.2）。15

理由　①　第一譲受人より有利な条件を提示して権利を取得しようとする第二譲受人の態度は、資本主義的自由競争の範囲内として許容される。

　　　　②　第一譲受人の譲渡の事実を知り、登記を備えて第一譲受人に高く売りつけようとするような第二譲受人の態度は、資本主義的自由競争の範囲を逸脱しており信義則（1条2項）に反する。

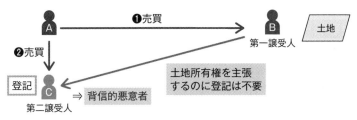

【背信的悪意者排除論】

〈解説〉　背信的悪意者の具体例としては、①第一売買において代理人・立会人などの役割で関与した第二譲受人(最判昭43.11.15)、②不当な利益を得ることを目的として売主と共謀したり、第一譲受人に高値で売りつけるために売主から当該土地を買い取った第二譲受人(最判昭43.8.2)がある。[15]

🖋発展 不動産の取得時効完成後に当該不動産の譲渡を受けて所有権移転登記を了した者が背信的悪意者に当たるとされた判例がある。すなわち、Bが時効取得した不動産について、その取得時効完成後にCが当該不動産の譲渡を受けて所有権移転登記を了した場合において、Cが、当該不動産の譲渡を受けた時に、Bが多年にわたり当該不動産を占有している事実を認識しており、Bの登記の欠缺を主張することが信義に反するものと認められる事情が存在するときは、Cは背信的悪意者に当たる(最判平18.1.17)。[G]

問題点❷　背信的悪意者からの転得者も背信的悪意者に該当するのか。

結論　第一譲受人に対する関係で転得者自身が背信的悪意者と評価されるのでない限り、転得者は第三者に該当する(最判平8.10.29)。[16]

理由　背信的悪意者は無権利者となるわけではなく、登記の欠缺を主張することが信義則に反して許されないだけで、第三者に該当するか否かは第一譲受人との間で相対的に判断されるべき事柄である。

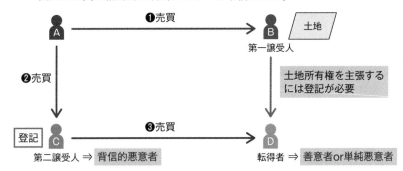

【背信的悪意者からの転得者】

01 物権変動とは何か？

物権の発生・変更・消滅の総称である。

02 意思主義とは何か？

物権の設定や移転の効力が当事者の意思表示のみによって生じるという原則(176条)

03 特定物売買における買主への所有権移転時期は？

特約がない限り、売買契約の締結時(判例)

04 物権変動の対抗要件は何か？

不動産は登記(177条)、動産は引渡し(178条)

05 不動産の二重譲渡とは何か？

一つの不動産を複数人に対して譲り渡す(売却する)こと

06 対抗関係とは何か？二重譲渡においては誰が対抗関係に立つか？

物権の帰属を争う関係が対抗関係であり、二重譲渡においては第一譲受人と第二譲受人が対抗関係に立つ。

07 民法177条の「第三者」の定義は？

当事者若しくはその包括承継人以外の者で、不動産に関する物権の得喪及び変更の登記の欠缺を主張する正当の利益を有する者(判例)

08 差押債権者は民法177条の「第三者」に該当するか。

該当する(判例)。

09 相続人や一般債権者は民法177条の「第三者」に該当するか。

該当しない。

10 民法177条の「第三者」に該当しない背信的悪意者とは？

登記の欠缺を主張することが信義に反する悪意者

11 背信的悪意者からの転得者は民法177条の「第三者」に該当するか。

第一譲受人に対する関係で転得者自身が背信的悪意者と評価されない場合は該当する(判例)。

過去問チェック（争いのあるときは、判例の見解による）

01 売買や贈与のように、直接的には債権・債務を生じさせる法律行為であるが、終局的には物権の移転を目的とする法律行為を行う場合は、物権の移転を生じさせる法律行為の成立には、当事者の意思表示のみでは足りず、不動産については登記、動産については引渡しが必要である。

×（国般2011）「当事者の意思表示のみでは足りず、不動産については登記、動産については引渡しが必要である」が誤り。

[02] Aが、その所有する甲土地をBに売却する契約をBとの間で締結した場合、甲土地の所有権は、原則として、その売買契約成立時に移転する。
○（裁2020）

[03] 物権変動の公示の原則とは、物権の変動は第三者から分かるような外形を備えなければならないという原則のことであり、公示のない物権の変動は効力を生じない。
×（区2013）「公示のない物権の変動は効力を生じない」が誤り。

[04] 通説に照らすと、物権変動の公信の原則とは、物権の公示を信頼した者は、その公示が真実の権利関係と異なる場合でも、その信頼が保護されるという原則であり、不動産についてはこの原則が採用されているが、動産には採用されていない。
×（区2013改題）「不動産についてはこの原則が採用されているが、動産には採用されていない」が誤り。

[05] 動産に関する物権変動の対抗要件が引渡しであることと不動産に関する物権変動の対抗要件が登記であることは、いずれも民法に規定されている。
○（裁2002）

[06] 土地の元所有者亡甲が当該土地を乙に贈与しても、その旨の登記手続をしない間は完全に排他性ある権利変動を生ぜず、被上告人丁が甲の相続人丙から当該土地を買い受けその旨の登記を得た場合、乙から更に当該土地の贈与を受けた上告人戊はその登記がない以上、所有権取得を被上告人丁に対抗することはできないとした。
○（区2016）

[07] 登記をしなければ対抗できない第三者とは、不動産物権の得喪及び変更の登記欠缺を主張するにつき正当の利益を有する者をいい、当事者又はその包括承継人を含むすべての者を指す。
×（区2010）「当事者又はその包括承継人を含むすべての者を指す」が誤り。

[08] Xは、所有する甲土地をAに譲渡したが、Aに登記を移転しないうちに、Xの債権者であるBが甲土地を差し押さえた。この場合、登記を備えていないAは、Bに対し、甲土地の所有権を対抗することができない。
○（裁2005）

09 AがBに、Cが賃借している不動産を売却した場合、Bの所有権とCの賃借権は両立するため、Cは民法第177条の「第三者」に当たらず、Bは登記なくしてCに賃料を請求することができる。

×（税・労・財2014）「Cは民法第177条の『第三者』に当たらず、Bは登記なくしてCに賃料を請求することができる」が誤り。

10 Aが、その所有する甲土地をBに売却した後、Bが、甲土地をCに売却した場合、甲土地につきCへの所有権移転登記がされていなければ、Cは、Aに対し、甲土地の所有権の取得を対抗することができない。

×（裁2021）「Cへの所有権移転登記がされていなければ、Cは、Aに対し、甲土地の所有権の取得を対抗することができない」が誤り。

11 Aが所有する建物をBに売却した後、Bが登記をしない間にAが死亡し、Aの相続人Cが当該建物の相続登記をした。相続人は、民法第177条の第三者に該当し、Bは、Cに対して当該建物の所有権取得を対抗することができない。

×（国般2010）「相続人は、民法第177条の第三者に該当し、Bは、Cに対して当該建物の所有権取得を対抗することができない」が誤り。

12 不動産に関する物権の得喪及び変更は、その登記をしなければ、第三者に対抗することができないから、AからA所有の土地を購入したBは、その登記を備えるまで、不法占拠者Cに対し、明渡しを請求することはできない。

×（裁2010）「その登記を備えるまで、不法占拠者Cに対し、明渡しを請求することはできない」が誤り。

13 A名義の不動産を、Bが文書を偽造して自分の名義に移転し、Cに譲渡して所有権移転登記を経た場合であっても、Cは民法第177条にいう「第三者」に当たり、Aから当該不動産を有効に譲り受けたDは、登記なくしてその所有権取得をCに対抗することができない。

×（税・労・財2018）「Cは民法第177条にいう『第三者』に当たり、Aから当該不動産を有効に譲り受けたDは、登記なくしてその所有権取得をCに対抗することができない」が誤り。

14 AがBに土地を売却したが、さらにAは、Bへの売却の事実を知っているCにも当該土地を売却した。Cは民法第177条の第三者に当たるので、BがCに土地所有権を主張するには登記が必要である。

○（国般2006）

15 Xは、所有する甲土地をAに譲渡したが、登記を移転しないままであった。Bは、これを奇貨として、Aを害する目的で、Xから甲土地を廉価で買い受け、登記を備えた。この場合、登記を備えていないAは、Bに対し、甲土地の所有権を対抗することができない。

×（裁2005）「甲土地の所有権を対抗することができない」が誤り。

16 ある者が不動産を買い受け、その登記が未了の間に、二重譲渡がなされ、さらに第二譲受人から転得者が当該不動産を買い受けて登記を完了した場合において、第二譲受人が背信的悪意者に当たるときは、転得者は、第一譲受人に対する関係で転得者自身が背信的悪意者と評価されるものではなくとも、当該不動産の所有権取得を第一譲受人に対抗することはできないとするのが判例である。

×（税・労・財2019）「第一譲受人に対する関係で転得者自身が背信的悪意者と評価されるものではなくとも、当該不動産の所有権取得を第一譲受人に対抗することはできないとするのが判例である」が誤り。

A AがBに対して土地を売却し、引き渡した後、Cに対して同一の土地を売却し、所有権移転登記をした場合、民法177条は自由競争を認めているから、Cが確定的に所有権を取得しても、AはBに対し、損害賠償の責任を負わない。

×（裁2003改題）「AはBに対し、損害賠償の責任を負わない」が誤り。

B Aは、所有する土地をBに売却した後、Bが登記をしない間に、当該土地にCのために地上権を設定し、Cが先に登記をした。地上権者は、民法第177条の第三者に該当せず、Bは、Cに対して当該土地について地上権の負担のない所有権を対抗することができる。

×（国般2010）「地上権者は、民法第177条の第三者に該当せず、Bは、Cに対して当該土地について地上権の負担のない所有権を対抗することができる」が誤り。

C 賃貸中の土地を譲り受けた者は、その所有権の移転につき登記を経由しない限り、賃貸人たる地位の取得を、当該土地上に登記ある建物を所有する賃借人に対抗することができない。

○（税・労・財2012）

D Aが、その所有する乙建物をBに賃貸し、Bに対し乙建物を引き渡した後、AがCに対し乙建物を売却したが、その旨の所有権移転登記は未了であった場合において、Bは、Cから所有権に基づき乙建物の明渡しを求められたときは、Cの

登記の欠缺を主張してこれを拒むことができる。

○（裁2019改題）

E 売主から不動産を買い受けた買主が所有権移転登記を経ていない場合において、売主の債権者が当該不動産を差し押さえたときは、買主は当該不動産の所有権取得を登記なくして当該債権者に対抗することができず、また、売主の一般債権者に対しても同様であるとするのが判例である。

×（税・労・財2018）「売主の一般債権者に対しても同様であるとするのが判例である」が誤り。

F 最高裁判所の判例では、通行地役権の承役地が譲渡された場合において、譲渡の時に、当該承役地が要役地の所有者によって継続的に通路として使用されていることがその位置、形状、構造等の物理的状況から客観的に明らかであり、かつ、譲受人がそのことを認識していたときは、譲受人は、通行地役権が設定されていることを知らなかったとしても、特段の事情がない限り、地役権設定登記の欠缺（けんけつ）を主張するについて正当な利益を有する第三者に当たらないとした。

○（区2021）

G A所有の土地についてBの取得時効が完成した後に、CがAから当該土地を譲り受け、登記を備えた。この場合、Cが背信的悪意者と認められるためには、Cが、当該土地の譲渡を受けた時点において、Bによる多年にわたる当該土地の占有継続の事実を認識していただけでは足りず、Bが取得時効の成立要件を充足していることをすべて具体的に認識していた必要がある。

×（国般2010）「Bによる多年にわたる当該土地の占有継続の事実を認識していただけでは足りず、Bが取得時効の成立要件を充足していることをすべて具体的に認識していた必要がある」が誤り。

8 物権変動②

本節では、登記を必要とする物権変動と登記請求権を扱います。いずれにおいても、判例の学習が中心となるので、判例の事案を正確に把握して結論を押さえましょう。

1 登記を必要とする物権変動

　ここまで、不動産の物権変動を第三者に対抗するには登記を必要とし(177条)、民法177条の「第三者」とは、当事者もしくはその包括承継人以外の者で、不動産に関する物権の得喪及び変更の登記の欠缺を主張する正当の利益を有する者を指す(制限説)ことを見てきた。

　以下では、さまざまな形態で生じる**物権変動に焦点を当てた**ときに、どのような不動産の物権変動について登記が必要となるのかを見ていく。不動産の物権変動は、売買や贈与等の契約に限らず、契約の取消し・解除、取得時効、相続等によっても生じるからである。

　そして、複数の者が一つの不動産の物権の帰属を争う関係にあること、言いかえれば、一つの不動産について**互いに両立しない物的支配を相争う関係**にあることを**対抗関係**といい、**対抗関係に立つ(なる)場合に登記が必要である**と解されている(通説)。したがって、**対抗関係に立たない(ならない)場合は登記が不要になる**。この観点から、特に問題となる以下の物権変動について具体的に見ていく。

【対抗関係の有無が問題となる物権変動】

取消しと登記	取消し前と取消し後を区別する
解除と登記	解除前と解除後を区別する
取得時効と登記	時効完成前と時効完成後を区別する
相続と登記	共同相続、遺産分割、相続放棄を区別する (遺産分割と登記は遺産分割前と遺産分割後を区別する)

② 取消しと登記

設例 AB間で土地の売買契約が締結された後、Aが当該売買契約を取り消したのに対し、取消し前もしくは取消し後にBC間でその土地の売買契約が締結された（土地がBからCに転売された）。

民法上は、Aによる取消しの原因として、**制限行為能力・錯誤・詐欺・強迫**がある。そして、BC間の売買契約については、**Aによる取消しの前に行われる場合**（Cは「取消し前の第三者」にあたる）と、**Aによる取消しの後に行われる場合**（Cは「取消し後の第三者」にあたる）とがあり、それぞれの場合で結論が異なる。

1 取消し前の第三者（取消し前に第三者Cが土地を譲り受けた場合）

問題点 Aは、AB間の土地の売買契約の**取消し前**にその土地を譲り受けたCに対して、土地所有権を対抗することができるか。

結論 Cは177条の「第三者」に該当しないので、Aは登記を備えなくても、C（登記の有無は問わない）に対して土地所有権を対抗することができる（判例・通説）。 **01**

理由 Aの取消しによりAB間の売買契約が初めからなかったことになるので（遡及的無効）(121条)、Aが土地の所有者であり、Bが土地について無権利者となる結果、Bから土地を譲り受けたCも無権利者となる。

〈解説〉 実際に、Aが土地所有権をC（取消し前の第三者）に対抗することができるか否かは、第三者保護規定の有無によって異なる。

① 制限行為能力・強迫を原因とする場合は、**第三者保護規定がない**ので、AはCに対して土地所有権を対抗することができる。 **01**

② 錯誤・詐欺を原因とする場合は、**第三者保護規定がある**ので、AがCに対して土地所有権を対抗することができない場合がある。具体的には、Cが錯誤・詐欺について**善意無過失**のときは、AがCに対して土地所有権を対抗することができない（95条4項、96条3項、詳細は第1章 **6** 節「法律行為―意思表示②」参照）。

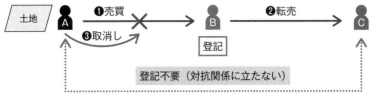

【取消し前の第三者】

2 > 取消し後の第三者（取消し後に C が土地を譲り受けた場合）

問題点　A は、AB 間の土地の売買契約の**取消し後**に B からその土地を譲り受けた C に対して、土地所有権を対抗することができるか。

結論　C は177条の「第三者」に該当するので、A は、**登記を備えなければ**、C に対して土地の所有権を対抗することができない（大判昭17.9.30）。 02

理由　A の取消しによって、いったん B に移転した土地所有権が A に復帰するので（**復帰的物権変動**）、その後に B が C に対して土地を譲渡した場合、AC 間は B を起点とする「B→A」「B→C」の二重譲渡が行われたのと同様の関係になる。

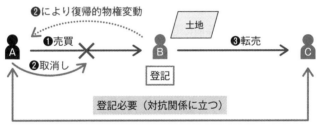

【取消し後の第三者】

【取消しと登記】

Cの立場	AC間		結　論
取消し前の第三者	対抗関係にならない	制限行為能力／強迫による取消し	AはCに土地所有権を対抗することができる 01
		錯誤／詐欺による取消し	Aは善意無過失のCには土地所有権を対抗することができない（95条4項、96条3項）
取消し後の第三者	対抗関係になる		Aは、登記を備えなければ、Cに対して土地の所有権を対抗することができない 02

〈解説〉　判例・通説の処理によると、取消し前は取消しによる遡及的無効（121条）を徹底するが、取消し後は復帰的物権変動とするので、取消しによる遡及

8　物権変動②　385

的無効を制限する。

③ 解除と登記

> **設例** AB 間で土地の売買契約が締結された後、B の代金不払いを理由に A が当該売買契約を解除したのに対し、解除前もしくは解除後に BC 間でその 土地の売買契約が締結された (土地が B から C に転売された)。

BC 間の売買契約については、**A による解除の前に行われる場合**(C は「解除前の 第三者」に当たる)と、**A による解除の後に行われる場合**(C は「解除後の第三者」に 当たる)とがあり、どちらも C が保護されるには**登記を要する**という結論は同じで あるが、その理由は異なる。

1 解除前の第三者 (解除前に C が土地を譲り受けた場合)

問題点 A は、AB 間の土地の売買契約の**解除前**にその土地を譲り受けた C に 対して、土地所有権を対抗することができるか。

結論 ① AC 間は対抗関係に立たないが、C が545条1項ただし書の「第三者」 に該当する場合、A は C に対して土地所有権を対抗することができない。 〔03〕

② C が545条 1 項ただし書の「第三者」に該当するには、解除原因につ いて**悪意であってもよい**が、**登記を備えていることが必要**である(大判大 10.5.17、最判昭33.6.14)。〔03〕

理由 ① 解除によって売買契約が初めに遡って消滅するので(直接効果説)(詳 細は『民法 下』「債権各論」で扱う)、A が土地所有権を回復し、B が土地につ いて無権利者となる結果、B から土地を譲り受けた **C も無権利者**とな るものの、A の解除によって C の権利を害することができない(545条1項 ただし書)。

② C の立場としては、解除原因を B が解消して解除されない状態にす るのを期待して譲り受けることもあるから、C が保護されるには、悪 意であってもよいが、何ら帰責性のない A との均衡から登記を要求す

べきである。

〈語句〉●解除とは、債務者の債務不履行(ex.代金不払や商品の引渡しなし)を理由に契約を解消することである。

〈参照〉●545条1項：当事者の一方がその解除権を行使したときは、各当事者は、その相手方を原状に復させる義務を負う。ただし、第三者の権利を害することはできない。

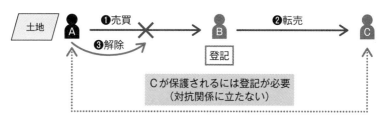

【解除前の第三者】

〈解説〉　①　/発展 合意解除(当事者間の合意による契約の解消)は契約の解除ではないものの、合意解除前の第三者との関係については、解除前の第三者の場合と同じ結論になるとした判例がある(最判昭33.6.14)。 A

　　　　②　/発展 上記判例(最判昭33.6.14)は、解除前の第三者が177条の「第三者」に該当することを理由に、これが保護されるには登記が必要であるとした。もっとも、学説上は、ここで要求される登記は対抗要件ではなく、545条1項ただし書を適用するうえでの権利保護要件であると説明されている(通説)。

2 ▷ 解除後の第三者 (解除後に C が土地を譲り受けた場合)

　解除後の第三者については、前述した「取消し後の第三者」と同様の結論になる。すなわち、C は177条の「第三者」に該当するので、A は、登記を備えなければ、C に対して土地の所有権を対抗することができない(最判昭35.11.29)。 04

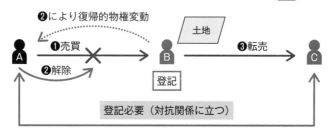

【解除後の第三者】

Cの立場	AC間	結論
解除前の第三者	対抗関係にならない	545条1項ただし書に該当するときにCが土地所有権を取得することができる（Cは悪意でもよいが**登記の取得が必要**） 03
解除後の第三者	対抗関係になる	Aは、登記を備えなければ、Cに対して土地の所有権を対抗することができない 04

④ 取得時効と登記

設例　Bは自己所有の土地であると誤信して、A所有の土地を無断で長期にわたり継続占有しているが、AはBが継続占有していることを知らないまま、Cとの間で土地の売買契約を締結した。

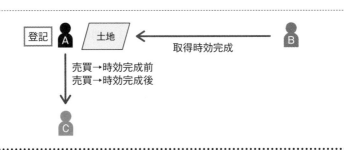

　AC間の売買契約については、Bが土地を時効取得する前に行われる場合（**時効完成前の第三者**）と、Bが土地を時効取得した後に行われる場合（**時効完成後の第三者**）とがあり、それぞれの場合で結論が異なる。まずは、AC間の売買契約が行われず、Bが土地を時効取得した場合から確認する。

1 時効完成時の所有者（登記名義人）

問題点 登記簿上A名義となっている土地について、Bの取得時効が完成した場合、BがAに対して土地所有権を対抗するためには登記が必要か。

結論 Bは**登記を備えなくても**土地の所有権をAに対抗することができる(大判大7.3.2)。

理由 AB間は、物権変動の当事者とみるべきものである。

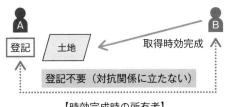

【時効完成時の所有者】

2 時効完成前の第三者（時効完成前にCが土地を譲り受けた場合）

問題点 取得時効が完成したBは、土地の取得**時効完成前**にAからその土地を譲り受けたCに対して、土地所有権を対抗することができるか。

結論 Cは177条の「第三者」に該当しないので、**Bは登記を備えなくても、C（登記の有無は問わない）に対して土地所有権を対抗することができる**(最判昭41.11.22)。[05]

理由 Bの取得時効の完成によって、Bが土地の所有権を取得し、Cがその所有権を失うが、あたかもCからBに土地の所有権が移転したように見えるので、BとCは当事者類似の関係にある。

〈解説〉 「あたかもCからBに土地の所有権が移転したように見える」とは、時効取得が原始取得であり、承継取得ではないものの、時効完成によって「C→B」に承継取得されたように見えることを意味する。

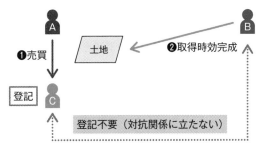

【時効完成前の第三者】

3 時効完成後の第三者（時効完成後にCが土地を譲り受けた場合）

問題点　取得時効が完成したBは、土地の取得**時効完成後**にAからその土地を譲り受けたCに対して、土地所有権を対抗することができるか。

結論　Cは177条の「第三者」に該当するので、Bは、**登記を備えなければ、C**に**対して土地の所有権を対抗することができない**(最判昭33.8.28)。 06

理由　Bの取得時効の完成によって、あたかもAからBに土地の所有権が移転したように見えるので、その後にAがCに対して土地を譲渡した場合、BC間はAを起点とする「A→B」「A→C」の二重譲渡が行われたのと同様の関係になる。

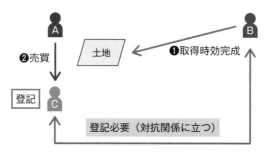

【時効完成後の第三者】

〈解説〉　① 時効完成後の第三者(C)による登記後、占有者(B)が引き続き時効取得に要する期間占有を継続した場合には、第三者に対して、登記を経由しなくとも時効取得をもって対抗することができる(最判昭36.7.20)。この場合には、Cは、2度目の時効取得について時効完成前の第三者に当たるからである。 07

　　　　② **発展** A所有の不動産についてBの取得時効の完成後、所有権移転登記がされないままCがAから抵当権の設定を受けて抵当権設定登記をした場合、Bが、その後引き続き時効取得に必要な期間占有を継続し、その期間の経過後に取得時効を援用したときは、Bが抵当権の存在を容認していたなど抵当権の消滅を妨げる特段の事情がない限り、Bが不動産を時効取得する結果、Cの抵当権は消滅する(最判平24.3.16)。 B

【取得時効と登記】

Cの立場	BC間	結　論
時効完成前の第三者	対抗関係にならない	Bは登記を備えなくても土地所有権を対抗することができる〔05〕 （Cが登記を備えていても結論は変わらず）
時効完成後の第三者	対抗関係になる	・Bは、**登記を備えなければ、Cに対して土地の所有権を対抗することができない**〔06〕 ・Bが再度時効取得に要する占有を継続したときは、登記を備えなくても時効取得をもってCに対抗することができる〔07〕

📖**発展** 以上の判例理論には、長期時効取得者(悪意)に比して短期時効取得者(善意・無過失)の保護が薄くなるなどの批判がある。例えば、不動産の占有開始から15年後に第三者が当該不動産を取得し、登記を具備した場合、短期時効取得者は当該第三者に対抗できないが、長期時効取得者は(時効が完成すれば)当該第三者に対抗できることになるからである。〔C〕

⑤ 相続と登記

1 相続・特定遺贈

① 相続と第三者

問題点❶ A（被相続人）が土地をCに売却した後に死亡し、B（相続人）が単独でAを相続した場合、CがBに対して土地所有権を対抗するためには登記が必要か。

結論 Cは登記を備えなくても、Bに対して土地の所有権を対抗することができる。

理由 BはAの権利義務を包括的に承継し（896条本文）、Aの**包括承継人**に該当するので、177条の「第三者」に該当せず、BC間は対抗関係に立たない。

問題点❷ 上記の後にBが土地をDに売却した場合、CがDに対して土地所有権を対抗するためには登記が必要か。

結論 Dは177条の「第三者」に該当するので、Cは、**登記を備えなければ**、Dに対して**土地の所有権を対抗することができない**。

理由 Bが相続によってAの地位をそのまま受け継いでおり、AとBが同一視されるので、A＝BからCとDに土地が**二重譲渡**されたと見ることができる。

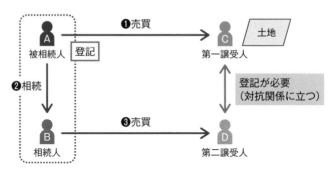

【相続と第三者】

② 特定遺贈と登記 　発展

　不動産の生前贈与がなされた後、当該不動産が第三者に遺贈された場合（不動産という特定の財産に関する遺贈なので**特定遺贈**に該当する）、贈与および遺贈による物権変動の優劣は、登記の具備の有無によって決定される（最判昭46.11.16）。　**D**

理由 遺贈は被相続人の生前における意思表示に基づく物権変動と考えることができるから、受遺者は遺贈による登記がなければ受贈者に対抗すること

ができない(学説による理由)。

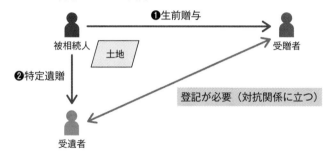

❶生前贈与

被相続人　土地　受贈者

❷特定遺贈

登記が必要（対抗関係に立つ）

受遺者

【特定遺贈と登記】

〈解説〉　遺贈には包括遺贈もあり(964条)、包括受遺者(包括遺贈を受けた者)は相続人と同一の権利義務を承継するので(990条・896条)、上記のようなケースで包括遺贈がなされても、177条の対抗問題は生じない。

2 共同相続と登記

①は単独相続(相続人が1人)であったが、実際には共同相続(相続人が2人以上)であることが多く(相続に関しては、『民法 下』「親族・相続」で扱う)、この場合に生じる主な問題点として、①共同相続人の登記冒用、②遺産分割と登記、③相続放棄と登記がある。

> **設例**　Aが死亡し、その子であるBとCのみがAの相続人になった(相続分は各2分の1)。
>
> - - - - - - - - - - - - - - - -
>
> A　❶死亡
>
> B　　C　❷共同相続
> 1/2　1/2

① 共同相続人の登記冒用

問題点　相続開始後、A所有であった土地につき、Cは自己が単独で相続したと偽って自己名義の単独登記をし、Dに当該土地を売却した場合、BはDに対して自己の持分(相続分)を対抗することができるか。

結論　Bは登記を備えなくても、Dに対して自己の持分を対抗することができる(最判昭38.2.22)。 08

理由 BCは各自持分を有し、Cが単独名義の相続登記をしても、Bの持分を奪うことはできないから、Bの持分についてCは無権利者であり、**Dは無権利者から土地を譲り受けたことになる。**

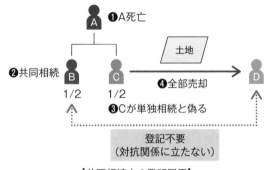

【共同相続人の登記冒用】

〈語句〉●冒用とは、権利者の同意を得ずに、無断でその名称等を使用することをいう。

② 遺産分割と登記

相続開始後、BC間で遺産分割を成立させ、Bが土地を単独相続し、Cが預金その他の財産を相続することになった。しかし、遺産分割の前または後において、Cが土地の持分をDに売却したとする。

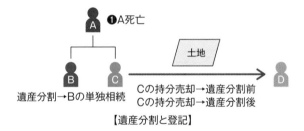

【遺産分割と登記】

CD間の売買契約については、**BC間の遺産分割の成立前**に行われる場合（**遺産分割前の第三者**）と、**BC間の遺産分割の成立後**に行われる場合（**遺産分割後の第三者**）とがあり、次表のように、どちらもDが保護されるには登記を要するという結論は同じである。

【遺産分割と登記】

Dの立場	BD間	結　論
遺産分割前の第三者 📝**発展**	対抗関係にならない	909条ただし書に該当するときにDが持分を取得することができる(Dは権利保護要件として**登記の取得が必要**) E
遺産分割後の第三者	対抗関係になる	899条の2第1項によって、B は、**登記を備えなければ、D に対して土地の本来の持分を超える部分の取得を対抗することができない** 09 ・Bの単独取得登記が先 ⇒ Bが土地の全部を取得 ・Dの持分取得登記が先 ⇒ Dが土地の持分を取得(土地は各2分の1の持分でBDの共有)

〈**解説**〉　①　BC間の遺産分割(詳細は『民法 下』「親族・相続」で扱う)によってBが土地を単独相続することになった。この遺産分割の効果は、**相続開始の時に遡って生ずるが、第三者の権利を害することはできない**(909条)。これは**契約を解除した場合と類似している**(545条1項参照)ことから、前述した「解除と登記」と同様の処理がなされる。

　　　　②　📝**発展** 特定の者に「相続させる」趣旨の遺言があり、当該遺言によって不動産を相続した場合も899条の2第1項が適用される。 D F

〈**参照**〉●899条の2第1項：相続による権利の承継は、遺産の分割によるものかどうかにかかわらず、次条(第900条)及び第901条の規定により算定した相続分(法定相続分)を超える部分については、登記、登録その他の**対抗要件を備えなければ、第三者に対抗することができない**。

③ 相続放棄と登記

問題点　相続開始後にCが相続放棄をしたところ(Bのみが相続人となる)、Cが有していた土地の持分をCの債権者Dが差し押さえた場合、BはDに対して自己の権利(Cの持分の取得)を対抗することができるか。

結論　**BはD登記がなくても、自己の権利をDに対抗することができる**(最判昭42.1.20)。 10

理由　①　相続放棄をしたCは、相続開始時にさかのぼって相続人でなかったものと同じ地位に立ち(939条)、遺産分割のような**第三者保護規定がない**ことから、登記等の有無を問わず、何人に対しても相続放棄の効力を生ずる(絶対的な遡及効)。

　　　　②　相続放棄の絶対的な遡及効により、初めからCは無権利者であったものとして扱われるので、DがCの相続放棄後にその持分を差し押さ

えても無効である。

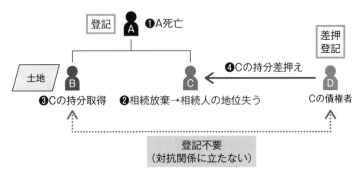

【相続放棄と登記】

〈解説〉 　発展 判例は、相続放棄と遺産分割とで結論が異なる理由について、次のように述べている(最判昭46.1.26)

①　相続放棄については、これが相続開始後短期間にのみ可能(原則として相続開始を知った時から３か月)(915条１項)であり、かつ、相続財産に対する処分行為があれば放棄は許されなくなるため(法定単純承認)(921条１号)、第三者の出現を顧慮する余地は比較的乏しい。

②　遺産分割についての909条ただし書の趣旨は、相続開始後遺産分割前に相続財産に対し第三者が利害関係を有するに至ることが少なくなく、遺産分割により第三者の地位を覆すことは法律関係の安定を害するため、これを保護するよう要請される。

　Dが放棄前の第三者でも、放棄の遡及効により、Bは登記がなくても持分の取得をDに対抗することができる。

❻ 不動産登記の方法

　不動産登記には物権変動の過程を正確に公示するという機能があるので、不動産登記と実際の物権変動の過程とが不一致の場合、どのようにして解決をすべきかが問題となる。

1 登記請求権

　登記請求権には、①物権的登記請求権、②物権変動的登記請求権、③債権的登記請求権という３つの類型がある。

① 物権的登記請求権

意義 物権的登記請求権とは、不動産の登記と実際の権利関係とが不一致の場合に、その**不一致を除去**するための登記請求権をいう（物権的請求権の一種）（詳細は本章 **2** 節「所有権①」を参照）。例えば、無権利者に対する抹消登記請求（大判明43.5.24）がある。

趣旨 物権そのものの効力として当然に発生する。

② 物権変動的登記請求権

意義 物権変動的登記請求権とは、実質的な権利変動があったのに登記がそれに伴っていない場合に、**不動産の物権変動の過程を正確に公示する**ための登記請求権をいう。例えば、不動産が「A→B→C」と順次売却された後でも、不動産の所有権を失った B は、A に対する自己への移転登記請求権を失わない※（大判大5.4.1）**11** 。※ Bを経由せずに「A→C」に移転登記をする中間省略登記は、実際の権利変動の過程と一致しないので、「A→B→C」と順次売却された後でも、AからBに移転登記を行い、その後にBからCに移転登記を行うのが原則となる。

理由 不動産物権変動の過程を正確に公示すべきとする不動産登記法の理念から認められる。

③ 債権的登記請求権

意義　債権的登記請求権とは、当事者間に登記をする旨の**特約がある場合**に発生する登記請求権をいう。例えば、不動産が「A→B→C」と順次売却されたが、登記名義がAにある場合、ABC全員の合意により行う「A→C」の中間省略登記がある(最判昭40.9.21)。

❸移転登記請求

2 中間省略登記

① 総説

意義　不動産が「A→B→C」と順次売却されたが、未だ登記名義がAにある場合において、直接「A→C」に移転登記をすることを中間省略登記という。中間省略登記は**物権変動の過程を正確に公示していない**ことに問題点がある。

〈解説〉　「A→B→C」と不動産が売却された場合、物権変動の過程を正確に公示するには「A→B」「B→C」の登記を要する。しかし、登記は費用(登録免許税や司法書士への報酬等)がかかるので、直接「A→C」と登記することによって費用削減ができるというメリットがある。

【中間省略登記】

② 中間省略登記請求権の有無

問題点　「A→C」の中間省略登記を請求することが許されるか。

原則　原則として中間省略登記を請求することは許されない。

例外　ABC全員の合意があるときは許される(最判昭40.9.21)。 [12]

　理由　① 中間省略登記は物権変動の過程を正確に公示していないので、原則としては許容すべきでない(原則)。

　　　　② 中間者Bが同意しているときは、Bの登記請求権に関する利益を考慮する必要がない(例外)。

　　　　③ 少なくとも現在の権利関係は公示している(例外)。

〈解説〉　**/発展** Bが中間省略登記に同意しない場合、Cは、自己のBに対する移

転登記請求権を保全するため、BのAに対する移転登記請求権を代位行使することができる(423条の7、詳細は『民法 下』「債権総論」で扱う)。この代位行使によって「A→B」に移転登記をした後、「B→C」の移転登記を実現することになる。 **G**

③ 既になされた中間省略登記の効力

問題点 「A→C」の中間省略登記が行われた場合、その登記は有効か。

結論 ① 三者全員の合意のもとになされた中間省略登記は、真実の事実に適合していないとして**無効とすることはできない**(大判大5.9.12、大判大11.3.25)。 **13**

② 中間者の同意を得ないでなされた中間省略登記も有効であるが、**中間者により抹消請求を受けることがある**。

理由 登記が現在の権利関係に一致する以上、取引の安全は守られる。

④ 中間省略登記の抹消

問題点 Bの同意がないのに「A→C」の中間省略登記が行われた場合、Bは登記の抹消を請求することができるか。

結論 Bは、**Cから代金を受領済みである**など、登記の抹消を請求するについての**正当な利益を欠くときは、登記の抹消を請求することができない**(最判昭35.4.21、最判昭44.5.2)。 **14**

理由 ① C名義の登記があることは、少なくとも現在の権利関係と一致している。

② 中間者Bに正当な利益があるときは、その登記請求権に関する利益を考慮する必要がある。

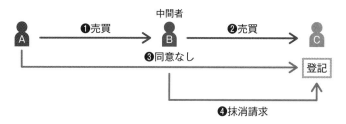

〈解説〉 Bが代金未受領で、Cに対して**同時履行の抗弁権**(533条)を有する場合は、Bに正当な利益があるので、Bによる登記の抹消請求が認められる。

〈語句〉●同時履行の抗弁権とは、例えば、売買契約の当事者である売主が、買主に対して代金の支払と同時でない限り商品を引き渡さないと主張することができる権

利のことをいう。詳細は『民法 下』「債権各論」で扱う。

重要事項 一問一答

01 対抗関係とは何か?

互いに両立しない物的支配を争う関係のこと

02 A から B への土地の売却が取り消された後、B が C に土地を売却した場合、A が土地所有権を C に対して主張するのに登記が必要か?

C が「取消し後の第三者」なので、A は登記が必要である(判例)。

03 A から B への土地の売却が解除された後、B が C に土地を売却した場合、A が土地所有権を C に対して主張するのに登記が必要か?

C が「解除後の第三者」なので、A は登記が必要である(判例)。

04 A が B 所有の土地を時効取得する前に、B が C に土地を売却していた場合、A が時効完成後に土地所有権を C に対して主張するのに登記が必要か?

C が「時効完成前の第三者」なので、A は登記が不要である(判例)。

05 A が土地を C に売却した後に死亡し、B が A を単独相続した場合、C が土地所有権を B に対して主張するのに登記が必要か?

B が177条の「第三者」に該当しないので、C は登記が不要である。

06 BC が死亡した A を共同相続したが、C が A 所有であった土地の単独登記をして D に売却した場合、B が土地の持分を D に対して主張するのに登記が必要か?

登記は不要である(判例)。

07 BC が死亡した A を共同相続し、遺産分割で A 所有であった土地を B が単独相続することにしたが、その後に C が土地の持分を D に売却した場合、B が土地の単独所有を D に対して主張するのに登記が必要か?

D が「遺産分割後の第三者」なので、B は登記が必要である(899条の 2 第 1 項)。

08 BC が死亡した A を共同相続したが、C が相続放棄をしたところ、その後に D が C の土地の持分を差し押さえた場合、B が土地の単独所有を D に対して主張するのに登記が必要か?

登記は不要である(判例)。

09 物権的登記請求権とは何か?

不動産の登記と実際の権利関係とが不一致の場合に、その不一致を除去するための登記請求権のこと

10 物権変動的登記請求権とは何か?

不動産の物権変動の過程を正確に公示するための登記請求権のこと

11 不動産が「A → B → C」と順次売却されたが、未だ登記名義が A にある場合、ABC の合意によって「A → C」の中間省略登記ができるか。

全員の合意があればできる(判例)。

過去問チェック（争いのあるときは、判例の見解による）

[01] A が B の強迫により A 所有の不動産を B に売却した後、B が当該不動産を更に善意の C へ売却した場合において、A が強迫を理由として AB 間の売買を取り消したのが BC 間の売買の後であったときは、A は C に対し登記なくして自己の権利を対抗することができる。

○（国般2017改題）

[02] A が、その所有する甲土地を B に売却し、その旨の所有権移転登記がされた後、A が、B の詐欺を理由として B に対する甲土地の売買の意思表示を取り消した。その後、B が C に対し甲土地を売却し、その旨の所有権移転登記がされた場合、A は、C に対し、甲土地の所有権の復帰を対抗できない。

○（裁2019）

[03] A は、B に対し、甲土地を売却し、所有権移転登記手続も行われたが、B が代金を支払期限までに支払わなかったため、A、B 間の売買契約を解除した。ところが、B は、売買契約が解除される前に、C に対し、既に甲土地を転売していた。この場合、C は、甲土地の所有権移転登記がなくとも、A に対し、甲土地の所有権の取得を対抗することができる。

×（裁2011）「C は、甲土地の所有権移転登記がなくとも、A に対し、甲土地の所有権の取得を対抗することができる」が誤り。

[04] 不動産を目的とする売買契約に基づき買主のため所有権移転登記があった後、当該売買契約が解除され、不動産の所有権が売主に復帰した場合には、契約が遡及的に消滅することから、売主は、その所有権取得の登記をしなくても、当該契約解除後において買主から不動産を取得した第三者に対し、所有権の復帰をもって対抗できるとした。

×（区2020）「売主は、その所有権取得の登記をしなくても、当該契約解除後において買主から不動産を取得した第三者に対し、所有権の復帰をもって対抗できるとした」が誤り。

[05] 不動産の時効取得者は、時効完成前に原所有者から当該不動産の所有権を譲

り受けその旨の登記を経た第三者に対し、登記なくして時効による所有権の取得を対抗することができる。

○（税・労・財2013）

06 不動産の時効取得者は、時効完成後に原所有者から当該不動産の所有権を譲り受けその旨の登記を経た悪意の第三者に対し、登記なくして時効による所有権の取得を対抗することができる。

×（税2013）「登記なくして時効による所有権の取得を対抗することができる」が誤り。

07 不動産の取得時効が完成しても、その登記がなければ、その後に所有権取得登記を経由した第三者に対しては時効による権利の取得を対抗し得ず、第三者の当該登記後に占有者がなお引続き時効取得に要する期間占有を継続した場合にも、その第三者に対し、登記を経由しなければ時効取得をもって対抗し得ないとした。

×（区2016）「その第三者に対し、登記を経由しなければ時効取得をもって対抗し得ないとした」が誤り。

08 Aが死亡し、その相続人であるBが、共同相続人であるCに無断で相続財産である不動産について自己名義の単独登記をし、Dに当該不動産を売却した場合、CはDに対し登記なくして自己の共有持分を対抗することができない。

×（国般2017）「CはDに対し登記なくして自己の共有持分を対抗することができない」が誤り。

09 相続財産中の不動産につき、遺産分割により法定相続分をこえる権利を取得した相続人は、登記を経なくても、分割後に当該不動産につき権利を取得した第三者に対し、法定相続分をこえる権利の取得を対抗することができる。

×（税・労・財2012）「登記を経なくても、分割後に当該不動産につき権利を取得した第三者に対し、法定相続分をこえる権利の取得を対抗することができる」が誤り。

10 Aが所有していた土地をBとCが共同相続したが、Bが相続による持分を放棄した。その後、Bの債権者DがBの持分を差し押さえた場合、Cは、Bの持分を取得したことを、登記なくしてDに対抗することができない。

×（税・労・財2016）「Cは、Bの持分を取得したことを、登記なくしてDに対抗することができない」が誤り。

11 不動産の買主乙は、売主甲からの所有権移転登記をしないうちに不動産を丙に転売してその所有権を喪失した場合には、甲に対する自己の登記請求権を失う。

× (区2010)「甲に対する自己の登記請求権を失う」が誤り。

[12] Aが、その所有する甲土地をBに譲渡し、さらにBが甲土地をCに譲渡した場合、Cから直接Aに対し所有権移転登記を請求することは、A、B及びC間で中間省略登記の合意があったとしても許されない。

× (裁2020)「A、B及びC間で中間省略登記の合意があったとしても許されない」が誤り。

[13] 登記は物権変動の過程を正確に表すべきであるから、Aが自己の所有する土地をBに売却し、Bはその土地をCに転売した場合、A、B、Cの三者間で合意したとしても、Aから直接Cに対して移転をする旨の登記は無効である。

× (国般2004)「Aから直接Cに対して移転をする旨の登記は無効である」が誤り。

[14] 最高裁判所の判例では、家屋が甲から乙、丙を経て丁に転々譲渡された後、乙の同意なしに丁のために中間省略登記がされた場合、乙は、当該家屋の売却代金を受領済みであっても、中間省略登記の抹消を請求することができるとした。

× (区2010)「中間省略登記の抹消を請求することができるとした」が誤り。

[A] Aが、その所有する甲土地をBに売却し、さらにBが甲土地をCに売却した後、AB間の売買契約が合意により解除された場合、Cは、Aに対し、所有権移転登記をしなくても、甲土地の所有権取得を主張することができる。

× (裁2020)「所有権移転登記をしなくても、甲土地の所有権取得を主張することができる」が誤り。

[B] 不動産の取得時効の完成後、所有権移転登記がされることのないまま、第三者が原所有者から抵当権の設定を受けて抵当権設定登記を了した場合に、当該不動産の時効取得者である占有者が、その後引き続き時効取得に必要な期間占有を継続し、その期間の経過後に取得時効を援用したときは、抵当権の存在を容認していた等抵当権の消滅を妨げる特段の事情がない限り、当該占有者は当該不動産を時効取得するが、当該抵当権は消滅しないとした。

× (区2020)「当該抵当権は消滅しないとした」が誤り。

[C] 時効と登記に関する判例理論に対しては、20年の所有権の取得時効の方が時効取得者の保護が薄くなるという批判がなされている。

× (国般2011改題)「20年の所有権の取得時効の方が時効取得者の保護が薄くなる」が誤り。

[D] Bは、死亡したAからAが所有していた不動産の遺贈を受けたが、遺贈に

よる所有権移転登記をしないうちに相続人Cの債権者Dが当該不動産を差し押さえた場合、Bは遺贈による所有権を登記なくしてDに対抗できる。

× (国般2004)「Bは遺贈による所有権を登記なくしてDに対抗できる」が誤り。

[E] 土地の相続人の一人であるAが自己の法定相続分に応じた持分を第三者Cに譲渡した後に遺産分割が行われ、他の相続人Bが当該土地全部を単独で相続した場合、Cが登記をしていたときでも、Bは当該土地全部の所有権をCに対抗することができる。

× (国般2009)「Cが登記をしていたときでも、Bは当該土地全部の所有権をCに対抗することができる」が誤り。

[F] 土地の相続において、Aに当該土地を「相続させる」旨の遺言が存在し、相続人Aが当該土地全部を相続したが、その旨の登記をしていなかった場合、他の相続人Bが自己の法定相続分に応じた持分を第三者Cに売却して登記をしても、Aは、登記なくして当該土地全部の所有権をCに対抗することができる。

× (国般2009改題)「Aは、登記なくして当該土地全部の所有権をCに対抗することができる」が誤り。

[G] Aの所有する土地が、AからB、BからCに対し、売買契約に基づいて順次譲渡されたが、AからBに対する所有権移転登記手続が行われていない場合、Cは、債権者代位権を行使して、Aに対して、Bに対する所有権移転登記手続を行うよう請求することができる。

○ (裁2013改題)

9 物権変動③

本節では、動産の物権変動と物権の消滅を扱います。動産の物権変動では、対抗要件である引渡しの形態を整理しておきましょう。

1 動産の物権変動

1 動産の物権変動の特色

　動産の物権変動についても、**意思主義**(176条)及び**対抗要件主義**(178条)という基本構造は、不動産の物権変動の場合と異ならない。

　動産は占有に基づいて取引が行われるが、占有者が必ずしも権利者であるとは限らないので、占有を信頼して取引をした相手方が権利を取得することを認める制度がある(即時取得)(詳細は本章**10**節「即時取得」で扱う)。これは**動産の占有に公信力を付与したもの**であるが、**登記には公信力が認められていない**。

〈語句〉●公信力とは、権原があるかのような外形(外観)を信じて取引した者に対して、権利の取得を認めることをいう(本章**7**節**3**項「公示の原則・公信の原則」参照)。

2 動産物権変動の対抗要件

> **第178条【動産に関する物権の譲渡の対抗要件】**
> 　動産に関する物権の譲渡は、その動産の引渡しがなければ、第三者に対抗することができない。

意義　　本条は、動産の場合は**引渡し**(178条)という**公示方法**を備えなければ、物権変動の事実を第三者に対して対抗(主張)することができないという原則を規定している。

趣旨　　物権は強力な権利である(直接性・排他性・絶対性がある)にもかかわらず、その存在が目に見えないので、取引安全の観点から、第三者から見て分かるように**物権変動の事実を公示する**(人々が広く知ることができる状態に置く)ことを要求し(公示の原則)、引渡しという公示方法を動産物権変動の対抗要件として位置付けた。

発展法人の占有改定(次の**3**④「占有改定」で扱う)を用いた資金調達の便宜を図る

ため、動産譲渡登記ファイルという制度がある（動産及び債権の譲渡の対抗要件に関する民法の特例等に関する法律）。同法3条1項では、動産譲渡登記ファイルに譲渡の登記がされた動産は、民法178条の引渡しがあったものとみなすと規定している。 A

3 引渡しの形態

動産物権変動の対抗要件は**引渡し（占有の移転）**である（178条）01 。具体的には、動産を譲り受けた者が、その動産の所有権を第三者に主張するには、その動産の占有の移転を受けなければならないということである。

178条の「引渡し」には**4つの形態**があり、①実際に（現実に）物の占有を移転させる**現実の引渡し**（182条1項）の他に、観念的に物の占有を移転したことにする形態として、②**簡易の引渡し**（182条2項）、③**指図による占有移転**（184条）、④**占有改定**（183条）がある。01

以下、BがAの所有するカメラを譲り受けるという事例で見ていく。

〈解説〉　4つの引渡しの形態は、そのまま不動産にも当てはまる。動産の引渡しとの違いは、**不動産の引渡しが対抗要件にならない**という点にある。

① 現実の引渡し（182条1項）

意義　現実の引渡しとは、**占有権の譲渡を占有物の引渡しによって行う**（譲渡人が占有物の所持を譲受人に移転させる）ことをいう。02

例えば、実際にカメラの所持を「A→B」に移転させる形態である。

所持の移転

譲渡人　　　譲受人　　　　現実の引渡し　　　　譲渡人　　　　　譲受人
[自主占有]　　　　　　　　　　　　　　　　　　　　　　　　　[自主占有]

【現実の引渡し】

② 簡易の引渡し（182条2項）

意義　簡易の引渡しとは、**譲受人又はその代理人が現に占有物を所持する場合**に、**占有権の譲渡を当事者の意思表示のみによって行う**（当事者の意思表示のみで譲渡人が譲受人又はその代理人を通じた占有物の所持をその譲受人に移転させる）ことをいう。02

例えば、BがA所有のカメラを保管し、又は借り受けていることで所持している場合に、AB間の合意のみによって、Bにカメラの占有を移転した

ことにする形態である。

〈解説〉　簡易の引渡しにより、Bの占有は、他主占有かつ自己占有(直接占有)であったものが自主占有かつ自己占有に変わる。

【簡易の引渡し】

③ 指図による占有移転 (184条)

意義　指図による占有移転とは、譲渡人の占有代理人が現に占有物を所持する場合において、譲渡人が占有代理人に対して以後譲受人のために占有物を占有することを命じ、譲受人がこれを承諾することで、譲受人に占有権を取得させることをいう。[03]

　　例えば、AがカメラをCに保管させ、又は貸与している場合に、AがCに対して以後Bのためにカメラを占有することを命じ、Bがこれを承諾することで、Bにカメラの占有が移転したことにする形態である。

〈解説〉　指図による占有移転により、自主占有かつ代理占有(間接占有)がAからBへと移転するが、他主占有かつ自己占有はCのままである。

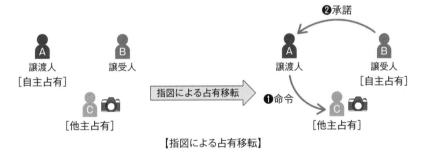

【指図による占有移転】

④ 占有改定 (183条)

意義　占有改定とは、譲渡人が現に占有物の所持を継続している場合に、譲渡人が自己の占有物を以後譲受人のために占有する意思を表示することによって、譲受人に占有権を取得させることをいう。

　　例えば、Aがカメラを所持したまま、以後Bのためにカメラを占有する意思を表示することで、Bにカメラの占有が移転したことにする形態である。

占有意思の表示

譲渡人 譲受人 占有改定 譲渡人 譲受人
[自主占有] [他主占有] [自主占有]

【占有改定】

〈解説〉 ① 占有改定によって、Aの占有は、自主占有かつ自己占有であったものが、他主占有かつ自己占有に変わる。また、Bが取得する占有は、自主占有かつ代理占有である。

② **発展** 債務者が動産を譲渡担保（第3章 **10** 節「非典型担保物権」で扱う）に供し、引き続きこれを占有する場合、債権者は、契約成立と同時に、占有改定によりその動産の占有権を取得し、その所有権取得をもって第三者に対抗することができるとした判例がある（最判昭30.6.2）。 B

4 178条の第三者の範囲

不動産物権変動における177条の第三者と同様の議論が動産物権変動にも生じている。

問題点 引渡しを備えないと動産物権変動を対抗することができない「第三者」（178条）とは、誰のことを指すのか。

結論 178条の「第三者」とは、当事者若しくはその包括承継人以外の者で、引渡しの欠缺を主張する正当の利益を有する者を指す（大判大8.10.16）。

具体的には、動産の賃借人は第三者に該当するが（大判大4.2.2）、動産の寄託を受け一時それを保管しているにすぎない受寄者は第三者に該当しない（最判昭29.8.31）。

理由 引渡しという公示方法を動産物権変動の対抗要件とした178条は、動産の取引安全を趣旨とするから、第三者については取引安全を図るべき者にその範囲を限定してよい。

発展 178条は、第三者の善意・悪意を区別しておらず、悪意者も第三者に含まれる。 C

5 明認方法

意義 明認方法とは、土地に定着する物（立木法の適用がない立木、未分離の果実、稲立毛等）について、その権利の存在及び取得の事実を第三者に公示するための慣習法上の手段をいう。明認方法には対抗力が認められるので、登記や引渡しと同様の機能を有する。

趣旨　土地に定着する物は、土地の一部となり、土地と運命を共にするはずであるが、以前から立木・未分離果実・稲立毛等を土地とは別に取引の対象としてきたことに鑑み、これらを土地とは別に取引をする場合の公示手段として明認方法を認めた。 04

〈解説〉　①　明認方法の具体例として、木を削って所有者名を墨書する(大判大9.2.19)、所有者名を書いた表札を立てる(大判昭3.8.1)等がある。 05

　　　　②　明認方法に対抗力が認められるには、第三者が現れる当時に明認方法が現存していなければならない(大判昭6.7.22)。

〈語句〉●立木とは、土地に生立する樹木の集団である(立木ニ関スル法律1条参照)。立木法に基づいて登記をした立木は、土地とは独立した不動産とみなされる。
　　　　●稲立毛とは、刈り入れ前の稲穂である。

2　物権の消滅

1　一般的な消滅原因

① 主な消滅原因

　物権に共通する主な消滅原因として、①目的物の滅失、②消滅時効、③放棄、④混同がある。なお、所有権は消滅時効によって消滅することはなく(166条2項)、占有権は混同によって消滅することはない(179条3項)。

〈語句〉●混同とは、法律関係の簡略化を図るため、同一人に帰属した2つの権利のうち、併存させておく必要のない方の権利を消滅させることである。

② 所有権と他の物権との混同 (179条1項)

原則　同一物について所有権及び他の物権が同一人に帰属した場合、当該他の物権が消滅する。 06

例外　その物又は当該他の物権が第三者の権利の目的であるときは、当該他の物権が消滅しない。 06

　例えば、同じ土地について所有権と地上権が同一人に帰属した場合、地上権は消滅するのが原則となるが、地上権が第三者の権利の目的となっているときには、地上権は消滅しない。

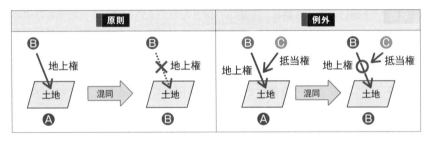

【所有権と他の物権との混同】

③ 所有権以外の物権とこれを目的とする他の権利との混同（179条2項）/発展

原則 所有権以外の物権及びこれを目的とする他の権利が同一人に帰属したときは、当該他の権利は、消滅する。 D

例外 当該他の権利が第三者の権利の目的であるときは、当該他の権利が消滅しない。

例えば、地上権と地上権を目的とする抵当権が同一人に帰属した場合、抵当権は消滅するのが原則であるが、抵当権が第三者の権利の目的となっているときは、抵当権は消滅しない。

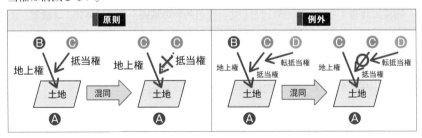

【所有権以外の物権とこれを目的とする他の権利との混同】

2 特定の物権に関する消滅原因 /発展

担保物権※は、被担保債権※が弁済等により消滅すると、付従性※によって消滅する。 E ※ 担保物権、被担保債権、付従性は、第3章1節「担保物権総論」で扱う。

存続期間を定めた地上権及び永小作権は、その存続期間の満了によって消滅する。

重要事項 一問一答

01 動産の物権変動の対抗要件である「引渡し」の形態は?

現実の引渡し、簡易の引渡し、指図による占有移転、占有改定の4形態

02 現実の引渡しとは何か?

占有権の譲渡を占有物の引渡しによって行うこと(182条1項)

03 指図による占有移転において、占有代理人による占有物の占有を承諾するのは誰か。

譲受人(184条)

04 未分離の果実や稲立毛を独立の動産として対抗要件を備えさせる方法は?

明認方法を用いる。

05 混同によって消滅しない物権はあるか?

占有権(179条3項)

06 同一物について所有権及び他の物権が同一人に帰属した場合に消滅するのは何か?

当該他の物権(179条1項本文)

07 所有権以外の物権及びこれを目的とする他の権利が同一人に帰属した場合に消滅するのは何か?

当該他の権利(179条2項前段)

過去問チェック (争いのあるときは、判例の見解による)

01 動産に関する物権の譲渡は、その動産の引渡しがなければ、第三者に対抗することができないが、ここにいう引渡しは、現実の引渡し、簡易の引渡し及び指図による占有移転の3種類であり、占有改定はこれに含まれない。

×(裁2012)「3種類であり、占有改定はこれに含まれない」が誤り。

02 占有権の譲渡は、占有物の引渡しによってするが、譲受人又はその代理人が現に占有物を所持する場合には、当事者の意思表示のみによってすることができる。

○(区2015)

03 動産の寄託者であるAが、その受寄者であるBに対して、以後第三者Cのためにその動産を占有することを命じ、Bがこれを承諾したときは、Cは、その動産の占有権を取得する。

× (裁2012)「Bがこれを承諾したときは」が誤り。

[04] 土地に生育する立木は、取引上の必要がある場合には、立木だけを土地とは別個の不動産として所有権譲渡の目的とすることができるが、未分離の果実や稲立毛は、独立の動産として取引の対象とされることはない。

× (税2021)「未分離の果実や稲立毛は、独立の動産として取引の対象とされることはない」が誤り。

[05] 通説に照らすと、土地に生立する樹木の集団の所有権は、立木法の定める立木登記をしなくても、木の皮を削って取得者の指名を墨書するなどの明認方法を施すことによって、第三者に対抗することができる。

○ (区2013改題)

[06] Aの所有する土地に地上権の設定を受けて建物を所有していたBが、Aからその土地の所有権を取得した場合、地上権は土地所有権に吸収される形で消滅するが、地上権を目的とする抵当権が設定されていたときは、地上権は消滅しない。

○ (国般2021)

[A] 法人A所有の動産がBに譲渡され、AからBに引き渡されたとしても、その後、当該動産がCにも譲渡され、動産譲渡登記ファイルにAからCへの譲渡の登記がされた場合、Bは、Cに対し、その所有権の取得を対抗することはできない。

× (国般2020)「その所有権の取得を対抗することはできない」が誤り。先に対抗要件を備えているBが優先する。

[B] 債務者が動産を譲渡担保に供し引き続きこれを占有する場合、債権者は、譲渡担保契約の成立と同時に、占有改定により当該動産の占有権を取得し、その引渡しを受けたことになるので、その所有権の取得を第三者に対抗することができる。

○ (国般2020)

[C] AはBとの間でA所有のピアノを売却する旨の契約を締結した。その後、AからBへのピアノの引渡しが未了のうちに、AがCに対しピアノを売却して現実に引き渡した場合において、CがAB間の売買契約の存在を知っていたときは、CはBに対してピアノの所有権の取得を対抗することができない。

× (国般2012)「CがAB間の売買契約の存在を知っていたときは、CはBに対してピアノの所有権の取得を対抗することができない」が誤り。

D 土地所有者Aから地上権の設定を受けたBが、Cのために当該地上権を目的として抵当権を設定していた場合、Bが死亡しCが単独で相続したときは、Cの抵当権は消滅する。

○（裁2008）

E Aが、所有する土地に、BのAに対する債権を被担保債権とする第一順位の抵当権を設定し、Cのために第二順位の抵当権を設定していた場合、Aが死亡しBが単独で相続したときは、Bの抵当権は消滅しない。

×（裁2008）「Bの抵当権は消滅しない」が誤り。

10 即時取得

本節では、即時取得を扱います。公務員試験において受験生が苦手とする分野の一つです。
成立要件を整理して覚えましょう。

1 総説

意義 即時取得とは、取引行為によって平穏かつ公然に動産の占有を始めた者
が、善意でかつ過失がないときに、即時にその動産について行使する権利を
取得するという制度である(192条)。

趣旨 動産物権変動の公示手段は引渡し(占有の移転)であるが(178条)、動産の
占有者が所有者であるとは限らず(泥棒、保管者、賃借人など)、公示手段
としては不十分といえる。しかし、占有者が所有者であることを調査して
から動産を購入することを要求すると動産取引が発展しないので、**占有を
信頼して動産取引をした者を保護し、動産取引の安全を図る**ことを趣旨とす
る。

> **設例** Aは、自己所有のカメラをBに賃貸(貸す)又は寄託(預ける)して
> 引き渡したところ、Bが当該カメラをCに売却し、現実に引き渡した。Cは、
> 当該カメラの所有権を取得することができるか。
>
>

設例では、Bはカメラを保管する占有者であるが、**所有権はAに帰属している**
から、Bはカメラについて**無権利者**であり、Bからカメラを譲り受けたCも無権利
者である。

しかし、Bが権利者と信じてカメラを購入したCが何ら権利を取得できないと
すれば、動産取引を安心して行えなくなる。そこで、占有者が無権利者であって

も、その者を権利者と信じて（善意無過失で）取引行為をした者は、その動産の権利を取得するとしたのが即時取得の制度である。

> **設例** の場合、Cは、Bがカメラの所有者でないことについて**善意無過失**であれば、カメラの所有権を取得する。 ［01］

❷ 動産の占有に公信力を付与

　即時取得の制度は、占有を信頼して動産取引をした者が、たとえ占有者に権原がなくても権利を取得することを認めるものである。これは動産の占有に公信力を付与したということができる。**公信力**とは、**権原があるかのような外形（外観）を信じて取引した者に権利の取得を認めること**をいう。 ［02］

問題点　不動産の登記に公信力が認められるのか。

結論　不動産における**登記には公信力は認められない**。したがって、登記名義人が無権利者であれば、その登記名義人と不動産の取引をした者は権利を取得できないのが原則となる。 ［02］

理由　登記官は提出された書面だけを審査して登記をしており、取引の有効性を把握しているわけではないからである。

〈解説〉　無権利者の登記名義人と取引をした場合については、94条2項の類推適用という法理が一般に認められている（詳細は第1章❺節❹項「通謀虚偽表示」参照）。

❸ 即時取得の要件

　即時取得は、動産の占有者（前主）が無権利者（または無権原者）である場合、相手方が前主の無権利（または無権原）について善意かつ無過失で取引を行い、平穏かつ公然にその動産の占有を始めた場合に成立する。したがって、即時取得が成立するには、以下の①～⑤の要件を全て満たすことが必要である。

【即時取得が成立するための要件】
①　目的物が動産であること
②　前主が無権利（または無権原）である
③　有効な取引行為が存在する
④　相手方の平穏・公然・善意・無過失
⑤　相手方が動産の占有を取得する

1 目的物が動産であること

即時取得が動産取引の安全を図るための制度であることから、**目的物は動産に限定される**(192条) 03 。ただし、以下の動産の取扱いに注意を要する。

① 自動車

問題点 自動車には即時取得が適用されるか。

結論 **登録されている自動車**(自動車の登録制度は道路運送車両法に基づく)には即時取得が**適用されない**(最判昭62.4.24)。しかし、**未登録自動車**(一度登録されたが抹消登録された自動車も同じ)には即時取得が**適用される**(最判昭45.12.4)。 04 05 06

理由 登録がされている自動車は、不動産における登記と同様に、占有ではなく登録が信頼の対象となる(登録制度によって所有者が公示される)ので、即時取得を適用する必要がない。

〈解説〉 登録がされている航空機や登記がされている船舶も即時取得が適用されないと解されている。 06

② 立木 (樹木)

問題点 立木(樹木)について即時取得が成立するか。

結論 伐採前の立木には即時取得の適用がない 07 。しかし、**伐採後の立木**(伐木)には即時取得の**適用がある**(大判昭7.5.18)。

理由 伐採前の立木は「土地の定着物」(86条1項)として不動産の一部に該当するが、伐木は土地から分離されており動産に該当する。

③ 金銭 (貨幣)

問題点 金銭(貨幣)について即時取得が成立するか。

結論 即時取得は成立しない(最判昭39.1.24)。 08

理由 金銭は強度の代替性を有しており、物としての個性を有しないので、金銭の直接占有者は、特段の事情のないかぎり、その占有を正当づける権利を有するか否かにかかわりなく、金銭の所有者とみるべきであり、金銭の占有の移転に伴ってその所有権も移転する(金銭の占有者＝金銭の所有者)。

2 前主が無権利 (または無権原) であること

前主が動産を処分する(他人に売却等をする)権原を有していない場合である。例えば、前主が盗人、拾得者、保管者(受寄者)、借主である場合が挙げられる。ただ

し、以下の場合に即時取得の適用があるか否かが問題となる。

① 前主が無権代理人である場合

問題点 　無権代理人と取引行為をした相手方に即時取得の適用があるか。

結論 　無権代理人との取引行為に関しては、表見代理や無権代理の規定が適用されるので、相手方には**即時取得が適用されない**（通説）[09]。ただし、相手方と取引行為をした**転得者**については即時取得の適用の余地がある。

理由 　①　前主が無権代理人である場合に即時取得の適用を認めると、無権代理の規定を設けた意義を失わせるので、この場合は表見代理や無権代理の規定によって解決すべきである。
　　　②　即時取得は、動産の占有を信頼して取引をした者を保護する制度であり、代理権があると信頼して取引した者を保護する制度ではない。
　　　③　転得者については即時取得の成否を別個に検討すべきである。

【前主が無権代理人の場合】

② 前主との取引行為が無効・取消しの場合

問題点 　前主との取引行為が、**意思無能力・虚偽表示**を理由に無効である場合や、**制限行為能力・錯誤・詐欺・強迫**を理由に取り消された場合、相手方には即時取得の適用があるか。

結論 　相手方には**即時取得が適用されない**（通説）[10]。ただし、相手方と取引行為をした**転得者**については即時取得の適用の余地がある。[11]

理由 　①　即時取得の適用を認めると、無効・取消しに関する規定を設けた意義を失わせる。
　　　②　即時取得は、動産の占有を信頼して取引をした者を保護する制度であり、無効・取消しの取引行為を有効とする制度ではない。
　　　③　転得者については即時取得の成否を別個に検討すべきである。

〈解説〉 　相手方と転得者との取引行為につき、虚偽表示の場合は94条2項、錯誤の場合は95条4項、詐欺の場合は96条3項が適用される場面であれば、それによって解決する方が転得者に有利である（平穏・公然や動産の占有が要件とされていないので）。

【前主が制限行為能力を理由とする取消しの場合】

3 有効な取引行為が存在する

条文上は「取引行為によって」(192条)と規定するが、即時取得が動産取引の安全を図るための制度であるため、**有効な取引行為の存在が必要である**と解されている。[12]

この点から、取引行為に該当しないものによって動産を取得しても即時取得の適用はない。取引行為に該当するものと該当しないものは、次表の通りである。

【取引行為】

取引行為に該当するものの例	取引行為に該当しないものの例
・売買 [12] ・贈与 [12] ・代物弁済 [12] ・質権の設定 [12] ・強制競売(最判昭42.5.30) [13]	・盗取 ・**発展** 他人の畑のリンゴを収穫 [A] ・**発展** 遺失物の拾得 [B] ・立木の伐採(大判昭7.5.18) [14] ・相続 [15]

例えば、Bは、A所有の山林にある立木を伐採しても、その伐木を即時取得することはできない。しかし、Bが伐木をCに売却した場合、Cは伐木を即時取得する余地がある。

【立木の伐採と伐木の取引行為】

4 相手方の平穏・公然・善意・無過失

条文上は「平穏に、かつ、**公然**と動産の占有を始めた者は、**善意**であり、かつ、**過失がないとき**」(192条)と規定されている。相手方の平穏・公然・善意・無過失については、これらが推定されるかどうかが問題となる。

問題点 即時取得における相手方の平穏・公然・善意・無過失は推定されるか。

結論　相手方の平穏・公然・善意・無過失は全て推定されるので、これらを相手方が立証する必要はない。[16]

理由　平穏・公然・善意は186条1項によって推定される。さらに、無過失は188条を根拠にして推定される(最判昭41.6.9)。

発展　相手方が善意・無過失であるか否かは、相手方の**占有取得時**を基準として判断される。[C]

5 相手方が動産の占有を取得する

相手方が「動産の**占有を始めた**」(192条)ことである。相手方が直接占有(所持)をする現実の引渡しや簡易の引渡しが「占有を始めた」に該当することに争いはない。問題となるのは、相手方が直接占有をしない指図による占有移転や占有改定が「占有を始めた」に該当するかである。

問題点❶　指図による占有移転は「占有を始めた」に該当するか。

結論　「占有を始めた」に該当するので、指図による占有移転には即時取得の適用がある(最判昭57.9.7)。[17]

理由　指図による占有移転では、譲渡人(前主)から占有代理人(直接占有者)に対する命令が必要であり(184条)、占有状態の変更を外部から認識することができる。

〈解説〉　上記判例(最判昭57.9.7)は、寄託目的物の売買の事案である。寄託者が倉庫業者に対して発行した荷渡指図書が呈示され、これにより倉庫業者が寄託台帳上の寄託者名義を変更したことをもって、指図による占有移転が認められるとした。[18]

問題点❷　占有改定は「占有を始めた」に該当するか。

結論　「占有を始めた」に該当しないので、占有改定には即時取得の適用がない(最判昭35.2.11)。[17][19]

理由　占有改定の方法では、前主が動産を直接占有したままで、**一般外観上従来の占有状態に変更を来さない**から、占有を始めたとはいえない。[19]

【占有改定による即時取得の成否】 発展

学説	否定説（判例）	肯定説	折衷説
結論	占有改定では即時取得は不成立 [D] [F]	占有改定により即時取得が成立 [E]	占有改定により即時取得は成立するが、現実の引渡しを受けるまで確定しない [F]
善意無過失の判定時	後に現実の引渡しを受けた時 [F]	占有改定時	占有改定時 [F]
現実の引渡前の所有権	原権利者	即時取得者	未確定
理由	・占有改定では一般外観上従来の占有状態に変更を来さない。 ・肯定説は後から占有改定を受けた者が優先する点で妥当でない。 [D]	即時取得は前主の占有を信頼した者を保護する制度なので、占有取得の態様によって差異を設けるべきではない。	占有改定は公示方法として不完全なので、即時取得が確定的となるには現実の引渡しを要求すべきである。

④ 即時取得の効果

　即時取得の効果は、承継取得ではなく、相手方が動産に関する権利を**原始取得**することである。 発展 したがって、相手方の即時取得によって、反射的に真の所有者の権利が消滅するとともに、その動産に付着していた第三者の権利（質権や譲渡担保権等）も消滅する。 [G]

　また、即時取得の対象となる権利は、動産の取引行為によって取得することができる**所有権**または**質権**である。 [20]

〈解説〉　譲渡担保権も動産の取引行為によって取得可能であるが、譲渡担保権の設定は占有改定が用いられるので、判例の否定説によれば即時取得が成立しない。

⑤ 盗品又は遺失物の回復

> **設例**　A（被害者）が所有する動産をB（無権利者）が盗んで、オークションに出品し、これをC（占有者）が落札して購入した。Cは、当該動産の所有権を取得することができるか。

民法は、即時取得をした動産が**盗品**または**遺失物**である場合について例外を設け、**被害者**または**遺失者**が、その動産の回復(取り戻し)を請求することを認めている。

【盗品・遺失物・被害者・遺失者の意味】

盗品 遺失物	・盗品は**窃盗**や**強盗**によって**占有を奪われた物**を指し、遺失物は**忘れ物**や**落とし物**を指す。どちらも真の権利者(被害者・遺失者)の意思によらないで占有が離れていることが共通する ・詐欺や横領によって占有を離れた物は、真の権利者の意思に基づくので、**盗品**にも**遺失物にも含まれない** 21
被害者 遺失者	・発展所有者に限らず、**賃借人や受寄者も被害者や遺失者に含まれる**(賃借人について、大判昭4.12.11) H ・賃借人や受寄者は、賃借物や受寄物が盗難され、またはこれらを遺失したときに、占有者に対して動産の回復請求をすることができる

1 被害者・遺失者の回復請求権

意義 　占有者に即時取得が成立する場合であっても、占有する動産が盗品または遺失物である場合、被害者または遺失者は、**盗難または遺失の時から2年間、占有者に対してその動産の回復を請求**することができる(193条)。 22

趣旨 　自らの意思によらずに占有を失った被害者・遺失者は保護の必要性が高いので、期間を限定して失った動産を取り戻すことを認めた。

❸動産の盗難の時から2年間は回復請求が可能

【被害者の回復請求権】

問題点 　発展動産の回復を請求することができる2年間、その動産の所有権は誰に帰属しているのか。

結論 　**真の所有者**に所有権が帰属している(大判大10.7.8)。したがって、動産の回復請求権が行使されずに2年間を経過した時点で、初めて即時取得をした占有者に動産の所有権が帰属する。 I

理由 　占有者に所有権が帰属していると解すると、被害者・遺失者が賃借人・受寄者である(盗品・遺失物の所有者ではない)場合、これらの者が回復請求権を行使した際に、自らが有していない盗品・遺失物の所有権を回復することを認める結果となって妥当でない。

2 代価の弁償

意義　193条に基づいて動産の回復請求ができる場合でも、占有者が、盗品または遺失物を、①競売もしくは公の市場において善意で買い受けたとき、または、②その物と同種の物を販売する商人から善意で買い受けたときは、被害者または遺失者は、**占有者が支払った代価を弁償しなければ、その物を回復することができない**(194条)。〔23〕

趣旨　①②の場合は占有者を保護する必要性も高いので、占有者と被害者・遺失者との保護の均衡を図る観点から、動産の回復について代価の償還を条件とした(最判平12.6.27参照)。

問題点　占有者は、194条に基づいて盗品・遺失物の引渡しを拒むことができる場合、その物を使用収益することができるか。

結論　代価の弁償の提供があるまで盗品・遺失物の使用収益権を有する(最判平12.6.27)。〔24〕

理由　弁償される代価には利息は含まれないと解されるところ、それとの均衡を図るために占有者の使用収益を認めることが、占有者と被害者・遺失者との公平にかなう。

【代価の弁償】

設例の場合、Cは、要件を満たすことで動産を即時取得することができる。もっとも、盗品又は遺失物の回復により、盗難の時から2年間はAから動産の回復を請求される可能性があるが、回復請求を受けたとしても、194条により代価の弁済があるまで引渡しを拒むことができる。

▎重要事項 一問一答

01 即時取得とは何か？

取引行為によって、平穏に、かつ、公然と動産の占有を始めた者は、善意であり、かつ、過失がないときは、即時にその動産について行使する権利を取得するという制度である(192条)。

02 動産の占有や不動産の登記に公信力があるか？

動産の占有には公信力があるのに対し、不動産の登記には公信力がない。

03 不動産は即時取得の目的物になるか？

即時取得の目的物は動産なので(192条)、不動産は目的物にならない。

04 登録されている自動車は即時取得の対象になるか。

対象にならない(判例)。

05 前主が借主や保管者（受寄者）である場合に即時取得の適用があるか？

適用がある。

06 無権代理人と取引行為をした相手方との間で取引行為をした転得者に即時取得の適用はあるか？

転得者には即時取得の適用がある。

07 売買、競売、相続は取引行為に該当するか？

売買と競売は取引行為に該当するが、相続は取引行為に該当しない。

08 即時取得が成立するのに相手方の無過失は必要か？

無過失が必要である(192条)。

09 指図による占有移転と占有改定は「占有を始めた」(192条)に該当するか？

指図による占有移転は該当するが、占有改定は該当しない(判例)。

10 盗品又は遺失物の回復（193条）による動産の回復請求ができる期間は？

動産の盗難または遺失の時から2年間(193条)

11 占有者が公の市場において盗品を悪意で買い受けた場合、被害者は、占有者が支払った代価を弁償しなければ、盗品の回復ができないか？

占有者が善意で買い受けていないので、盗品の回復にあたって代価の弁償は不要である(194条)。

▶ 過去問チェック（争いのあるときは、判例の見解による）

[01] 絵画甲の所有者でない A は、C に対して絵画甲を売却し、現実に引き渡した。この場合、C は、A が絵画甲の所有者でないことについて善意無過失であれば、絵画甲を即時取得する。

○（裁2013改題）

[02] 通説に照らすと、物権変動の公信の原則とは、物権の公示を信頼した者は、その公示が真実の権利関係と異なる場合でも、その信頼が保護されるという原則のことであり、不動産についてはこの原則が採用されているが、動産には採用されていない。

×（区2013改題）「不動産についてはこの原則が採用されているが、動産には採用されていない」が誤り。

[03] Aは、Bに対してAの所有する未登記建物甲を賃貸していたところ、Bは、Cに対して甲を自分の物と偽って売却し、Cは、Bから甲の引渡しを受けた。Cは、Bが甲の所有権者であることを信じており、これについて過失はなく、またCの占有が平穏に、かつ、公然と始まったものである場合、Cについて甲の即時取得が成立する。

× (裁2009改題)「Cについて甲の即時取得が成立する」が誤り。

[04] 道路運送車両法による登録を受けている自動車は、登録がその所有権の得喪の公示方法とされているため、即時取得により所有権を取得することはできないが、同法による登録を受けていない自動車については、即時取得により所有権を取得することができる。

○ (国般2018)

[05] 道路運送車両法により抹消登録を受けた自動車については、登録が所有権の得喪並びに抵当権の得喪及び変更の公示方法とされているから、即時取得の適用がないとした。

× (区2019) 全体が誤り。

[06] 最高裁判所の判例では、登記・登録された船舶や航空機には即時取得が認められないが、自動車については、取引の安全をはかる必要性から、道路運送車両法による登録を受けていても、即時取得が認められるとした。

× (区2012)「道路運送車両法による登録を受けていても、即時取得が認められるとした」が誤り。

[07] 即時取得の対象は、動産に限られる。したがって、土地から分離されていない立木は即時取得の対象とならない。

○ (裁2016改題)

[08] 金銭の占有者は、特段の事情のない限り、その占有を正当づける権利を有するか否かにかかわりなく、金銭の所有者とみるべきではないから、金銭については即時取得の適用があるとした。

×(区2019)「金銭の所有者とみるべきではないから、金銭については即時取得の適用があるとした」が誤り。

[09] Aは、Bが所有する絵画甲について、Bの代理人と偽ってCに売却し、これを現実に引き渡した。この場合、Cは、AがBの無権代理人であることについて、

善意無過失であれば、絵画甲を即時取得する。

×（裁2013）「AがBの無権代理人であることについて、善意無過失であれば、絵画甲を即時取得する」が誤り。

[10] 未成年者Aは、所有する動産を法定代理人の同意を得ずに善意・無過失のBに売却し引き渡した。その後法定代理人がこの売買契約を取り消した場合であっても、Bは、当該動産の所有権を即時取得する。

×（税・労2001）「当該動産の所有権を即時取得する」が誤り。

[11] Aは、所有する動産をBに売却し引き渡したが、この売買契約はAの錯誤により取り消された。その後、当該動産がB所有であると信じることにつき善意・無過失のCは、Bから当該動産を買い受け、引渡しを受けた。この場合、Cは、当該動産の所有権を即時取得する。

○（税・労2001改題）

[12] 即時取得は、動産取引の安全を図る制度であるため、その適用は有効な取引行為による動産取得の場合に限られ、当該取引行為には売買、贈与、質権設定のほか、代物弁済も含まれる。

○（区2017）

[13] 即時取得が認められるためには、取引行為の存在が必要であるが、競売により執行債務者の所有に属しない動産を買い受けた場合は、取引行為が存在したとはいえず、即時取得は認められない。

×（国般2015）「取引行為が存在したとはいえず、即時取得は認められない」が誤り。

[14] 判例・通説に照らすと、即時取得は動産の占有に公信力を与え、動産取引の安全をはかる制度であり、他人の山林を自分の山林と誤信し、立木を伐採し占有した場合、伐採された立木は動産となるので、即時取得が認められる。

×（区2012改題）「即時取得が認められる」が誤り。

[15] A所有の動産をBが占有していたところ、Bが死亡してBの相続人Cが相続財産の包括承継により善意・無過失で当該動産を占有した場合には、Cは当該動産を即時取得する。

×（国般2020）「Cは当該動産を即時取得する」が誤り。

[16] 即時取得が成立するためには、占有の取得が平穏かつ公然と行われ、取得者が前主の無権限について善意かつ無過失であることが必要である。これらの要件のうち、平穏、公然及び善意は推定されるが、無過失は推定されない。

×（裁2016）「無過失は推定されない」が誤り。

[17] 即時取得は、現実の引渡し、簡易の引渡し又は占有改定によって占有を取得した場合には成立するが、指図による占有移転によって占有を取得した場合には成立しない。

×（裁2016）「又は占有改定」、「指図による占有移転によって占有を取得した場合には成立しない」が誤り。

[18] 寄託者が倉庫業者に対して発行した荷渡指図書に基づき倉庫業者が寄託者台帳上の寄託者名義を変更して、その寄託の目的物の譲受人が指図による占有移転を受けた場合には、即時取得の適用がないとした。

×（区2019）「指図による占有移転を受けた場合には、即時取得の適用がないとした」が誤り。

[19] 即時取得が認められるためには、一般外観上従来の占有状態に変更を生ずるような占有を取得することが必要であり、占有取得の方法が一般外観上従来の占有状態に変更を来さないいわゆる占有改定の方法による取得では、即時取得は認められない。

○（国般2015）

[20] 即時取得の対象となるのは動産の所有権のみであり、質権は即時取得の対象とならない。

×（国般2020）「のみであり、質権は即時取得の対象とならない」が誤り。

[21] 詐欺によって占有が失われた物について即時取得が成立した場合、詐欺の被害者は、詐欺によって占有を失った日から二年間、占有者に対してその物の回復を請求することができる。

×（税・労・財2019）全体が誤り。

[22] A所有の動産がBに盗まれ、その後、BからCに譲渡された場合には、Cが善意・無過失であったとしても、Aは、盗難の時から2年間、Cに対して当該動産の回復を請求することができる。

○（国般2020）

[23] 占有者が、盗品又は遺失物を、競売若しくは公の市場において、又はその物と同種の物を販売する商人から、善意で買い受けたときは、被害者又は遺失者は、占有者が支払った代価を弁償しなければその物を回復することができない。

○（区2021）

[24] 盗品又は遺失物の被害者又は遺失主が盗品等の占有者に対してその物の回復を求めたのに対し、占有者が支払った代価の弁済があるまで盗品等の引渡しを拒むことができるとしても、占有者は、当該盗品等を使用収益することはできない。

×（税・労2005）「占有者は、当該盗品等を使用収益することはできない」が誤り。

[A] Aは、Bのりんご畑のりんごを自己の畑の物と誤信して収穫した。Aが占有取得時に善意無過失の場合、Aは当該りんごを即時取得する。

×（税・労・財2017）「Aは当該りんごを即時取得する」が誤り。

[B] Aが落とした時計Xについて、Bが自己の所有物であると過失なく信じて、平穏・公然に占有を開始した場合、Bによる時計Xの即時取得が認められる。

×（裁2021）「Bによる時計Xの即時取得が認められる」が誤り。

[C] Aは、B所有の絵画甲をCに売却し、現実に引き渡した。この場合、Cは、売買契約締結時に、Aが所有者でないことについて善意無過失であれば、引渡しの時点で悪意であったとしても、絵画甲を即時取得する。

×（裁2013）「引渡しの時点で悪意であったとしても、絵画甲を即時取得する」が誤り。

[D] A所有の動産をBが購入したが、Bはその動産をそのままAに預けておいた。ところが、Aは、これを自分の所有であるかのように装って事情を知らないCに売却し、Cもその動産をそのままAに預けておくこととした（なお、A、B及びCはすべて個人であり、また、CはAが無権利者であることについて善意・無過失である。）。この場合に、Cに占有改定による即時取得が認められるかどうかについて、占有改定による即時取得は認められず、現実の引渡しを必要とするとの説に対しては、取引の安全を重視するため、後から占有改定を受けた者が常に所有権を取得することとなるとの批判が成り立つ。

×（国般2009改題）「取引の安全を重視するため、後から占有改定を受けた者が常に所有権を取得することとなるとの批判が成り立つ」が誤り。

[E] A所有の動産をBが購入したが、Bはその動産をそのままAに預けておいた。

ところが、Aは、これを自分の所有であるかのように装って事情を知らないCに売却し、Cもその動産をそのままAに預けておくこととした（なお、A、B及びCはすべて個人であり、また、CはAが無権利者であることについて善意・無過失である。）。この場合に、Cに占有改定による即時取得が認められるかどうかについて、占有改定による即時取得は認められるとの説を採用し、Cに占有改定による即時取得を認めるとするのが判例の立場である。

×（国般2009改題）「占有改定による即時取得は認められるとの説を採用し、Cに占有改定による即時取得を認めるとするのが判例の立場である」が誤り。

F　A所有の動産をBが購入したが、Bはその動産をそのままAに預けておいた。ところが、Aは、これを自分の所有であるかのように装って事情を知らないCに売却し、Cもその動産をそのままAに預けておくこととした（なお、A、B及びCはすべて個人であり、また、CはAが無権利者であることについて善意・無過失である。）。この場合に、Cに占有改定による即時取得が認められるかどうかについて、占有改定による即時取得は成立するが、まだ確定的ではなく、その後の現実の引渡しによってその取得が確定的になるとの説によれば、占有改定の時点でCが善意・無過失であればよいが、占有改定による即時取得は認められず、現実の引渡しを必要とするとの説によれば、現実の引渡しの時点でCが善意・無過失であることが必要である。

○（国般2009改題）

G　即時取得が成立した場合、目的動産について真の権利者の債務を被担保債権として及んでいた動産売買先取特権は消滅する。

○（裁2004）

H　Aが、Bの所有するパソコンを借り受けて占有していたところ、Cが、当該パソコンを盗み、善意・無過失のDに売却し、引き渡した場合、Bのみならず、Aも、盗まれた時から2年間は、Dに対して当該パソコンの返還を求めることができる。

○（税・労・財2020）

I　Bが、A所有の遺失物を即時取得した場合、Aは、遺失の時から2年間、Bに対してその物の回復を請求できるが、即時取得により、所有権は一旦Bに移転しているので、その回復請求には所有権の回復も含まれる。

×（裁2007）「即時取得により、所有権は一旦Bに移転しているので、その回復請求には所有権の回復も含まれる」が誤り。

過去問 Exercise

問題1 　民法に規定する物権に関する記述として、通説に照らして、妥当なのはどれか。 特別区2013［H25］

❶ 　民法は、物権は民法その他の法律に定めるもののほか、創設することができないという物権法定主義を採用しており、その他の法律に慣習法は含まれていないため、慣習法上の物権は認められないとするのが通説である。

❷ 　物権の債権に対する優先的効力とは、同一物について物権と債権とが競合するときは、いかなる場合であっても、常に物権が債権に対して優先することをいう。

❸ 　土地に生立する樹木の集団の所有権は、立木法の定める立木登記をしなくても、木の皮を削って取得者の氏名を墨書するなどの明認方法を施すことによって、第三者に対抗することができる。

❹ 　物権変動の公示の原則とは、物権の変動は第三者から分かるような外形を備えなければならないという原則のことであり、公示のない物権の変動は効力を生じない。

❺ 　物権変動の公信の原則とは、物権の公示を信頼した者は、その公示が真実の権利関係と異なる場合でも、その信頼が保護されるという原則であり、不動産についてはこの原則が採用されているが、動産には採用されていない。

❶ ✕ 「その他の法律に慣習法は含まれていないため、慣習法上の物権は認められないとするのが通説である」という部分が妥当でない。物権は、民法その他の法律に定めるもののほか、創設することができないと規定されている(175条)。しかし、「その他の法律」には慣習法が含まれ、慣習法上の物権が認められる場合がある。例えば、いわゆる「湯口権」は、温泉湧出地より引湯使用する一種の物権的権利であり、通常、源泉地の所有権から独立して処分されるとの慣習法が存在するとした判例がある(大判昭15.9.18)。なお、この判例は、湯口権の変動を第三者に対抗するためには、権利の変動を明認させるに足るべき特殊の公示方法を施すことを要するとも述べている。

❷ ✕ 「いかなる場合であっても、常に物権が債権に対して優先することをいう」という部分が妥当でない。債権の目的物について物権が成立するときは、物権が債権に優先する。これは、「売買は賃貸借を破る」などと表現される。しかし、不動産の賃貸借は、これを登記したときは、その後その不動産について物権を取得した者その他の第三者にも対抗することができる(605条)。

❸ ◯ 判例により妥当である。立木については「立木に関する法律」により立木登記をする公示方法がある。しかし、立木登記がされていない立木であっても、木の皮を削り氏名を墨書する等の明認方法に公示としての機能が認められており、明認方法がなされると立木登記がなされたのと同じ効力が生じ、第三者に立木の所有権を対抗することができる(大判大10.4.14)。

❹ ✕ 「公示のない物権の変動は効力を生じない」という部分が妥当でない。公示の原則とは、物権変動は外部から認識しうる何らかの表象を伴わなければならないとの原則である。もっとも、民法上は、当事者の意思表示だけで物権が変動し(176条)、公示は第三者に対する対抗要件とする(177条、178条)のを原則としている。したがって、公示のない物権変動であっても、その効力が生じないわけではない。

❺ ✕ 「不動産についてはこの原則が採用されているが、動産には採用されていない」という部分が妥当でない。公信の原則とは、権利の外形である公示を信頼して取引をした者を保護するという原則である。民法上は、不動産の公示方法であ

る登記には公信力を認めていない。一方、動産については公信の原則の表れとして即時取得の規定がある(192条)。

　　民法に規定する占有権の取得に関する記述として、妥当なのはどれか。

1　　占有権は、自己のためにする意思をもって物を所持することによって取得するので、代理人によって占有権を取得することはできない。

2　　占有権の譲渡は、占有物の引渡しによってするが、譲受人又はその代理人が現に占有物を所持する場合には、当事者の意思表示のみによってすることができる。

3　　代理人によって占有をする場合において、本人がその代理人に対して以後第三者のためにその物を占有することを命じたときは、当該代理人の承諾があれば当該第三者の承諾がなくとも、当該第三者は占有権を取得することができる。

4　　占有権は、善意で、平穏に、かつ、公然と占有をするものと推定するが、所有の意思は推定されないので、所有の意思を表示する必要がある。

5　　占有者の承継人は、その選択に従い、自己の占有のみを主張し、又は自己の占有に前の占有者の占有を併せて主張することができ、前の占有者の占有を併せて主張する場合であっても、その瑕疵まで承継する義務はない。

解説

❶ ✕　「代理人によって占有権を取得することはできない」という部分が妥当でない。占有権は、自己のためにする意思(占有意思)をもって物を所持することによって取得するが(180条)、代理人(占有代理人)によって占有権を取得することも可能である(181条)。

❷ ◯　条文により妥当である。占有権の譲渡は、占有物の引渡しによってするが(現実の引渡し)(182条1項)、譲受人又はその代理人が現に占有物を所持する場合には、当事者の意思表示のみによってすることができる(簡易の引渡し)(182条2項)。

❸ ✕　「当該代理人の承諾があれば当該第三者の承諾がなくとも、当該第三者は占有権を取得することができる」という部分が妥当でない。代理人(占有代理人)によって占有をする場合に、本人がその代理人に対して以後第三者のために目的物を占有することを命じ、その第三者がこれを承諾したときは、第三者が占有権を取得する(指図による占有移転)(184条)。指図による占有移転に際して、第三者の承諾は必要であるのに対して、本人の地位の変更は代理人の利益に影響しないので、代理人の承諾は不要である。

❹ ✕　「所有の意思は推定されないので、所有の意思を表示する必要がある」という部分が妥当でない。占有者は、所有の意思をもって、善意で、平穏に、かつ、公然と占有するものと推定される(186条1項)。したがって、所有の意思が推定されるので、占有者が所有の意思を表示する必要はない。

❺ ✕　「その瑕疵まで承継する義務はない」という部分が妥当でない。占有者の承継人は、その選択に従い、自己の占有のみを主張し、又は自己の占有に前の占有者の占有を併せて主張することができる(187条1項)。もっとも、前の占有者の占有を併せて主張する場合には、その瑕疵をも承継する(187条2項)。

問題3 次の民法に規定する物権 A ～ E のうち、用益物権を選んだ組合せとして、妥当なのはどれか。 特別区2018［H30］

A 留置権

B 永小作権

C 先取特権

D 入会権

E 地役権

① A、B、D

② A、C、D

③ A、C、E

④ B、C、E

⑤ B、D、E

A ✕ 　留置権(295条以下)は担保物権の一種である。他人の物を占有している者が、その物に関して生じた債権を有する場合に、その弁済を受けるまでその物を留置することで弁済を間接的に強制する点に特色がある。

B ◯ 　永小作権(270条以下)は、小作料を支払って耕作又は牧畜のために他人の土地を使用収益する権利をいう。用益物権とは、他人の土地を一定の目的のために使用収益する権利を指すので、永小作権は用益物権にあたる。

C ✕ 　先取特権(303条以下)は、担保物権の一種である。債権者平等の原則の例外として、法律の定める特殊の債権を有する者が、債務者の財産から優先的に弁済を受ける権利を認めたものである。

D ◯ 　入会権(263条、294条参照)とは、村落共同体等が、主として山林原野において土地を総有的に支配し、伐木・採草・キノコ狩りなどの共同利用を行う慣習的な物権のことをいう。用益物権とは、他人の土地を一定の目的のために使用収益する権利を指すので、入会権は用益物権にあたる。

E ◯ 　地役権(280条以下)とは、一定の目的に従って、自己の土地の便益のために、他人の土地を使用収益する権利をいう。地役権では、「自己の土地」を要役地といい、「他人の土地」を承役地という。用益物権とは、他人の土地を一定の目的のために使用収益する権利を指すので、地役権は用益物権にあたる。

　以上により、妥当なものは**B**、**D**、**E**であり、正解は**5**となる。

不動産の物権変動に関するア〜オの記述のうち、妥当なもののみを全て挙げているのはどれか。ただし、争いのあるものは判例の見解による。

国税・財務・労基2014 ［H26改題］

ア AがBに、Cが賃借している不動産を売却した場合、Bの所有権とCの賃借権は両立するため、Cは民法第177条の「第三者」に当たらず、Bは登記なくしてCに賃料を請求することができる。

イ AがBに不動産を売却し、その登記が未了の間に、Cが当該不動産をAから二重に買い受け、更にCからDが買い受けて登記を完了した。この場合に、Cが背信的悪意者に当たるとしても、Dは、Bに対する関係でD自身が背信的悪意者と評価されるのでない限り、当該不動産の所有権取得をBに対抗することができる。

ウ AがBに不動産を売却し、その登記が未了の間に、Bが当該不動産をCに転売して所有権を喪失した場合には、Bは、Aに対する登記請求権を失う。

エ AがBに不動産を売却し、その登記を完了したが、Aは、Bの債務不履行を理由に、Bとの売買契約を解除した。その後、まだ登記名義がBである間に、BがCに当該不動産を売却した場合には、Cは、民法第545条第1項により保護されるため、登記なくして、当該不動産の所有権取得をAに対抗することができる。

オ A所有の不動産をBが占有し続けた結果、取得時効が完成したが、Bの時効完成前に、AはCに当該不動産を売却していた。この場合に、Bの時効完成後にCが登記を完了したときは、Bは時効完成による所有権取得をCに対抗することができない。

1 イ
2 オ
3 ア、イ
4 ウ、エ
5 エ、オ

ア ✕　「C は民法第177条の「第三者」に当たらず、B は登記なくして C に賃料を請求することができる」という部分が妥当でない。不動産賃借人は、当該不動産の所有権の得喪について利害関係を有するので、177条の第三者に該当する(最判昭49.3.19)。したがって、B は、登記がなければ、不動産の所有権を C に対抗することができない。そして、不動産の所有権とともに賃貸人たる地位を取得した B が、新賃貸人として C に対して賃料請求をする場合にも、登記を具備している必要がある(605条の2第3項)。賃貸不動産が二重に譲渡されると賃借人には賃料の二重払いの危険があり、これを避けるために、登記によって真の所有者を公示させるべきだからである。したがって、B は登記がなければ C に賃料を請求することはできない。

イ 〇　判例により妥当である。判例は、第二譲受人が背信的悪意者である場合、この者からの転得者は、転得者自身が第一譲受人との関係で背信的悪意者であると評価されない限り、177条の第三者に該当するとしている(最判平8.10.29)。これは、背信的悪意者は権利取得を対抗できないだけであって無権利者ではないこと、背信的悪意者が177条の第三者に含まれないのは登記の欠缺の主張が信義則に反するからであって、信義則違反は属人的に考えるべきであることを理由とする。したがって、不動産の登記が完了している D は、D 自身が B(第一譲受人)に対する関係で背信的悪意者と評価されない限り、当該不動産の所有権取得を B に対抗することができる。

ウ ✕　「B は、A に対する登記請求権を失う」という部分が妥当でない。本記述は、登記請求権のうち、物権変動的登記請求権に関する問題である。物権変動的登記請求権は、物権変動の過程をそのまま登記に表す必要があるという登記法上の要請に従い、物権変動の事実そのものから生じたものである。本記述のように、目的不動産を転売したとしても、買主の売主に対する移転登記請求権は失われない(大判大5.4.1)。

エ ✕　「C は、民法第545条第1項により保護されるため、登記なくして、当該不動産の所有権取得を A に対抗することができる」という部分が妥当でない。判例は、不動産売買契約が解除され、その所有権が売主に復帰した場合、売主は、そ

の旨の登記を経由しなければ、契約解除後に買主から不動産を取得した第三者に対し所有権の取得を対抗できないとしている(最判昭35.11.29)。これは、解除による遡及効を復帰的物権変動と構成し、相手方を起点とした解除権者と第三者への二重譲渡類似の関係と捉え、177条の対抗問題として登記の有無で優劣を決するものである。したがって、Cは、登記なくして当該不動産の所有権取得をAに対抗することができない。

オ ✕　「Bは時効完成による所有権取得をCに対抗することができない」という部分が妥当でない。判例は、不動産の取得時効完成前に原所有者から所有権を取得し、時効完成後に移転登記を経由した者に対し、時効取得者は、登記なくして所有権を対抗できるとしている(最判昭42.7.21)。したがって、Bは、時効完成前にA(原所有者)から不動産の所有権を取得し、時効完成後に登記を完了したCに対し、登記なくして時効完成による所有権取得を対抗することができる。

　以上より、妥当なものは**イ**のみであり、正解は**❶**となる。

問題5 即時取得に関する記述として最も適当なものはどれか（争いのあるときは、判例の見解による）。

裁判所2016［H28］

❶ 即時取得の対象は、動産に限られる。したがって、道路運送車両法による登録を受けている自動車は即時取得の対象となるが、土地から分離されていない立木は即時取得の対象とならない。

❷ 即時取得は、前主が所有者を名乗っていたが真実は無権利者であった場合だけでなく、前主が所有者の代理人を名乗っていたが真実は無権代理人であった場合にも成立する。

❸ 即時取得が成立するためには、占有の取得が平穏かつ公然と行われ、取得者が前主の無権限について善意かつ無過失であることが必要である。これらの要件のうち、平穏、公然及び善意は推定されるが、無過失は推定されない。

❹ 即時取得は、現実の引渡し、簡易の引渡し又は占有改定によって占有を取得した場合には成立するが、指図による占有移転によって占有を取得した場合には成立しない。

❺ 即時取得が成立する場合であっても、原所有者が盗難によって占有を喪失したときは取得者又は転得者に対して回復請求をすることができるが、詐欺によって占有を喪失したときは回復請求をすることができない。

❶ ✕ 「道路運送車両法による登録を受けている自動車は即時取得の対象となるが」という部分が適当でない。判例は、登録を受けている自動車が即時取得（192条）の対象となるか否かについて、これを否定している（最判昭62.4.24）。また、土地から分離されていない立木に関し、他人の所有山林を自分の所有であると誤信して伐採した場合、即時取得は成立しないとしている（大判大4.5.20）。

❷ ✕ 全体が適当でない。前主が無権代理人の場合には、即時取得は成立しない。無権代理の場合に即時取得を成立させると、無権代理制度を無意味にするからである。

❸ ✕ 「無過失は推定されない」という部分が適当でない。即時取得の成立要件において、平穏、公然及び善意は、推定される（186条1項）。さらに、無過失についても188条により推定されるとするのが判例である（最判昭41.6.9）。占有者は、占有物の上に行使する権利を適法に有するものと推定される（188条）ことから、無過失についても推定される。

❹ ✕ 全体が適当でない。即時取得が成立するには、「占有を始めた」ことが必要である。この占有には、指図による占有移転は含まれるが（最判昭57.9.7）、占有改定は含まれないとするのが判例である（最判昭35.2.11）。即時取得するためには、一般外観上従来の占有状態に変更を生ずるような占有を取得することを要するが、占有改定にはそれがないからである。

❺ ○ 条文により適当である。占有物が盗品又は遺失物であるときは、被害者又は遺失者は、盗難又は遺失の時から2年間、占有者に対してその物の回復を請求することができる（193条）。具体的には、「盗品」は、窃盗又は強盗によって占有者の意思に反して占有を剥奪された動産、「遺失物」は、窃盗や強盗以外の方法で占有者の意思によらず占有を離脱した動産をいう。したがって、詐欺によって占有を喪失したときは、どちらにも該当しないので、回復請求をすることができない。

第3章

担保物権

本章では、債権の回収を確実にするために物がどのように利用されているかについて学習します。公務員試験では、難度の高い問題が多く出題される分野です。

1 担保物権総論

ここでは、債権の回収を確実にするために認められた物権である担保物権の総論について扱います。各々の担保物権の効力や性質に関しては、各担保物権を学習した後に改めて学習することを勧めます。

1 担保物権法の全体像

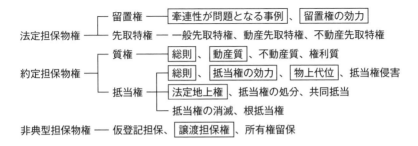

2 担保物権とは

意義 ① 担保とは、債権の確実な回収を図るために、**債権が弁済されない場合の肩代わりとなるもの**をいう。その肩代わりが、物自体である場合を「**物的担保**」、他人が自己の一般財産をもって責任を負う場合を「**人的担保**」という。

(例)物的担保→抵当権、質権　人的担保→保証

② **担保物権**とは、**物的担保に対する権利**をいう。すなわち、債権を有する者(債権者)が、債務者または第三者の物を担保として支配することによって**弁済を促したり**、その物を処分してその代金から**優先的に弁済を受けたりする権利**をいう。なお、担保の対象となる権利を**被担保債権**という。

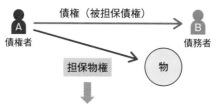

債権（被担保債権）

A 債権者 → B 債務者

担保物権 → 物

Aがこの物を留置して弁済を促したり、Bが弁済できない場合にこの物を処分してその代金のなかから優先的に弁済を受けたりすることができる

【担保物権】

　債務者の債務不履行があった場合、**破産や強制執行の手続**によって債権の回収が図られ、担保を有していない債権者(**一般債権者**)は、債務者の一般財産から自己の債権額に応じて配当を受けることになる(**債権者平等の原則**)。これに対して、担保物権を有する債権者は、担保目的物から**優先的に弁済を受ける**ことができる。

〈**解説**〉　債権者のために自己の財産に担保物権を設定した者を**担保権設定者**(設定者)といい、担保権の設定を受けた債権者を**担保権者**という。

〈**語句**〉●**一般財産**とは、強制執行が可能な財産のことをいう。

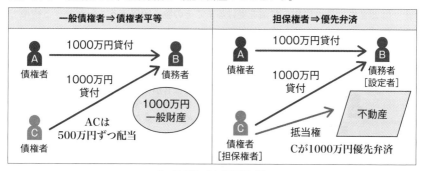

【一般債権者と担保権者】

③ 担保物権の種類

　担保物権は、民法に規定のある**典型担保物権**と規定のない**非典型担保物権**に分けられる。さらに、典型担保物権は、**法律の規定により生じる法定担保物権**と**当事者間の契約により生じる約定担保物権**に分類される。非典型担保物権としては、譲渡担保、仮登記担保、所有権留保があるが、譲渡担保が重要である。 01

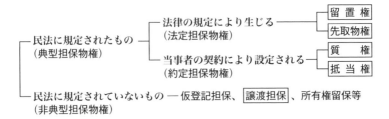

【担保物権の種類】

❹ 典型担保物権の形態

　典型担保物権として、(1)留置権、(2)先取特権、(3)質権、(4)抵当権がある。ここでは、簡単に各形態について見ていく。詳細は本章 **2** 節「留置権」以下で扱う。

1 留置権 (295条)

意義　留置権とは、他人の物の占有者が、その物に関して生じた債権を有するときに、その債権の**弁済を受けるまでその物を留置する**ことができる物権である。例えば、B が所有するカメラの修理を A に依頼したが、修理後に B が債務(修理代金)を支払ってくれるまでカメラを引き渡さないと、A が主張する場合である。

【留置権】

2 先取特権 (303条)

意義　先取特権とは、債務者に対し**法定の債権を有する債権者**が、債務者の財産につき**他の債権者に先立って自己の債権の弁済を受ける**ことができる物権である。例えば、A が B に対して給料債権を有していて、B の財産から優先弁済を受けるような場合である。

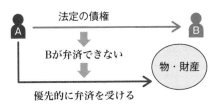

給料・葬式費用・旅館の宿泊料など、法定の債権につき、特に優先的弁済を受けることを認めたもの

【先取特権】

3 > **質権**（342条）

意義 質権とは、債権者が、債権の担保として債務者又は第三者から受け取った物を占有し、かつその物につき他の債権者に先立って自己の債権の弁済を受けることができる物権である。例えば、AがBに対して金銭を貸し付ける担保として骨董品を受け取るような場合である。

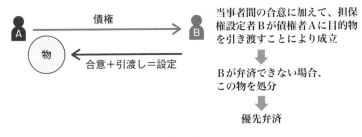

当事者間の合意に加えて、担保権設定者Bが債権者Aに目的物を引き渡すことにより成立

Bが弁済できない場合、この物を処分

優先弁済

【質権】

4 > **抵当権**（369条）

意義 抵当権とは、債務者又は第三者が占有を移さないで債権の担保に供した不動産・地上権・永小作権について、債権者が他の債権者に先立って自己の債権の弁済を受けることができる物権である。例えば、AがBに対して金銭を貸し付ける担保としてBが居住している不動産に抵当権を設定する場合である。

当事者間の合意のみにより、目的物を債権者Aに引き渡さないで設定（登記が対抗要件）

Bが弁済できない場合、目的物を処分

優先弁済

【抵当権】

5 担保物権の効力

担保物権の効力としては、(1)優先弁済的効力、(2)留置的効力、(3)収益的効力がある。

1 優先弁済的効力

意義 優先弁済的効力とは、債権が任意に弁済されない場合、目的物を競売にかけ、その競売代金から他の債権者に優先して弁済を受ける効力をいう。先取特権、質権、抵当権には認められるが、留置権には認められない。 02

2 留置的効力

意義 留置的効力とは、担保の目的物の占有を奪うことで債務者に心理的圧迫を与え弁済を促す効力（債権の弁済があるまで引渡しを拒絶する）である。担保権者が目的物を占有する留置権・質権のみに認められる。 03

3 収益的効力

意義 収益的効力とは、担保権者が担保の目的物を使用・収益することができる効力をいう。不動産質権のみに認められる 04 。例えば、不動産質権者が担保目的物である土地を第三者に貸して賃料を得る場合である。

6 担保物権の性質（通有性）

担保物権には、その特性を示すものとして、(1)付従性、(2)随伴性、(3)不可分性、(4)物上代位性の４つの性質が共通して備わっている。

1 付従性

意義 付従性とは、債権（被担保債権）が存在しなければ、担保物権も存在しないという性質をいう。担保物権は、債権（被担保債権）を担保するためのものだからである。 **発展** 元本確定前の根抵当権には付従性はない。 A B

例えば、債権が弁済・時効などで①消滅したり無効であった場合、登記などの担保物権の外形が存在しても、②実体的には当然に不存在となる。

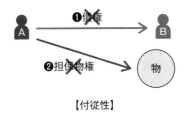

【付従性】

2 随伴性

意義 随伴性とは、債権（被担保債権）が第三者に移転した場合、担保物権もそれに伴って移転する性質をいう。🖊発展元本確定前の根抵当権には随伴性はない。 B

　例えば、①債権者かつ抵当権者AがBに対する被担保債権をCに譲渡した場合、②被担保債権に伴って抵当権もCに移転する。したがって、CがBの債権者かつ抵当権者となる。

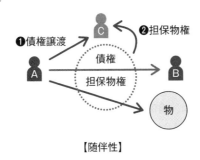

【随伴性】

3 不可分性

意義　不可分性とは、債権(被担保債権)全額の弁済があるまでは、担保の目的物の全部につき、担保物権を行使することができる性質をいう。 05

　例えば、2000万円の債権の担保として、100㎡の土地に抵当権の設定を受けている場合、①1000万円(被担保債権の半分)の弁済を受けても、全額(残額の1000万円)の弁済があるまでは、②目的物全部(土地100㎡)に対して抵当権を行使することができる。

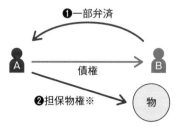

※物権の一部について消滅するわけではない

【不可分性】

4 物上代位性

意義　物上代位性とは、担保の目的物が、売却・賃貸・滅失または損傷等により代償物に変形した場合は、その代償物に対して担保物権を行使できる性質をいう。留置権には物上代位性はない。 06

　例えば、①抵当権が設定されている建物が火災により焼失したが、②これに対して火災保険金が支払われる場合、③抵当権者はこの火災保険金に対しても抵当権の効力を及ぼすことができる。

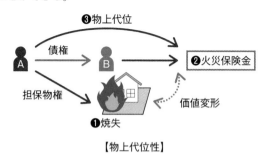

【物上代位性】

7 各種の担保物権の異同

4種類の典型担保物権に関して、性質(通有性)の有無をまとめると以下のようになる。

【各種担保物権の異同】

		法定担保物権		約定担保物権	
		留置権 (占有担保)	先取特権 (非占有担保)	質権 (占有担保)	抵当権 (非占有担保)
効力	優先弁済的効力	×	○	○	○
	留置的効力	○	×	○	×
	収益的効力	×	×	○(不動産質権のみ)	×
通有性	付従性	○	○	○	○※2
	随伴性	○	○	○	○※2
	不可分性	○	○	○	○
	物上代位性	×	○※1	○	○

※1 一般先取特権は物上代位性が問題にならない(代償物にも一般先取特権の効力が及ぶため)。
※2 確定前の根抵当権にはない。

重要事項 一問一答

01 担保とは?

債権が回収できない時に、肩代わりになるもの。

02 担保を有していない債権者 (一般債権者) の配当の方法は?

債権者平等の原則

03 典型担保物権の法定担保物権は (2つ)?

①留置権、②先取特権

04 典型担保物権の約定担保物権は (2つ)?

①質権、②抵当権

05 担保物権の効力は (3つ)?

①優先弁済の効力、②留置的効力、③収益的効力

06 優先弁済的効力を有していない担保物権は?

留置権

07 留置的効力を有する担保物権は?

①留置権、②質権

08 収益的効力を有する担保物権は？

不動産質権

09 担保物権の通有性は（4つ）？

①付従性、②随伴性、③不可分性、④物上代位性

10 付従性、随伴性を有しないものは？

元本確定前の根抵当権

11 物上代位性を有しないものは？

留置権（一般先取特権は物上代位性が問題にならない）

過去問チェック（争いのあるときは、判例の見解による）

01 民法典に規定されている留置権、質権、抵当権及び譲渡担保を典型担保、民法典上に規定がない担保を非典型担保といい、非典型担保には仮登記担保契約に関する法律に規定する仮登記担保が含まれる。

×（区2009）「及び譲渡担保」が誤り。

02 担保物権の優先弁済的効力は、債務の弁済が得られないとき、担保権者が担保の目的物の持つ価値から他の債権者に優先して弁済を受けることのできる効力であり、これは担保物権の債権担保としての効果をあげるための効力であるから、留置権、先取特権、質権、抵当権のいずれにも認められる。

×（国般2015）「留置権」が誤り。

03 担保物権には、担保権者が被担保債権の弁済を受けるまで目的物を留置することができるという効力がある。この効力は、留置権にのみ認められるもので、その他の担保物権には認められない。

×（国般2020）「のみ認められるもので、その他の担保物権には認められない」が誤り。

04 担保物権の収益的効力は、担保権者が担保の目的物を収益し、これを債務の弁済に充当できる効力であり、抵当権には収益的効力が認められていないが、動産質権及び不動産質権には収益的効力が認められる。

×（国般2015）「動産質権及び」が誤り。

05 担保物権には、被担保債権の全部の弁済を受けるまでは、目的物の全部についてその権利を行使することができるという性質がある。この性質は、留置権、先取特権及び質権には認められるが、抵当権については認められない。

× (国般2020改題)「抵当権については認められない」が誤り。

06 担保物権には、目的物の売却、賃貸、滅失又は損傷によって債務者が受けるべき金銭その他の物に対しても行使することができるという性質がある。この性質は、担保の目的物を留置することによって間接的に債務の弁済を促そうとする留置権には認められない。

○ (国般2020)

A 担保物権には、被担保債権が発生しなければ担保物権も発生せず、被担保債権が消滅すれば担保物権も消滅するという性質がある。この性質は、担保物権が債権の強化のために存在するものであることから、全ての担保物権に共通して当然に認められるものである。

× (国般2020)「全ての担保物権に共通して当然に認められるものである」が誤り。

B 確定前の根抵当権は、(a)被担保債権が発生しなければ担保物権も発生せず、被担保債権が消滅すれば担保物権も消滅するという性質、(b)被担保債権が移転したときは、担保物権もこれと同時に移転するという性質を有する。

× (国般2011改題) 全体が誤り。

2 留置権

留置権は、担保物権の中で抵当権に次いで出題頻度の高い分野です。成立要件では、牽連性に関する判例の整理が重要となります。効果については、条文事項を整理しておきましょう。

1 留置権とは

> **設例** AはBの依頼によりカメラを修理したが、後日カメラを受け取りに来たBが、代金を今支払うことはできないがカメラだけを先に返してほしいという。Aはどのような主張ができるか。

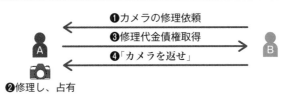

❶カメラの修理依頼
❸修理代金債権取得
❹「カメラを返せ」
❷修理し、占有

意義 留置権とは、他人の物の占有者が、その物に関して生じた債権を有する場合に、その債権の弁済を受けるまで、その物を留置することができる権利をいう(295条1項本文)。

趣旨 当事者間の公平のための制度である。他人の物を占有する者がその物に関する債権を有する場合、債権の弁済を受けるまではその物の返還を拒めるとすることで、間接的に弁済を促す。

> **設例** において、留置権が成立していれば、Aはカメラの引渡しを拒絶することができる(修理代金の支払いがあるまでは、カメラは返還しないと主張することができる)。

1 留置権の法的性質

法定担保物権であり、付従性・随伴性・不可分性を有する (01)(02)。優先弁済的効力はないので、物上代位性もない (03)。対抗要件は占有である(動産・不動産)(04)。

2 留置権の成立要件

留置権が成立するためには、次の要件を満たすことが必要である。

> **【留置権の成立要件】**
> ① 他人の物を占有すること
> ② 債権がその物に関して生じたこと(物と債権の牽連性)
> ③ 債権が弁済期にあること
> ④ 占有が不法行為で始まっていないこと

① 他人の物を占有すること

問題点❶ 「他人の」「物」の対象は何か。

結論 物は動産・不動産の区別なく認められ、債務者の所有物ではない**第三者の物**(ex.借りていた場合)でもよい。(04)(05)

理由 債務者所有の物であることを必要とする規定がないのは、物について生じた債権である以上、所有者が誰であるかを問わず、その物を留置することが公平に適すると考えたから。

問題点❷ 留置物の占有を失った場合、留置権も消滅するか。

結論 **留置権は消滅する**(302条本文)。ただし、適法に賃貸・質入れした場合(298条2項)には、留置権は消滅しない(302条ただし書)。(06)

理由 留置権は、物を留置することで弁済を促すことを趣旨とするから、占有は、留置権の成立要件であるとともに存続要件でもある。(06)

なお、占有の喪失により留置権も消滅するため、留置権に基づく返還請求(物権的請求権)は認められず、留置物を奪われて占有を喪失した場合は、**占有回収の訴え**によることになる(200条、203条ただし書)。

② 債権がその物に関して生じたこと (物と債権の牽連性)

意義 **牽連性**とは、留置する物と被担保債権の間に密接な関連性があることをいう。密接な関連性があるからこそ、留置することに公平性があるといえるからである。

【牽連性が認められる場合】

場合	例
債権が物自体から生じた場合	・物の瑕疵から生じた損害賠償請求権 ・物に対して支出した必要費、有益費等の費用償還請求権
債権が物の返還義務と同一の法律上または事実上の関係から生じた場合	・物の修理等に関する報酬債権 ・相互に傘を取り違えた場合の返還請求権(双方に成立)

　牽連性に関する判例については、次の❷項「牽連性が問題となる事例」で扱う。費用償還請求権については、本節❸項「留置権の効力」で扱う。

③ 債権が弁済期にあること

　債権が弁済期(債務の弁済をすべき時期)にないと、留置権は成立しない(295条1項ただし書)。 [07]

■趣旨■　弁済期にない債権の履行を強制することは公平とはいえないからである。

　債務者に期限が許与されたときは、留置権は成立しない(196条2項ただし書、608条2項ただし書)。

④ 占有が不法行為で始まっていないこと

　占有が不法行為で始まった場合には、留置権は成立しない(295条2項)。 [08]

■趣旨■　公平に反するからである。

　例えば、盗んできたカメラを自ら修理した場合、修理代金債権を被担保債権とする留置権は成立しない。

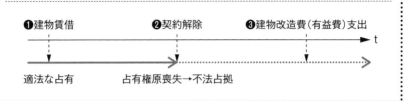

設例 AはBと賃貸借契約※を締結し、B所有の建物を賃借していたが、賃料の不払を続けたため、Bが賃貸借契約を解除した。その後もAは建物を占有し続けていたが、その間、建物を改造して有益費を支出した。

※ 賃貸借契約の詳細は、『民法 下』「債権各論」で扱う。

問題点❶ 占有開始時は適法であったが、その後に占有権原を喪失し、これを知りながら占有していた(悪意占有)間に支出した費用に基づいて留置権を主張することができるか。

結論 295条2項が類推適用され、留置権は成立しない(最判昭46.7.16)。〔09〕

理由 占有権限を喪失し、これを自覚しているという不法占拠の状態において留置権の成立を認めるのは公平とはいえない。

問題点❷ 占有開始時は適法であったが、その後に占有権原を喪失し、これを知らないことに過失がありながら占有していた間に支出した費用に基づいて留置権を主張することができるか。

結論 295条2項が類推適用され、留置権は成立しない(最判昭51.6.17)。〔10〕

理由 占有権原を喪失し、これを知らなかったことについて過失がある状態において留置権の成立を認めるのは公平とはいえない。

設例では、賃貸借契約の解除後にAが有益費を支出しており、占有権原の喪失についてAが悪意または善意有過失ならば、295条2項の類推適用により、建物を留置することはできない。

② 牽連性が問題となる事例

判例は、牽連性の有無を公平の観点から実質的に判断している。すなわち、**被担保債権成立時**に、**被担保債権の債務者**と、**物の引渡請求者ないし返還請求者が同一**であれば、牽連性を認めている。

1 費用（必要費・有益費）償還請求権

> **設例** Aは所有する建物をBに賃貸していたが、Bは、賃貸借契約の期間中に自己の支出によって、①雨漏りの修理と、②床暖房の設置をした。Bは、これらの費用について、賃貸借契約が終了した後にAに請求した。

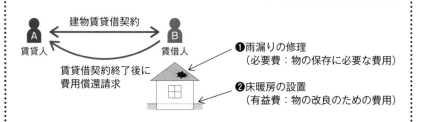

問題点❶ 費用償還請求権と建物に牽連性は認められるか。

結論 牽連性は認められる（大判昭14.4.28、大判昭10.5.13）。 11

理由 ①物（建物）自体から発生した債権（費用償還請求権）といえる。②費用を費やした部分と他の部分を明確に区別できず、独立性がない。

問題点❷ 賃借人が、賃貸借契約の期間中（賃借中）に支出した費用償還請求権を被担保債権として建物に留置権を行使した場合、当該建物に引き続き居住することはできるか。

結論 原則として、引き続き居住することができる（大判昭10.5.13）。 12

理由 建物を従前と同じ態様で使用することは、建物の保存に必要な行為（保存行為）といえるから（保存行為については、本節❸項 2 「留置権者の義務」で扱う）。

> **設例** では、Bは、費用償還請求権を被担保債権として、Aに対して留置権を主張することができ、建物の居住を続けることができる。

2 > 建物買取請求権 ✎発展

> **設例** 　AはBに自己の所有する土地を賃貸していた。Bはその土地上に建物を建築して利用していたが、期間の満了により土地賃貸借契約は終了したので、Bが建物買取請求権を行使した。

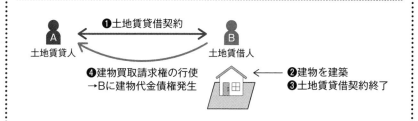

〈語句〉●建物買取請求権とは、借地権の存続期間が満了した場合に、建物を建築した借地権者(土地賃借人)が、借地権設定者(土地賃貸人)に対して建物を時価で買い取るべきことを請求することができる権利をいう(借地借家法13条1項)。建物収去による国民経済的損失を防ぐことを目的とした規定であり、借地権者による建物買取請求権の意思表示によって、売買契約の効果が発生し、建物の所有権は直ちに借地権設定者に帰属する(形成権)。

〈語句〉●形成権とは、権利者の一方的な意思表示によって一定の法律関係を発生させたり、消滅させたりする権利をいう。

【建物買取請求権】

　建物代金債権と建物には牽連性が認められるので、借地人が建物を留置することは当然に認められる。

> **問題点** 　土地賃貸借契約の終了による土地の明渡し請求に対して、賃借人は建物代金債権を被担保債権として、**土地も留置することができるか。**

> **結論** 　建物に対して留置権を行使できることの反射的効果として、**土地の明渡しも拒絶することができる**(大判昭14.8.24)。 [A]

> **理由** 　**土地から建物のみを切り離して建物のみを留置することは不可能である。** そうである以上、土地を留置できなければ建物買取請求権を認めた意味がなくなってしまう。

〈**解説**〉 判例は留置権とは明示していない。もっとも、留置権成立と評価する学
説もある。

〈**設例**〉 では、Aによる土地明渡し請求に対して、Bは、建物代金債権を被担保
債権として建物の留置権を主張することができるだけでなく、土地の明渡し
も拒絶することができる。

---

3 転々譲渡における代金債権

〈**設例**〉 ①Aは自己の所有する土地をBに売却し、B名義の移転登記がなさ
れたが、代金の支払いはなかった。②その後、BはCに土地を売却し、C名
義の移転登記がなされたが、未だBからAへの代金の支払いはないままであっ
た。③Cは、土地所有権に基づいてAに対して土地の明渡しを請求した。

問題点 土地が転々譲渡された場合、元所有者（設例のA）は、転々譲渡の買受
人（設例のC）に対して、留置権を主張することができるか。

結論 主張することができる（最判昭47.11.16）。 [13]

理由 ① 元所有者が土地を売却した時点で、土地代金債権と土地に牽連性が
認められ、留置権が成立している。

② 留置権は物権であるから、**絶対性を有し、第三者に対しても主張する**
ことができる。

〈**設例**〉 では、AB間の土地売買契約の時点で土地について留置権が成立してい
るから、Aは、Cからの土地明渡し請求に対して、留置権を主張してこれを拒
否することができる。

---

4 二重譲渡における債務不履行に基づく損害賠償請求権

> **設例** ①AB間においてAの所有する土地の売買契約が締結され、Bは土地の引渡しを受けたが、登記は移転していなかった。②その後、Aは当該土地をCにも売却し、C名義の移転登記がなされた。③Cが、Bに対して土地の明渡請求をしたところ、Bは、Aに対する債務不履行に基づく損害賠償請求権を被担保債権として留置権を主張した。

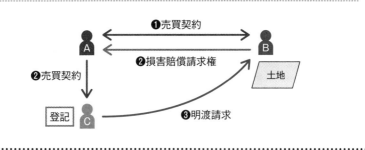

設例において、①の売買契約により、AはBに対して登記を移転する義務を負っているが、②の売買契約でCに登記を移転している。そのため、Aは、Bに対して登記を移転する義務を履行することができない（債務不履行）状態であり、BのAに対する債務不履行に基づく損害賠償請求権が発生する。

問題点 土地の二重譲渡における第一買主は、債務不履行に基づく損害賠償請求権を被担保債権として、土地について留置権を主張することができるか（土地と損害賠償請求権に牽連性が認められるか）。

結論 留置権を主張することはできない（土地と損害賠償請求権に**牽連性は認められない**）（最判昭43.11.21）。 **14**

理由 留置権の性質は、物を留置することで間接的に弁済を促すことにあるため、被担保債権の成立時に、被担保債権の債務者と物の返還請求者が同一人物でなければならない。しかし、債務不履行に基づく損害賠償請求権（被担保債権）は、第二買主（設例のC）が登記を備えた時点で発生するので、被担保債権が成立した時点の債務者（設例のA）と返還（明渡）請求者（設例のC）は異なっている。

> **設例**では、Bは、Aに対する債務不履行に基づく損害賠償請求権を被担保債権として留置権を主張することはできない。

5 > 他人物売買 /発展

> **設例** ① AB 間において C の所有する土地の売買契約が締結され、B は土地の引渡しを受けた。②その後、C が、B に対して所有権に基づく土地の返還請求をしたところ、③ B は、A に対する債務不履行に基づく損害賠償請求権を被担保債権として留置権を主張した。

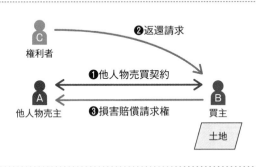

問題点 他人物売買の買主(設例のB)は、売主(設例のA)に対する損害賠償請求権を被担保債権として、留置権を主張し、権利者(設例のC)からの返還請求を拒むことができるか。

結論 拒むことはできない(最判昭51.6.17)。 B

理由 ① 他人物売買の売主は、その所有権移転債務が履行不能となっても、目的物の返還を買主に請求しうる関係になく、買主が目的物の返還を拒絶しても、損害賠償債務の履行を間接に強制するという関係は生じないから、牽連性は認められない。

② 買主に被担保債権(債務不履行に基づく損害賠償請求権)が成立した時点で、債務者は他人物売買の売主であり、返還請求をしているのは権利者であるから、被担保債権の債務者と物の返還請求者が同一人物ではなく、牽連性は認められない(学説の理由)。

> **設例** では、B は、A に対する債務不履行に基づく損害賠償請求権を被担保債権とする留置権を主張して土地の返還を拒むことはできない。

6 ▷ 造作買取請求権

> **設例** Aは、Bに自己の所有する建物を賃貸していた。ある日、BからBの支出で建物にクーラーを設置したいとの申し出があったので、Aはこれを承諾した。期間が満了して賃貸借契約が終了したので、Bは造作買取請求権を行使した。

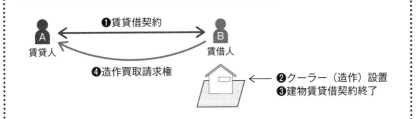

〈語句〉● **造作**とは、建物の経済的価値を増加させるもので、賃貸人の同意を得て取り付けたもの、又は賃貸人から買い受けたものをいう。**建物から独立性のあるもの**で、畳、建具、電気設備、空調設備などがこれにあたる。

● **造作買取請求権**(借地借家法33条)とは、建物の賃貸借が期間の満了または解約の申入れにより終了した場合に、建物賃借人が建物賃貸人に対して造作を時価で買い取ることを請求することができる権利をいう。造作買取請求権の意思表示によって売買契約の効果が発生し、造作の所有権は直ちに建物賃貸人に帰属する(形成権)。

【造作買取請求権】

問題点 建物賃貸借契約の終了による建物の明渡し請求に対して、賃借人は造作代金債権を被担保債権として、建物を留置することができるか(造作代金債権と建物に牽連性は認められるか)。

結論 留置することはできない(造作代金債権と建物に**牽連性は認められない**)(最判昭29.1.14)。 **15**

理由 ① 建物と造作は分離可能であって、別個独立の物である。

② 一般的に、造作の価額に比して**建物の価額の方が高額**であり、公平に反する。

設例 では、Bは、Aに対して建物の明渡しを拒絶することはできない。なお、クーラー（造作）を建物から取り外して、クーラーに対して留置権を主張することは可能である。

7 敷金返還請求権 /発展

設例 AB間においてA所有の建物の賃貸借契約が締結され、その際、敷金として20万円が差し入れられた。その後、契約期間が満了したため、AはBに対して建物の明渡しを請求した。

〈語句〉●敷金とは、賃貸借契約に基づいて生じる賃借人（住人）が賃貸人（大家）に負担する一切の債務を担保するものである。詳細は、『民法 下』「債権各論」で扱う。

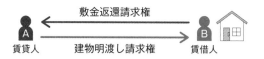

問題点 建物賃貸借契約の終了による建物の明渡し請求に対して、賃借人は敷金返還請求権を被担保債権として、建物を留置することができるか。

結論 留置することはできない（最判昭49.9.2）。 C

理由 敷金は、賃借人が賃貸人に負担する一切の債務を担保するものであり、建物の返還後に修繕費や家賃等の清算を行ったうえで、その残額が返還されるから、**賃借人の敷金返還請求権は、建物の明渡し後（占有を喪失後）に発生**するため（622条の2第1項1号）。

設例 では、Bの建物明渡し債務が先履行となり、Aに対して敷金返還請求権を被担保債権とする建物の留置権を主張することはできない。

【牽連性に関する判例】

留置権 成立	・費用償還請求権 ・建物代金債権と敷地 ・転々譲渡における代金債権
留置権 不成立	・二重譲渡における債務不履行に基づく損害賠償請求権 ・他人物売買における債務不履行に基づく損害賠償請求権 ・造作代金債権と建物 ・敷金返還請求権と建物

③ 留置権の効力

1 留置権者の権利

① 留置的効力

意義 　留置的効力とは、他人の物を留置することで、間接的に弁済を促す効力をいう。留置権は物権であるため、第三者に対しても主張が可能である（絶対性）。[16]

　なお、留置権においては、通常、被担保債権と目的物の価値がアンバランスであることから、優先弁済的効力はなく、したがって、物上代位性もないが、**優先弁済権のない競売権**が認められている（形式的競売）（民事執行法195条）。[17]

② 果実収取権

　留置権者は、留置物から生ずる果実を収取して、債権の弁済にあてることができる（297条）。[18]

趣旨 　留置権者は、他人の物であることがわかっているので、善意占有者のように果実を取得することはできない（189条1項参照）ものの、留置物を担保として留置していることから、それから生じる果実を弁済にあてることを可能にした。

③ 費用償還請求権

　留置権者は、留置物について支出した必要費、有益費を、所有者に請求することができる（299条）。[19]

【費用償還請求権】

必要費	全額について償還を請求することができる(299条1項) **趣旨** 必要費は本来所有者が負担すべきものである ←留置権が成立する(最判昭33.1.17)
有益費	有益費によって価格の増加が現存する場合に限り、所有者の選択に従い、支出した金額又は増加額の償還を請求することができる(299条2項本文) **趣旨** 有益費は必要費と異なり、必要不可欠なものではない ←留置権が成立する ただし、裁判所は、所有者の請求により相当の期限を許与することができる(299条2項ただし書) **趣旨** 被担保債権を弁済しても、有益費の継続的な支出によって、留置権者が目的物の返還を免れることを防止する ←留置権が成立しない

④ 留置権の行使と被担保債権の消滅時効

留置権の行使は被担保債権の消滅時効の進行を妨げない(300条)[20]。ただし、訴訟で留置権を主張すれば、催告としての効力は認められる(最大判昭38.10.30参照)。[21]

趣旨 留置権の行使(主張)だけでは、被担保債権を行使したとはいえない。

2 留置権者の義務

① 留置物の管理・保管

留置権者は、善良な管理者の注意をもって留置物を保管する義務を負う(善管注意義務)(298条1項)。[22]

趣旨 留置権は、他人の物を占有し、被担保債権が消滅すると、留置物を返還しなければならないから。

善管注意義務に違反した場合は、債務者は留置権の消滅を請求することができる(298条3項)。

② 留置物の利用制限

留置権者は、債務者の承諾なしに、留置物を使用・賃貸し、又は担保に供することができない(298条2項本文)[23]。ただし、留置物の保存に必要な行為については、債務者の承諾は不要である(298条2項ただし書)。

趣旨 留置権者は、債権の担保のために目的物を占有しているから。

債務者の承諾なしに留置物の使用等がされた場合、債務者は留置権の消滅を請求することができる(298条3項)[24]。留置権者が保存に必要な範囲をこえて留置物を使用する場合であっても、債務者が留置権の消滅を請求しないときには留置権は存

続する(最判昭33.1.17)。 📖**発展** ここでいう債務者には、留置物を債務者から譲り受けた者も含むと解されており(最判昭40.7.15)、新所有者の対抗要件具備より先に前所有者の承諾があれば、新所有者は留置権の消滅を請求することができない(最判平9.7.3)。 **D**

3 留置権の消滅

留置権は、留置物の占有喪失(302条本文)又は被担保債権の消滅(付従性)があると、請求を待たず当然に消滅する。これに対して、次のように**請求によって留置権が消滅する場合**もある。

① 留置権の消滅請求

留置権者が善管注意義務に違反したり、債務者の承諾なく留置物を使用・賃貸し、又は担保に供したりした場合には、債務者は留置権の消滅を請求することができる(298条3項)。**消滅請求は形成権**であり、請求しないと消滅しない。 **24**

趣旨 債務者に対する危険を考慮して、債務者を保護するものである。

② 相当の担保(代担保)

債務者は、相当の担保(代担保)を提供することによって、**留置権の消滅を請求することができる**(301条)**25**。**消滅請求は形成権**であり、請求しないと消滅しない。

趣旨 留置権の被担保債権の額は、一般的に目的物の価格に比較すると僅少なことが多く、わずかな被担保債権額のために目的物を留置される債務者の不公平を是正する制度である。

(例)100万円のカメラAの修理費が5万円だった場合、8万円のカメラBを担保として提供してカメラAを返還してもらう。

重要事項 一問一答

01 留置権の制度趣旨は?

当事者間の公平

02 留置権の法的性質は(4つ)?

①法定担保物権、②付従性、③随伴性、④不可分性

03 留置権の要件は(4つ)?

①他人の物を占有、②物と債権の牽連性、③債権が弁済期、④占有が不法行為で始まっていないこと

04 第三者の物でも留置権は成立するか?

成立する。

05 占有開始時には適法であったが、その後不法占拠になった場合、留置権は成立するか?

成立しない。

06 費用償還請求権を被担保債権として、建物に留置権は成立するか?

成立する。

07 建物に留置権を行使した場合、その建物に居住を続けることはできるか?

居住を続けられる。

08 土地の二重譲渡における損害賠償請求権を被担保債権として、その土地に留置権は成立するか?

成立しない。

09 造作代金債権を被担保債権として、建物に留置権は成立するか?

成立しない。

10 留置権の効果(留置権者の権利・義務)は(5つ)?

①留置的効力、②果実収取権、③費用償還請求権、④善管注意義務、⑤留置物の利用制限

11 留置権は第三者にも主張することができるか?

主張することができる。

12 留置権の行使は、被担保債権の消滅時効の進行を妨げるか?

妨げない(裁判上の催告としての効果にとどまる)。

13 債務者の承諾なく、留置権者が留置物を使用・収益した場合は?

債務者は、留置権の消滅を請求することができる(298条3項)。

▌過去問チェック (争いのあるときは、判例の見解による)

01 留置権は、原則として、法律上の要件を満たせば当然に成立するが、当事者間の契約によって成立する場合もある。

× (裁2003)「当事者間の契約によって成立する場合もある」が誤り。

02 留置権者は、被担保債権の半分の弁済を受けた場合であっても、留置物の全部についてその権利を行使することができる。

○ (裁2012)

03 留置権は、その担保物権としての性質から、付従性・随伴性・不可分性・物上代位性が認められる。

× (税・労・財2021)「物上代位性」が誤り。

[04] 留置権は、動産のみならず、不動産の上にも成立するが、不動産の留置権においては、登記を具備しなければ第三者に対抗することができない。
×（裁2003）「登記を具備しなければ第三者に対抗することができない」が誤り。

[05] 留置権は物の引渡しを拒むことで履行を促す効果をもつから、留置物は債務者の所有物でなければならない。
×（裁2012）「留置物は債務者の所有物でなければならない」が誤り。

[06] 目的物の占有は、留置権の対抗要件であって、存続要件ではない。
×（裁2004）「存続要件ではない」が誤り。

[07] 留置権は、当事者間の公平を図るため、目的物を留置することにより債務者に対して債務の弁済を間接的に強制することのできる権利であり、弁済期が到来していない債権についても留置権が発生する。
×（国般2012）「弁済期が到来していない債権についても留置権が発生する」が誤り。

[08] 他人の物の占有者は、その物に関して生じた債権を有するときは、その債権の弁済を受けるまで、留置権の成立を根拠として、その物を留置することが認められるから、当該占有が不法行為によって始まった場合であっても、留置権を主張することができる。
×（税・労・財2015）「当該占有が不法行為によって始まった場合であっても、留置権を主張することができる」が誤り。

[09] 建物の賃借人Aが、債務不履行により賃貸人Bから賃貸借契約を解除された後、権原のないことを知りながら不法に建物を占有していた場合であっても、建物を不法に占有する間に有益費を支出していたときは、Aは、有益費の償還請求権を被担保債権として、Bに対し、留置権を行使することができる。
×（国般2018）「Aは、有益費の償還請求権を被担保債権として、Bに対し、留置権を行使することができる」が誤り。

[10] 建物の売買契約の解除後に、買主が占有中の当該建物に必要費又は有益費を投じた場合、買主は占有権原の不存在を知らなかったことについて過失があったとしても、公平の観点から、費用償還請求権を保全するために当該建物について留置権を主張することができる。

× (国般2008)「公平の観点から、費用償還請求権を保全するために当該建物について留置権を主張することができる」が誤り。

[11] 留置権者が留置物について必要費、有益費を支出しその償還請求権を有するとき、その償還請求権につき留置権は発生しないとした。
× (区2019改題)「その償還請求権につき留置権は発生しないとした」が誤り。

[12] 建物の賃借人は、賃借中に支出した費用の償還請求権に基づいて、賃貸借契約終了後も、その償還を受けるまで、建物全体に留置権を行使することができ、他に特別の事情のない限り、建物の保存に必要な使用として引き続き居住することができる。
○ (税・労・財2021)

[13] 留置権者所有の物を買受けた債務者が、売買代金を支払わないままこれを譲渡した場合には、留置権者は、この譲受人からの物の引渡請求に対して、未払代金債権を被担保債権とする留置権の抗弁権を主張することができないとした。
× (区2019)「未払代金債権を被担保債権とする留置権の抗弁権を主張することができないとした」が誤り。

[14] 不動産の二重売買において、先に不動産の占有を取得した第1買主は、所有権移転登記を経由した第2買主からの明渡請求に対し、履行不能に基づく損害賠償債権を被担保債権として留置権を主張することはできない。
○ (裁2006)

[15] 建物の賃貸借契約が終了し、賃借人が造作買取請求権を行使して代金債権を取得した場合において、賃貸人が代金を支払わないときは、賃借人は代金債権を保全するために当該建物について留置権を主張することができる。
× (国般2008)「賃借人は代金債権を保全するために当該建物について留置権を主張することができる」が誤り。

[16] 留置権者は、被担保債権の弁済を受けるまで、債務者だけでなく、目的物の譲受人や競落人に対しても、留置権を行使して引渡しを拒むことができる。
○ (裁2004)

[17] 留置権は、先取特権、質権、抵当権と同様に担保物権である以上、物の交換

価値を把握するものであるから、留置権者は、留置物の競売代金に対して優先弁済権を有している。

× (国般2012)「物の交換価値を把握するものであるから、留置権者は、留置物の競売代金に対して優先弁済権を有している」が誤り。

[18] 留置権には他の債権者に優先して弁済を受ける権利はないので、留置権者は、留置物から生ずる果実を収取し、他の債権者に先立って、これを自己の債権の弁済に充当することはできない。

× (区2014)「これを自己の債権の弁済に充当することはできない」が誤り。

[19] 留置権者は、留置権が成立する間、物の占有を継続することが認められる以上、当該物に関する必要費は自己の負担で支出する必要があり、所有者に当該必要費の償還を請求することはできない。

× (税・労・財2015)「当該物に関する必要費は自己の負担で支出する必要があり、所有者に当該必要費の償還を請求することはできない」が誤り。

[20] 留置権は債権がなければ存在せず、債権が消滅すれば留置権も消滅するので、留置権者が留置権を行使して留置物の引渡しを拒絶している間は、その留置権が担保している債権の消滅時効は進行しない。

× (区2014)「その留置権が担保している債権の消滅時効は進行しない」が誤り。

[21] 留置権の抗弁は、被担保債権の債務者が原告である訴訟において提出された場合には、当該債権について消滅時効完成猶予の効力があり、その抗弁が撤回されていない限り、その効力は、その訴訟係属中存続するので、当該訴訟の終結後6ヶ月以内に他の強力な完成猶予事由に訴えなくとも、それは維持されるとした。

× (区2019改題)「当該訴訟の終結後6ヶ月以内に他の強力な完成猶予事由に訴えなくとも、それは維持されるとした」が誤り。

[22] 留置権の効力は、債務の弁済がなされるまで目的物を留置することができるという効力であるから、留置権を有する者は、債務の弁済がなされるまでは留置物の引渡しを拒絶することができるが、留置している間は、留置物を善良な管理者の注意をもって占有しなければならない。

○ (国般2012)

[23] 留置権者は、債務者の承諾を得なくても、留置物を使用することができる。

×（裁2017）全体が誤り。

[24] 留置権者は、債務者の承諾を得ないで留置物を使用し、賃貸し、又は担保に供したときは、債務者からの留置権消滅請求の有無にかかわらず、留置権は直ちに消滅する。

×（区2014）「債務者からの留置権消滅請求の有無にかかわらず、留置権は直ちに消滅する」が誤り。

[25] 債務者は、留置権者に対し、相当の担保を提供すれば、留置権の消滅を請求することができる。

○（裁2017）

[A] 借地権の期間満了に伴い、借地権者Aは、借地権設定者Bに対して有する建物買取請求権を被担保債権として、建物買取請求権の目的である建物のみならず、その敷地についても留置権を主張した場合、Aの主張が認められる。

○（税・労2002改題）

[B] Yは、X所有の建物をXに無断でAに売却したが、その所有権を取得してAに移転することができなかった。Aは、Yの債務の履行不能による損害賠償債権に基づいて、Xの返還請求に対して当該建物の留置権を主張することができる。

×（税・労2006）「Yの債務の履行不能による損害賠償債権に基づいて、Xの返還請求に対して当該建物の留置権を主張することができる」が誤り。

[C] Xの所有する建物をYが賃借するに当たり、Xに対して敷金を交付している場合、当該賃貸借契約期間が終了した時点においては、まず、当該敷金の返還を受けてから建物の明渡しをすべきであるから、いかなる事情があったとしても、Yは、その返還を受けるまでは、Xに対して当該建物の留置権を主張することができる。

×（税・労2006）全体が誤り。

[D] 留置物の所有権が譲渡により第三者に移転した場合において、その第三者が対抗要件を具備するよりも前に、留置権者が留置物の使用又は賃貸についての承諾を受けていたときは、新所有者は、留置権者に対し、その使用等を理由に留置権の消滅請求をすることができないとした。

○（区2019）

3 先取特権

本節では、先取特権を扱います。特別先取特権は、マイナーな分野のため、発展扱いとしています。

1 先取特権総則

1 概説

意義 先取特権とは、民法その他の法律の規定に従い、債務者の一定の財産について、他の債権者に先立って自己の債権の弁済を受けることができる担保物権である（303条）。 01

趣旨 社会政策的な配慮、債権者間の公平の確保、当事者の意思の推測、公益等の観点から、特に保護されるべき債権について、法律の規定によって優先弁済的効力を認めた。

2 先取特権の法的性質

先取特権は、当事者間の契約によるのではなく、**民法その他の法律の規定によって成立する**ので、**法定担保物権**である。 01 02

また、担保物権の通有性である**付従性・随伴性・不可分性・物上代位性**が、先取特権には認められる 02。なお、一般先取特権は、物上代位性が問題とならない。

3 先取特権の種類

先取特権は、その目的となる財産に応じて、**一般先取特権**（一般の先取特権）、**動産先取特権**（動産の先取特権）、**不動産先取特権**（不動産の先取特権）の3種類に分けられる。動産先取特権と不動産先取特権は、債務者の**特定の財産**を目的とするので、あわせて**特別先取特権**（特別の先取特権）と総称される。 03

【先取特権の種類】

一般先取特権		債務者の総財産（一般財産）が目的
特別先取特権	動産先取特権	債務者の特定の動産が目的
	不動産先取特権	債務者の特定の不動産が目的

❷ 一般先取特権（一般の先取特権）

意義　一般先取特権とは、①共益の費用、②雇用関係、③葬式の費用、④日用品の供給によって生じた債権を担保するために、**債務者の総財産**（不動産、動産、債権などの全ての財産）**の上に先取特権を有するもの**である（306条）。 03 04

趣旨　共益の費用は債権者間の公平の確保から、雇用関係・葬式の費用・日用品の供給は社会政策的な配慮から、それぞれ特に保護されるべき要請が強いことから規定された。

〈解説〉　①　葬式の費用は、葬式を行う側（葬儀会社等）に先取特権を認めて、資力の乏しい債務者でも故人の葬式を行えるようにしている（優先弁済が確保されれば葬式を引き受けることが期待できる）。

　　　　②　日用品の供給は、供給を行う側（日用品を扱う商店等）に先取特権を認めて、資力の乏しい債務者でも日用品を購入できるようにしている（優先弁済が確保されれば日用品を販売することが期待できる）。

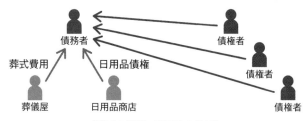

【葬式の費用・日用品の供給】

【一般先取特権の種類】

種類	被担保債権
共益の費用 （307条）	各債権者の共同の利益のためにされた債務者の財産の保存、清算又は配当に関する費用 （例）債権者代位権や詐害行為取消権の行使に要した費用
雇用関係 （308条）	給料その他債務者と使用人との間の雇用関係に基づいて生じた債権 （例）給料、退職金
葬式の費用 （309条）	債務者又は債務者の扶養すべき親族のためにされた葬式の費用のうち相当な額
日用品の供給 （310条）	債務者※又はその扶養すべき同居の親族及びその家事使用人の生活に必要な最後の6か月間の飲食料品、燃料及び電気の供給

※ **発展** 日用品の供給における「債務者」は自然人に限定され、法人は含まれない（最判昭46.10.21）。
A

例えば、倒産したA社(総財産300万円)に対して各々1000万円の無担保の貸金債権を有するC社・D社・E社が存在し、A社の労働者Bの未払給料が30万円であったとする。この場合、債権者平等の原則に従うと、Bが回収できる未払給料は非常に少なくなり、今後の生活に大きな支障が生じかねない。

　しかし、Bの未払給料は「雇用関係によって生じた債権」に該当するので、A社の総財産から優先弁済を受けることができる。

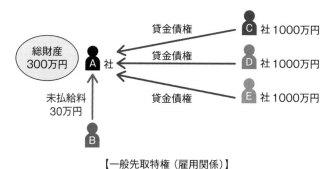

【一般先取特権（雇用関係）】

3 動産先取特権 (動産の先取特権) 🖊 発展

1 総説

意義　動産先取特権とは、①不動産の賃貸借、②旅館の宿泊、③旅客又は荷物の運輸、④動産の保存、⑤動産の売買、⑥種苗又は肥料の供給、⑦農業の労務、⑧工業の労務によって生じた債権を担保するために、**債務者の特定の動産の上に先取特権を有するもの**である(311条)。

趣旨　特定の動産と被担保債権との間に一定の関連性が認められ、その動産から優先弁済を受けさせる理由が認められる場合について、先取特権を認めた。

種類	被担保債権	対象動産
①**不動産賃貸** （312条）	賃貸の不動産の賃料その他の賃貸借関係から生じた賃借人の債務 B	賃借人の動産 B
②**旅館宿泊** （317条）	宿泊客が負担すべき宿泊料及び飲食料	その旅館に在るその宿泊客の手荷物 C
③**運輸**（318条）	旅客又は荷物の運送賃及び付随の費用	運送人の占有する荷物
④**動産保存** （320条）	動産の保存のために要した費用又は動産に関する権利の保存、承認若しくは実行のために要した費用	その動産
⑤**動産売買** （321条）	動産の代価及びその利息	その動産
⑥**種苗又は** **肥料の供給** （322条）	種苗又は肥料の代価及びその利息	種苗又は肥料を用いた後1年以内にこれを用いた土地から生じた果実（蚕種又は蚕の飼養に供した桑葉の使用によって生じた物を含む。）
⑦**農業労務** （323条）	その労務に従事する者の最後の1年間の賃金 D	その労務によって生じた果実
⑧**工業労務** （324条）	その労務に従事する者の最後の3か月間の賃金 D	その労務によって生じた製作物

2 不動産賃貸の先取特権

意義　不動産賃貸の先取特権（不動産の賃貸借の先取特権）とは、**不動産の賃料その他の賃貸借関係から生じた賃借人の債務に関し、賃借人の動産について存在する先取特権である**（312条）B。具体的には、不動産の賃貸人が、賃料債権その他の賃貸借関係から生じた債権を担保するために、賃借人の動産（ex.建物賃貸の場合には、賃借人が建物に備え付けた動産）の上に先取特権を有するものである。E

趣旨　賃貸した不動産に持ち込んだ賃借人の動産が、自己の賃料債権等の担保になると考える賃貸人の期待を保護する。

① 不動産賃貸の先取特権の目的物の範囲

　不動産賃貸の先取特権が及ぶ目的物の範囲は、先取特権者が土地の賃貸人であるか、建物の賃貸人であるかで異なる。

土地の賃貸人 (313条1項)	土地の賃貸人の先取特権は、その土地又はその利用のための建物に備え付けられた動産、その土地の利用に供された動産及び賃借人が占有するその土地の果実について存在する
建物の賃貸人 (313条2項)	建物の賃貸人の先取特権は、賃借人がその建物に備え付けた動産について存在する ※賃借人が一定期間継続して存置するために建物内に持ち込んだ金銭・有価証券・宝石類などは「賃借人がその建物に備え付けた動産」に該当する (大判大3.7.4) E

② 賃借権の譲渡又は転貸が生じた場合

賃借権の譲渡・転貸の場合には、不動産の賃貸人の先取特権は、譲受人・転借人の動産や、譲渡人・転貸人が受けるべき金銭にも及ぶ(314条)。 F

3 動産売買の先取特権

意義 動産売買の先取特権(動産の売買の先取特権)とは、動産の代価及びその利息(売主の代金債権等)に関し、その動産の上に存在する先取特権である(321条)。

趣旨 代金債権等を確保するための公平の原則に基づく規定である。

動産売買の先取特権は、今日の動産取引の大量化・高額化に伴い売主の債権回収方法として利用されることが多くなっている。その行使方法としての物上代位権については、本節❻項「先取特権の効力」で扱う。

④ 不動産先取特権 (不動産の先取特権) 《発展》

意義 不動産先取特権とは、債務者の特定の不動産の保存・工事・売買から生じた債権を担保するために、当該不動産の上に存在する先取特権である(325条)。

趣旨 保存や工事の費用、不動産の代価等を確保するための公平の原則に基づく規定である。

【不動産先取特権の種類】

種類	被担保債権
①不動産保存 （326条）	不動産の保存のために要した費用又は不動産に関する権利の保存、承認若しくは実行のために要した費用
②不動産工事 （327条）	工事の設計、施工又は監理をする者が債務者の不動産に関してした工事の費用 G ただし、先取特権は、工事によって生じた不動産の価格の増加が現存する場合に限り、その増価額についてのみ G
③不動産売買 （328条）	不動産の代価及びその利息

❺ 先取特権の順位 /発展

1 一般先取特権の順位

① 一般先取特権間の競合

　一般先取特権が互いに競合する場合には、その優先権の順位は、「共益の費用→雇用関係→葬式の費用→日用品の供給」（きょうこそにちよう）の順序となる（329条1項、306条）。

② 一般先取特権と特別先取特権の競合

　これに対して、一般先取特権と特別先取特権とが競合する場合には、**特別先取特権が一般先取特権に優先する**（329条2項本文）。ただし、共益の費用の先取特権は、その利益を受けた全ての債権者に対して優先する効力を有する（329条2項ただし書）。 H

2 動産先取特権の順位

　同一の動産について動産先取特権が互いに競合する場合には、その優先権の順位は、下表の「**第一順位→第二順位→第三順位**」の順序となる（330条1項）。

【動産先取特権の順位】

第一順位	不動産の賃貸、旅館の宿泊、運輸
第二順位	動産の保存（数人の保存者がある場合には後の保存者が前の保存者に優先する） I
第三順位	動産の売買、種苗・肥料の供給、農業の労務、工業の労務

3 > 不動産先取特権の順位

同一の不動産について不動産先取特権が互いに競合する場合には、その優先権の順位は、「不動産の**保存**→不動産の**工事**→不動産の**売買**」の順序となる（331条1項、325条）。

4 > 同一順位の先取特権

同一の目的物について同一順位の先取特権者が数人あるときは、各先取特権者は、その債権額の割合に応じて弁済を受ける（332条）。

6 先取特権の効力 〔発展〕

先取特権の効力については、抵当権の規定が準用される（341条）。例えば、目的物の範囲（370条）、被担保債権の範囲（375条）等がある。

趣旨 非占有担保であることが抵当権と似ているから。

1 > 追及効の否定

意義 先取特権は、債務者が一般先取特権又は動産先取特権の目的である**動産を第三取得者に引き渡した後は、その動産について行使することができない**（333条）。動産を目的とする先取特権の追及効を否定するものである。 J

趣旨 動産には登記のような公示手段が存在しないので、追及効を否定することによって動産の取引安全を図っている。

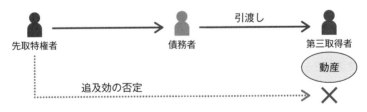

【先取特権・追及効の否定】

〈解説〉 333条の「引渡し」には、占有改定が含まれる（大判大6.7.26）。

〈語句〉●追及効とは、物権が排他的支配権であることに基づいて認められる、誰に対してでも主張することができるという効力をいう。

2 > 物上代位

意義 物上代位とは、担保物権の目的物の売却・賃貸・滅失・損傷によって債務

者が受けるべき金銭その他の物（代償物）に対しても、**担保物権の効力を及ぼ**すことであり、先取特権には物上代位の性質（物上代位性）が備わっている（304条1項本文）。 K

　債務者の総財産を目的とする**一般先取特権**については、**物上代位性が問題とならない**。「目的物の売却・賃貸・滅失・損傷によって債務者が受けるべき金銭その他の物」も債務者の総財産に含まれるからである。

趣旨　担保物権は目的物の交換価値を把握する権利であるため、目的物から派生した代償物に対しても担保物権の効力が及ぶ。

　債務者が、先取特権の目的物につき設定した物権の対価についても代償物と同様に効力が及ぶ（304条2項）。 K

① 物上代位の存在意義

　不動産の先取特権は、その登記があれば、目的物が売却されて第三者に引き渡されても、先取特権者は目的物に追及することができる。これに対して、**動産の先取特権**では、**追及効が否定**されているため、目的物が売却されて第三者に引き渡されると追及することができない。そこで、目的物の代金について物上代位を認める意義がある。

② 物上代位の要件

　先取特権者は、代位物の**払渡し又は引渡しの前に差押え**をしなければならない（304条1項ただし書）。

趣旨　抵当権とは異なり公示方法が存在しない動産売買の先取特権については、物上代位の目的債権の譲受人等の第三者の利益を保護する趣旨を含む（最判平17.2.22）。

　例えば、AはBに対して機械甲を売却して引き渡した後、Bは機械甲をCに転売し引き渡したが、BCともに代金未払いであるとする。この場合、動産先取特権の目的動産である機械甲が、買主であるCに引き渡されていることから、Aは、機械甲について先取特権を行使することができない（追及効の否定）。もっとも、B所有であった機械甲は、BのCに対する代金債権（**代償物**）に姿を代えて存続しているので、Aは、動産売買の先取特権を行使して、**BのCに対する当該代金債権に物上代位をすることができる**（304条1項本文）。ただし、「払渡し又は引渡し」の前に差押えが必要なので（304条1項ただし書）、Aは、CがBに**代金を支払う前に、当該代金債権を差し押さえなければならない。**

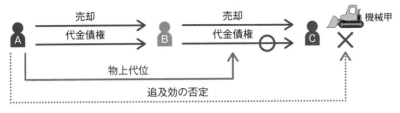

【動産先取特権の物上代位性】

3 物上代位に関する判例

　ここでは、先取特権に関連する判例を扱う。抵当権に関連する判例は、本章 **6** 節「抵当権②―抵当権の効力」で扱う。

問題点❶　物上代位の目的債権について、他の一般債権者が差押え又は仮差押えの執行をした場合、先取特権者は、目的債権に対して物上代位権を行使することができるか。

結論　差押え又は仮差押えの執行にとどまる場合は、先取特権者が目的債権に対して**物上代位権を行使することができる**(最判昭60.7.19) **L**。例えば、機械甲の売主Aより先に、買主Bの一般債権者がBの転得者Cに対する代金債権の差押え又は仮差押えをしたにとどまる場合、Aは、当該代金債権について物上代位権を行使することができる。

理由　差押え又は仮差押えの執行は、目的債権の「払渡し又は引渡し」が行われたものといえない。

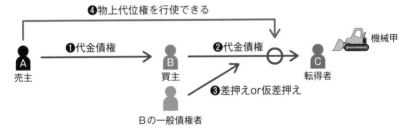

【買主の一般債権者による差押え・仮差押えがあった場合】

問題点❷　動産売買の先取特権者は、物上代位の目的債権が譲受人に譲渡された場合、目的債権に対して物上代位権を行使することができるか。

結論　譲受人に**第三者対抗要件**(467条2項)が備わった後は、**目的債権を差し押さえて物上代位権を行使することができない**(最判平17.2.22) **M**。例えば、買主Bの転得者Cに対する代金債権が譲受人に譲渡され、第三者対抗要件が備わった後は、売主Aは、当該代金債権に対して差押えをして物上代位権を行使することができない。

理由　譲受人が第三者対抗要件を備えると目的債権の帰属先が確定するので、その「払渡し又は引渡し」がされたことになる。

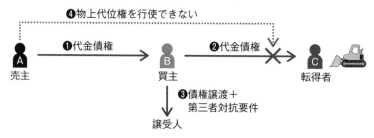

【物上代位の目的債権が譲渡された場合】

4 ▷ 一般の先取特権についての特則

① 対抗力についての特則

　一般先取特権は、不動産について登記をしなくても、**特別担保を有しない債権者**(一般債権者)に**対抗**することができる(336条本文)。**N**

趣旨　①　一般先取特権者が登記をすることは、被担保債権の性質からすると実際上期待することはできない。

　　　　②　債権額は比較的少ないことが普通であるから、登記がなくても他の債権者を害するおそれが少ない。

　ただし、登記のない一般先取特権者は、**登記をした第三者**(抵当権者等)に**対抗することができない**(336条ただし書)。**N** **O**

② 弁済を受けるについての特則

(ア) 不動産以外の財産からの弁済

　一般の先取特権者は、まず**不動産以外の財産から弁済**を受け、なお**不足があるのでなければ、不動産から弁済を受けることができない**(335条1項)。

趣旨　対抗力について特別な保護を与えられていることから、他の債権者に損害を及ぼすことのないように、弁済を受ける財産の種類を制限した。

（イ）不動産から弁済を受ける場合の制限

　一般の先取特権者は、不動産については、まず**特別担保の目的とされていないも**のから弁済を受けなければならない（335条2項）。 P

（ウ）ア、イの順序で配当に加入することを怠った場合

　アイの順序に従って配当に加入することを怠ったときは、その配当加入をしたならば弁済を受けることができた額については、登記をした第三者に対してその先取特権を行使することができない（335条3項）。

（エ）ア、イ、ウとは異なる順序の場合

　不動産以外の財産の代価に先立って不動産の代価を配当し、又は他の不動産の代価に先立って特別担保の目的である不動産の代価を配当する場合には、一般の先取特権者は、債務者の財産のどの部分からでも配当を受けることができる（335条4項）。 P

5 不動産の先取特権についての特則

① 不動産保存の先取特権の登記

　不動産の保存の先取特権の効力を保存するためには、**保存行為が完了した後直ちに登記をしなければならない**（337条）。

　なお、**登記をした先取特権は、抵当権に先立って行使することができる**（339条）。

② 不動産工事の先取特権の登記

　不動産の工事の先取特権の効力を保存するためには、**工事を始める前にその費用の予算額を登記しなければならない**。この場合において、工事の費用が予算額を超えるときは、先取特権は、その**超過額については存在しない**（338条1項） Q 。なお、**登記をした先取特権は、抵当権に先立って行使することができる**（339条）。

③ 不動産売買の先取特権の登記

　不動産の売買の先取特権の効力を保存するためには、**売買契約と同時に、不動産の代価又はその利息の弁済がされていない旨を登記しなければならない**（340条）。 R

【不動産先取特権と抵当権】

種類	抵当権との関係
登記をした不動産保存の先取特権	抵当権に優先
登記をした不動産工事の先取特権	
登記をした不動産売買の先取特権	登記の先後で決する R

01 先取特権とは何か？

民法その他の法律の規定に従い、債務者の一定の財産について、他の債権者に先立って自己の債権の弁済を受けることができる担保物権(303条)

02 先取特権（一般先取特権を除く）には担保物権の通有性の全てが認められるか？

付従性、随伴性、不可分性、物上代位性の全てが認められる。

03 2種類の特別先取特権は何か？

特定の動産を目的とする動産先取特権、特定の不動産を目的とする不動産先取特権

04 一般先取特権が生じる4つの種類は？

共益の費用、雇用関係、葬式の費用、日用品の供給

05 不動産賃貸の先取特権とは何か？

不動産の賃料その他の賃貸借関係から生じた賃借人の債務に関し、賃借人の動産について存在する先取特権(312条)

06 追及効の否定とは何か？

債務者がその目的である動産を第三取得者に引き渡した後は、先取特権者は、その動産について先取特権を行使できないこと(333条)

07 不動産先取特権が生じる3つの種類は？

不動産の保存、不動産の工事、不動産の売買

■ 過去問チェック（争いのあるときは、判例の見解による）

01 通説に照らすと、先取特権は、債務者の財産について、他の債権者に先立って自己の債権の弁済を受ける権利であり、質権や抵当権と同様に約定担保物権であるため、当事者の契約で先取特権を発生させることができる。

×（区2017改題）「質権や抵当権と同様に約定担保物権であるため、当事者の契約で先取特権を発生させることができる」が誤り。

02 先取特権は、法律上当然に生ずる法定担保物権であり、当事者間の契約で発生させることはできない。また、先取特権は、担保物権の性質である付従性、随伴性、不可分性を有している。

○（国般2016）

03 先取特権には、債務者の総財産を目的とする一般の先取特権と債務者の特定の財産を目的とする特別の先取特権とがある。一般の先取特権によって担保される

債権は、その性質上特に保護されるべきもので、かつ、債権額の過大でないものに限定される必要があり、民法は、共益費用、雇用関係、旅館の宿泊及び日用品供給の四種の債権について、一般の先取特権を付与している。

× (国般2016)「旅館の宿泊」が誤り。

04 共益の費用、雇用関係、葬式の費用又は日用品の供給によって生じた債権を有する者は、債務者の総財産について先取特権を有し、この総財産には、債務者が所有する動産、不動産は含まれるが、債権は含まれない。

× (区2017)「債権は含まれない」が誤り。

A 日用品の供給の先取特権は、債務者の生活に必要な飲食料品、燃料及び電気の供給について存在し、この債務者には自然人のみならず法人も含まれる。

× (区2013)「この債務者には自然人のみならず法人も含まれる」が誤り。

B 不動産の賃貸の先取特権は、その不動産の賃料その他の賃貸借関係から生じた賃借人の債務に関し、賃借人の不動産についてのみ存在する。

× (区2009)「賃借人の不動産についてのみ」が誤り。

C 旅館の宿泊によって生じた債権を有する者は、債務者の総財産について、一般の先取特権を有する。

× (区2009改題)「債務者の総財産について、一般の先取特権を有する」が誤り。

D 農業の労務の先取特権は、その労務に従事する者の最後の1年間の賃金に関し、その労務によって生じた果実について存在するが、工業の労務の先取特権は一切存在しない。

× (区2021)「工業の労務の先取特権は一切存在しない」が誤り。

E 不動産賃貸人の先取特権は、建物の賃貸借の場合、賃借人がその建物に備え付けた動産が目的物となるが、賃借人が建物内に持ち込んだ金銭、有価証券、宝石類など必ずしも建物に常置されるものではない物は、目的物とはならない。

× (国般2016改題)「賃借人が建物内に持ち込んだ金銭、有価証券、宝石類など必ずしも建物に常置されるものではない物は、目的物とはならない」が誤り。

F 賃借権の譲渡又は転貸の場合には、賃貸人の先取特権は、譲受人又は転借人の動産に及ぶが、譲渡人又は転貸人が受けるべき金銭には及ばない。

× （区2013）「譲渡人又は転貸人が受けるべき金銭には及ばない」が誤り。

(G) 不動産工事の先取特権は、工事によって生じた不動産の価格の増加が現存する場合に限り、その増価額についてのみ存在する。
○ （区2009）

(H) 一般の先取特権と特別の先取特権とが競合する場合には、特別の先取特権が一般の先取特権に優先するが、共益の費用の先取特権は、その利益を受けたすべての債権者に対して優先する効力を有する。
○ （区2017）

(I) 同一の動産について特別の先取特権が互いに競合する場合において、動産の保存の先取特権について数人の保存者があるときは、必ず前の保存者が後の保存者に優先する。
× （区2021）「必ず前の保存者が後の保存者に優先する」が誤り。

(J) 動産の先取特権は、債務者の特定の動産を目的とする先取特権である。動産の先取特権は、その目的である動産が第三者に譲渡されても影響を受けることはなく、債務者がその目的である動産をその第三取得者に引き渡した後であっても、これを行使することができる。
× （国般2016）「その目的である動産が第三者に譲渡されても影響を受けることはなく、債務者がその目的である動産をその第三取得者に引き渡した後であっても、これを行使することができる」が誤り。

(K) 先取特権は、その目的物の売却、賃貸、滅失又は損傷によって債務者が受けるべき金銭その他の物に対し、効力が及ぶが、債務者が先取特権の目的物につき設定した物権の対価については、効力が及ばない。
× （区2021改題）「債務者が先取特権の目的物につき設定した物権の対価については、効力が及ばない」が誤り。

(L) AがBに対して動産売買の先取特権を有している場合、物上代位権行使の目的債権について、Bの一般債権者が差押えをした後であっても、Aは物上代位権を行使することができる。
○ （税・労・財2017）

[M] 動産売買の売主がその動産の転売代金債権に対し動産売買の先取特権に基づき物上代位権を行使する場合においては、物上代位の目的債権である転売代金債権の譲受人等の第三者の利益を保護する必要性があり、動産売買の売主は、物上代位の目的債権が譲渡され、第三者に対する対抗要件が備えられた後に、その目的債権を差し押さえて物上代位権を行使することはできない。

○（国般2013）

[N] 一般の先取特権は、不動産について登記をしなくても、特別担保を有しない一般債権者はもとより、抵当権者など登記を備えた特別担保を有する第三者にも対抗することができる。

×（国般2016改題）「抵当権者など登記を備えた特別担保を有する第三者にも対抗することができる」が誤り。

[O] 雇用関係の先取特権は、不動産について登記をしなくても、特別担保を有する債権者及び登記をした第三者に対抗することができる。

×（区2009）全体が誤り。

[P] 一般の先取特権者は、不動産については、まず特別担保の目的とされていないものから弁済を受けなければならず、不動産以外の財産の代価に先立って不動産の代価を配当する場合も同様である。

×（区2021）「不動産以外の財産の代価に先立って不動産の代価を配当する場合も同様である」が誤り。

[Q] 不動産の工事の先取特権の効力を保存するためには、工事着手後にその費用の予算額を登記しなければならないが、この場合、工事の費用が予算額を超えるときは、先取特権は、その超過額についても存在する。

×（区2017）「工事着手後に」「先取特権は、その超過額についても存在する」が誤り。

[R] 不動産の売買の先取特権は、その効力を保存するための登記をした場合は、登記の先後にかかわらず、常に抵当権に優先する。

×（区2013）「登記の先後にかかわらず、常に抵当権に優先する」が誤り。

MEMO

4 質権

本節では、質権を扱います。公務員試験での出題は、主に質権総則と動産質権からとなっています。

1 質権総則

1 概説

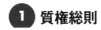

> **設例** Bは、100万円をAから借りたいと考えているが、Aは担保がなければ貸すことはできないという。Bの手元には母親から相続した宝石しか財産がないが、この宝石を担保としてAから100万円を借りることができるか。
>
> 担保が必要だ　　　　　　100万円を借りたい
>
> 　　　
> 100万円

意義 質権とは、質権者(債権者)が債権の担保として質権設定者から引渡しを受けた目的物(質物)を占有するとともに、その目的物について他の債権者に先立って自己の債権(被担保債権)の弁済を受けることができるとする担保物権である(342条)。

　例えば、①AがBに対して100万円を貸すときに、100万円の貸金債権を被担保債権として、②Bが自己所有の宝石に質権を設定する場合(動産質)が考えられる。③Aは、Bから引渡しを受けた宝石を留置して、100万円の弁済を促すことになる(留置的効力)。しかし、④100万円の弁済がないときは宝石を処分して、⑤得られた金銭から優先弁済を受けることができる(優先弁済的効力)。

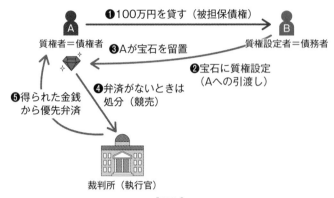

【質権】

〈解説〉　質権には、目的物を留置して被担保債権の弁済を促し（留置的効力）、(347条)、弁済されないときは目的物を処分（競売）して、得られた金銭から優先弁済を受ける（優先弁済的効力）(342条)という機能がある。

〈語句〉●質物とは、質権の目的になる動産や不動産である。

> ■設例■では、B は、宝石に質権を設定して、A から100万円を借りることができる。

2 質権の法的性質

　質権は、質権者(債権者)と質権設定者との間の契約(質権設定契約)によって設定されるので、約定担保物権である。 01

　また、担保物権の通有性である**付従性・随伴性・不可分性・物上代位性**が、質権には全て認められる。例えば、目的物の売却・賃貸・滅失・損傷によって債務者が受けるべき金銭その他の物や、目的物の上に設定した物権の対価に対しても、質権の優先弁済権を及ぼすことができる（**物上代位性**）(350条、304条)。 02

〈解説〉　🖉発展　質権を設定するときは、被担保債権が成立していることを要するが（成立の付従性）、これはある程度緩和されており、被担保債権が停止条件付債権又は将来債権（将来発生する予定の債権）でもよいと解されている。

3 質権の成立要件

① 質権設定契約における目的物の引渡し

　質権設定契約は、質権者(債権者)と質権設定者の合意に加えて、**目的物(質物)を質権者に引き渡す**ことによって成立する(344条) 03。したがって、質権設定契約

は**要物契約**である。

問題点　質権設定契約における目的物の「引渡し」には、引渡しの４つの形態が全て含まれるか。

結論　**現実の引渡し**(182条１項)、**簡易の引渡し**(182条２項)、**指図による占有移転**(184条)は「引渡し」に含まれる。しかし、**占有改定**(183条)は「引渡し」に含まれない(質権設定者による代理占有の禁止)(345条)。 04

理由　占有改定の場合は、質権設定者が代理占有(間接占有)という形で目的物を留置したままの状態であるため、質権者が目的物を留置していることにならず、留置的効力が生じなくなる。

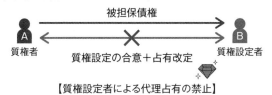

【質権設定者による代理占有の禁止】

〈解説〉　指図による占有移転の場合は、以前は質権設定者のために目的物を占有していた第三者(占有代理人)が、**質権設定後は質権者のために目的物を占有する**ので、質権者が目的物を留置しているといえる。

〈語句〉●**要物契約**とは、当事者の合意のほか、物の引渡しなどの給付があって初めて成立する契約をいう。これに対して、当事者間の合意のみで成立する契約を**諾成契約**という。

② 質権の目的

　質権の目的になるのは、**動産・不動産・財産権**である。動産が質権の目的である場合を**動産質**(本節❷項「動産質」で扱う)、不動産が質権の目的である場合を**不動産質**(本節❸項「不動産質」で扱う)、財産権が質権の目的である場合を**権利質**(本節❹項「権利質」で扱う)という。

　ただし、禁制品(ex.覚せい剤、拳銃、偽造貨幣)、一身専属権(ex.881条の扶養を受ける権利)のように、**譲渡することができない物(譲渡性がない物)は質権の目的とすることができない**(343条)。

趣旨　譲渡することができない物では、優先弁済を受けることができないからである。

〈解説〉　🖊**発展** 譲渡することができる物(譲渡性がある物)でも、政策上の理由から法律の規定で質権設定が禁止されている物がある。例えば、登記した船舶(商法849条)、登録した自動車(自動車抵当法20条)、登録した航空機(航空機抵当法23条)が挙げられる。 A

③ 質権設定者

質権設定者は債務者自身でもよいし、**債務者以外の第三者でもよい**。第三者が債務者のために質権を設定することが**物上保証**であり、この場合の質権設定者に当たる第三者が**物上保証人**である。 05

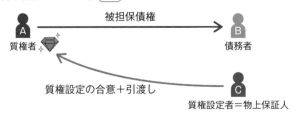

被担保債権

質権者　A → B　債務者

質権設定の合意＋引渡し

C　質権設定者＝物上保証人

【第三者が質権設定者の場合】

4 質権が担保する被担保債権の範囲

質権が担保する債権（被担保債権）は、①元本、②利息、③違約金、④質権の実行の費用、⑤質物の保存の費用、⑥債務の不履行又は質物の隠れた瑕疵によって生じた損害の賠償である(346条本文)。ただし、特約(設定行為)に別段の定めがあるときは、それに従う(346条ただし書)。 06

趣旨　抵当権の被担保債権の範囲(375条参照)とは異なり、利息や損害賠償が最後の２年分に限るといった制限はない。質権者が目的物を留置するので後順位質権者が登場する可能性が低く、その利益を考慮する必要性が低いことによる。

5 留置的効力

質権者は、**被担保債権**(346条に規定する債権)**の弁済を受けるまでは、目的物(質物)を留置することができる**(留置的効力)(347条本文)。ただし、目的物を留置する権利は、自己に対して優先権を有する債権者に対抗することができない(347条ただし書)。 07

〈解説〉　留置的効力は、質権が抵当権と異なるところであり、質権独自の存在意義を持たせるものといえる。もっとも、質権に対して優先権を有する者には対抗することができないため、留置権の留置的効力とも異なる。

6 流質契約の禁止

意義　流質契約とは、質権設定者が、**質権者に弁済として質物の所有権を取得させる**ことや、**法律に定める方法によらないで質物を処分させる**ことを約束する質権者と質権設定者との間の契約である。

民法では、**設定行為**（質権設定契約）**又は債務の弁済期前の契約において流質契約をすることを禁止している**（流質契約の禁止）（349条）。 08

趣旨 ① 設定行為時や弁済期前の流質契約は、質権者が質権設定者の窮状に乗じて暴利をむさぼる（ex.被担保債権の額に対して、不当に高価な物品を質物として提供させる）おそれがあるので禁止される。

② **弁済期後**は、質権設定者がその窮状から不当な契約をする（質権者が暴利をむさぼる）おそれが少なく、いかなる方法で弁済をするかは質権設定者の判断にゆだねられるため、流質契約が禁止されない。

〈解説〉 流質契約の例として、「B（質権設定者）が弁済期に借金を返済できなければ、質物の所有権がA（質権者）に帰属する」と約束する場合が挙げられる。Bによって被担保債権が弁済されない場合、Aは裁判所を通じた法律上の手続に従って質権を実行し、優先弁済を受けることになるが、その手続が煩わしいので流質契約が利用されることがある。

7 転質

意義 転質とは、質権の存続期間内において、**質権者が質物を自己の債務の担保とすることをいう。質権設定者の承諾がある場合（承諾転質）**（350条、298条2項）だけでなく、**その承諾がなくとも質権者の責任で転質を行うこともできる**（責任転質）（348条前段）。 09

趣旨 質権者が、質権設定者から引渡しを受けた質物を利用して、自らが融資を受けたりすることを認める。

〈解説〉 質権者は、**責任転質をしたことによって生じた損失について、不可抗力によるものであっても責任を負う**（348条後段）。 09

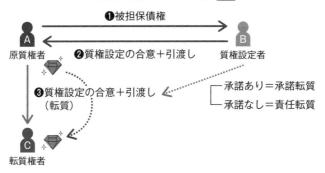

【転質】

8 留置権の規定の準用 ⟍発展

質権は目的物を留置する点で留置権と共通するので、留置権に関する、①不可分性(296条)、②果実収取権(297条)、③善管注意義務(298条1項)、④質物の利用制限(298条2項)、⑤費用償還請求権(299条)、⑥被担保債権の消滅時効の進行(300条)の規定が準用されている(350条)。 B

② 動産質

1 動産質の対抗要件

動産質の対抗要件は、**質物の占有の継続**である(352条)。動産質権者が質物の占有を失っても、動産質が消滅するわけではないが、第三者に動産質を対抗することができなくなる(対抗力を失う)。 10

〈解説〉 留置権の場合は、留置権者が留置物の占有を失うと、原則として留置権自体が消滅する(302条本文)。

2 質物の回復

動産質権者が動産質の設定後、質物を第三者に奪われた場合、どのような手段で質物を回復することができるか。

動産質権者は、**占有回収の訴え**(200条)**によってのみ**、その質物を回復することができる(353条)。 11

趣旨 動産質は質物の占有を失うと対抗力を失うので、**質権に基づく返還請求(物権的請求権)は認められない。**

〈解説〉 動産質権者が質物を遺失したり、第三者に詐取されたりすることは「奪われた」に該当しないので、この場合は質物の回復を請求することができない。

3 簡易な弁済充当 ⟍発展

動産質権者は、その債権(被担保債権)の弁済を受けない場合、競売以外の方法で質物から弁済を受けることができるか。

動産質権者は、その債権の弁済を受けないときは、**正当な理由がある場合**に限り、鑑定人の評価に従い、**質物をもって直ちに弁済に充てる**ことを裁判所に請求することができる(**簡易な弁済充当**)(354条前段)。これにより、競売によることなく**質物を質権者自身に帰属させる**ことができる。 C

趣旨 法律上の手続によって質物の競売を行っても、時間と費用がかかり、動産質権者が十分な弁済を受けられないことがある。

〈**解説**〉 動産質権者は、簡易な弁済充当を裁判所に請求する旨を、あらかじめ債務者に通知しなければならない(354条後段)。

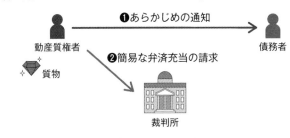

【簡易な弁済充当】

4 動産質権の順位

同一の動産について**数個の質権が設定されたとき**は、その質権の順位は設定の前後による(355条)。

〈**解説**〉 指図による占有移転によっても質権が成立するため、同一の動産に複数の質権が成立することがある。 12

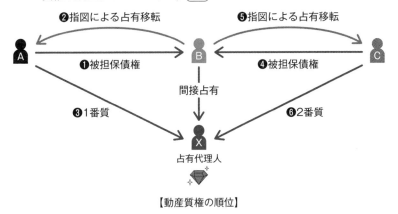

【動産質権の順位】

❸ 不動産質

1▶ 不動産質の対抗要件

　動産質と同様に、不動産質も引渡しによって効力を生ずるが(要物契約)、**不動産質の対抗要件は登記である**(177条)。したがって、第三者が質物を奪ったとしても、不動産質権者は、登記を備えている限り不動産質の対抗力が失われていないので、質権に基づく返還を請求することができる。

2▶ 不動産質権者の権利等

　不動産質権者は、質物である不動産の**使用収益権**を有する(356条)。その反面として、不動産の**管理費用等を負担**する(357条)とともに、被担保債権の利息の請求が**禁止**されている(358条)。ただし、いずれについても、**設定行為に別段の定めがあるとき、又は担保不動産収益執行の開始があったときは、適用されない**(359条)。
[13] [14]

> **趣旨**　質権者は、質物を使用・収益することができないのが原則であるが(350条、298条2項)、不動産質において目的不動産がだれにも利用されないのは、社会経済上不利益であることから、質権者に利用させることを認めた。

〈解説〉　例えば、不動産質権設定契約を締結する際、被担保債権の利息を請求することができる旨の定めをすれば、不動産質権者は、被担保債権の利息請求が禁止されない。[14]

〈語句〉●**担保不動産収益執行**とは、不動産に対する担保権実行手続のひとつである。目的物を売却せずにその家賃等の収益から徐々に債権の弁済に充てる手続である。

【不動産質権者の権利等】

①使用収益権 (356条)	不動産質権者は、質権の目的である不動産の**用法に従い**、その使用及び収益をすることができる [13] [14]
②管理費用等の負担 (357条)	不動産質権者は、管理の費用(固定資産税など)を支払い、その他不動産に関する負担を負う [13]
③利息請求の禁止 (358条)	不動産質権者は、その債権(被担保債権)の利息を請求することができない [14]
①②③の例外 (359条)	設定行為に別段の定めがあるとき、又は担保不動産収益執行の開始があったときは、①②③は適用しない [14]

3 ▶ 不動産質権の存続期間 /発展

　不動産質権の存続期間は**10年**を超えることができず、設定行為で**10年**より長い期間を定めても存続期間は**10年**とする(360条1項)。なお、**更新は可能**であるものの、更新後の存続期間は、更新の時から**10年**を超えることができない(360条2項)。

Ｄ

趣旨　不動産の使用収益を長期にわたり非所有者に委ねると、その効用に支障をきたすおそれがあることから(ex.管理が行き届かずに不動産が荒廃するおそれ)存続期間を規定した。

〈解説〉　① 　存続期間が経過したときは、更新がない限り不動産質権は消滅するので、被担保債権が単なる無担保債権となるとともに、質権設定者に質物を返還しなければならない。
　　　　② 　動産質や権利質には存続期間の定めがない。

【動産質と不動産質の比較】

	動産質	不動産質
設定契約	合意＋引渡し(要物契約)	
対抗要件	占有の継続(352条)	登記(177条)
存続期間	特になし	10年(360条1項)
使用・収益	設定者の承諾が必要(350条、298条2項)	使用収益権あり(356条)
質物の回復	占有回収の訴え(353条、200条)	質権に基づく返還請求

4 　権利質 /発展

1 ▶ 権利質の目的

　権利質の目的は、**財産権**(362条1項)であって、**譲渡可能**なものである(362条2項、343条)。例えば、**債権**、有価証券、著作権等は譲渡可能なので、権利質の目的となる。しかし、扶養請求権(881条)のように処分が禁止されている財産権は譲渡不可能なので、権利質の目的とならない。

〈解説〉　債権者は、その債務者が債権者に対して有する債権を目的として質権を設定することができる(大判昭11.2.25)。代表的なケースとして、銀行が自己に対する定期預金債権に質権の設定を受ける場合がある。Ｅ
　　　　当事者間において、譲渡を禁止・制限する意思表示(譲渡制限特約)をしている債権(預貯金債権は除く)に対しても、質権設定は有効と解される。

ただし、質権者が譲渡制限特約のあることにつき悪意または重過失であった場合、第三債務者は質権の実行を拒むことができ、さらに質権設定者に対する弁済等の債務の消滅事由をもって質権者に対抗することができると解される(466条2項、3項参照)。 F

〈語句〉●財産権とは、財産的価値を有する権利を意味する。
　　　　●第三債務者とは、債権質においては、質権者から見た場合の質権設定者の債務者のことを指す。

2 権利質の設定

　権利質は、当事者間の合意のみで成立する(諾成契約)。ただし、有価証券(証券化された債権)を目的とする質権設定に関しては、当事者間の質権設定の合意に加え、次のように証券の交付が成立要件となる(要物契約)。 G

① 記名式所持人払証券・無記名証券

　記名式所持人払証券及び無記名証券を目的とする質権設定は、証券の交付が成立要件となる(520条の17、520条の13、520条の20)。

〈語句〉●記名式所持人払証券とは、証券上に債権者を指名する記載はあるが、証券の所持人に弁済をすべき旨が付記されているものをいう(ex.記名式の持参人払小切手)。
　　　　●無記名証券とは、債権者が証券上に指図されておらず、証券の所持人に支払いがなされるものをいう(ex.図書券、商品券)。

② 指図証券

　指図証券を目的とする質権設定は、証券に質入裏書をして交付することが成立要件となる(520条の7、520条の2)。 H

〈語句〉●指図証券とは、支払いを受けるべき債権者が証券上に指図されているものである(ex.手形、小切手)。

3 債権質の対抗要件

　権利質のうち債権を目的とする質権(債権質)の対抗要件は、債権譲渡の対抗要件に関する規定(467条)に従い、質権設定者から第三債務者に対する質権設定の通知又は第三債務者による質権設定の承諾となる(364条)。 I

　例えば、A(質権者)がB(質権設定者)に対する500万円の貸金債権を被担保債権として、BのC(第三債務者)に対する1000万円の代金債権に質権を設定した場合(事例)、BからCに通知するか、CからA又はBに承諾することが対抗要件となる。

〈**解説**〉 　債務者以外の第三者への対抗要件を備えるには、確定日付のある証書によって通知又は承諾をすることが必要である(467条2項)。

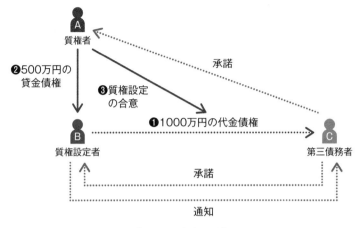

【債権質の対抗要件】

4 ▷ 質権者による債権の取立て等

① 債権の直接取立て

　質権者は、質権の目的である債権を**直接に取り立てる**ことができる(366条1項)〔 J 〕。前記事例では、質権者Aは、債権をCから直接取り立てることができる。

> **趣旨**　債権質の実行手続として、民事執行法により質権の目的である債権の差押えを行い、他の債権者に優先して取り立てる手続がある。しかし、このような裁判所を通じた債権質の実行手続の省略を認めることで、被担保債権の回収の実効性を確保した。

② 債権の目的物が金銭の場合

　質権者は、債権の目的物が金銭であるときは、自己の債権額(被担保債権の額)に対応する部分に限り、これを取り立てることができる(366条2項)〔 J 〕。前記事例では、Aは500万円の範囲に限り、BのCに対する代金債権を直接Cから取り立てることができる。

> **趣旨**　直接取立ては、質権の優先弁済の行使の一つにすぎないので、被担保債権額以上の行使ができないことを明らかにした。

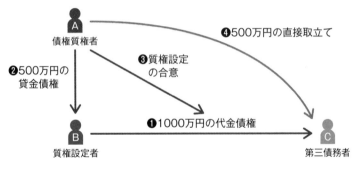

【債権の直接取立て】

③ 目的物である金銭債権の弁済期が質権者の債権の弁済期前に到来した場合

債権の弁済期が質権者の債権の弁済期前に到来したときは、質権者は、第三債務者にその弁済をすべき金額を供託させることができる(366条3項前段) K 。この場合において、質権は、その供託金について存在する(366条3項後段)。前記事例において、AのBに対する500万円の貸金債権の弁済期が5月1日であり、BのCに対する1000万円の代金債権の弁済期が4月1日の場合、Aは、4月2日にCに弁済金額である1000万円を供託させることができる。

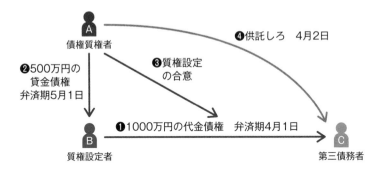

【債権の弁済期前に到来した場合】

趣旨 　質権者といえども、自己の債権の弁済期前に直接取立てをすることはできないから、第三債務者に対して弁済金額の供託をさせることにした。

④ 債権の目的物が金銭でない場合

債権の目的物が金銭でないときは、質権者は、弁済として受けた物について質権を有する(366条4項)。したがって、その物が動産であれば、以後は動産質の扱いとなる。

重要事項 一問一答

01 質権とは何か?

質権者が債権の担保として質権設定者から引渡しを受けた目的物を占有し、その目的物について他の債権者に先立って自己の債権の弁済を受けることができる担保物権のこと

02 質権は法律上の要件を満たすことで当然に設定されるものか?

質権は質権者と債権設定者との間の契約(質権設定契約)によって設定されるので、約定担保物権である。

03 質権が成立するのに目的物の引渡しが必要か?

質権者への目的物(質物)の引渡しが必要である(要物契約)。

04 占有改定による質権設定は認められるか。

認められない(345条)。

05 譲渡性のない物に質権を設定できるか。

できない(343条)。

06 質権設定者は債務者以外の者でもよいか?

債務者以外の者でもよい(物上保証人)。

07 質権者は、被担保債権の弁済を受けるまで、質物を留置することができるか?

留置することができる(留置的効力)(347条本文)。

08 弁済期後の流質契約は禁止されるか?

禁止されていない。流質契約は設定行為時や弁済期前に行うことが禁止されている(349条)。

09 質権設定者の承諾がなくても、質権者は転質をすることができるか?

質権者の責任で転質をすることができる(責任転質)(348条前段)。

10 動産質及び不動産質の対抗要件は何か?

動産質は質物の占有の継続(352条)、不動産質は登記(177条)

11 動産質権者が質物を第三者に奪われた場合、質権に基づく返還請求権を行使できるか。

できない。この場合は占有回収の訴えによる(353条、200条)。

12 不動産質権者は、質物の使用収益権を有するか?

設定行為に別段の定めがない限り、質物の使用収益権を有する(356条、359条)。

過去問チェック (争いのあるときは、判例の見解による)

01 質権は、契約により発生する約定担保物権である。

○ (裁2002改題)

02 質権は、その目的物の売却・賃貸・滅失又は損傷によって債務者が受けるべき金銭その他の物、あるいは目的物の上に設定した物権の対価に対しても、優先弁済権を及ぼすことができる。

○（区2009改題）

03 質権の設定は、質権者と質権設定者の合意によって効力を生じる。

×（国般2001）全体が誤り。

04 質権設定における目的物の引渡しには、簡易の引渡しはもとより、占有改定や指図による占有移転も含まれる。

×（区2011）「占有改定や」が誤り。

05 質権は質権者と質権設定者の契約によって設定されるため、現に占有している第三者の所有物に質権を設定することはできない。

×（区2015改題）「現に占有している第三者の所有物に質権を設定することはできない」が誤り。

06 質権の被担保債権の範囲は、設定行為に別段の定めがある場合を除き、元本及び利息に限られ、質権実行の費用や質物の隠れた瑕疵によって生じた損害の賠償はこの範囲に含まれない。

×（国般2021）「元本及び利息に限られ、質権実行の費用や質物の隠れた瑕疵によって生じた損害の賠償はこの範囲に含まれない」が誤り。

07 質権には、留置権と同様に留置的効力があるから、質権者は、債務者のみならず自己に優先する先取特権者や抵当権者に対しても、被担保債権の弁済を受けるまでは質物の引渡しを拒絶することができる。

×（裁2009）「自己に優先する先取特権者や抵当権者に対しても、被担保債権の弁済を受けるまでは質物の引渡しを拒絶することができる」が誤り。

08 質権設定者は、債務の弁済期の前後を問わず、質権者に弁済として質物の所有権を取得させ、その他法律に定める方法によらないで質物を処分させる旨の契約を質権者と締結することができない。

×（国般2021）「債務の弁済期の前後を問わず」が誤り。

09 質権者は、その権利の存続期間内において、自己の責任で、質物について、転質をすることができ、この場合において、転質をしたことによって生じた損失に

ついては、不可抗力によるものであれば、その責任を負わない。

×（区2020）「不可抗力によるものであれば、その責任を負わない」が誤り。

[10] 質権者がいったん有効に質権を設定した後、質権設定者に質物を占有させても質権は消滅することはなく、動産質にあってはその質権をもって第三者に対抗することができる。

×（区2011）「動産質にあってはその質権をもって第三者に対抗することができる」が誤り。

[11] 動産質権が質物の占有を第三者によって奪われたときは、占有回収の訴えによらなくても当該質権に基づく返還請求が認められている。

×（区2004）「占有回収の訴えによらなくても当該質権に基づく返還請求が認められている」が誤り。

[12] 質権の設定は、債権者にその目的物を引き渡すことによって、その効力を生ずるため、同一の動産について数個の質権を設定することはできない。

×（区2011）「同一の動産について数個の質権を設定することはできない」が誤り。

[13] 不動産質権者は、管理の費用を支払い、その他不動産に関する負担を負うが、設定行為に別段の定めがない限り、質権の目的である不動産の用法に従い、その使用及び収益をすることができない。

×（区2020）「質権の目的である不動産の用法に従い、その使用及び収益をすることができない」が誤り。

[14] 不動産質権者は、質物の目的である不動産の用法に従い、その使用及び収益をすることができるので、その債権の利息を請求することができるとする別段の定めは許されない。

×（区2015）「その債権の利息を請求することができるとする別段の定めは許されない」が誤り。

[A] 質権は、譲り渡すことのできない物をその目的とすることができないが、登記した船舶、運行の用に供する自動車や航空機には譲渡性があり、質権を設定することができる。

×（区2015）「質権を設定することができる」が誤り。

[B] 動産質権者は、原則として、質物を使用収益し、その収益を被担保債権の弁済に充当することができる。

×（国般2001改題）全体が誤り。

C 　動産質権者は、その債権の弁済を受けないときは、競売によって質物を売却し、優先弁済を受けることができるが、競売によることなく、質物をもって直ちに弁済に充てることはできない。

× （国般2021改題）「競売によることなく、質物をもって直ちに弁済に充てることはできない」が誤り。

D 　不動産質権の存続期間は、10年を超えることができないが、設定行為でこれより長い期間を定めたときであれば、その期間は10年を超えることができ、また、不動産質権の設定は、更新することができる。

× （区2020）「設定行為でこれより長い期間を定めたときであれば、その期間は10年を超えることができ」が誤り。

E 　銀行は、自己に定期預金債権を有している者に金銭を貸し付けた際、自己を債務者とする当該定期預金債権について、この貸金債権を被担保債権とする質権の設定を受けることができる。

○ （国般2013）

F 　質権は、譲り渡すことができない債権をその目的とすることができないが、譲渡制限特約のある債権（預貯金債権を除く）については、質権の設定を受けた者がその特約の存在を知っていた場合、設定した質権は無効である。

× （国般2013改題）「設定した質権は無効である」が誤り。

G 　質権設定契約は、当事者の合意によって効力を生ずるものであるから、有価証券を質権の目的とするときであっても、質権設定の効力を生ずるために、その有価証券の交付は必要ない。

× （国般2013改題）全体が誤り。

H 　質権は、財産権をその目的とすることができるが、指図証券を目的とする質権の設定は、その証券に質入れの裏書をして質権者に交付しなければ、その効力を生じない。

○ （国般2021）

I 　動産を質権の目的とした場合は、質権者は、継続して質物を占有することによって、第三者に質権を対抗することができるが、債権を質権の目的とした場合は、占有を観念できないから、質権者が第三者に質権を対抗する手段はない。

×（国般2013改題）「質権者が第三者に質権を対抗する手段はない」が誤り。

J 質権者は、質権の目的である債権を直接に取り立てることができ、また、債権の目的物が金銭であるときは、自己の債権額に対応する部分に限り、これを取り立てることができる。

○（区2020）

K 質権者は、債権の目的物が金銭である場合に、質入債権の弁済期が質権者の債権の弁済期前に到来したときは、第三債務者にその弁済をすべき金額を供託させることができる。

○（区2015）

5 抵当権①─抵当権総説

本節では、抵当権総説として、抵当権の意義、法的性質、設定、被担保債権等を扱います。抵当権の導入部分ですが、本試験での出題も多いところです。

❶ 抵当権総説

1 ▷ 意義

> **設例** Bは、A銀行から乙建物の建築資金として、1000万円を借りたいと考えているが、A銀行は担保がなければ貸すことはできないという。Bは乙建物を建てる予定の甲土地のほかに財産がないが、甲土地に乙建物を建てつつ、これを担保としてAから1000万円を借りることができるか。

意義 抵当権とは、債務者又は第三者が占有を移転しないで債務の担保に供した目的物について、他の債権者に先立って自己の債権(被担保債権)の弁済(優先弁済)を受けることができるとする担保物権である(369条1項)。 `01` `02`

〈解説〉 抵当権設定後も、抵当権設定者は目的物の使用収益を継続することができるので(非占有担保)、抵当権には留置的効力がない。これは抵当権設定者にとって便利であるため、現実に抵当権は広く利用されている。

〈語句〉●抵当権の設定を受けた債権者を抵当権者、抵当権者に目的物を担保に供した債務者又は第三者を抵当権設定者という。

例えば、①BがA銀行から乙建物の建築資金として1000万円の融資を受け、②甲土地に抵当権を設定した。この場合、Bは、③甲土地をA銀行に引き渡すこと

なく、甲土地の使用収益を継続することができる(留置的効力がない)。しかし、A銀行は、④Bが融資を返済しないときは甲土地を処分(競売)して、⑤得られた金銭から優先弁済を受けることができる(優先弁済的効力)。

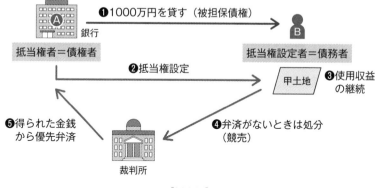

❶1000万円を貸す（被担保債権）

銀行

抵当権者＝債権者

❷抵当権設定

抵当権設定者＝債務者

甲土地

❸使用収益
の継続

❺得られた金銭
から優先弁済

❹弁済がないときは処分
（競売）

裁判所

【抵当権】

> 設例 では、Bは、甲土地に抵当権を設定して、A銀行から、1000万円を借りることができる。

2 > 抵当権の法的性質

　抵当権は、**抵当権者(債権者)と抵当権設定者との間の契約(抵当権設定契約)**によって設定されるので、**約定担保物権**である。 [03]

　また、担保物権の通有性である**付従性・随伴性・不可分性・物上代位性**が、抵当権には全て認められる。 [04]

〈解説〉　抵当権を設定するときは、被担保債権が成立していることを要するが(成立の付従性)、これはある程度緩和されており、被担保債権が停止条件付債権又は将来債権(将来発生する予定の債権)でもよいと解されている(将来成立すべき条件付債権について、最判昭33.5.9)。 [05]

② 抵当権の設定

1 設定契約

抵当権設定契約は、**抵当権者と抵当権設定者の合意**により成立する、**諾成・不要式の契約**である。**抵当権者は、被担保債権の債権者に限られる**のに対して、抵当権設定者は目的物の処分権を有する者であればよく、**債務者自身でもよい**し、**債務者以外の第三者でもよい**。 06 07 08

質権の場合と同様に、第三者が債務者のために抵当権を設定することを**物上保証**といい、物上保証において**抵当権設定者になった第三者**のことを**物上保証人**という。この場合、抵当権設定契約は**債権者と物上保証人の合意により成立**し、債務者の関与は要しない。 07

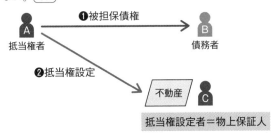

【抵当権設定者が第三者の場合】

📖**発展** 物上保証人が債務を弁済し、又は抵当権の実行により債務が消滅した場合には、物上保証人は債務者に対して求償権を取得し、その求償の範囲については保証債務に関する規定が準用される。しかし、**債務者の委託を受けた物上保証人は事前求償権を行使することができない**(最判平2.12.18)。 A

理由 抵当権の実行以前においては、競売がされておらず求償額が明確でないから。

2 目的物(抵当権の目的)

民法上の抵当権の目的物は、**不動産(土地・建物)、地上権、永小作権**である(369条)。 09

問題点 動産は抵当権の目的物になるのか。

結論 ① 動産を抵当権の目的物にすることはできない。

② **個別の法律の規定に基づいて、動産を抵当権の目的物とすることができる場合がある。**例えば、登記した船舶(商法847条)、登録を受けた自動車(自動車抵当法3条)、登録を受けた航空機(航空機抵当法3条)が挙げ

られる。

理由 ① 抵当権は非占有担保であって、外観上は抵当権の設定の有無が分からず、抵当権を公示するには登記による必要があるので、目的物は登記をすることができる不動産・地上権・永小作権に限られる(369条)。
② 個別の法律の規定により、登記又はこれに類する公示手段が用意されている動産であれば、抵当権を設定することが許容される。

〈解説〉 抵当権それ自体は転抵当権の目的物となる(376条1項)。

〈語句〉●抵当権が設定されてその目的物になった不動産を抵当不動産という(370条本文)。

3 ▷ 抵当権の被担保債権 ✎ 発展

抵当権の被担保債権は金銭債権が典型である。

問題点 金銭債権以外の債権を、抵当権の被担保債権とすることはできるか。

結論 金銭債権以外の債権でも被担保債権にできる。 **B**

理由 金銭債権以外の債権でも、債務不履行になれば損害賠償債権となるからである。

4 ▷ 抵当権の対抗要件

抵当権設定契約は**抵当権者と抵当権設定者との合意により成立する**が、抵当権を設定したことを第三者に対抗するには**登記(抵当権設定登記)が必要**である(177条)。
10

5 ▷ 抵当権の順位

1つの不動産に対して複数の抵当権が設定されたときは、抵当権が**登記された順番に優先弁済の順位**が付けられる(373条)。

趣旨 抵当権者としては、複数の抵当権が設定されていても、債務者が弁済をしないときに、抵当目的物から被担保債権の弁済を得ることができればよい。

〈解説〉 ① 抵当不動産が競売にかけられた場合、後順位抵当権者は、先順位抵当権者が競売代金から被担保債権の弁済を受けた後、残額があるときに自分の被担保債権の弁済を受けることができる。
② 先順位抵当権者の被担保債権が弁済等により消滅したときは、その抵当権も消滅するが(付従性)、この結果として**後順位抵当権者の抵当権の順位が上昇**する。これを**順位上昇の原則**という。

③　順位上昇の原則の具体例

**抵当不動産
5000万円**

Ⓐ：一番抵当権者（被担保債権額2500万円）
Ⓑ：二番抵当権者（被担保債権額3000万円）
Ⓒ：三番抵当権者（被担保債権額1500万円）

【抵当権の順位（具体例）】

ア　抵当不動産が競売にかけられて、競売代金5000万円で売却された。
　⇒競売代金からＡが2500万円、Ｂが2500万円、Ｃが０円の弁済を受ける。

イ　Ａが被担保債権の全額の弁済を受けたので、Ａの抵当権が消滅した。
　⇒Ｂが一番抵当権者、Ｃが二番抵当権者になる。

〈語句〉●１つの不動産に複数の抵当権者がいる場合、抵当権が登記された順番に「一番抵当権者、二番抵当権者、三番抵当権者…」と呼ばれる。
●複数の抵当権者のうち順位の優先する（先順位の）者を**先順位抵当権者**（せんじゅんい）といい、順位の劣後する（後順位の）者を**後順位抵当権者**（こうじゅんい）という。

重要事項 一問一答

01 抵当権とは何か？

債務者又は第三者(物上保証人)が占有を移転しないで債務の担保に供した目的物について、他の債権者に先立って自己の債権の弁済を受けることができるとする担保物権である(369条１項)。

02 抵当権は合意により成立するか？

成立する(約定担保物権)。ただし、第三者に対抗するには登記が必要となる。

03 民法が規定する抵当権の目的物は？

不動産、地上権、永小作権(369条)

04 抵当権の優先弁済の順位はどのように決まるか？

登記された順番で決まる(373条)。

05 順位上昇の原則とは何か？

被担保債権の弁済等により先順位抵当権者の抵当権が消滅する結果として、後順位抵当権者の抵当権の順位が上昇することをいう。

過去問チェック （争いのあるときは、判例の見解による）

01 抵当権は、抵当権者が抵当不動産の使用・収益権を有しない非占有担保である。

○ (税・労・財2019改題)

02 抵当権には目的物を換価して優先弁済を受ける効力がある。
○（税・労2009改題）

03 抵当権は、契約により発生する約定担保物権である。
○（裁2002改題）

04 抵当権者は、被担保債権の一部の弁済があった場合においては、目的物の全部に対して抵当権を実行することができない。
×（区2007）「目的物の全部に対して抵当権を実行することができない」が誤り。

05 抵当権の被担保債権は、抵当権設定時に存在していなければならないから、将来発生する債権は被担保債権とすることはできない。
×（税・労・財2013）「将来発生する債権は被担保債権とすることはできない」が誤り。

06 抵当権の設定者は、被担保債権の債務者のみならず、第三者でもなることができるが、抵当権者は、被担保債権の債権者に限られる。
○（裁2003）

07 抵当権の設定は、債務者以外の第三者の所有する不動産につき、その第三者と債権者との間で行うことができ、債務者以外の第三者の所有不動産上に抵当権が設定されたときの第三者を物上保証人というが、この場合、抵当権設定契約は当事者の意思表示だけでは有効に成立しない。
×（区2016）「抵当権設定契約は当事者の意思表示だけでは有効に成立しない」が誤り。

08 抵当権は、契約により発生する約定担保物権であり、設定者が目的物の所有権を有していなくても、所有権者の同意なしに当事者間の合意だけで発生する。
×（裁2002）「設定者が目的物の所有権を有していなくても、所有権者の同意なしに当事者間の合意だけで発生する」が誤り。

09 抵当権は、不動産及び動産並びに不動産賃借権上に設定することができるが、永小作権及び地上権上には設定することはできない。
×（区2010）「及び動産並びに不動産賃借権上」「永小作権及び地上権上には設定することはできない」が誤り。

10 抵当権には目的物を換価して優先弁済を受ける効力があり、抵当権者はこの

ような優先弁済的効力を登記なくして第三者に対抗することができる。

× (税・労2009)「抵当権者はこのような優先弁済的効力を登記なくして第三者に対抗することができる」が誤り。

A Bが、Aから委託を受けて、Aの債務を担保するためにB所有の不動産に抵当権を設定した場合、Bは、被担保債権の弁済期が到来すれば、Aに対してあらかじめ求償権を行使することができる。

× (裁2013)「被担保債権の弁済期が到来すれば、Aに対してあらかじめ求償権を行使することができる」が誤り。

B 抵当権の被担保債権は金銭債権でなければならず、金銭債権以外の債権を被担保債権とする抵当権設定契約は無効である。

× (税・労・財2018) 全体が誤り。

6 抵当権②―抵当権の効力

本節では、抵当権の効力に関する問題点を扱います。物上代位に関する判例は、難度が高いため、発展として扱います。

1 抵当権の効力

　抵当権には**優先弁済的効力**が認められるので(369条1項)、債務者が弁済できない場合、抵当権者は、抵当不動産を競売にかけて(抵当権の実行)、その売却代金から優先的に弁済を受けることになる。このような抵当権の効力に関しては、以下の事項が問題となる。

【抵当権の効力に関する問題点一覧】

抵当権の効力の及ぶ範囲	抵当不動産に付合物・従物・果実等が生じた場合、抵当権の効力はどの範囲まで及ぶのか
被担保債権の範囲	被担保債権に利息・損害金等が生じた場合、抵当権はどの範囲までを担保するのか
物上代位	代償物として物上代位が認められるものは何か
優先弁済	優先弁済を受ける方法にはどのようなものがあるのか
抵当権侵害	第三者が目的物を侵害した場合、抵当権者はどのような主張をすることができるか

2 抵当権の効力の及ぶ範囲

　抵当権の効力は、抵当地の上に存在する建物を除き、**抵当不動産に付加して一体となっている物**(付加一体物)に及ぶ(370条本文)。したがって、抵当地の場合は、その上にある建物を除いた付加一体物に抵当権の効力が及ぶことになる。

> **趣旨**　抵当不動産に加えて、その付加一体物に対しても抵当権の効力を及ぼすことで、抵当権が把握している抵当不動産の交換価値を確保する(付加一体物に抵当権の効力を及ぼさないと、抵当不動産の交換価値が下がりかねない)。

〈解説〉　設定行為(抵当権設定契約)に別段の定めがある場合や、債務者の行為について詐害行為取消請求をすることができる場合(424条3項)は、抵当不動産

産の付加一体物に対して抵当権の効力が及ばない(370条ただし書)。

〈**語句**〉●**抵当地**とは、抵当権の目的物となった土地である。これに対し、抵当権の目的物となった建物を**抵当建物**という(395条参照)。

設例 債務者Bが自己所有の乙建物に、債務者Cが自己所有の甲土地にそれぞれ債権者Aのための抵当権を設定したが、加えて以下のような事情がある。

①抵当権設定後にBが乙建物に増築し、Cが甲土地に木を植栽した(**付合物**)。
②抵当権設定前からBが乙建物の近くに物置小屋を建てていた(**従物**)。
③乙建物の敷地はBが賃借している土地であった(**従たる権利**)。
④抵当権設定後にBが乙建物をDに家賃月額20万円で賃貸した(**果実**)。

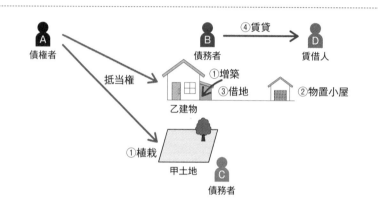

※このような場合において、①〜④が付加一体物であると認められ、抵当権の効力
が及ぶのかが問題となる

---

1 <ruby>付合物<rt>ふ ごうぶつ</rt></ruby>

問題点 抵当不動産の付合物に対して抵当権の効力が及ぶか。

結論 抵当不動産の**付合物**には、抵当不動産の**付加一体物**として**抵当権の効力が及ぶ**。具体的には、抵当地の場合は植木、擁壁、取外しのできない庭石等に対して、抵当建物の場合は**増築部分・壁・床板**等に対して、それぞれ抵当権の効力が及ぶ。 01

理由 付合物は、不動産に一体化して独立性を失い、不動産の所有権に吸収されるので(242条本文)、付加一体物に該当する。

2 従物

問題点 抵当不動産の従物に対して抵当権の効力が及ぶか。

結論 特段の事情がない限り、**抵当権設定当時存在**していた従物に対して**抵当権の効力が及ぶ**(最判昭44.3.28)。具体的には、抵当地の場合は石灯籠、取り外しのできる庭石等に対して、抵当建物の場合は**物置小屋、畳、建具等**に対して、いずれも抵当権設定当時に存在しているときに抵当権の効力が及ぶ。01 02 03

抵当権は、**抵当地に対する抵当権設定登記**をもって、特段の事情のない限り、370条により**従物についても対抗力**を有する(最判昭44.3.28)。03

理由 🖊発展 **370条説**と**87条2項説**の対立がある。判例は、いったんは87条2項説に立つことを明確にしたが(大連判大8.3.15)、その後にどちらの見解に立つのかを明確にしなくなった(最判昭44.3.28)。

① **370条説**は、従物が抵当不動産の**付加一体物に含まれる**とする。

② **87条2項説**は、従物は抵当不動産の**付加一体物に含まれない**とする。

しかし、87条2項が「従物は、主物の処分に従う」と規定するところ、**抵当権設定は「処分」に該当**するので、主物である抵当不動産に対する抵当権設定に従い、抵当権設定当時存在していた従物にも抵当権が設定されたことになるとする。

〈解説〉 ① 🖊発展 ガソリンスタンドの店舗用建物に設定された抵当権の効力が、抵当権設定当時建物の従物であった地下タンク、ノンスペース計量器、洗車機等の諸設備(建物の4倍の価値)にも及ぶ(最判平2.4.19)。

② 🖊発展 **抵当権設定後に備え付けられた従物**に抵当権の効力が及ぶかどうかについては、**判例が存在しない**。

【抵当権の効力の及ぶ範囲─付合物と従物】

	抵当権設定時に存在	抵当権設定後に存在
付合物	○(及ぶ)	○
従物	○	×(及ばない)

3 従たる権利

問題点 抵当建物が借地上に存在する場合における土地賃借権(借地権)に対して抵当権の効力が及ぶか。

結論 特段の事情がない限り、土地賃借権は**抵当建物の従たる権利**として抵当権の効力が及ぶ(最判昭40.5.4)。04

理由 土地賃借権に抵当権の効力を及ぼさないと、借地上の抵当建物の譲渡や競売が実質的に不可能となるため、従物に準じて考える。

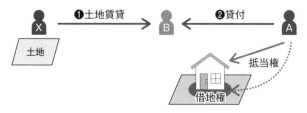

【従たる権利】

〈解説〉 **/発展**借地上の抵当建物が競売にかけられたときは、競落人が抵当建物の所有権と併せて土地賃借権を取得する。ただし、**賃借権の譲渡に該当する**ので、**賃貸人の承諾**を得ることを要する(612条1項)（ A ）。賃借権の譲渡については、『民法 下』「債権各論」で扱う。

4 果実

　天然果実・法定果実を問わず、**被担保債権について不履行があったときは、その後に生じた果実に対して抵当権の効力が及ぶ**(371条)。 05

趣旨 抵当不動産の使用収益権は抵当権設定者が有しているから、債務不履行前に生じた果実に抵当権の効力を及ぼさない旨を明確にした。

【抵当権の効力の及ぶ範囲－果実】

〈解説〉 **/発展**抵当権設定者は、被担保債権について不履行があった後も使用収益権を失うわけではなく、抵当不動産から生じた果実を取得することが許されるので、収受した果実は抵当権設定者の不当利得(法律上の原因なく他人の財産又は労務によって利益を受けること)(703条参照)とならない。（ B ）

設例 では、①Ｂが乙建物に増築した部分、Ｃが甲土地に植栽した木は、いずれも抵当不動産の**付合物**として、抵当権の効力が及ぶ。②Ｂが乙建物の近くに建てた物置小屋は、抵当不動産の**従物**として、抵当権の効力が及ぶ。③Ｂが賃借している土地の賃借権は、抵当建物の**従たる権利**として、抵当権の効力が及ぶ。④Ｂが取得する賃料である**果実**は、被担保債権の債務不履行が生じた後であれば、抵当権の効力が及ぶ。

5 ▷ 工場供用物件（工場抵当法）🖉**発展**

　工場の所有者が工場に属する土地の上に設定した抵当権は、建物を除き、その土地に付加して一体となった物及びその土地に備付けた機械、器具その他工場の用に供する物に及ぶ(工場抵当法2条1項本文)。この規定は工場の所有者が工場に属する建物の上に設定した抵当権にも準用される(同条2項)。

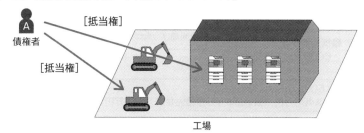

【工場供用物件】

　そして、工場抵当法2条の規定により工場に属する土地又は建物と共に抵当権の目的とされた動産が、当該工場から抵当権者の同意を得ないで搬出された場合には、**第三者が即時取得をしない限り**、抵当権者は、**搬出された目的動産を元の備付場所である工場に戻すことを請求することができる**(最判昭57.3.12)。 C

6 ▷ 抵当権の被担保債権の範囲

意義　抵当権の被担保債権の範囲には、元本債権の他に、**利息その他の定期金**（**利息等**）を請求する権利も含まれる。ただし、利息等を請求する権利は、**その満期となった最後の2年分についてのみ**、その抵当権を行使することができる(375条1項本文)。 06

趣旨　先順位抵当権者の優先弁済の対象となる利息等の範囲を2年間に限定することで、不動産の残余価値(先順位抵当権者が弁済を受けた後の残額)の予測可能性を確保し、**後順位抵当権者等が不測の損害を受けることを防ぐ**。

〈解説〉 ① 損害金(債務不履行に基づく損害賠償)を請求する権利も、その最後の2年分についてのみ、その抵当権を行使することができるが、利息等と通算して2年分を超えることができない(375条2項)。

② **/発展** 本条は、後順位抵当権者等の利害関係人の利益を確保するための制限であって、抵当権設定者(債務者・物上保証人)に対する関係で抵当権者の権利が縮減するわけではないから、抵当権者は、抵当権設定者に対しては全債権について抵当権を主張することができる(大判大9.6.29参照)。

(例)下図のCに対してAは、2年分を超える利息分の600万円の優先を主張することはできないが、Cへの配当後に競落代金に残金があれば、2年分を超える利息についても配当を受けることができる。

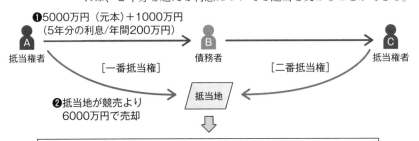

①5000万円(元本)+1000万円
(5年分の利息/年間200万円)

A 抵当権者　　　　［一番抵当権］　　　B 債務者　　　　［二番抵当権］　　　C 抵当権者

②抵当地が競売より
6000万円で売却　→ 抵当地

・元本5000万円は全額優先弁済
・利息は400万円(直近2年分)が優先弁済(600万円は優先弁済されず)

【被担保債権の範囲】

③ 抵当権設定者は、375条にかかわりなく、抵当権者に対し**元本債権及び満期となった定期金等の全額を弁済**しなければ、抵当権を消滅させることはできない(大判大4.9.15)。 [07]

④ 質権は後順位者が登場するのが稀であるため、最後の2年分のような制限がない(346条本文)。

❸ 物上代位

1 総説

意義 抵当権における**物上代位**とは、抵当不動産の売却・賃貸・滅失・損傷によって債務者が受けるべき金銭その他の物(代償物)に対して、抵当権の効力を及ぼすことをいう(372条、304条1項本文)。物上代位権の行使が認められることにより、抵当権者は代償物からも優先弁済を受けることができる。

08

趣旨 抵当権は抵当不動産の交換価値を支配する権利であるため、抵当不動産から派生した代償物に対しても抵当権の効力が及ぶ。

〈**語句**〉●物上代位権とは、担保権者が物上代位を行う権利を意味する。「物上代位権を行使することができる（できない）」という表現がよく使われる。

2 ▷ 物上代位権の行使が認められるもの（代償物に該当するもの）

売買代金債権	抵当不動産の売却により抵当権設定者が取得した**売買代金債権**（売却代金）に対して物上代位権の行使が認められる
賃料債権 （最判平1.10.27）	抵当不動産の賃貸により抵当権設定者が取得した**賃料債権**に対して物上代位権の行使が認められる 09
火災保険金請求権 （大判明40.3.12）	火災保険が掛けられている抵当不動産が第三者の放火により焼失した場合、抵当権設定者が取得した**火災保険金請求権**に対して物上代位権の行使が認められる 10
損害賠償請求権 （大判大6.1.22）	抵当不動産が第三者の不法行為により損傷した場合、抵当権設定者が取得した**損害賠償請求権**に対して物上代位権の行使が認められる 10
発展 **買戻代金債権** （最判平11.11.30）	買戻特約付売買の目的不動産に買主が抵当権を設定した場合、当該不動産の買戻権の行使により買主が取得した**買戻代金債権**に対して物上代位権の行使が認められる D

① 賃借人が供託した賃料の還付請求権に対する物上代位 **発展**

問題点 抵当不動産が賃貸された場合、賃借人が供託した賃料の還付請求権に対して物上代位権の行使が認められるのか。

結論 賃借人が供託した賃料の還付請求権に対して物上代位権の行使が認められる（最判平1.10.27）。 E

理由 賃料が供託された場合には、賃料債権に準ずるものとして供託金還付請求権について抵当権を行使することができるものというべきだから。

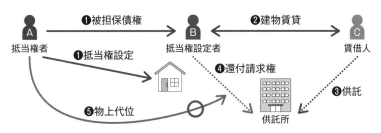

【賃借人が供託した賃料の還付請求権に対する物上代位】

② 火災保険金請求権・損害賠償請求権に対する物上代位

問題点 抵当不動産が第三者の不法行為により滅失・損傷した場合、抵当権設定者が取得した**火災保険金請求権**や**損害賠償請求権**に対して物上代位権の行使が認められるか。

結論 **火災保険金請求権・損害賠償請求権**のいずれに対しても物上代位権の行使が認められる（大判明40.3.12、大判大6.1.22）。 10

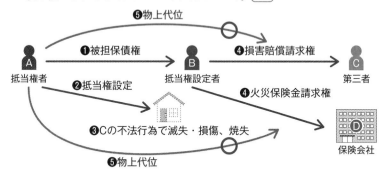

【火災保険金請求権・損害賠償請求権に対する物上代位】

③ 買戻代金債権に対する物上代位 /発展

問題点 買戻特約付売買の目的不動産に買主が抵当権を設定した場合、当該不動産の買戻権の行使により買主が取得した**買戻代金債権**に対して物上代位権の行使が認められるのか。

結論 **買戻代金債権**に対して物上代位権の行使が認められる（最判平11.11.30）。 D

理由 ① 買戻権の行使によって抵当権は消滅するが、抵当権設定者や債権者等との関係では、買戻権行使時まで抵当権が有効に存在していたことによって生じた法的効果までは覆滅されることはないから。
② 買戻代金は、372条により準用される304条にいう目的物の売却又は滅失によって債務者が受けるべき金銭に当たるといえるから。

〈語句〉●買戻しとは、不動産の売買契約を締結するが、一定期間内に契約を解除（買戻し）できる特約を付けるものである。買戻しの際には代金及び契約の費用を提供しなければならない。

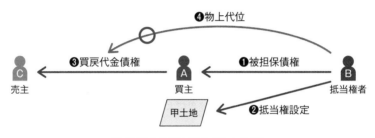

【買戻代金債権に対する物上代位】

3 物上代位権の行使が認められないもの（代償物に該当しないもの）

　物上代位権の行使が認められないものの例として、抵当不動産の転貸によって発生した転貸賃料債権(転貸料)がある。

問題点　抵当不動産の転貸賃料債権に対する物上代位権の行使が認められるか。

結論　抵当不動産の**賃借人を所有者(抵当権設定者)と同視する**ことを相当とする場合を除き、賃借人が取得した**転貸賃料債権に対する物上代位権の行使は認められない**(最決平12.4.14)。　**11**

理由　① 抵当不動産の賃借人は、被担保債権の履行について抵当不動産をもって物的責任を負担するものではなく、自己に属する債権を被担保債権の弁済に供されるべき立場にはない。
　　② 抵当不動産の賃借人が所有者と同視される場合(ex.賃料が格安である、強制執行逃れを目的としている)には、例外として転貸賃料債権に対する物上代位権の行使が認められる。

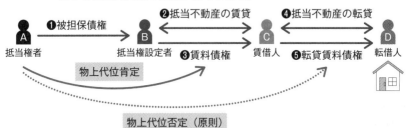

【賃料債権・転貸賃料債権に対する物上代位】

4 ▶ 差押えに関する諸問題 /発展

　抵当権者が代償物に対して物上代位権を行使するには、代償物の払渡し又は引渡しが行われる前に差押えをすることが必要である（372条、304条1項ただし書）。判例は、差押えを物上代位の要件とする趣旨について、弁済をする相手方を誤認しないように第三債務者を保護すること（**第三債務者による二重弁済の危険の回避**）にあるとしている（最判平10.1.30）。

問題点　　物上代位の差押えは、何のために行うのか。

《A説》　**特定性維持説**(初期の判例・従来の通説)

結論　　差押えは、代位目的物が債務者の一般財産に混入することを防ぐことにある。よって、現実に目的債権の支払い（払渡し）がない限り、転付命令や債権譲渡があっても**債権の特定性が維持される**以上、担保権者はそれを差し押さえることによって物上代位権を行使することができる。

理由　　物上代位の規定は、抵当権が目的物の交換価値を支配する権利であることに基づく当然の規定であるから、差押えは、代位物の特定性を維持するために必要となるにすぎない　F 。したがって、**差押えは、誰が行っても構わない**。　G

《B説》　**優先権保全説**

結論　　差押えは、**抵当権の効力が及ぶための要件**であり、かつ、**第三者に対する対抗要件**である。転付命令・債権譲渡の後には、目的債権はもはや債務者に帰属していないから、差し押さえることはできない。

理由　　担保物権も物権であるから、目的物の滅失によって消滅するが、民法が物上代位を認めたのは担保物権者を保護するため(抵当権の実効性を確保するため)の特別の措置である　F 。したがって、**担保権者が自ら代位物を差し押さえてその消滅を防止しなければならない**。　H

〈語句〉●**転付命令**とは、裁判所が、差押債権者の申立てに基づき、差押命令により差し押さえられた債権を、差押債権者に移転する旨を命じることをいう。

《C説》　**第三債務者保護説**(最判平10.1.30、最判平10.2.10)

結論　　差押えは、主として物上代位の目的となる債権の債務者（**第三債務者**）を**二重弁済の危険から保護**することにある。そして、304条1項の「払渡し又は引渡し」に当然には債権譲渡を含むとは解せないし、目的債権が譲渡されたことから必然的に抵当権の効力が目的債権に及ばなくなると解するべき理由もない。

理由　　抵当権の効力が物上代位の目的となる債権にも及ぶことから、第三債務者は、債権の債権者である抵当不動産の所有者(以下「抵当権設定者」とい

う。)に弁済をしても弁済による目的債権の消滅の効果を抵当権者に対抗できないという不安定な地位に置かれる可能性があるため、**差押えを物上代位権行使の要件**とし、第三債務者は、差押命令の送達を受ける前には抵当権設定者に弁済をすれば足り、弁済による目的債権消滅の効果を抵当権者にも対抗することができることにして、二重弁済を強いられる危険から第三債務者を保護する。

学説名	特定性維持説《A説》	優先権保全説《B説》	第三債務者保護説《C説》
差押えの意義	差押えは、代位目的物が債務者の一般財産に混入することを防ぐことにある。	差押えは、抵当権の効力が及ぶための要件であり、かつ、第三者に対する対抗要件である。	差押えは、主として物上代位の目的となる債権の債務者（第三債務者）を二重弁済の危険から保護することにある。
第三者への対抗	抵当権の設定登記	差押え	抵当権の設定登記
債権譲渡	物上代位可能	譲渡前に自ら差押えをしないと物上代位不可	物上代位可能
第三者の差押え	物上代位可能	差押前に自ら差押えをしないと物上代位不可	差押え命令送達と抵当権設定登記の先後 (I)
第三者の転付命令	物上代位可能	転付命令の前に自ら差押えをしないと物上代位不可	転付命令送達までに自ら差押えをしないと物上代位不可

そして、物上代位権に基づく差押えについては、以下の判例で、他の利害関係人との関係において、差押えをしても物上代位権の行使が認められないことがあるか否かが問題となった。

① 一般債権者の差押えと物上代位権に基づく差押えとの優劣

問題点　1つの債権について一般債権者の差押えと抵当権者の物上代位権に基づく差押えが競合したときは、どのような場合に抵当権者の物上代位権に基づく差押えが優先するか。

結論　**一般債権者の申立てによる差押命令の第三債務者への送達と抵当権設定登記との先後で優劣を決するから、抵当権設定登記が先であれば、抵当権者の物上代位権に基づく差押えが優先する**（最判平10.3.26）。(J)

理由　一般債権者による債権の差押えの処分禁止効は差押命令の第三債務者への送達によって生じるのに対し、抵当権者が抵当権を第三者に対抗するに

第3章　担保物権

は抵当権設定登記を経由することを要するから。

〈語句〉●「債権の差押えの処分禁止効」とは、差押えの対象となった債権の処分(ex.債権者への弁済、他人への売却)が禁止されることを意味する。

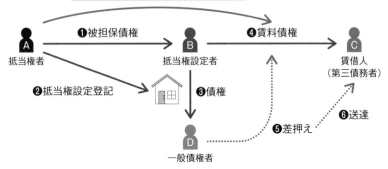

物上代位肯定（抵当権設定登記が先）

A 抵当権者 ❶被担保債権 **B** 抵当権設定者 ❷抵当権設定登記 ❸債権 **D** 一般債権者 ❹賃料債権 **C** 賃借人（第三債務者） ❺差押え ❻送達

【一般債権者の差押えと物上代位権に基づく差押え】

② 物上代位権の行使の目的債権に対する転付命令

問題点 転付命令に係る金銭債権(被転付債権)が物上代位の目的債権である場合、抵当権者は、被転付債権を差し押さえて抵当権の効力を主張する(物上代位権を行使する)ことができるか。

結論 転付命令が第三債務者に送達される時までに抵当権者が被転付債権の差押えをしなかったときは、転付命令の効力を妨げることができず、抵当権者が被転付債権について**抵当権の効力を主張することはできない**(最判平14.3.12) K

理由 ① 抵当権者は、転付命令が第三債務者に送達されるまでに物上代位権に基づく差押えを行った場合は、転付命令の効力が生じず、被転付債権について抵当権の効力を主張することができる(民事執行法159条3項)。

② しかし、これを抵当権者が行わなかった場合は、第三債務者に送達された時に転付命令の効力が生じ、被転付債権は差押債権者の債権及び執行費用の弁済に充当されたものとみなされる。

〈参照〉●民事執行法159条3項：転付命令が第三債務者に送達される時までに、転付命令に係る金銭債権について、他の債権者が差押え、仮差押えの執行又は配当要求をしたときは、転付命令は、その効力を生じない。

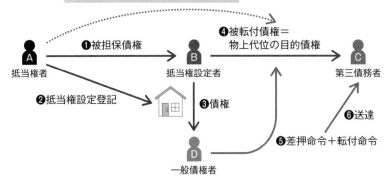

❻ 物上代位否定（転付命令の送達が先）

❶被担保債権

❹被転付債権＝
物上代位の目的債権

A
抵当権者

B
抵当権設定者

C
第三債務者

❷抵当権設定登記

❸債権

❻送達

❺差押命令＋転付命令

D
一般債権者

【物上代位権の行使の目的債権に対する転付命令】

③ 物上代位権の行使と目的債権の譲渡

問題点 物上代位の目的債権が譲渡され、第三者に対する対抗要件が備えられた後でも、抵当権者は、自ら目的債権を差し押さえて物上代位権を行使することができるか。

結論 物上代位権を**行使することができる**（最判平10.1.30）。 L

理由 ① 物上代位の要件として「払渡し又は引渡し」の前に差押えを要求した趣旨（二重弁済の危険から第三債務者を保護する）に照らすと、「払渡し又は引渡し」には債権譲渡は含まれない。

② 対抗要件を備えた債権譲渡が物上代位に優先すると解するならば、抵当権設定者は、抵当権者からの差押えの前に債権譲渡をすることによって容易に物上代位権の行使を免れることができるが、このことは抵当権者の利益を不当に害する。

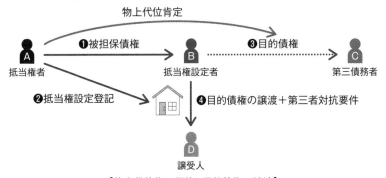

物上代位肯定

❶被担保債権

❸目的債権

A
抵当権者

B
抵当権設定者

C
第三債務者

❷抵当権設定登記

❹目的債権の譲渡＋第三者対抗要件

D
譲受人

【物上代位権の行使と目的債権の譲渡】

④ 物上代位と抵当不動産の賃借人の相殺との優劣

問題点 抵当権者が物上代位権を行使して賃料債権の差押えをした場合、抵当不動産の賃借人は、反対債権（賃貸人に対する債権）を自働債権とする賃料債権との相殺をもって、抵当権者に対抗することができるか。

結論 抵当権者が物上代位権を行使して**賃料債権の差押えをした後**は、抵当不動産の賃借人は、**抵当権設定登記の後に賃貸人に対して取得した債権を自働債権とする賃料債権との相殺をもって、抵当権者に対抗することはできない**（最判平13.3.13）。[M]

理由 ① 物上代位権の行使としての**差押えがされる前であれば**、賃借人のする相殺は何ら制限されるものではない。[M]

② **物上代位により抵当権の効力が賃料債権に及ぶことは抵当権設定登記により公示されている**から、抵当権設定登記の後に取得した賃貸人に対する債権と賃料債権との相殺に対する賃借人の期待を、物上代位権の行使により賃料債権に及んでいる抵当権の効力に優先させる理由はない。

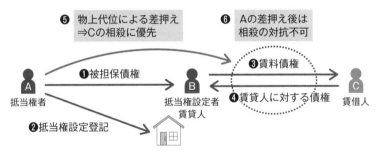

【物上代位と抵当不動産の賃借人の相殺との優劣】

⑤ 賃料債権に対する物上代位権の行使と敷金の充当

問題点 抵当権設定登記の後に成立した抵当不動産の賃貸借契約において**敷金の授受**があった場合、抵当権者が物上代位権の行使として賃料債権を差し押さえたときは、賃貸借契約が終了し、抵当不動産が明け渡されたとしても、賃料債権は敷金の充当により消滅せず、抵当権者は賃料債権について物上代位権を行使することができるのか。

結論 敷金が授受された賃貸借契約に係る賃料債権を抵当権者が物上代位権を行使して差し押さえたとしても、**賃貸借契約が終了し、抵当不動産が明け渡された場合は、賃料債権は、敷金の充当によりその限度で消滅する**（最判平14.3.28）。したがって、敷金の充当により消滅した賃料債権については物上

代位権を行使することができない。 N

理由 ① 抵当権者は、物上代位権を行使して賃料債権を差し押さえる前は、抵当不動産の用益関係に介入できないので、抵当不動産の所有者は、賃貸借契約に付随する契約として敷金契約を締結するか否かを自由に決定することができ、**敷金契約が締結された場合は、賃料債権は敷金の充当を予定した債権になり、このことを抵当権者に主張することができる。**

② 敷金の充当による未払賃料等の消滅は、敷金契約から発生する効果であって、相殺のように**当事者の意思表示を必要としない。**

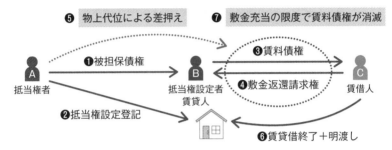

【賃料債権に対する物上代位権の行使と敷金の充当】

❹ 優先弁済的効力 /発展

1 抵当権の実行

抵当権者は、債務者が債務を弁済しないときは、抵当不動産に対して抵当権を実行して優先弁済を受けることができる。**抵当権の実行**は、裁判所の民事執行により行われ、その手続も民事執行法に規定されている。抵当権者が選択できる抵当権の実行の方法は、以下の2つである。

担保不動産競売	競売による不動産担保権の実行をいう(民執法180条1号)。担保不動産を競売にかけて競売代金から優先弁済を受ける。
担保不動産収益執行	不動産から生ずる収益を被担保債権の弁済に充てる方法による不動産担保権の実行をいう(民執法180条2号)。担保不動産から発生する賃料等を被担保債権の弁済に充当する。

なお、物上保証人に対して抵当権が実行される場合、物上保証人は、まず債務者に対して支払いを請求すべきと主張をすること(催告の抗弁権)(452条)はできず、また、債務者に弁済をする資力があり、かつ、執行が容易であることを証明して、

まず債務者の財産について執行をすべきと主張すること（検索の抗弁権）(453条)も
できない。 Ⓞ Ⓟ

2 ▶ 抵当不動産以外の財産からの弁済

抵当権者は、原則として抵当不動産の代価から弁済を受けない債権の部分につい
てのみ、他の財産から弁済を受けることができる(394条1項)。

趣旨 抵当権者が抵当不動産から優先弁済を受けないで、抵当不動産以外の財
産から弁済を受けてから(こちらは債権者平等)、その不足額について抵当
不動産から優先弁済を受けるとすると、一般債権者が不利益を受けること
になることから、抵当権者と一般債権者との関係を調整する規定である。

⑤ 抵当権侵害

1 第三者による抵当権侵害

> **設例❶** AはB所有の建物に抵当権の設定を受けているが、Cが当該建物を不法占有している。
>
> **設例❷** AはB所有の建物に抵当権の設定を受けているが、Dが当該建物を損傷した。

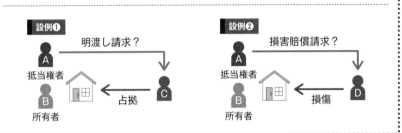

C・Dのような第三者が甲建物を侵害する場合、B（抵当権設定者）は甲建物の所有者として、Cに対して所有権に基づく甲建物の明渡しを、Dに対して不法行為に基づく損害賠償（709条）を、それぞれ請求することができる。

しかし、所有権とは異なり、抵当権は非占有担保であって、抵当不動産の使用収益権を有していない。そこで、所有者であるBが上記の請求をしない場合、抵当権者であるAが、どのような請求をすることができるのかが問題となり、主な問題点として以下の4つがある。

① 抵当不動産の不法占有者に対する妨害排除請求（ 設例❶ ）

問題点 抵当権者は、抵当不動産の不法占有者に対して、その状態の排除を求めることができるか。

結論 第三者が抵当不動産を不法占有することにより**抵当不動産の交換価値の実現が妨げられ抵当権者の優先弁済請求権の行使が困難となるような状態**があるときは、**抵当権に基づく妨害排除請求**として、**抵当権者が右状態の排除を求めることも許される**ものというべきである（最大判平11.11.24）。 12

理由 ① 抵当権は不動産の占有を抵当権者に移すことなく設定され、抵当権者は、原則として、抵当不動産の所有者が行う抵当不動産の使用収益について干渉することができない。

② 第三者が抵当不動産を不法占有することで、競売手続の進行が害され、抵当不動産の交換価値の実現が妨げられ、抵当権者の優先弁済請求権の行使が困難となる状態があるときは、これを**抵当権に対する侵害**（**抵当権侵害**）**と評価**することを妨げるものではない。

〈解説〉 ① 上記状態の例として、競売手続の進行が害され、適正な価額よりも売却価額が下落するおそれのあることが挙げられる。

② 〔発展〕本判決は、所有者の不法占有者に対する妨害排除請求権の代位行使も認めている。詳細は『民法 下』「債権総論」で扱う。 Q

② 抵当不動産の権原のある占有者に対する妨害排除請求

問題点 抵当権者は、占有権原(ex.賃借権)の設定を受けて抵当不動産を占有する者に対して、抵当権に基づく妨害排除請求をすることができるか。

結論 ① 抵当権設定登記の後に占有権原の設定を受けたもので、その設定に**抵当権の実行としての競売手続を妨害する目的**が認められ、その占有により抵当不動産の交換価値の実現が妨げられ、抵当権者の優先弁済請求権の行使が困難となる状態があるときは、抵当権者は、占有者に対し、**抵当権に基づく妨害排除請求として、上記状態の排除を求めることができる**(最判平17.3.10)。 13

② 〔発展〕抵当不動産の所有者において抵当権に対する侵害が生じないように抵当不動産を適切に維持管理することが期待できない場合、抵当権者は、占有者に対し、**直接自己への抵当不動産の明渡し**を求めることができる(最判平17.3.10)。 R

理由 抵当不動産の所有者は、抵当不動産の使用収益に当たり、抵当不動産を適切に維持管理することが予定されており、抵当権の実行としての競売手続を妨害する占有権原を設定することは許されない。

③ 第三者の抵当不動産の占有に対する損害賠償請求 (設例❶)

問題点 抵当権者は、抵当不動産に対する第三者の占有に対して、不法行為に基づく損害賠償(709条)を請求することができるか。

結論 賃料額相当の損害を被るものではないから、抵当権者が抵当権侵害による不法行為に基づく賃料相当損害金の支払請求をすることは認められない(最判平17.3.10)。 14

理由 抵当権者が抵当権に基づく妨害排除請求により取得する占有は、抵当不動産の所有者に代わりその維持管理をすることを目的としており、抵当不動産の使用及びその使用による利益の取得を目的としていない。

④ 抵当不動産の損傷に対する損害賠償請求（ 設例❷ ）

問題点　抵当権者は、抵当不動産を損傷した第三者に対して、不法行為に基づく損害賠償(709条)を請求することができるか。

結論　損傷によって抵当不動産の交換価値(価額)が被担保債権の額を下回った場合には、その下回った額について、抵当権者が第三者に対して不法行為に基づく損害賠償を請求することができる。

理由　損傷を受けても被担保債権の額を上回るのであれば、抵当不動産の交換価値の実現が妨げられておらず、抵当権者には損害が生じていない。

〈解説〉　 設例❷ において、被担保債権額400万円、損傷前の建物の価額500万円、Dの損傷による価値減少額200万円とした場合、建物の価額が300万円に減少し、Aは建物から本来受けるはずであった100万円分が回収不能になったので、AはDに対して100万円の損害賠償請求が可能である。

2 ▶ その他の問題

① 抵当権侵害と期限の利益の喪失

　債務者が抵当不動産を滅失・損傷・減少させた場合、当該債務者は期限の利益を失う(137条2号)。不法行為とは異なるので、債務者の故意又は過失を問わない。この場合、抵当権者は期限の利益の喪失を主張して、直ちに**被担保債権の弁済請求や抵当権を実行**することができる。 **15**

② 抵当山林の伐採・搬出の禁止 ╱発展

問題点　抵当権者は、抵当山林を伐採し、その伐採した立木(伐木)を搬出しようとする行為に対して、その禁止(差止め)を請求することができるか。

結論　①　抵当山林の通常の使用収益の範囲内(間伐)のときは、抵当権侵害に該当しないので、伐採・搬出の差止めを請求することができない。

　　②　通常の使用収益の範囲を超えるときは、抵当山林の交換価値を減少させる抵当権侵害に該当するので、**抵当権に基づく妨害排除請求権を行使して伐採・搬出を禁止することができる**(大判昭7.4.20)。 **S**

理由　抵当山林に植えられた立木は、抵当山林の付加一体物として抵当権の効力が及んでいる(370条本文)。

〈解説〉　伐木の搬出後に関する判例は存在しない。多数説は、抵当山林から搬出された以上、抵当権の効力は及ばず、伐木の返還請求をすることはできないと解している。

重要事項 一問一答

01 抵当地の場合、その抵当地上の建物に抵当権の効力が及ぶか?

及ばない(370条本文)。

02 抵当不動産の付合物に抵当権の効力が及ぶか?

抵当不動産の付加一体物として抵当権の効力が及ぶ。

03 抵当権設定当時存在した従物に抵当権の効力が及ぶか?

抵当権の効力が及ぶ(判例)。

04 借地上にある抵当建物の土地賃借権に抵当権の効力が及ぶか?

抵当権の効力が及ぶ(判例)。

05 利息等は何年分に抵当権の効力が及ぶか?

原則として満期となった最後の2年分(375条1項本文)

06 火災保険金請求権や賃料債権に対して物上代位権を行使することができるか?

物上代位権を行使することができる(判例)

07 抵当権者が代償物に対して物上代位権を行使するために必要なことは?

払渡し又は引渡しの前に差押えが必要(372条、304条1項ただし書)

08 第三者が抵当不動産を不法占有する場合、抵当権者が不法占有者に対する妨害排除請求権を行使するための要件は?

抵当不動産の交換価値の実現が妨げられ、抵当権者の優先弁済請求権の行使が困難となる状態があること(判例)

過去問チェック (争いのあるときは、判例の見解による)

01 抵当権の効力は、目的不動産の附合物には及ぶが、従物には及ばない。

× (裁2003)「従物には及ばない」が誤り。

02 宅地に対する抵当権の効力は、特段の事情がない限り、抵当権設定時に当該宅地の従物であった石灯籠及び庭石にも及ぶ。

○ (税・労・財2013)

03 最高裁判所の判例では、宅地に対する抵当権の効力は、特段の事情がない限り、抵当権設定当時、当該宅地の従物であった石灯籠及び庭石にも及び、抵当権の設定登記による対抗力は、当該従物についても生じるとした。

○ (区2020)

[04] 建物を所有するために必要な土地の賃借権は、特段の事情のない限り、その建物に設定された抵当権の効力の及ぶ目的物には含まれない。

×（国般2021）「その建物に設定された抵当権の効力の及ぶ目的物には含まれない」が誤り。

[05] 抵当権は、あくまでも目的物の担保価値を把握するものである以上、抵当不動産の果実に及ぶことはない。

×（税・労・財2018）「抵当不動産の果実に及ぶことはない」が誤り。

[06] 抵当権者が利息を請求する権利を有するときは、いかなる場合でも、満期となった全期間の利息について、抵当権を実行し優先弁済を受けることができる。

×（区2007）「いかなる場合でも、満期となった全期間の利息について、抵当権を実行し優先弁済を受けることができる」が誤り。

[07] 抵当権者が優先弁済を受けられる利息請求権の範囲は「満期となった最後の2年分」に限定されるから、被担保債権の債務者は、残元本のほか、最後の2年分の利息を抵当権者に弁済することによって、抵当権を消滅させることができる。

×（裁2006）「被担保債権の債務者は、残元本のほか、最後の2年分の利息を抵当権者に弁済することによって、抵当権を消滅させることができる」が誤り。

[08] 抵当権は、附従性、随伴性、不可分性は有するが、目的物の担保価値を把握する性質の権利である以上、物上代位性は有しない。

×（税・労・財2018）「物上代位性は有しない」が誤り。

[09] 最高裁判所の判例では、抵当不動産の賃貸により抵当権設定者が取得する賃料債権に対しては、抵当権者は物上代位権を行使することができないとした。

×（区2016改題）「抵当権者は物上代位権を行使することができないとした」が誤り。

[10] 抵当権の目的物が第三者の放火により焼失した場合、抵当権者は、目的物の所有者である抵当権設定者が取得した請求権のうち、損害賠償請求権に対しては物上代位権を行使することができるが、火災保険金請求権に対しては物上代位権を行使することができない。

×（税・労・財2014）「火災保険金請求権に対しては物上代位権を行使することができない」が誤り。

[11] Aは、Bに対する金銭債権を担保するため、Bが所有する甲建物に抵当権を有しており、Bは甲建物をCに賃貸し、Cは甲建物を更にDに転貸している。こ

の場合、Aは、甲建物の賃借人であるCを所有者であるBと同視することが相当でないときであっても、Cが取得する転貸賃料債権について物上代位権を行使することができる。

×（税・労・財2017）「Aは、甲建物の賃借人であるCを所有者であるBと同視することが相当でないときであっても、Cが取得する転貸賃料債権について物上代位権を行使することができる」が誤り。

12 抵当権は、目的物の占有を目的とする権利ではないから、抵当権が設定された不動産を第三者が不法に占有し、抵当権者の優先弁済請求権の行使が妨げられるような状態があったとしても、抵当権者は、当該第三者に対して抵当権に基づいて妨害排除請求権を行使することはできない。

×（裁2013）「抵当権者は、当該第三者に対して抵当権に基づいて妨害排除請求権を行使することはできない」が誤り。

13 抵当権設定後に抵当不動産の所有者から占有権原の設定を受けてこれを占有する者がいる場合、その占有権原の設定に抵当権実行としての競売手続を妨害する目的が認められ、その占有により抵当不動産の交換価値の実現が妨げられて抵当権者の優先弁済請求権の行使が困難となるような状態があるときは、抵当権者は当該占有者に対して抵当権に基づく妨害排除請求をすることができる。

○（税2016）

14 AはBに対する債務を担保するため、自己の所有する甲不動産に抵当権を設定し、登記をした。その後、Cが甲不動産を権限なく占有し始めた。Bが抵当権を実行するに当たって、BはCに対して、不法行為に基づき、不法占有によって生じた賃料相当額の損害の賠償を求めることはできない。

○（裁2016改題）

15 債務者が抵当目的物を滅失させ、損傷させ、又は減少させたときは、債務者は期限の利益を失うが、抵当権者は抵当権を実行することができない。

×（区2010）「抵当権者は抵当権を実行することができない」が誤り。

A 借地上の建物に設定された抵当権の効力は、その従たる権利である土地賃借権に対しても及ぶから、この建物について抵当権が実行された場合、建物の買受人は、土地賃借権の譲受けについて土地賃貸人の承諾を得ることを要しない。

×（裁2006）「土地賃貸人の承諾を得ることを要しない」が誤り。

B 法定果実である賃料に対しては、その担保する債権に不履行があったときは、民法371条により抵当権の効力が及ぶから、抵当権の被担保債権について債務不履行となった後に、抵当不動産の所有者が抵当不動産から生じた賃料を収受した場合は、不当利得となる。

× （裁2006改題）「不当利得となる」が誤り。

C 工場抵当法の規定により工場に属する土地又は建物とともに抵当権の目的とされた動産が、抵当権者の同意を得ないで、備え付けられた工場から搬出された場合には、第三者において即時取得をしない限りは、抵当権者は、搬出された目的動産を元の備付場所である工場に戻すことを求めることができるとするのが判例である。

○ （税・労・財2019）

D 買戻特約付売買の買主から目的不動産につき抵当権の設定を受けた者は、抵当権に基づく物上代位権の行使として、買戻権の行使により買主が取得した買戻代金債権を差し押さえることができる。

○ （税・労2004）

E 抵当権は、担保目的物の売却、賃貸、滅失又は損傷によって債務者が受けるべき金銭その他の物に対しても行使することができるという物上代位性を有し、抵当権者は、担保目的物である不動産の賃借人が供託した賃料の還付請求権について抵当権を行使することができる。

○ （国般2015）

F 見解A（代位目的物の払渡し又は引渡し前の差押えが必要とされる理由について、代位目的物が抵当権設定者の一般財産に混入しないよう、代位目的物の特定性を維持するため）は、物上代位を抵当権の実効性を保つため特に認められた権利であるとする考え方になじみやすく、見解B（代位目的物の払渡し又は引渡し前の差押えが必要とされる理由について、代位目的物について他の債権者に対する優先権を保全するため）は、物上代位を抵当目的物の価値の具体化である代位目的物に対する当然の権利であるとする考え方になじみやすい。

× （裁2007改題）全体が誤り。

G 見解A（代位目的物の払渡し又は引渡し前の差押えが必要とされる理由につ

いて、代位目的物が抵当権設定者の一般財産に混入しないよう、代位目的物の特定性を維持するため)の考え方を徹底すると、代位目的物の差押えが行われていさえすれば、それが抵当権者自身ではなく、他の債権者によってなされたものであっても、物上代位が認められると考えることになる。

○（裁2007改題）

[H] 見解 B（代位目的物の払渡し又は引渡し前の差押えが必要とされる理由について、代位目的物について他の債権者に対する優先権を保全するため)の考え方を徹底すると、抵当権者は、抵当権の登記によって優先権を公示されていることから、他の債権者に先んじて代位目的物の差押えを行う必要はないと考えることになる。

×（裁2007改題）「他の債権者に先んじて代位目的物の差押えを行う必要はないと考えることになる」が誤り。

[I] 債権者 X のために、債務者 Y が自己の建物に抵当権を設定し、その旨を登記していた事例において、X が、Y が有する当該建物についての賃料債権に物上代位権を行使しようとする場合、Ⅲ説(差押えの目的は、第三債務者を保護するためである。)によると、X による物上代位権の行使と Y の一般債権者 Z による賃料債権への差押えとの優劣が争われた場合、X による賃料債権への差押えと Z による賃料債権への差押えの先後で優劣を決することになる。

×（国般2010改題）「X による賃料債権への差押えと Z による賃料債権への差押えの先後で優劣を決することになる」が誤り。

[J] 債権について一般債権者の差押えと抵当権者の物上代位権に基づく差押えが競合した場合には、抵当権設定登記の時期の先後にかかわらず、抵当権者の物上代位権に基づく差押えが優先する。

×（税・労2004）「抵当権設定登記の時期の先後にかかわらず」が誤り。

[K] A が B 所有の甲土地について抵当権を有している場合、物上代位権行使の目的債権について、B の一般債権者が差押えをして転付命令が第三債務者に送達された後は、A は目的債権を差し押さえて物上代位権を行使することができない。

○（税・労・財2017）

[L] 抵当権者は、物上代位の目的債権が譲渡され、第三者に対する対抗要件が備えられた後においては、自ら目的債権を差し押さえて物上代位権を行使することは

できない。

× (国般2017)「自ら目的債権を差し押さえて物上代位権を行使することはできない」が誤り。

[M] 抵当権者が物上代位権を行使して賃料債権の差押えをした後は、抵当不動産の賃借人は、抵当権設定登記の前に賃貸人に対して取得した債権を自働債権とする賃料債権との相殺をもって、抵当権者に対抗することはできない。

× (国般2017)「抵当権設定登記の前に賃貸人に対して取得した債権を自働債権とする賃料債権との相殺をもって、抵当権者に対抗することはできない」が誤り。

[N] 敷金が授受された賃貸借契約に係る賃料債権につき抵当権者が物上代位権を行使してこれを差し押さえた場合においても、当該賃貸借契約が終了し、目的物が明け渡されたときは、賃料債権は、敷金の充当によりその限度で消滅するとするのが判例である。

○ (税・労・財2019)

[O] 物上保証人は、抵当権を実行しようとする抵当権者に対し、被担保債権の債務者に資力がある場合、まず債務者に対して支払を請求すべきと主張することができる。

× (裁2011)「まず債務者に対して支払を請求すべきと主張することができる」が誤り。

[P] 債権者が抵当権を実行する場合において、物上保証人が、債務者に弁済をする資力があり、かつ、債務者の財産について執行をすることが容易であることを証明したときは、債権者は、まず、債務者の財産について執行をしなければならない。

× (国般2019) 全体が誤り。

[Q] 第三者が抵当不動産を不法占有しているときは、抵当権者は、所有者の不法占有者に対する妨害排除請求権を代位行使することができる場合がある。

○ (裁2003)

[R] 抵当権の設定された土地が不法に占有されている場合、抵当権者は、不法占有者に対し、抵当権に基づいて妨害の排除を求めることはできるが、直接自己への土地明渡しを求めることはできない。

× (裁2011)「直接自己への土地明渡しを求めることはできない」が誤り。

S 山林に抵当権の設定を受けた抵当権者は、山林から樹木を不法に伐採して搬出しようとしている者に対し、抵当権に基づき、伐採、搬出をしないよう請求することができる。

○（裁2011）

7 抵当権③—抵当権と目的 不動産の利用権・所有権

本節では、賃借権の保護、法定地上権、一括競売、第三取得者保護の制度を扱います。法定地上権は難度が高いため、各論は発展としています。

❶ 賃借権の保護

抵当権が実行されると、目的物（抵当不動産）は、競売にかけられ、買受人がその所有権を取得することになる。そこで、次の2つの問題が生じる。

① 抵当権設定登記後に、設定者が目的物を賃貸した場合、賃借人の立場はどうなるか。

② 抵当権設定当時、土地・家屋とも設定者の所有で、どちらか一方に抵当権が設定・実行された場合、土地と家屋の所有者が異なることになるが、家屋はどうなるのか（詳細は次の ❷ 項「法定地上権」で扱う）。

1 建物明渡猶予制度 📎発展

> **設例** AはB所有建物に抵当権を有しているが、一方で、Bはこの建物をCに賃貸し、Cがそこに住んでいる。Aが抵当権を実行した場合、Cは建物に住み続けられるだろうか。
>
>

抵当権の場合、目的物の使用・収益は設定者に委ねられるから、設定者が目的物を賃貸することも自由である。一方で、抵当権が実行された場合、目的物に設定された賃借権はどうなるかという問題も生ずる。これは、BC間の賃貸借契約が、抵当権の設定登記前になされた場合と、設定登記後になされた場合とで、分けて考える必要がある。

① 賃貸借が設定登記前 (賃貸借→設定登記) の場合

賃借人が対抗要件(詳細は『民法 下』「債権各論」で扱う)を抵当権の設定登記前に備えていれば、賃借権は保護される。すなわち、買受人との間で賃借権が存続する。

② 賃貸借が設定登記後 (設定登記→賃貸借) の場合

賃借権は抵当権に劣後するから、原則として、賃借人は買受人からの明渡請求を拒むことはできない。しかし、それではそもそも抵当権の目的物の賃貸が困難となり、目的物の使用収益権を設定者に留めた法の趣旨を全うできない。

そこで、以下のいずれかの場合には、抵当権の目的物である建物(目的建物)の賃借人が、競売による買受人の**買受の時から6か月を経過するまで目的建物の明渡しを猶予**されることにしている(建物明渡猶予制度)(395条1項)。 A

要件 ① 競売手続の開始前から目的建物を使用収益している場合 A
② 強制管理または担保不動産収益執行の管理人が競売手続の開始後にした賃貸借により目的建物を使用収益している場合

設例 においては、①BC間の賃貸借契約および対抗要件の具備が抵当権設定登記前の場合、建物買受人と間でCの賃借権が存続するので、Cは建物に住み続けることができる。②賃貸借契約が抵当権設定登記後の場合、Cは建物に住み続けることはできない (買受人の買受の時から6か月を経過するまでは建物の明渡しを拒める可能性があるにすぎない)。

2 抵当権者の同意の登記がある場合の賃借権 /発展

抵当権者に不利益とならない賃貸借については、抵当権者の同意の登記により、その賃貸借に対抗力を与えることができる(387条1項)。具体的には、**土地、建物を問わず、以下の3つの要件を満たせば、その賃貸借を同意した抵当権者に対抗する**ことができる。 B

要件 ① 賃貸借の登記(605条)がされていること
② その登記前に登記した抵当権を有するすべての者が同意していること
③ その同意の登記がされていること

 の前にテキスト配置

❷ 法定地上権

1 概説

① 制度の背景

　土地と建物の所有者が同一の場合、建物について借地権などの土地利用権は存在しない(原則として自己借地権は認められていない)ため、建物に設定された抵当権が実行(競売)されると、土地利用権がないのに他人所有の建物が土地上に存在することになる。この場合、土地所有者(次図：A)の建物所有者(次図：B)に対する建物収去と土地の明渡しの請求が認められると、建物の買受人が現れなくなり、結果として抵当権を利用する者がいなくなってしまう。

　そこで、このような場合に**法律上当然に地上権が成立**することとしたのが、**法定地上権**である。

【法定地上権】

　なお、土地について抵当権が設定・実行された場合も、土地所有者(競売による買受人)の建物所有者に対する建物収去と土地明渡しの請求が認められると、建物がある土地上への抵当権設定に支障が生じ、結果として抵当権の利用者がいなくなるので、上記と同様のことがいえる。

② 法定地上権の意義と趣旨

意義　土地及び土地上に存在する**建物の所有者が同一人**である場合に、土地又は建物の一方又は双方に**抵当権が設定**され、これが実行されたことにより**土地と建物の所有者が異なったとき**は、建物について地上権が成立する(388条)。この地上権が、**法定地上権**である。

趣旨　①　建物収去による**社会経済上の損失の防止**。
　　　　②　建物について土地利用権を認めることで、**抵当権の活用を図る**。

③ 法定地上権の成立要件と効果

要件　①　抵当権設定時に**土地上に建物が存在する**こと
　　　　②　抵当権設定時に土地と建物が**同一所有者に属する**こと

③　土地・建物の**一方又は双方に抵当権が設定される**こと〔01〕
④　抵当権の実行により**土地と建物がそれぞれ別の所有者に属する**ように
なること

効果　建物について**法律上当然に地上権が成立**する。〔02〕

④ 法定地上権の対抗要件の要否

　法定地上権は法律上当然に成立するが、これを第三者に対抗するためには一般の
物権と同様、**登記が必要**である(対抗要件)〔03〕。したがって、法定地上権の成立
を第三者に対抗するためには、地上権の登記(177条)、又は、自己名義の建物登記
(借地借家法10条1項)が必要である。

〈**解説**〉　建物所有目的の土地賃借権だけでなく、建物所有目的の地上権も借地権
　　　　(借地借家法2条1号)であり、法定地上権は後者に該当するので、自己名義の
　　　　建物登記が対抗要件に含まれる。

⑤ 地代（ちだい）/発展

　法定地上権が成立する場合の地代については、当事者の請求により裁判所が決定
する(388条後段)。〔C〕
　以下、成立要件について、それぞれ問題点を検討する。

2 ▶ 抵当権設定時に土地上に建物が存在すること （要件❶）/発展

① 更地（さらち）の場合

設例　建物の存在しない甲土地 (更地) に対して抵当権が設定されたが、そ
の後、甲土地上に A 所有の乙建物が建築された。

❶抵当権設定　　　❷建築

甲土地

問題点　建物の存在しない土地上に抵当権が設定された後、当該土地に建物が
　　　　建築された場合、当該建物について法定地上権は成立するか。
結論　法定地上権は**成立しない**(大判大4.7.1)。〔D〕
理由　土地を更地として評価していた抵当権者に不測の損害を被らせないため

（大判大4.7.1）。一般的には、法定地上権の成立する土地は、通常、更地の２割から３割の価値とされる。

② 建物が建築予定の場合

> | 設例 | 建物の存在しない甲土地（更地）に対して抵当権が設定されたが、その際、抵当権設定者と抵当権者との間で将来その土地の上に建物を建築したときは、競売の時に地上権を設定したものとみなすとの合意がなされた。

問題点 更地に抵当権を設定する際に、抵当権設定者と抵当権者との間で将来その土地の上に建物を建築したときは競売の時に**地上権を設定したものとみなすとの合意**がなされた場合、当該土地に建物が建築されると、当該建物について法定地上権は成立するか（合意の効力を競落人に主張することができるか）。

結論 法定地上権は**成立しない（合意の効力を主張することができない）**（大判大7.12.6）。 [E]

理由 私人間の合意で競売の効力を左右することはできないから。

③ 建物が建築途中（未完成）の場合

> **設例** 甲土地に抵当権が設定された。抵当権設定当時、甲土地上には建築途中の乙建物が存在したが、甲土地は更地として担保価値が評価されていた。その後、抵当権者の承諾を得てＡ所有の乙建物が完成した。
>
>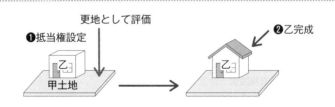

問題点 土地に対する抵当権設定当時には建築途中（未完成）だった建物がその後完成した場合、当該建物について法定地上権は成立するか。

結論 建物が土地に対する抵当権設定当時完成しておらず、また抵当権者が建物の築造を予め承認した事実があっても、抵当権は土地を更地として評価して設定されたことが明らかな場合には、法定地上権は成立しない（最判昭36.2.10）。 F

理由 388条により法定地上権が成立するためには、抵当権設定当時において地上に建物が存在することを要するものであって、抵当権設定後土地の上に建物を築造した場合は、原則として同条の適用がないから。

④ 土地に対する一番抵当権の設定後、二番抵当権の設定前に建物が建築された場合

> **設例** ①Ａの所有する甲土地（更地）に第一順位の抵当権（一番抵当権）が設定された後、②甲土地上にＡ所有の乙建物が建築された。③その後、甲土地に第二順位の抵当権（二番抵当権）が設定され、二番抵当権者の申立てにより競売がなされた。
>
>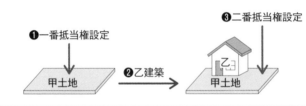

問題点　土地に対する**一番抵当権の設定後、二番抵当権の設定前に建物が建築**され、二番抵当権者の申立てにより競売がなされた場合、当該建物について法定地上権は成立するか。

結論　**法定地上権は成立しない**(最判昭47.11.2)。　**G**

理由　① 競売は、申立てをした抵当権者の抵当権にかかわりなく、目的不動産上の全ての抵当権について一括して清算するものである。

　　② 抵当権の設定された土地は、先順位の抵当権設定当時の状態において競売されるべきである。

⑤ 建物が再築された場合

設例　①土地上には甲建物 (非堅固) が存在しており、当該土地に抵当権が設定された。その後、②甲建物が滅失したため、③乙建物 (堅固) が再築された。

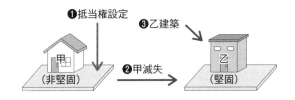

問題点　土地に対する抵当権設定時に建物(非堅固)が存在していたが、その後、滅失したため**新建物(堅固)を再築**した場合、新建物について法定地上権は成立するか。

原則　**旧建物(滅失したもの)を基準**として、新建物についての法定地上権が**成立する**(大判昭10.8.10)。　**H**

理由　新建物を基準にすると、抵当権者が不測の損害を被るおそれがある。

例外　堅固建物が建築されることを予定して抵当権者が担保価値を評価した場合には、**新建物を基準**として法定地上権が**成立する**(最判昭52.10.11)。　**I**

理由　抵当権者が堅固建物が建築されることを予定して担保価値を評価した場合には、抵当権者が不測の損害を被るおそれはない。

〈**解説**〉　旧借地法は、借地権の期間を堅固建物は60年、非堅固建物は30年と区別していたが、現行の借地借家法は一律の30年としているため、単独の論点としては意義を失っている。

⑥ 建物及び土地に共同抵当権が設定された後に、建物が再築された場合

設例 ①Aの所有する土地及び土地上の甲建物に共同抵当権が設定された後、②甲建物が取り壊され、③新たに乙建物が建築された。

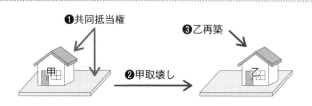

❶共同抵当権

❷甲取壊し

❸乙再築

甲 → 乙

問題点 債務者の所有する土地及び土地上の建物に共同抵当権(詳細は本章 **8** 節 **❷** 項「共同抵当」で扱う)が設定された後、建物が取り壊され、新たに建物が建築された場合、新建物について法定地上権は成立するか。

結論 新建物の所有者が土地の所有者と同一であり、かつ、新建物が建築された時点での土地の抵当権者が新建物について土地の抵当権と同順位の共同抵当権の設定を受けたとき等**特段の事情のない限り、新建物のために法定地上権は成立しない**(最判平9.2.14)。 **J**

理由 ① 土地及び土地上の建物に共同抵当権が設定された場合、抵当権者は**土地及び建物全体の担保価値を把握している。**

② (①を前提として)建物が取り壊されたときは土地について法定地上権の制約のない土地としての担保価値を把握しようとするのが、抵当権設定当事者の合理的意思である。

【「抵当権設定時に土地上に建物が存在すること」に関連する判例のまとめ】

事例	法定地上権の成否
更地に抵当権設定後、建物が建築された	法定地上権は成立しない（大判大4.7.1）
建物を建築予定で、競売の時に地上権を設定したものとみなすとの合意あり	法定地上権は成立しない（合意の効力を主張することができない）（大判大7.12.6）
土地に対する抵当権設定当時、建物が建築途中（未完成）	建物が土地に対する抵当権設定当時完成しておらず、また抵当権者が建物の築造を予め承認した事実があっても、抵当権は土地を更地として評価して設定されたことが明らかな場合には、法定地上権は成立しない（最判昭36.2.10）
土地に対する一番抵当権の設定後、二番抵当権の設定前に建物が建築された	法定地上権は成立しない（最判昭47.11.2）
土地に対する抵当権設定当時存在していた建物が滅失し、新建物が再築された	原則として旧建物（滅失したもの）を基準として法定地上権が成立する（大判大10.8.10）
土地および土地上の建物に共同抵当権が設定された後、建物が再築された	新建物の所有者が土地の所有者と同一であり、かつ、土地の抵当権者が新建物について土地と同順位の共同抵当権の設定を受けたなどの特段の事情がない限り、法定地上権は成立しない（最判平9.2.14）

3 ▷ 抵当権設定時に土地と建物が同一所有者に属すること（ 要件❷ ） 発展

① 土地及び建物の所有者は同一だが、建物について所有者名義の登記がない場合

> **設例**　Aの所有する甲土地を目的とする抵当権が設定された。抵当権設定当時、甲土地上にはAの所有する乙建物が存在していたが、乙建物についてAへの所有権移転登記はなされておらず、前主の名義のままであった。
>
>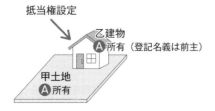

問題点　土地についての抵当権設定当時において、土地及び建物が同一の者の所有に属しているが、土地上の**建物に土地所有者名義の所有権移転登記がなされていない場合**、法定地上権は成立するか。

結論　法定地上権は成立する(最判昭48.9.18)。　**K**

理由　① 建物について土地所有者名義の所有権移転登記がなされていなくても、抵当権設定時に建物が存在している以上、建物を保護することが社会経済上の不利益を防止するという388条の趣旨にかなうといえる。

　　② 通常、抵当権者は実際に土地の現況を見て、建物の存在を確認したうえで土地の担保価値を把握している。

② 抵当権設定当時は土地及び建物の所有者が異なっていたが、抵当権の実行時には同一人が所有していた場合

設例　Aの所有する甲土地上には、Bの所有する乙建物が存在しており、①乙建物について抵当権が設定された。その後、②BはAに対して乙建物を売却し甲土地及び乙建物は共にAが所有していたところ、③抵当権が実行された。

❶抵当権設定　　乙建物 B所有　　甲土地 A所有

❷乙建物をAに売却

❸抵当権実行　　乙建物 A所有　　甲土地 A所有

問題点　建物についての**抵当権設定当時**において土地と建物の**所有者が異なっていたが、抵当権の実行**の際には土地及び建物が**同一人の所有**に帰していた場合、建物について法定地上権は成立するか。

結論　法定地上権は**成立しない**(最判昭44.2.14)。　**L**

理由　抵当権設定当時において土地及び建物の所有者が異なる以上、その土地又は建物に対する抵当権の実行による競落の際に、土地及び建物の所有権が同一の者に帰していたとしても、388条の規定が適用または準用されるいわれはない。

〈解説〉　土地及び建物の所有者が**土地に抵当権を設定した後**、その建物を第三者に売却した場合、建物のために法定地上権が成立する(大連判大12.12.14)。こ

の場合は、抵当権設定当時に土地及び建物の所有者が同一という要件を満たすからである。

③ 土地についての一番抵当権設定当時は土地及び建物の所有者が異なっていたが、後順位抵当権設定当時には同一人が所有していた場合

> **設例** Aの所有する甲土地上には、Bの所有する乙建物が存在しており、①甲土地について一番抵当権が設定された後、②BはAに対して乙建物を売却し、甲土地及び乙建物は共にAが所有していた。その後、③甲土地について二番抵当権が設定され、④さらに抵当権の実行による甲土地の競売により、一番抵当権は消滅した。

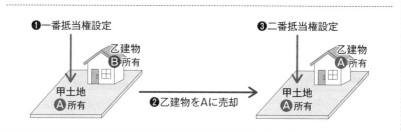

❶一番抵当権設定 **❸二番抵当権設定**

乙建物
B所有

甲土地
A所有

❷乙建物をAに売却

乙建物
A所有

甲土地
A所有

問題点 土地を目的とする**一番抵当権設定当時は土地及び建物の所有者が異**なっていたが、**後順位抵当権設定当時には土地及び建物を同一人が所有して**いたとき、抵当権の実行により一番抵当権が消滅した場合、法定地上権は成立するか。

結論 法定地上権は**成立しない**（最判平2.1.22）。**M**

理由 一番抵当権者は、法定地上権の負担のないものとして土地の担保価値を把握しているので、一番抵当権設定後、土地及び建物が同一人に帰属し、後順位抵当権が設定されたことによって法定地上権が成立するものとすると、**一番抵当権者が把握した担保価値を損なわせるため**。

④ 土地を目的とする先順位抵当権の消滅後に後順位抵当権が実行された場合

設例 ①Aの所有する甲土地を目的とする先順位抵当権が設定された当時、甲土地上にはBの所有する乙建物が存在していたが、②BがAに対して乙建物を売却したため、③甲土地を目的とする後順位抵当権設定当時、甲土地及び乙建物はAの所有に属していた。④その後、抵当権設定契約の解除により先順位抵当権が消滅した。

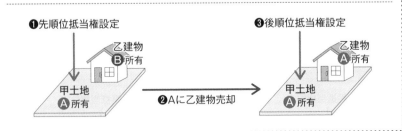

問題点 土地を目的とする**先順位抵当権設定後、後順位抵当権設定前に土地及び建物が同一人の所有に属したとき、先順位抵当権が抵当権設定契約の解除によって消滅した**後に後順位抵当権が実行された場合、法定地上権は成立するか。

結論 法定地上権は**成立する**(最判平19.7.6)。 N

理由 ① 先順位抵当権が弁済、設定契約の解除などにより消滅することがあるのは抵当権の性質として当然のことであり、後順位抵当権者としては、それを予測したうえで**順位上昇の利益と法定地上権成立の不利益とを考慮して担保余力を把握すべき**である。

② 先順位抵当権は競売前に消滅していることから、法定地上権の成否の判断にあたり、**先順位抵当権者の利益を考慮する必要はなく、法定地上権の要件充足性を先順位抵当権の設定時にさかのぼって判断すべき理由はない**。

〈解説〉 前述③の最判平2.1.22と本判決は「先順位抵当権設定時には土地及び建物の所有者が異なっていたが、後順位抵当権設定当時には土地及び建物の所有者は同一人であった」という点で共通しているが、最判平2.1.22は抵当権実行時に先順位抵当権が**存続していた**(抵当不動産の競落により消滅)のに対し、本判決は抵当権実行時に先順位抵当権が**既に消滅していた**という違いがある。

⑤ 土地共有者の一人だけが法定地上権の要件を充足した場合

> **設例**　AB が共有する甲土地上には A が単独で所有する乙建物が存在していた。A は甲土地の自己の持分について抵当権を設定し、抵当権の実行により甲土地の A の持分が競落された。
>
>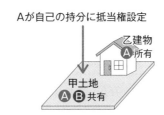
>
> Aが自己の持分に抵当権設定
>
> 乙建物
> Ⓐ所有
>
> 甲土地
> ⒶⒷ共有

問題点　共有する土地上に共有者の一人が単独で所有する建物が存在している場合において、当該共有者が土地の自己の持分について抵当権を設定し、これが実行されたときは、法定地上権は成立するか。

結論　法定地上権は成立しない(最判昭29.12.23)。〔○〕

理由　共有物全体に対する地上権の設定行為は共有物の変更(251条1項)に当たり、他の共有者の同意がなければ地上権は発生しないが、このことは、共有地全体に対して地上権が設定されたものとみなす法定地上権についても同様である。

⑥ 建物の共有者の一人がその敷地を所有する場合

> **設例**　A の所有する甲土地上には、AB が共有する乙建物が存在していた。A は甲土地について抵当権を設定し、抵当権の実行により甲土地が競落された。
>
>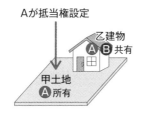
>
> Aが抵当権設定
>
> 乙建物
> ⒶⒷ共有
>
> 甲土地
> Ⓐ所有

問題点 　建物の共有者の一人が当該建物の存在する**土地(敷地)を単独で所有し**ている場合において、当該共有者が土地について抵当権を設定し、これが実行されたときは、法定地上権は成立するか。

結論 　法定地上権は**成立する**(最判昭46.12.21)。 P

理由 　土地の単独所有者である建物の共有者の一人は、自己のみならず、他の建物共有者のためにも、当該建物の敷地である土地の利用を認めているものといえるため。

⑦ 共有土地の抵当権の実行と法定地上権

設例 　甲土地上には乙建物が存在しており、甲土地は ABC の共有に、乙建物は ADE の共有にそれぞれ属していた。A の債務を担保するために ABC はそれぞれ甲土地の自己の持分に抵当権を設定し、抵当権の実行により、甲土地の ABC の持分が競落された。

ABCがそれぞれの持分に抵当権設定

問題点 　**地上建物の共有者の一人にすぎない土地共有者(A)の債務を担保**するため土地共有者の全員(ABC)が各持分に共同して抵当権を設定した場合、法定地上権は成立するか。

結論 　他の土地共有者ら(BC)がその持分に基づく土地に対する使用収益権を事実上放棄し、当該土地共有者(A)の処分にゆだねていたことなどにより**法定地上権の発生をあらかじめ容認していた**とみることができるような特段の事情がある場合でない限り、共有土地について法定地上権は**成立しない**(最判平6.12.20)。 Q

理由 　共有者は、各自、共有物について所有権と性質を同じくする独立の持分を有しているのであり、かつ、共有地全体に対する地上権は共有者全員の負担となるから。

事例	法定地上権の成否
土地についての一番抵当権設定当時は土地と建物の所有者が異なっていたが、後順位抵当権設定当時には土地及び建物を同一人が所有していた	法定地上権は成立しない（最判平2.1.22）
土地を目的とする先順位抵当権設定後、後順位抵当権設定前に土地及び建物が同一人の所有に属し、先順位抵当権が設定契約の解除により消滅した後に後順位抵当権が実行された	法定地上権は成立する（最判平19.7.6）
共有する土地上に共有者の一人が単独で所有する建物が存在しており、当該共有者が土地の自己の持分について抵当権を設定	法定地上権は成立しない（最判昭29.12.23）
建物の共有者の一人が当該建物の存在する土地を単独で所有しており、当該共有者が土地について抵当権を設定	法定地上権は成立する（最判昭46.12.21）
地上建物の共有者の一人にすぎない土地共有者の債務を担保するため土地共有者の全員が各持分に共同して抵当権を設定	他の土地共有者らが法定地上権の発生をあらかじめ容認していたとみることができるような特段の事情がある場合でない限り、共有土地について法定地上権は成立しない（最判平6.12.20）

第3章
担保物権

4 土地・建物の一方又は双方に抵当権が設定されること（要件❸）01

① 土地又は建物

条文上は、「土地又は建物につき」抵当権が設定された場合を規定しているが（388条）、土地・建物の双方に抵当権が設定された場合も当該要件を満たす。

② 抵当権の設定

条文上は、「抵当権が設定」されることを規定しているが、強制執行による場合（民事執行法81条）や国税滞納者に対する公売処分の場合（国税徴収法127条）でも、当該要件を満たす。

5 抵当権の実行により土地と建物がそれぞれ別の所有者に属するようになること（要件❹）。

条文上は、抵当権の「実行」によりと規定されていることから、抵当権に基づく担保不動産競売（任意競売）の場合が該当するが、強制執行による競売（強制競売）や公売処分の場合でも、当該要件を満たす。

❸ 一括競売（389条）

原則 土地（更地）の抵当権設定後に建物が建築された場合、抵当権者は土地とともに当該建物を一括して競売することができる。抵当権者は、土地の競売代価についてのみ優先弁済を受けることができる（建物の競売代価については優先弁済権を有しない）（389条1項）。 04

例外 建物の所有者が抵当地を占有するについて抵当権者に対抗することができる権利を有するときは、土地と建物を一括して競売することはできない（389条2項）。

趣旨 土地の買受人は建物を収去することができるが、建物収去は買受人に対する負担となり抵当権実行の妨害となるため、この弊害を回避することを趣旨とする。

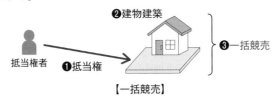

【一括競売】

❹ 第三取得者保護の制度

1 第三取得者とは

　抵当権は登記が対抗要件になるので、登記後に抵当権設定者が抵当不動産を第三者に譲渡しても、抵当権者は、当該第三者に対して抵当権を主張することができる。この場合に抵当不動産を譲り受けた第三者のことを抵当不動産の第三取得者という（単に第三取得者と呼ぶ場合もある）。

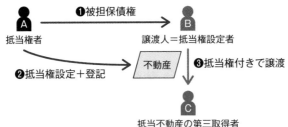

【抵当不動産の第三取得者】

抵当権設定者Bが目的不動産を第三者Cに譲渡した場合、抵当権者Aに抵当権

設定登記があれば、AはCに抵当権を対抗することができる。Cは抵当権付きで不動産を取得したことになる。したがって、債務者BがAに弁済できない場合、Cは抵当権の実行によって不動産の所有権を失う立場にある。これではCは困るし、Aとしても抵当権を実行しないで済ませられればそれに越したことはない。そこで、AC間で抵当権を消滅させやすくする制度が認められている。

📝**発展** なお、抵当不動産の第三取得者は、その競売において買受人となることができるので(390条)、Cは買受人となることで引き続き抵当不動産を所有することもできる。 R

2 抵当権者・第三取得者間で抵当権を消滅させる方法

まず、CがAの債権全額を支払えば(**第三者弁済**)(474条1項)、当然抵当権は消滅する。そのほかに、Aの請求またはCの請求により、債権額を下回る金額の支払い等でも抵当権を消滅させる方法が認められている。

① 代価弁済 (378条)

意義 **代価弁済**とは、抵当権の目的物について所有権又は地上権を取得した者(第三取得者)が、**抵当権者の請求に応じて**、不動産の代価を支払ったときは、抵当権はその第三取得者のために消滅する制度である(378条) 05 06 。代価弁済の額に関する規定はない。第三取得者が抵当権者の請求に同意して応じるか否かは任意であり、**請求に応じる義務はない**。 06

② 抵当権消滅請求 (379条)

意義 **抵当権消滅請求**とは、抵当不動産の所有権を取得した者(第三取得者)が、目的物を自ら評価した金額を抵当権者に提示して、**抵当権者の承諾を得て**その金額の払渡し又は供託をして抵当権を消滅させる制度である(379条以下)。 07 08

① 抵当不動産の**所有権**を取得した第三者は、抵当権の実行としての競売による**差押えの効力が発生する前に限り**、取得代価又は特に指定した金額を抵当権者に提供して抵当権の消滅を請求することができる (82条、383条)。 07

② 抵当権消滅請求に応じるか否かは抵当権者の任意であるが、抵当権者が請求の書面の送付を受けた後**2か月以内に競売の申立て**をしない場合は、提示された金額を承諾したものとみなされる (383条3号、384条1号)。 08

③ 主たる債務者、保証人及びこれらの者の承継人は、**抵当権消滅請求をすることができない** (380条)。

趣旨 主たる債務者や保証人は、債務を弁済すべきだからである。

重要事項 一問一答

01 建物明渡猶予制度とは?

目的建物(抵当権の目的物である建物)の賃借人が、競売による買受人の買受の時から6カ月を経過するまでは、目的建物の明渡しを猶予される制度

02 抵当権者の同意の登記がある場合の賃借権の効力は?

登記をした賃貸借は、その登記前に登記をした抵当権を有するすべての者が同意をし、かつ、その同意の登記があるときは、その同意をした抵当権者に対抗することができる。

03 法定地上権の制度趣旨は(2つ)?

①建物収去による社会経済上の損失の防止、②土地利用権を認めることで抵当権の活用を図る。

04 法定地上権の成立要件は(4つ)?

①抵当権設定時に土地上に建物が存在すること

②抵当権設定時に土地と建物が同一所有者に属すること

③土地・建物の一方又は双方に抵当権が設定されること

④抵当権の実行により土地と建物がそれぞれ別の所有者に属するようになること

05 法定地上権の効果は?

法律上当然に地上権が成立する。

06 法定地上権を第三者に対抗するために登記は必要か?

必要(地上権の登記又は建物の登記)

07 更地に抵当権を設定した場合、法定地上権は?

成立しない。

08 同一人の所有する土地及び建物に共同抵当が設定された後、建物が取り壊され新たな建物が建築された場合、法定地上権は?

新建物の所有者が土地の所有者と同一であり、かつ、新建物が建築された時点での土地の抵当権者が新建物について土地の抵当権と同順位の共同抵当権の設定を受けたなどの特段の事情のない限り成立しない。

09 土地及び建物の所有者は同一だが、建物について所有者名義の登記がない場合、法定地上権は?

成立する。

10 抵当権設定当時は土地と建物が別人所有だったが、実行時には土地と建物が同一人の所有だった場合、法定地上権は?

成立しない。

11 土地と建物の一括競売がされた場合、抵当権者は建物の競売代価についても優先弁済権を有するか?

有しない。土地の競売代価についてのみ優先弁済権を有する。

12 代価弁済とは?

抵当権の目的物について所有権又は地上権を取得した者(第三取得者)が、抵当権者の請求に応じて、不動産の代価を支払ったときは、抵当権は消滅する制度(378条)

13 抵当権消滅請求とは?

抵当不動産の所有権を取得した者(第三取得者)が、目的物を自ら評価した金額を抵当権者に提示して、抵当権者の承諾を得てその金額の払渡し又は供託をして抵当権を消滅させる制度(379条)

過去問チェック (争いのあるときは、判例の見解による)

01 民法第388条は土地又は建物のいずれか一方のみに抵当権が設定された場合を規定するものであり、同一の所有者に属する土地及びその上に存する建物が同時に抵当権の目的となった場合には、同条は適用されず、法定地上権は成立しない。
× (国般2019) 全体が誤り。

02 Aの所有する土地及び地上建物のうち、建物についてBのために抵当権が設定された。その後、抵当権が実行されてCが当該建物の買受人となった。この場合、Aは、Cに対して土地利用権限がないことを理由に建物収去・土地明渡しを請求することができる。
× (税2016)「Aは、Cに対して土地利用権限がないことを理由に建物収去・土地明渡しを請求することができる」が誤り。

03 法定地上権は、公益上の理由に基づき、法律上当然に発生するものであるから、第三者に対し登記なくして法定地上権を対抗することができる。
× (国般2016)「第三者に対し登記なくして法定地上権を対抗することができる」が誤り。

04 土地に対して抵当権が設定された後に、土地上に建物が建築された場合、抵当権者は、土地とともに建物の競売をすることができ、建物の競売代金についても優先権を行使することができる。
× (裁2013)「建物の競売代金についても優先権を行使することができる」が誤り。

05 AはBに対する債務を担保するため、自己の所有する甲不動産に抵当権を設定し、登記をした。Aはその後、甲不動産をCに売却した。AのBに対する債務が1,500万円、甲不動産の価格が1,200万円であった場合、CはBからの請求に対して1,200万円を支払うことでBの抵当権を消滅させることができる。
○ (裁2016改題)

[06] 抵当権者は、抵当権の設定登記がされた建物を買い受けた第三取得者に対して、その売買代金を自己に支払うことを請求し、抵当権を消滅させることができる。この代価弁済は、売買価格が被担保債権額を下回っている場合に利用されるものであるから、第三取得者の同意を要しない。

× (国般2012)「この代価弁済は、売買価格が被担保債権額を下回っている場合に利用されるものであるから、第三取得者の同意を要しない」が誤り。

[07] Aは、債権者Bに負う債務を担保するために、Aの所有する甲建物につき抵当権を設定し、その後、甲建物をCに売却した。甲建物について所有権を買い受けた第三取得者Cは、抵当権の実行としての競売による差押えの効力が発生する前にBの請求がある場合に限り、Bの甲建物上の抵当権につき消滅請求をすることができる。

× (国般2015)「Bの請求がある場合に限り」が誤り。

[08] 抵当権の設定登記がされた建物を買い受けた第三取得者は、自らが申し出た金額を抵当権者に支払うことにより、抵当権の消滅を請求することができる。抵当権者としてはこれに応ずる義務はないが、請求に応じない場合、抵当権者は1か月以内に競売の請求をしなければならない。

× (国般2012改題)「1か月以内に競売の請求をしなければならない」が誤り。

[A] 抵当権の設定登記がされた建物を賃借した者は、賃借権の登記をしていなくとも、競売手続の開始前から建物を使用又は収益していれば、その建物の競売における買受人の買受けの時から6か月を経過するまでは、その建物を買受人に引き渡さなくてよい。

○ (国般2012)

[B] 抵当権の設定登記がされた建物を賃借した者は、賃借権の登記をしていなくとも、登記をした抵当権を有する全ての者の同意を得ることができれば、その建物が競売されても、当該賃借権は買受人に引き受けられ、存続する。

× (国般2012)「賃借権の登記をしていなくとも、登記をした抵当権を有する全ての者の同意を得ることができれば、その建物が競売されても、当該賃借権は買受人に引き受けられ、存続する」が誤り。

[C] 法定地上権は法律上当然に発生するため、法定地上権の地代は、当事者の請

求によることなく、裁判所が定める金額としなければならない。

× (税・労2013)「法定地上権の地代は、当事者の請求によることなく、裁判所が定める金額としなければならない」が誤り。

[D] Aが所有する土地に抵当権が設定・登記された当時当該土地上に建物が存在せず、更地であった場合には、その後、当該土地上にA所有の建物が築造され、抵当権の実行により当該土地がBに競落されたとしても、原則として、法定地上権は成立しない。

○ (国般2019)

[E] 更地に抵当権を設定する際に、抵当権設定者と抵当権者との間で将来その土地の上に建物を建築したときは競売の時に地上権を設定したものとみなすとの合意がなされた場合は、抵当権設定者は土地競落人に地上権を主張することができるとするのが判例である。

× (税・労2005)「抵当権設定者は土地競落人に地上権を主張することができるとするのが判例である」が誤り。

[F] 土地に対する抵当権設定時、その土地上に未完成の建物が存在する場合、抵当権者が、抵当権設定時にその土地を更地として評価して抵当権の設定を受けているものの、その土地上に抵当権設定者所有の建物が建てられることをあらかじめ承認していれば、その後その土地上に抵当権設定者所有の建物が建てられたときは、その建物のために法定地上権が成立する。

× (国般2014改題)「その建物のために法定地上権が成立する」が誤り。

[G] 更地に一番抵当権が設定された後に土地所有者が建物を建築した場合、その後に設定された土地の二番抵当権が実行され、土地と建物の所有者を異にするに至ったときは、建物のための法定地上権は成立しない。

○ (国般2007)

[H] 土地に対する抵当権設定時、その土地上に抵当権設定者の建物が存在している場合、その後その建物が滅失し抵当権設定者所有の新建物が再築されたときは、再築された新建物のために再築前の旧建物を基準とする法定地上権が成立する。

○ (国般2014)

[I] 土地及びその地上の非堅固建物の所有者が、土地につき抵当権を設定した

後、地上建物を取り壊して堅固建物を建築した場合において、抵当権者が、抵当権設定当時、近い将来に地上建物が取り壊され、堅固建物が建築されることを予定して土地の担保価値を算定していたとしても、当該堅固建物の所有を目的とする法定地上権の成立は否定される。

×（国般2002）「堅固建物が建築されることを予定して土地の担保価値を算定していたとしても、当該堅固建物の所有を目的とする法定地上権の成立は否定される」が誤り。

（J） 所有者が土地及び地上建物に共同抵当権を設定した後、建物が取り壊され、土地上に新たに建物が建築された場合には、新建物の所有者が土地の所有者と同一であり、かつ、新建物が建築された時点での土地の抵当権者が新建物について土地の抵当権と同順位の共同抵当権の設定を受けたなどの特段の事情に関係なく、新建物のために法定地上権が成立する。

×（税・労・財2013）「特段の事情に関係なく、新建物のために法定地上権が成立する」が誤り。

（K） 敷地及びその地上建物の所有者が敷地について抵当権を設定し、その後、抵当権が実行されて建物と敷地の所有者を異にすることとなった場合であっても、抵当権設定の時に建物についての所有権移転登記が経由されていなかったときは、建物について地上権が設定されたものとみなされない。

×（裁2011）「建物について地上権が設定されたものとみなされない」が誤り。

（L） 最高裁判所の判例では、抵当権設定当時土地及び建物の所有者が異なる場合において、その土地又は建物に対する抵当権の実行による競落の際、当該土地及び建物の所有権が同一の者に帰することとなったときは、法定地上権は成立するとした。

×（区2016）「法定地上権は成立するとした」が誤り。

（M） 土地について一番抵当権が設定された当時、土地と地上建物の所有者が異なり、法定地上権成立の要件が充足されていなかった場合であっても、土地と地上建物を同一人が所有するに至った後に後順位抵当権が設定されたときには、その後に抵当権が実行され土地が競落されたことにより一番抵当権が消滅した時点で、地上建物のための法定地上権が成立するとするのが判例である。

×（税・労2005）「その後に抵当権が実行され土地が競落されたことにより一番抵当権が消滅した時点で、地上建物のための法定地上権が成立するとするのが判例である」が誤り。

（N） 土地を目的とする先順位の甲抵当権と後順位の乙抵当権が設定された後、甲

抵当権が設定契約の解除により消滅し、その後、乙抵当権の実行により土地及び地上建物の所有者を異にするに至った場合において、当該土地及び地上建物が、乙抵当権の設定当時に同一の所有者に属していたとしても、甲抵当権の設定当時に同一の所有者に属していなければ、法定地上権は成立しない。

× (国般2016)「当該土地及び地上建物が、乙抵当権の設定当時に同一の所有者に属していたとしても、甲抵当権の設定当時に同一の所有者に属していなければ、法定地上権は成立しない」が誤り。

[O] AとBが共有する甲土地の上に、Aが所有する乙建物が存在し、Aは甲土地の自己持分に抵当権を設定した。その後、この抵当権が実行されて、Cが甲土地のA持分を競売により取得した。このとき、乙建物のために法定地上権が成立する。

× (裁2015)「乙建物のために法定地上権が成立する」が誤り。

[P] 建物の共有者の一人が、その建物の敷地たる土地を単独で所有する場合において、その者が土地に抵当権を設定し、その抵当権の実行により第三者が土地を競落したときは、建物のための法定地上権は成立しない。

× (国般2007)「建物のための法定地上権は成立しない」が誤り。

[Q] 土地及び建物が共有である場合において、土地と建物の両方を共有しているXの債務を担保するために、Xを含めた土地共有者の全員がそれぞれの持分に抵当権を設定し、実行に至ったときは、X以外の土地共有者らが法定地上権の発生をあらかじめ容認していたとみることができるような特段の事情がなくとも、建物のための法定地上権が成立する。

× (国般2007)「X以外の土地共有者らが法定地上権の発生をあらかじめ容認していたとみることができるような特段の事情がなくとも、建物のための法定地上権が成立する」が誤り。

[R] 抵当権が設定された土地を売買により取得した者は、その抵当権が実行された場合、土地の買受人となることができる。

○ (裁2011)

8 抵当権④―抵当権の処分・共同抵当・消滅

本節では、抵当権の処分、共同抵当、抵当権の消滅を扱います。前二者は本試験での出題が少なく、かつ、難度も高いため、発展としています。

❶ 抵当権の処分 /発展

　抵当権は、被担保債権を譲渡すれば当然にそれに伴って移転する(随伴性)が、それ以外に被担保債権から切り離して、抵当権のみを譲渡するなどの方法がある(376条、374条)。

1 各種の処分方法

① 転抵当

> **設例**　①Aは、Bに対する1000万円の貸付債権の担保として、Bが所有する土地に抵当権の設定を受けた。その後、②Aは、Cから500万円の貸し付けを受けることになり、その担保として当該抵当権を提供した。

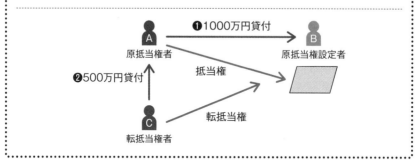

> **意義**　転抵当とは、抵当権をもって他の債権の担保とすることをいう(376条1項前段)。具体的には、原抵当権者が、抵当権にさらに抵当権(転抵当権)を設定するものである。転抵当権者は、原抵当権者の被担保債権の範囲で優先弁済を受ける。
>
> **趣旨**　抵当権者が、その有している抵当権を担保として利用することを可能にした。

設例 では、抵当権が実行されると、Cが500万円の優先弁済を受け、競売代金の残額からAが500万円の優先弁済を受ける。

② 抵当権の順位の譲渡・放棄 〔A〕

意義 抵当権の順位の譲渡・放棄とは、先順位抵当権者が、**後順位抵当権者に対**して、自己の優先弁済枠を与えるものである(376条1項後段)。「譲渡」は優先弁済枠をすべて与えるもの、「放棄」は相手方とともに優先弁済枠を債権額と比例して分けあうものである。

〈語句〉●**優先弁済枠**とは、自己の債権額によって示される、優先弁済を得られる限度額のことである。

③ 抵当権の譲渡・放棄 〔B〕

意義 抵当権の譲渡・放棄とは、抵当権者以外の債権者(**一般債権者**)に対して、譲渡・放棄を行うものである(376条1項後段)。「譲渡」と「放棄」の意味は上記②と同じである。

④ 抵当権の順位の変更

意義 担保権の順位の変更とは、抵当権の順位を入れ替えることをいう。例えば、一番抵当権Aと二番抵当権Bの順位を入れ替え、一番抵当権B、二番抵当権Aにすることである。

要件 ① 各抵当権者の**全員の合意**が必要となる(374条1項本文)。
② 利害関係を有する者(ex.転抵当権者、差押債権者等)があるときは、その承諾を得なければならない(374条1項ただし書)。
③ 登記をしなければ順位の変更の効力を生じない(**効力発生要件**)(374条2項)

2 処分の内容

設例 債務者甲に対して、債権者A（債権額400万円）、B（債権額100万円）及びC（債権額100万円）、D（債権額600万円）がいる。甲所有の不動産（価格500万円）に対して、Aが一番抵当権を、Bが二番抵当権を、Cが三番抵当権を有しているが、Dは無担保である。

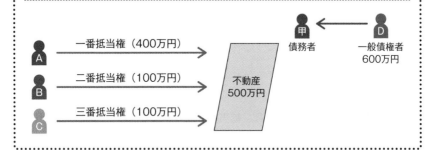

【処分の内容】

	相手方	効果
抵当権の順位の譲渡	後順位抵当権者	相手方が優先
抵当権の順位の放棄		相手方と処分者は按分比例
抵当権の譲渡	一般債権者	相手方が優先
抵当権の放棄		相手方と処分者は按分比例

① 譲渡・放棄等がない状況下での配当額

配当額＝500万円なので、A＝一番抵当権（400万円）、B＝二番抵当権（100万円）、C・Dは0円となる。

② A→Cに抵当権の順位の譲渡をした場合のCとAの配当額

C＝一番抵当（100万円）、A＝一番抵当（300万円）となる。

③ A→Cに抵当権の順位の放棄をした場合のCとAの配当額

Aの抵当権枠（400万円）×各自の債権額/（A＋Cの債権額）で割り付けると、

C＝400×100/（400＋100）＝80（万円）、

A＝400×400/（400＋100）＝320（万円）となる。

④ A→Dに抵当権の譲渡をした場合のDとAの配当額

D＝一番抵当（400万円）、A＝0円となる（Dの残債権200万円とAの債権

400万円は無担保となる）。

⑤ A→Dに抵当権の放棄した場合のDとAの配当額

D＝400×600/（400＋600）＝240（万円）、

A＝400×400/（400＋600）＝160（万円）となる。

	配当 500万	A→C順位 の譲渡	A→C順位の放棄	A→D譲渡	A→D放棄
A一番	400万円	300万円	$400 \times \dfrac{400}{400+100}$ ＝320万円	0	$400 \times \dfrac{400}{400+600}$ ＝160万円
B二番	100万円	100万円	100万円	100万円	100万円
C三番	0	100万円	$400 \times \dfrac{100}{400+100}$ ＝80万円	0	0
D一般	0	0	0	400万円	$400 \times \dfrac{600}{400+600}$ ＝240万円

2 共同抵当 /発展

1 共同抵当の意義

① 意義と趣旨

> **設例** 債権者Aが5000万円の貸金債権をBに有しており、これを担保するために、B所有の甲不動産（6000万円）と、同じくB所有の乙不動産（4000万円）に、抵当権を有する。抵当権の実行方法に規定があるか。

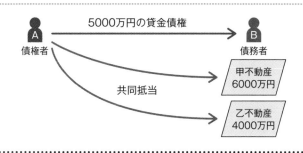

意義 共同抵当とは、ひとつの債権を担保するために複数の不動産に抵当権を設定している場合をいう(392条1項)。

　抵当不動産を一つずつ競売することを異時配当(392条2項)、同時に競売することを同時配当(392条1項)という。

> **設例** では、Aは、先に甲または乙のみを競売してもよいし、甲乙同時に競売してもよい。

趣旨 共同抵当において、各不動産は、被担保債権の全額を担保する(不可分性)。したがって、後順位抵当権者が十分な弁済を受けられるかどうかは、共同抵当権者がどの不動産の抵当権を実行するかによって左右され、各不動産の後順位抵当権者間で不公平を生じたり、当該不動産の担保価値を固定させてしまう危険がある。そこで、このような弊害を防ぐため、同時配当においては各不動産の価格に応じて被担保債権を割り付け、また異時配当においては後順位抵当権者に特別な権利を認めている。

② 共同抵当の設定

① 同時に数個の不動産上に設定される必要はない。
② 共同抵当の目的物の所有者は異なってよい。
③ 共同抵当の順位は不動産ごとに異なってよい。

③ 同時配当

意義 債権者が同一の債権の担保として数個の不動産につき抵当権を有する場合において、同時にその代価を配当すべきとき(同時配当)は、その各不動産の価額に応じて、その債権の負担を按分する(392条1項)。

設例 では、Aの被担保債権は、不動産価額に応じて割り付けられる。本件では、Aの被担保債権5000万円が、甲に3000万円、乙に2000万円となる。これは、甲乙不動産に後順位抵当権者がいる場合において、担保の余力を把握する際に重要である。

【同時配当】

競売不動産	抵当権
甲不動産 6000万円	Aに3000万円の配当 $5000万円 \times \dfrac{6000万円}{6000万円+4000万円} = 3000万円$
乙不動産 4000万円	Aに2000万円の配当 $5000万円 \times \dfrac{4000万円}{6000万円+4000万円} = 2000万円$

④ 異時配当

意義 債権者が同一の債権の担保として数個の不動産につき抵当権を有する場合において、**ある不動産の代価のみを配当すべきとき（異時配当）**は、抵当権者は、その代価から**債権の全部の弁済を受ける**ことができる。この場合において、次順位の抵当権者は、その弁済を受ける抵当権者が同時配当（392条1項）の規定に従い他の不動産の代価から弁済を受けるべき金額を限度として、その抵当権者に代位して抵当権を行使することができる（392条2項）。

設例 では、Aが、甲不動産のみを実行し、甲不動産から5000万円回収すると、甲の後順位抵当権者には1000万円しか残らない。これでは、Aが同時配当にするか、異時配当にするかで、後順位抵当権者の地位が違いすぎる。そこで、その調整が問題となるが、これは担保不動産の所有者が、債務者なのか、物上保証人なのかで異なる。

2 担保不動産を債務者が所有する場合

> **設例** 債権者 A は、B に対し、5000万円の貸金債権を有しており、これを担保するために B 所有の不動産甲（6000万円）と、同じく B 所有の不動産乙（4000万円）に、抵当権を有する。甲不動産には、被担保債権4000万円の二番抵当権者 C がいる。
>
>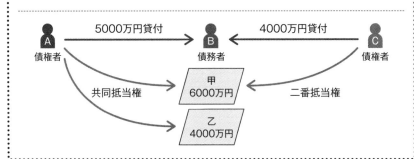

① 同時配当

> **設例** では、A は、不動産の売却価格に按分して割り付けた額の配当を受ける（前 1 ③「同時配当」参照）。B については、甲不動産についての残額3000万円の配当を受ける。乙不動産からは配当を受けることはできない。
>
> | 競売不動産 | 一番抵当権 | 二番抵当権 |
> |---|---|---|
> | 甲不動産
6000万円 | A：3000万円の配当

$5000万円 \times \dfrac{6000万円}{6000万円+4000万円}$ | C：3000万円の配当 |
> | 乙不動産
4000万円 | A：2000万円の配当

$5000万円 \times \dfrac{4000万円}{6000万円+4000万円}$ | C：乙不動産に対する権利はない |

② 異時配当

(ア) 甲不動産を先に競売した場合

設例 では、甲のみが競売されると、Aは甲から5000万円回収し、Cは甲から1000万円しか回収できない。そこで、この場合、Cは、同時配当においてAが乙から弁済を受けることのできる額につき、Aに代位して抵当権を行使することができるとされている（392条2項後段）。したがって、Cは同時配当がなされたならば、Aが乙から受けたであろう額である2000万円の限度でAの抵当権に代位する。 [C]

競売不動産	一番抵当権	二番抵当権
甲不動産 6000万円	A：5000万円の配当	C：1000万円の配当 　　6000万円−5000万円
乙不動産 4000万円	A：配当なし C：2000万円の配当 　　同時配当でAが乙土地から受ける割り付け分を代位する（392条2項）	

(イ) 乙不動産を先に競売した場合

設例 では、乙のみが競売されると、Aは乙から4000万円回収し、次いで甲から1000万円を回収することになる。そして、Cは、甲からAが弁済を受けた残額である5000万円の中から自己の債権額である4000万円について配当を受けることになる。

競売地	一番抵当権	二番抵当権
甲不動産 6000万円	A：1000万円の配当	C：4000万円の配当 　　6000万円−1000万円
乙不動産 4000万円	A：4000万円の配当	

3 ▷ 担保不動産を物上保証人が所有する場合

　甲不動産及び乙不動産が同一の物上保証人の所有である場合には、債務者が所有する場合と同様になる（最判平4.11.6）。

4 担保不動産を債務者と物上保証人が所有する場合

> **設例** 債権者 A は、B に対し、5000万円の貸金債権を有しており、これを担保するために B 所有の甲不動産 (6000万円) と、物上保証人 X 所有の乙不動産 (4000万円) に、抵当権を有する。甲不動産には、被担保債権4000万円の二番抵当権者 C がいる。乙不動産には被担保債権3000万円の二番抵当権者 D がいる。

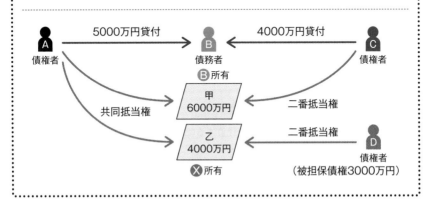

① 同時配当又は甲不動産を先に競売

物上保証人 X は、甲不動産から自己の求償権の満足を得ること(代位)(499条)を期待しており、この期待を保護するため392条1項による割り付けはなされない。また、甲不動産が先に競売されたときは、二番抵当権者Cは乙不動産に392条2項の代位をすることはできない(最判昭44.7.3)。

> **設例** では、甲不動産について AC の順に配当がなされ、A が5000万円、C が1000万円の配当を受ける。乙不動産について DX の順に配当がなされ (C は代位できない)、D が3000万円、X が1000万円の配当を受け、C は配当を受けることはできない。
>
> | 競売不動産 | 一番抵当権 | 二番抵当権 |
> |---|---|---|
> | 甲不動産
6000万円 | A:5000万円の配当 | C:1000万円の配当
6000万円−5000万円 |
> | 乙不動産
4000万円 | A:配当なし
C:配当なし(代位できない) | D:3000万円の配当
X:1000万円の配当 |

② 乙不動産を先に競売

　乙不動産の競売により、物上保証人Xは土地の所有権を失ったのであるから、代位により甲不動産上の抵当権を、求償権の範囲内(4000万円)で行使することができる(499条)　D 　。そして、Dは372条・304条の規定により物上代位するのと同様に、Xの取得した抵当権からXに優先して配当を受けることができる(最判昭53.7.4)。

① 　Dがいないとすると

　A：乙から4000万円・甲から1000万円

　X：甲から4000万円(法定代位によりAの抵当権を取得)

　C：甲から1000万円

② 　Dを考えると

　　Xは自らDのために抵当権を設定したのだから、XがDに優先するのはおかしい。そこで、Xが法定代位によって取得した抵当権を、あたかも乙不動産上の担保価値の変形物であるととらえて、Dは、物上代位と同様に、Xに優先して配当を受けることができる。

> **設例** では、まず、乙不動産についてADの順に配当がなされ、Aが4000万円の配当を受け、Dは配当を受けることはできない。次に、甲不動産についてADXCの順に配当がなされ、Aが1000万円、Dが3000万円、Xが1000万円、Cが1000万円の配当を受ける。
>
> | 競売不動産 | 一番抵当権 | 代位 | 二番抵当権 |
> |---|---|---|---|
> | 甲不動産
6000万円 | A：1000万円の配当 | D：3000万円の配当
　Xの取得した抵当権に代位してXに優先する
X：1000万円の配当 | C：1000万円の配当
6000万円－1000万円
－3000万円－1000万円 |
> | 乙不動産
4000万円 | A：4000万円 | | D：配当なし
4000万円－4000万円 |
>
> [甲不動産の優先順位]
> 一番抵当権者A＞物上保証人の二番抵当権者D＞物上保証人X＞二番抵当権者C＞債務者B

③ 抵当権の消滅

1 物権共通の消滅原因

　抵当権は、物権共通の消滅原因である**目的物の滅失**(ただし、この場合は物上代

位に注意)、混同や放棄によって消滅する。

> (例) 抵当権の目的である建物が地震によって倒壊した場合、抵当権は消滅する(大
> 判大5.6.28)。 01

2 担保物権共通の消滅原因

抵当権は、担保物権共通の消滅原因により消滅する。/発展 例えば、Aは、債権者Bに負う債務を担保するために、Aの所有する甲建物について抵当権を設定したが、その後、Aが死亡してBがAを単独相続した場合、債権と債務が同一人に帰属するため、混同により消滅し、被担保債権が消滅するから甲建物上の抵当権も消滅する。 E

さらには、抵当権の実行、目的物の競売によって、抵当権は消滅する。

3 抵当権独自の消滅事由

抵当権は、代価弁済、抵当権消滅請求によっても消滅する(本章 7 節 4 項「第三取得者保護の制度」参照)。

4 抵当権の消滅に関する特則

① 抵当権の消滅時効

抵当権は、債務者及び抵当権設定者に対しては、その担保する債権と同時でなければ、時効によって消滅しない(396条)。 02

> **趣旨** 債権が消滅時効にかからないで抵当権のみが消滅時効にかかるのを防ぐためである。

もっとも、第三取得者、後順位抵当権者に対する関係では、抵当権は時効(20年)(166条2項)によって消滅する(大判昭15.11.26)。 02

> **理由** 396条は、「債務者及び抵当権設定者」に限定している。

② 目的物の時効取得による消滅

債務者又は抵当権設定者でない者が、抵当不動産について時効取得をすると、抵当権は消滅する(397条) 03。債務者又は抵当権設定者の場合には、抵当権は消滅しない。 04

> **趣旨** 抵当不動産について取得時効が完成すると、占有者は原始的に所有権を取得し、従前の所有権や抵当権は消滅する。このような効果を、債務や責任を負担する債務者、抵当権設定者に認めることはできないので、取得時効の効果を制限した規定である。

〈解説〉 /発展 抵当不動産の取得時効と抵当権の消滅の判例(最判平24.3.16)につい

ては、第2章**8**節**4**項**3**「時効完成後の第三者」参照。

5 抵当権の目的である地上権等の放棄

　地上権又は永小作権を抵当権の目的とした地上権者又は永小作人は、その権利を放棄しても、これをもって抵当権者に対抗することができない(398条)。

趣旨　権利の放棄といえども、他人の権利を消滅させることはできないことを定めた。

〈解説〉　**発展**判例は、398条の趣旨を類推して、借地上の建物に抵当権を設定した借地権者が借地権を放棄しても、その放棄は建物抵当権者及び建物競落人に対抗することができないとしたり(大判大11.11.24)、借地人が借地上に建設した建物に抵当権を設定した後土地所有者と合意し土地の賃貸借契約を解除しても、賃貸借の終了をもって抵当権者に対抗することができないとしている(大判大14.7.18)。**F**

重要事項 一問一答

01 転抵当とは?

　抵当権をもって他の債権の担保とすることをいう(376条1項前段)。

02 抵当権の譲渡・放棄とは?

　抵当権者以外の債権者(一般債権者)に対して、譲渡・放棄を行うものである。「譲渡」は自己の優先弁済枠をすべて与えるもの、「放棄」は相手方とともに優先弁済枠を債権額と比例して分けあうものである。

03 共同抵当とは?

　ひとつの債権を担保するために複数の不動産に抵当権を設定している場合をいう(392条1項)。

04 担保不動産が債務者所有の場合における同時配当の方法は?

　担保不動産が債務者所有の場合における共同抵当の目的不動産の価額に応じて、その債権の負担を按分する。

05 担保不動産が債務者所有の場合における異時配当の方法は?

　担保不動産が債務者所有の場合のおける抵当権者は、ある不動産の代価から債権の全部の弁済を受けることができるが、次順位の抵当権者は、その弁済を受ける抵当権者が同時配当であれば他の不動産の代価から弁済を受けるべき金額を限度として、その抵当権者に代位して抵当権を行使することができる。

06 抵当権は目的物の滅失により消滅するか?

　消滅する。

07 抵当権は、債務者及び抵当権設定者に対する関係で、担保する債権と関係なく、時効によって消滅するか?

担保する債権と同時でなければ、時効によって消滅しない。

08 債務者又は抵当権設定者が、抵当目的物について時効取得をすると、抵当権は消滅するか?

消滅しない。

過去問チェック（争いのあるときは、判例の見解による）

01 抵当権の目的である建物が地震によって倒壊した場合、抵当権は消滅し、動産としての木材の上に抵当権が存続するわけではない。

○（裁2004）

02 抵当権は、債務者及び抵当権設定者に対しては、その担保する債権と同時でなければ、時効によって消滅しないが、後順位抵当権者及び抵当目的物の第三取得者に対しては、被担保債権と離れて単独に20年の消滅時効にかかる。

○（国般2019）

03 Aは、Aの所有する甲土地に隣接するB所有の乙土地を自己の所有に属すると信じ、占有していたが、乙土地には、Bが債権者Cに負う債務を担保するために、抵当権が設定されていた。この場合、Aが取得時効に必要な要件を具備する占有をしたときであっても、Cの乙土地上の抵当権は消滅しない。

×（国般2015）「Cの乙土地上の抵当権は消滅しない」が誤り。

04 時効取得は原始取得であるから、物上保証人が提供した抵当不動産を債務者が時効取得した場合、抵当権は消滅する。

×（裁2004）「抵当権は消滅する」が誤り。

A 債務者に対して、債権者A、B及びCがおり、債務者所有の土地上に、被担保債権額をそれぞれ200万円として、Aを第一順位、Bを第二順位、Cを第三順位とする抵当権が設定された。その後、抵当権が実行されて、当該土地が300万円で売却された。抵当権の実行前に、AからBに抵当権の順位の譲渡が行われていたときのBへの配当額は200万円となり、AからBに抵当権の順位の放棄が行われていたときのBへの配当額は150万円となる。

○（税・労2008改題）

B 債務者Aに対して、債権者B、C及びDがおり、Dは無担保であるが、A所有の不動産に対して、Bが一番抵当権を、Cが二番抵当権を有している場合におい

て、BがDに抵当権を譲渡し、その後に抵当権が実行されたときは、本来Bが受けるべき配当額が、BとDの債権額に比例して、両者にそれぞれ分配されることとなる。

× (国般2008)「本来Bが受けるべき配当額が、BとDの債権額に比例して、両者にそれぞれ分配されることとなる」が誤り。

C AのBに対する5,000万円の債権の担保のため、B所有の甲土地(時価4,000万円)と乙土地(時価6,000万円)に一番抵当権が共同抵当として設定されていた。また、乙には、CのBに対する4,000万円の債権を担保するための二番抵当権が設定されていた。乙が先に競売され、Aに5,000万円配当された場合、Cは、3,000万円を限度として、Aに代位して甲につき抵当権を行使することができる。

× (税2016)「Cは、3,000万円を限度として、Aに代位して甲につき抵当権を行使することができる」が誤り。Cは2,000万円を限度としてAに代位できる。

D 債務者Aに対して有する債権について、債権者Bが、A所有の甲不動産と物上保証人C所有の乙不動産に対して第一順位の共同抵当権の設定を受けた後、別の債権者Dが、甲不動産に対して第二順位の抵当権の設定を受けた場合において、Bが乙不動産のみについて抵当権を実行し、債権の満足を得たときは、Cの代位権はDに優先し、Bが甲不動産に有した抵当権について代位することができる。

○ (国般2008)

E Aは、債権者Bに負う債務を担保するために、Aの所有する甲建物につき抵当権を設定した。その後、Aが死亡してBがAを単独相続した場合、原則としてBの甲建物上の抵当権は消滅しない。

× (国般2015)「原則としてBの甲建物上の抵当権は消滅しない」が誤り。

F 借地上の所有建物に抵当権を設定した者が、土地所有者との間で借地権を合意解除しても、これを抵当権者に対抗できない。

○ (裁2004)

9 根抵当権

本節では、根抵当権を扱います。普通抵当権との異同を意識しつつ学習しましょう。

1 根抵当権の意義・法的性質

1 概説

> **設例** 卸店Aから小売店Bは毎月商品を仕入れ、翌月末払いで決済を受けている。しかし、その額はかなり多額に上るので、Aとしては万一に備えて担保権の設定を受けておきたい。Aはどのような形で担保権を取得すればよいか。

設例の場合、AのBに対する仕入れ代金債権は、毎月継続的に発生し、決済により消滅する。そうすると、**通常の抵当権は被担保債権に対する付従性**を有するから、債権の発生・消滅に合わせて発生・消滅し、その都度ごとに設定を繰り返さなければならなくなる。これではあまりに煩雑で実用性がない。

そこで、このような**一定の期間継続的に発生・消滅を繰り返す債権群**について、担保される債権の**最高限度額(極度額)**を決めたうえで、その額までならば債権を特定せずまとめて担保するという形態の抵当権が考え出された。これを**根抵当権**という。

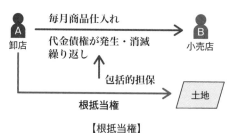

【根抵当権】

> **設例**では、Aは、Bが所有する土地に**根抵当権**を設定すればよい。

2 意義

意義 　根抵当権とは、将来にわたって継続的に発生する「**一定の範囲に属する不特定の債権**」を極度額の限度において担保する抵当権をいう(398条の2)。

3 根抵当権の法的性質

　根抵当権の性質は、元本確定前と元本確定後で大きく異なる。元本確定の詳細は、本節 **6** 項「元本確定の意義と効果」で扱う。

① 元本確定前

　元本確定前には、**担保する債権と根抵当権との間に随伴性・付従性がない**。具体的には、以下のようになる。

【元本確定前の随伴性・付従性】

債権の譲受け	元本の確定前に根抵当権者から債権を取得した者は、その債権について根抵当権を行使することができない(398条の7第1項前段) **01** 元本の確定前に債務者のために又は債務者に代わって弁済をした者も、その債権について根抵当権を行使することができない(398条の7第1項後段) **01**
債務の引受け※1	元本の確定前に債務の引受けがあったときは、根抵当権者は、引受人の債務について、その根抵当権を行使することができない(398条の7第2項)
免責的 債務引受※1	元本の確定前に免責的債務引受があった場合における債権者は、472条の4第1項の規定(免責的債務引受による担保の移転)にかかわらず、根抵当権を引受人が負担する債務に移すことができない(398条の7第3項)
更改※2	元本の確定前に債権者の交替による更改があった場合における更改前の債権者は、518条1項の規定(更改後の債務への担保の移転)にかかわらず、根抵当権を更改後の債務に移すことができない(398条の7第4項前段) 元本の確定前に債務者の交替による更改があった場合における債権者も、根抵当権を更改後の債務に移すことができない(398条の7第4項後段)

※1 債務の引受けとは、債務者が債権者に対して負担する債務と同一の内容の債務を引受人(第三者)が負担することである。債務の引受けによって、①債務者と引受人が同一の債務を連帯して負担する場合が併存的債務引受(470条1項)、②債務者が自己の債務を免れる(引受人だけが債務を負担する)場合が免責的債務引受である(472条1項)。

※2 更改とは、当事者が従前の債務に代えて、新たな債務(更改後の債務)を発生させる契約をすることで、更改によって従前の債務が消滅する(513条)。

② 元本確定後

　元本確定後には、**担保する債権と根抵当権との間に随伴性・付従性がある**。すなわち、元本確定後の根抵当権は、これにより担保される債権が特定され、特定債権を担保する普通抵当権に類似するので、元本確定後に根抵当権者から債権を取得し

た者は、その債権について根抵当権を行使することができる。また、元本確定後に債務の引受けがあったときは、根抵当権者は、引受人の債務について、その根抵当権を行使することができる。

【元本確定前と元本確定後の違い】

元本確定前	元本確定後
不特定債権 ↑ 極度額で捕捉 付従性、随伴性—なし	特定債権 ↑ 普通抵当権に類似 付従性、随伴性—あり

② 根抵当権の設定

1 根抵当権の設定当事者

根抵当権は、**根抵当権設定者と根抵当権者との合意**により設定することができる。諾成・不様式の契約である。 02

2 設定する内容

設定当事者間で、①担保される債権、②極度額、③債務者、④元本の確定期日（定めなくてもよい）を定める。 02

① 根抵当権によって担保される債権（根抵当権の被担保債権の種類）

根抵当権は、継続的に取引が行われ債権額が増減を繰り返す当事者間で、不特定債権を一括して担保する趣旨に基づくものである。そこで、抵当権の通有性である付従性についても緩和され、当事者間に債権を発生させる**基本契約の存在も不要**とされている。もっとも、債権者の一切の債権を担保するというような**包括根抵当は許されない**。以下の不特定債権が被担保債権として規定されている。

【根抵当権の被担保債権の種類】

債権者・債務者間の取引関係から発生する不特定債権（398条の2第2項）	債務者との特定の継続的取引契約によって生ずるもの その他債務者との一定の種類の取引によって生ずるもの
債権者・債務者間の取引以外の原因から生ずる債務者に対する債権（398条の2第3項）	特定の原因に基づいて債務者との間に継続して生ずる債権 手形上若しくは小切手上の請求権 電子記録債権

② 被担保債権の範囲

　根抵当権者は、確定した元本並びに利息その他の定期金及び損害金(債務の不履行によって生じた損害の賠償)の全部について、極度額を限度として、根抵当権を行使することができる(398条の3第1項) 03 。したがって、根抵当権の被担保債権の範囲には、375条(抵当権の被担保債権の範囲について、利息その他の定期金及び損害金は最後の2年分に制限する規定)の適用が及ばない。

> **意義**　極度額とは、根抵当権の優先弁済的効力が及ぶ最高限度額を意味し、民法上は、元本並びに利息その他の定期金及び債務の不履行によって生じた損害の賠償をすべて含めたものの最高限度額を意味する。

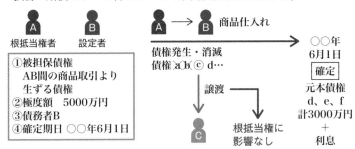

【被担保債権の範囲】

③ 元本確定期日

> **意義**　元本確定期日とは、根抵当権が担保すべき元本及びそれから生ずる利息その他の定期金及び損害金を含めた具体的債権額を確定する期日を意味する(398条の6)。

　元本確定期日は、当事者が定めてもよいが、定めなくてもよい。なお、元本確定期日の設定又は変更をするときは、その設定又は変更の日から5年以内としなければならない(398条の6第3項) 04

> **趣旨**　元本確定期日をあまりに先の期日にすると、当事者への制約が大きくなるからである。

　原則として、元本確定期日を当事者が定めた場合には、その定められた日に元本が確定し、定めない場合には、当事者による元本確定請求(398条の19)によって元本が確定する。

③ 根抵当権の変更

⓵ 債務者、被担保債権の範囲、元本確定期日の変更

　元本の確定前(ex.元本確定期日の定めがあるときは元本確定期日前)であれば、**債務者の変更**(398条の4)、**被担保債権の範囲の変更**(398条の4)、**元本確定期日の変更**(398条の6)については、**利害関係人の承諾を要することなく行うことができる**。 05 06

> **趣旨**　債務者、被担保債権の範囲、元本確定期日の変更があっても、根抵当権が極度額まで債権を担保することが予定されている以上、後順位抵当権者などの利害関係人の利益を害するおそれが少ないからである。

⓶ 極度額の変更

　極度額の変更は、元本確定の前後を問わないが、**利害関係人の承諾が必要**となる(398条の5)。 07

> **趣旨**　極度額は根抵当権の価値支配権としての枠を決定する意味を有しており、この枠を変更することは、後順位抵当権者などの利害関係者に重大な不利益を及ぼす可能性があるからである。 07

【根抵当権の変更】

変更内容	可能な時期	承諾
被担保債権の範囲	元本確定前^{※1}	不要
債務者		
元本確定期日	元本確定期日前^{※2}	
極度額	確定の前後を問わない	利害関係人の承諾が必要

※**1** 元本の確定前に登記をしなかったときは、その**変更をしなかったものとみなす**(398条の4第3項)。 05

※**2** 元本確定期日の変更についてその変更前の期日より前に登記をしなかったときは、担保すべき元本は、その**変更前の期日に確定**する(398条の6第4項)。 08

④ 根抵当権者又は債務者の相続 📝発展

⓵ 根抵当権者の死亡

　元本の確定前に根抵当権者について相続が開始(根抵当権者が死亡)したときは、

根抵当権は、相続開始の時に存する債権のほか、相続人と根抵当権設定者との合意により定めた相続人が相続の開始後に取得する債権を担保する。 (A)

もっとも、この合意について相続の開始後6か月以内に登記をしないときは、担保すべき元本は、相続開始の時に確定したものとみなす(398条の8第1項、第4項)。 (A)

2 債務者の死亡

元本の確定前にその債務者について相続が開始(債務者が死亡した)したときは、根抵当権は、相続開始の時に存する債務のほか、根抵当権者と根抵当権設定者との合意により定めた相続人が相続の開始後に負担する債務を担保する。

もっとも、この合意について相続の開始後6か月以内に登記をしないときは、担保すべき元本は、相続開始の時に確定したものとみなす(398条の8第2項、第4項)。

5 根抵当権の譲渡 /発展

1 譲渡の種類

全部譲渡	根抵当権者が根抵当権を譲渡する(398条の12第1項)。
分割譲渡	根抵当権者が根抵当権を2個の根抵当権に分割して、その一方を譲渡する(398条の12第2項)。
一部譲渡	譲渡人と譲受人が根抵当権を共有するため、根抵当権を分割しないで譲渡する(398条の13)。

2 根抵当権の譲渡の方法

全部譲渡、分割譲渡、一部譲渡ともに、元本の確定前においては、根抵当権者は、**根抵当権設定者の承諾を得て**、その根抵当権を譲り渡すことができる(398条の12第1項・第2項、398条の13)。 (B)

ただし、分割譲渡をするときは、その**根抵当権を目的とする権利を有する者の承諾**も得なければならない(398条の12第3項)。

⑥ 元本の確定の意義と効果

1 意義

意義　元本の確定とは、根抵当権によって担保される元本債権が確定し、確定後に生じる元本債権は根抵当権によって担保されなくなる状態を生じさせることをいう。もっとも、利息その他の定期金及び損害金はその後も発生するが、極度額の限度内であれば担保される。

2 元本の確定の効果

① 元本債権の確定

根抵当権によって担保されるべき元本債権が確定する。

② 付従性・随伴性

普通抵当権と同様に、特定債権を担保することになるので、**付従性・随伴性の性格が備わる**。 09

③ 根抵当権設定者による極度額減額請求

元本の確定後においては、**根抵当権設定者**は、その根抵当権の**極度額**を、現に存する債務の額と以後2年間に生ずべき利息その他の定期金及び損害金(債務の不履行による損害賠償)の額とを加えた額に**減額**することを請求することができる(398条の21)。 10

趣旨　例えば、極度額を500万円と設定していたが、元本が確定して被担保債権の残額が100万円となった場合、極度額を減額することにより、根抵当権設定者が新たな担保の設定を可能にする。

④ 物上保証人などによる根抵当権消滅請求

元本の確定後において現に存する債務の額が根抵当権の極度額を超えるときは、他人の債務を担保するためその根抵当権を設定した者(**物上保証人**)又は抵当不動産について所有権、地上権、永小作権若しくは第三者に対抗することができる賃借権を取得した第三者は、その極度額に相当する金額を払い渡し又は供託して、その**根抵当権の消滅請求**をすることができる(398条の22)。 11

趣旨　例えば、極度額を500万円と設定していたが、元本が確定して被担保債権の残額が900万円となった場合、極度額を超えた400万円は根抵当権によっては担保されない債権となるので、物上保証人や第三取得者等につい

ては、極度額に相当する金額の支払で根抵当権の消滅を認めた。

重要事項 一問一答

01 根抵当権とは?

将来にわたって継続的に発生する「一定の範囲に属する不特定の債権」を極度額の限度において担保する抵当権のこと(398条の2)

02 元本の確定前に根抵当権者から債権を取得した者は、その債権について根抵当権を行使することができるか?

できない。

03 根抵当権を設定する場合の内容は?

設定当事者間で、①担保される債権、②極度額、③債務者、④元本確定期日を定める(④は定めなくてもよい)。

04 根抵当権の被担保債権の範囲は?

根抵当権者は、確定した元本並びに利息その他の定期金及び損害金(債務の不履行によって生じた損害の賠償)の全部について、極度額を限度として、根抵当権を行使することができる。

05 根抵当権の変更において、利害関係人の承諾を要することなくできるのは?

元本の確定前における、債務者の変更、被担保債権の範囲の変更、元本確定期日の変更

過去問チェック (争いのあるときは、判例の見解による)

01 元本の確定前に根抵当権者から債権を取得した者は、その債権について根抵当権を行使することができるが、元本の確定前に債務者に代わって弁済をした者は、根抵当権を行使することができない。

× (区2018)「元本の確定前に根抵当権者から債権を取得した者は、その債権について根抵当権を行使することができるが」が誤り。

02 根抵当権は、根抵当権者と根抵当権設定者との合意により設定することができるが、この根抵当権については、一定の範囲に属する不特定の債権を担保するものであることから、必ずしも極度額を定める必要はない。

× (国般2014)「必ずしも極度額を定める必要はない」が誤り。

03 根抵当権者は、確定した元本については極度額を限度としてその根抵当権を行使することができ、利息や債務の不履行によって生じた損害の賠償金については、元本との合計額が極度額を超える場合にも、その根抵当権を行使することがで

きる。

×(国般2018)「元本との合計額が極度額を超える場合にも、その根抵当権を行使することができる」が誤り。

[04] 根抵当権の担保すべき元本が確定する期日は、当事者間の合意により何年先であっても自由に設定及び変更することができる。

×(国般2018改題)「当事者間の合意により何年先であっても自由に設定及び変更することができる」が誤り。

[05] 根抵当権の元本の確定前においては、その根抵当権の担保すべき債権の範囲の変更をすることができるが、元本の確定前にその変更について登記をしなかったときは、変更をしなかったものとみなされる。

○(国般2014)

[06] 元本の確定前においては、後順位の抵当権者その他の第三者の承諾を得なければ、根抵当権の担保すべき債権の範囲及び債務者の変更をすることはできない。

×(区2018)全体が誤り。

[07] 根抵当権の極度額の増額は、後順位の抵当権者等の利害関係者に重大な不利益を及ぼす可能性がある。したがって、その増額分については新たな根抵当権を設定すべきであり、利害関係者の承諾を得たとしても、極度額を増額することはできない。

×(国般2020)「その増額分については新たな根抵当権を設定すべきであり、利害関係者の承諾を得たとしても、極度額を増額することはできない」が誤り。

[08] 根抵当権の担保すべき元本が確定する期日の変更について、変更前の期日より前に登記をしなかったときは、担保すべき元本はその変更前の期日に確定する。

○(国般2018改題)

[09] 根抵当権の元本の確定後において、債務者が元本の確定時に存在した被担保債権の全額を弁済すれば、その根抵当権は消滅する。

○(国般2014)

[10] 元本の確定後においては、被担保債権額が根抵当権の極度額を下回ったとしても、根抵当権設定者は、根抵当権者にその極度額の減額を請求することはできな

い。

×（区2012）「根抵当権者にその極度額の減額を請求することはできない」が誤り。

11 元本の確定後において現に存する債務の額が根抵当権の極度額を超えるときは、根抵当権の主たる債務者は、その極度額に相当する金額を払い渡して、その根抵当権の消滅を請求することができる。

×（区2012）「根抵当権の主たる債務者は」が誤り。

A 元本の確定前に根抵当権者が死亡した場合、根抵当権の被担保債権の範囲は、相続開始の時に存する債権をもって自動的に確定する。

×（国般2018）「相続開始の時に存する債権をもって自動的に確定する」が誤り。

B 根抵当権の元本の確定前においては、根抵当権者は、根抵当権設定者の承諾を得たときであっても、その根抵当権を譲渡することはできない。

×（国般2014）「根抵当権設定者の承諾を得たときであっても、その根抵当権を譲渡することはできない」が誤り。

10 非典型担保物権 発展

本節では、非典型担保物権として譲渡担保、仮登記担保、所有権留保を扱いますが、このうち譲渡担保が公務員試験では重要です。難度が高いため、発展としています。

1 非典型担保物権の意義

意義 非典型担保物権とは、民法に規定のない担保物権のことをいう。

　非典型担保物権は、社会的慣習によって形成されてきたものであり、民法以外の法律で規制されたもの(仮登記担保等)もあるが、その他にも多様な形態のものが存在する。ただ、何らかの形で担保目的物の所有権を移転する形式を取る点で共通している。

　非典型担保物権には、譲渡担保、仮登記担保、所有権留保等がある。

2 譲渡担保

1 総説

意義 譲渡担保(譲渡担保権)とは、債権担保の目的で、設定者所有の目的物の所有権を債権者(譲渡担保権者)に移転する形を取り、債権が弁済された場合には再び設定者の下に所有権を受け戻すが(受戻権)、弁済されない場合には債権者が目的物の所有権ないし処分権を確定的に取得する形式によってなされる担保物権のことをいう。譲渡担保を規制する法律は存在せず、判例によって認められている担保物権である。 **A**

〈解説〉 譲渡担保には以下の2つの形態があるとされている。本節では、狭義の譲渡担保を扱う。

売渡担保(売渡抵当)	融資を受ける者が融資をする者に対して担保の目的となる物を売却し、一定期間内に売主が売買代金を返還すればその目的物を取り戻すことができるとする売買契約を締結するものである(買戻特約付売買や再売買の予約等を利用する)
狭義の譲渡担保	融資を受ける者と融資をする者が消費貸借契約を締結し、借主が貸主に対して担保として物の所有権を移転する場合をいう。借主には債務を弁済する義務が残るのが特徴である

例えば、AはBに対して1000万円の貸付を行う際、Bがその所有土地をAに売却したことにして、BからAに売買を原因とする所有権移転登記を経由し、元本・利息金が返済されれば再びBの下に所有権を受け戻すという契約をした。この場合、形式上ではBA間に土地の売買契約(所有権の移転)が行われているが、その実質は担保権の設定である。

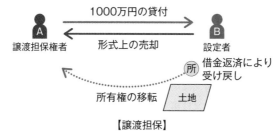

【譲渡担保】

2 制度の存在理由と目的

　譲渡担保の目的となるものは、不動産、動産、その他の財産権(債権、知的財産権、有価証券など)のように様々である。もっとも、譲渡担保が利用される理由は、その目的となるものによって相違がある。

【譲渡担保が利用される理由】

不動産	典型担保を利用する場合の法定の手続による実行を回避し、任意の形態による実行(私的実行)を行える点で、債権者(譲渡担保権者)に利点がある
動産	私的実行に加えて、質権では不可能な目的物の占有を設定者の下にとどめる形態を取ることができる点で、設定者にも利点がある
その他の財産権	特に典型担保では取扱いのない包括的な財産権(集合債権、集合動産)を担保とすることができる

3 譲渡担保の法的構成

問題点　譲渡担保の法的構成についてどのように捉えるべきか。

《A説》 所有権的構成(形式重視)

　譲渡担保権者は、目的物の所有権を対内的(設定者との関係)にも対外的(第三者との関係)にも取得する。譲渡担保権者は取得した権利について、担保目的を超えては行使しないという債権的拘束を受けるにすぎない。

理由　法形式が所有権移転であることを重視する。

《B説》 担保権的構成(実質重視)

　譲渡担保権者は、被担保債権の範囲内で目的物の価値(担保権)を把握しているにすぎず、残余価値は設定者に帰属している。

| 理由 | 担保権を設定した当事者の意思を重視する。 |

〈解説〉　判例は、所有権的構成を採用していると評価されているが、担保的構成に接近していると評価する学説もあり、所有権的構成の内容も一様ではない。

❸ 譲渡担保の設定

1 譲渡担保の設定

譲渡担保は債権者と債務者又は第三者との合意により設定される。債権者のために譲渡担保を設定した債務者又は第三者を**譲渡担保権設定者(設定者)**、譲渡担保の設定を受けた債権者を**譲渡担保権者**という。

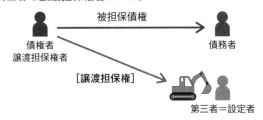

【第三者が設定者の場合】

2 譲渡担保の公示方法

譲渡担保の目的となるものを譲渡担保権者に移転したうえで、目的となるものに応じた対抗要件を備える。

目的	対抗要件
不動産	所有権の移転**登記**(177条)(登記原因として譲渡担保と記載可能)
動産	**引渡し**(178条)。その存在理由から占有改定が利用される **B**
債権	**確定日付ある証書による通知**若しくは**承諾**(467条2項)又は動産・債権譲渡特例法上の債権譲渡登記

3 譲渡担保権の被担保債権の範囲

譲渡担保権によって担保されるべき債権の範囲については、公序良俗または強行法規に反しない限り(90条、91条参照)、その設定契約の当事者間において自由にこれを定めることができ、第三者に対する関係においても、抵当権に関する375条(定期金等の制限)又は根抵当権に関する398条の3の規定に準ずる制約(極度額の制

限)を受けない(最判昭61.7.15)。 C

理由 法律による規制を受けない非典型担保物権であるから。

4 返還請求

目的物を不法占拠する者に対して、譲渡担保権者は、所有権に基づく返還請求権を行使することができる(大判大6.1.25)。また、設定者は、特段の事情のない限り、その返還を請求することができる(最判昭57.9.28)。 D

理由 不動産の譲渡担保権設定者は、譲渡担保の被担保債務を弁済すれば、不動産についての完全な所有権を回復することができるから。

❹ 譲渡担保権の効力

1 優先弁済権

譲渡担保権者は、優先弁済権を有し、担保権の実行(私的実行)とともに目的物の所有権を実質的にも取得する。譲渡担保権者が優先弁済を受ける方式としては、以下の**帰属清算方式**と**処分清算方式**の2つがある。いずれの方式をとるかは、当事者の契約による。 E

ただし、いずれの方式をとるにせよ、判例は、流質契約の禁止(349条)等の潜脱とならないように、譲渡担保権者に対して**清算を義務づけている**(最判昭46.3.25等)。 F

【優先弁済権】

帰属清算方式	譲渡担保権者が目的物を適正に評価し、その適正評価額から算出された清算金を債務者に交付する E
処分清算方式	譲渡担保権者が目的物を第三者に処分し、その代価から算出された清算金を債務者に交付する E

〈語句〉●**譲渡担保における清算**とは、目的物の価格(適正評価額又は代価)から被担保債権の額を差し引き、残額があれば、それを清算金として設定者に返還することである。

2 清算義務

意義 **清算義務**とは、譲渡担保権の実行により、譲渡担保権者は被担保債権の範囲内で目的物の価値を取得できるので、**目的物の価格と被担保債権の額との差額を、設定者に返還しなければならない**とするものである。 F

① 清算金の支払いと留置権

譲渡担保権が実行されて目的物の引渡しを請求されても、設定者は、清算金の支払いがあるまで、譲渡担保権者に対する**清算金支払請求権を被担保債権とする留置権**を主張することができる(最判平9.4.11、最判平11.2.26)。

理由 清算金請求権と目的物の間には、牽連性(295条)があり、留置権が成立する。

② 清算金の支払いと同時履行

譲渡担保権が実行されて譲渡担保権者から目的物の引渡しを請求されても、設定者は、清算金の支払いと引換えとなること(**目的物の引渡しと清算金の支払いとの同時履行**)を主張することができ、このような主張があったときは、特段の事情がない限り、譲渡担保権者の当該請求は、清算金の支払いと引換えにのみ認容される(最判昭46.3.25)。 G

理由 設定者が目的物を引き渡したのに清算金を受け取れない可能性があるので、設定者保護のために特にこのような抗弁権を認める必要がある。

なお、目的物の占有を譲渡担保権者に移転させている場合、譲渡担保権の被担保債権の弁済と目的物の返還とは、**前者を後者より先に履行すべき関係**にあり、同時履行の関係に立たない(最判平6.9.8)。 H

理由 弁済により被担保債権が消滅して初めて目的物返還・登記抹消という義務が発生するからである。

3 受戻権

意義 **受戻権**とは、弁済期の経過後(履行遅滞後)であっても、譲渡担保権の実行を完了するまでの間であれば、設定者が被担保債権の全額を弁済して、目的物の**所有権を取り戻す**ことができる権利である。 I

① 受戻期間

受戻期間(受戻権を行使することができる期間)は、譲渡担保権の実行を完了するまでの間である。

具体的には、帰属清算方式の場合には、原則として**清算金の支払いを受けるまで**行使することができる(最判昭62.2.12)。これに対して、処分清算方式の場合には、譲渡担保権者が**目的物を第三者に処分するまで**行使することができる(最判昭62.2.12)。 J

② 受戻権の放棄と清算金の支払い

譲渡担保権の実行前に設定者が**受戻権を放棄**して、譲渡担保権者に対して**清算金**

の支払いを請求することはできない(最判平8.11.22)。 K

理由　これを肯定すると、担保権者が有している担保権の実行時期を決定する
自由を制約することになり妥当でないから。

4 譲渡担保権者による不当な目的物の処分

とくに不動産譲渡担保において、譲渡担保権者が、形式上自己が所有者になって
いることを利用して、被担保債権の弁済期前などに目的不動産を第三者に売却して
しまうことが生じる。このような場合、判例は、設定者から譲渡担保権者に対する
損害賠償請求等は認めるものの、目的不動産の所有権は、基本的に**第三者が確定的
に取得**してしまう、という態度を取っている。

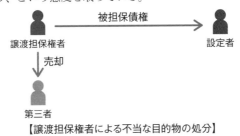

【譲渡担保権者による不当な目的物の処分】

① 被担保債権の弁済期前の譲渡

第三者は(譲渡担保の)特約について**善意であると悪意であるとを問わず**、有効に
目的物の**所有権を取得**することができる(不動産について大判大9.9.25)。

理由　譲渡担保は、外部的においては譲渡担保権者が所有権を有するから。

② 被担保債権の弁済期後、清算前の譲渡

債務者(設定者)は、譲渡担保権者による目的物の処分によって受戻権を失うの
で、第三者が(清算がなされていないことについて)いわゆる背信的悪意者に当たる
ときであっても、確定的に目的物の所有権を取得することができる(最判平6.2.22)。
L

理由　① 債務者が弁済期に債務の弁済をしない場合には、譲渡担保権者は、
譲渡担保契約がいわゆる帰属清算型であると処分清算型であるとを問
わず、目的物を処分する権能を取得する。
② そのように解さないと、権利関係の確定しない状態が続くばかりで
なく、譲受人が背信的悪意者に当たるかどうかを確知し得る立場にあ
るとは限らない譲渡担保権者に、不測の損害を被らせるおそれを生ず
るからである。

③ 被担保債権の弁済後の譲渡

譲渡担保権者がいまだ登記が自己名義になっていることを利用して不動産を第三者に売却した場合、当該第三者がいわゆる背信的悪意者でない限り、設定者は登記がなければ自己の所有権を当該第三者に対抗することができない(最判昭62.11.12)。

M

> **理由** 　債務者による弁済により、目的物の所有権は設定者に復帰し、一種の二重譲渡となる。

5 物上代位

抵当権と同様に判例は譲渡担保についても**物上代位を肯定している**(最決平11.5.17)。 N

6 第三者異議の訴え

① 設定者の債権者による差押え

動産の譲渡担保権者は、特段の事由のない限り、譲渡担保権者たる地位に基づいて、目的動産に対する一般債権者がした強制執行に対して、第三者異議の訴えにより排除を求めることができる。(最判昭58.2.24) O

〈**語句**〉●**第三者異議の訴え**とは、第三者(譲渡担保権者 A)が強制執行の目的物について、自己の所有権などを主張して、一般債権者(第三者 C)に対し、強制執行の阻止・排除を求める訴えである(民事執行法38条)。

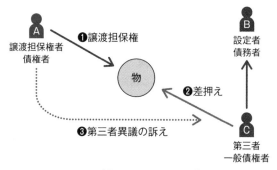

【第三者異議の訴え①】

② 譲渡担保権者がさらに譲渡担保権を設定した場合

動産の譲渡担保権者がその目的物件につき自己の債権者のために更に譲渡担保権を設定した後でも、設定者の一般債権者がした強制執行に対して、特段の事情がない限り、**譲渡担保権者たる地位に基づいて、第三者異議の訴えにより、その排除を**

求める権利を依然として保有している(最判昭56.12.17)。 P

理由 譲渡担保権者は、その目的物件につき譲渡担保権を設定した後も、自己の有する譲渡担保権自体を失うものではなく、自己の債務を弁済してこれを取り戻し、これから自己の債権の満足を得る等、譲渡担保権の実行について固有の利益を有しているからである。

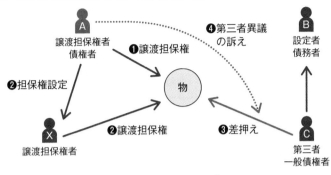

【第三者異議の訴え②】

7 譲渡担保の法的構成と帰結

以下では、譲渡担保の法的構成(所有権的構成、担保権的構成)によって、異なる帰結が導かれる設例を見ていく。

① 弁済期前の設定者の処分

設例 AはBに金銭を貸し付け、B所有のパソコンに譲渡担保の設定を受けた。その後弁済期前に、「B」はこのパソコンをCに売却した。Cはパソコンの所有権を取得するのか。

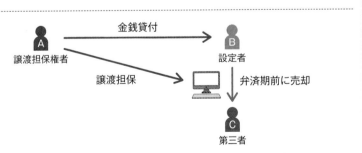

（ア）所有権的構成

第三者は、原則として**所有権を取得することができない。**

理由 譲渡担保権者に目的物の所有権が移転している。

動産の場合は、即時取得(192条)により所有権を取得することができる。

不動産の場合は、対抗要件としての登記を先に備えれば所有権を取得することができるが(177条)、通常は、設定時に譲渡担保権者への所有権移転登記が行われるので、第三者が登記を先に備えて所有権を取得することは考えにくい。

> **設例** では、パソコンの所有者は譲渡担保権者Aだから、設定者Bからの買主Cは所有権を承継取得できない（即時取得の余地はある）。

（イ）担保権的構成

第三者は、**譲渡担保権の負担付きの所有権を取得**する。 **Q**

理由 設定者は担保権の負担が付いた目的物の所有権を有している。

動産の場合は、即時取得により完全な所有権(譲渡担保権の負担が付かない所有権)を取得することができる。

不動産の場合は、登記が設定者の下にある場合に、94条2項類推適用により完全な所有権を取得することができる。

> **設例** では、パソコンの所有者は設定者Bだから、Cは所有権を取得するが、その所有権には譲渡担保権の負担が付いており、Cは担保目的物の第三取得者となる（即時取得の余地はある）。

② 弁済期前の譲渡担保権者の処分

> **設例** AはBに金銭を貸し付け、B所有のパソコンに譲渡担保の設定を受けた。その後弁済期前に、「A」はこのパソコンをCに売却した。Cはパソコンの所有権を取得するのか。
>
>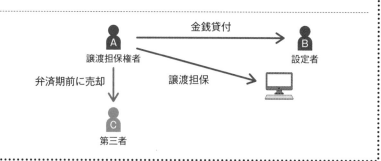

（ア）所有権的構成

担保権者からの第三者は、**善意・悪意を問わず、目的物の所有権を有効に取得す**る。 R

理由 譲渡担保権者に目的物の所有権が移転している。

> **設例** では、パソコンの所有者は譲渡担保権者Aだから、第三者Cは譲渡担保について悪意でも所有権を取得する。

（イ）担保権的構成

担保権者は、**弁済期前は目的物の所有権を有効に処分することができず、第三者も原則として譲渡担保権を取得できるにとどまる**。しかし、動産なら192条、不動産なら94条2項類推適用によって、目的物の完全な所有権を取得することができる。

理由 譲渡担保権者は、目的物の担保権を取得したにすぎない。

> **設例** では、パソコンの所有者は設定者Bだから、Aからの買主Cは所有権を承継取得できない（即時取得の余地はある）。

5 集合物譲渡担保（流動動産譲渡担保）

1 意義

意義 集合物（集合動産）とは、一定の目的の下に集められた**数個の動産の集団**であって、その各個の動産が取引価値を失うことなく、しかも、集団自体も一個の統一的財産として特有単一の経済的価値を有し、**取引上一体として取り扱われているもの**をいう。そして、集合物を譲渡担保の目的物とする場合を**集合物譲渡担保**ないし**流動動産譲渡担保**という。

例えば、企業が自社の倉庫にある商品などを一括して譲渡担保の目的物とする場合がある。在庫商品は販売されて倉庫を出て行くが、また新しい商品が倉庫に入ってくるので、譲渡担保の目的物を「自社の倉庫内にある在庫商品」とするのである。

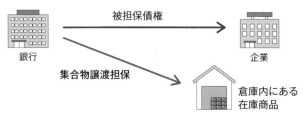

【集合物譲渡担保】

2 集合物譲渡担保の有効性（集合物論）

問題点 集合物（集合動産）は、一個の譲渡担保の目的となるのか。

結論 ①種類、②所在場所、③量的範囲を指定するなど何らかの方法によって**目的物の範囲が特定**される場合には、構成部分の変動する集合動産についても、一個の集合物として譲渡担保の目的となりうる（最判昭54.2.15、最判昭62.11.10）。 **S**

　例えば、集合物譲渡担保権設定契約において、「目的動産の種類及び量的範囲を普通棒鋼、異形棒鋼等一切の在庫商品と、また、その所在場所を原判示の訴外会社の第一ないし第四倉庫内及び同敷地・ヤード内と明確に特定している」場合に、当該契約を有効とした判例がある（最判昭62.11.10）。

3 集合物譲渡担保の対抗要件

　集合物（集合動産）の譲渡担保の対抗要件も動産と同様に、**占有改定**で足りる（最判昭62.11.10）。

6 集合債権譲渡担保

1 意義

意義 集合債権とは、**発生済みの債権及び将来発生する債権**を包括した債権群のことである。そして、**集合債権を譲渡担保の目的**とする場合を**集合債権譲渡担保**という。集合債権譲渡担保は、債務者が営業活動を継続することを前提に、その営業活動の中で取得する債権群を担保として金融を得ようとする方法である。

2 有効性

① 発生可能性

問題点 　将来発生することが明確でない債権を譲渡の対象とすることができるか。

結論 　対象とすることができる。債権の譲渡は、その意思表示の時に債権が現に発生していることを要しない(466条の6第1項)。 $\boxed{\text{T}}$

〈解説〉 　法改正前の判例は、将来発生すべき債権を目的とする債権譲渡契約の締結時において、目的債権の発生の可能性が低かったことは、契約の効力を当然には左右しないとしていた(将来の診療報酬債権の包括譲渡の事案)(最判平11.1.29)。

② 特定性

担保の対象となる債権の範囲を特定しなければならない。具体的には、債権の発生原因、譲渡額、発生ないし弁済期の始期と終期を明確にする必要がある(最判平11.1.29)。さらに、譲渡人が有する他の債権から識別できる程度の特定も必要となる(最判平12.4.21)。

③ 対抗要件

債権譲渡の対抗要件である**通知又は承諾**(債務者以外の第三者に対抗するには通知又は承諾に確定日付が必要)(467条)が、集合債権譲渡担保の対抗要件となる(最判平13.11.22)。 $\boxed{\text{U}}$

動産・債権譲渡の対抗要件の特例法によって、登記制度も利用することができる。

❼ その他の非典型担保

1 仮登記担保

意義 　**仮登記担保**とは、被担保債権が弁済されない場合には、担保の目的物によって代物弁済(詳細は『民法 下』「債権総論」で扱う)をすることを予約し、これを担保権者が仮登記するという担保の方法である。仮登記担保契約に関する法律(仮登記担保法)がある。

2 所有権留保

意義 売買目的物の売主が、その代金の完済を受けるまで目的物の所有権を留
保し、完済と同時に買主に所有権を移転するものを**所有権留保**という。割
賦払い売買などに利用される。

趣旨 所有権留保は、売買代金債権を確保するための担保物権としての機能を
果たす。

重要事項 一問一答

01 譲渡担保とは?

債権担保の目的で設定者所有の物の所有権を債権者(譲渡担保者)に移転する形を取り、債権が
弁済された場合には再び設定者の下に所有権を受け戻すが(受戻権)、弁済されない場合には債権者
が目的物の所有権ないし処分権を確定的に取得する形式によってなされる担保物権のこと

02 動産の譲渡担保の対抗要件は?

引渡し(178条)。占有改定が利用される。

03 譲渡担保権の私的実行の方法は?

①帰属清算方式、②処分清算方式

04 清算義務とは?

譲渡担保権の実行後、譲渡担保権者が目的物の価格と債権額との差額を設定者に返還しなければ
ならない義務のこと

05 清算金の支払いと目的物の引渡しは、同時履行の関係に立つか?

同時履行の関係に立つ(判例)。

06 受戻権とは?

弁済期の経過後であっても、譲渡担保権の実行を完了するまでの間であれば、設定者が被担保債
権の全額を弁済して、目的物の所有権を取り戻すことができる権利のこと

07 処分清算方式の場合、いつまで受戻権を行使することができるか?

譲渡担保権者が目的物を第三者に処分するまで行使することができる(判例)。

08 受戻権を放棄して清算金の支払いを請求することができるか?

できない(判例)。

09 被担保債権の弁済期後、清算前に譲渡担保権者が目的物を第三者に譲渡した場
合、受戻権を行使することができるか?

第三者が背信的悪意者であっても、受け戻すことはできない(判例)。

10 債務者による弁済後に譲渡担保権者が目的物(不動産)を単純悪意の第三者に
譲渡して登記も移転した場合、設定者は自己の所有権を第三者に対抗すること

　　ができるか。

できない(判例)。

11 **構成部分の変動する集合動産についても、一個の譲渡担保の目的となることが**
あるのか、その要件は？

ある(判例)。その要件は、①種類、②所在場所、③量的範囲を指定するなど何らかの方法によっ
て目的物の範囲が特定されること

▌過去問チェック（争いのあるときは、判例の見解による）

Ａ 譲渡担保は、民法の予定していない特殊な形態の物的担保であり、判例に
よって認められてきたものであるが、現在では、譲渡担保契約に関する法律が制定
され、同法の規制を受けることとなった。

×（国般2017）「現在では、譲渡担保契約に関する法律が制定され、同法の規制を受けることとなっ
た」が誤り。

Ｂ 動産の譲渡担保の対抗要件は引渡しであるが、この引渡しには占有改定は含
まれない。

×（裁2014）「この引渡しには占有改定は含まれない」が誤り。

Ｃ 譲渡担保権によって担保される債権の範囲について、当事者間においては、
強行法規又は公序良俗に反しない限り自由に定めることができるが、第三者に対す
る関係においては、抵当権の被担保債権の範囲と同様の制約を受ける。

×（国般2009）「第三者に対する関係においては、抵当権の被担保債権の範囲と同様の制約を受ける」
が誤り。

Ｄ 不動産の譲渡担保権設定者は、正当な権原なしに目的物を占有する者に対し
て、その返還を請求することはできないのが原則である。

×（裁2014）「その返還を請求することはできないのが原則である」が誤り。

Ｅ 所有する不動産につき譲渡担保を設定した債務者が弁済期に債務の弁済をし
ないときは、債権者は、目的不動産を換価処分するか又はこれを適正に評価するこ
とによって具体化する物件の価額から被担保債権を満足することができる。

○（税・労・財2012改題）

Ｆ 譲渡担保権設定者が弁済期に債務を弁済しなければ甲建物を弁済に代えて確

定的に譲渡担保権者の所有にする旨の合意がされた場合、譲渡担保権設定者が弁済期に債務を弁済しないとき、譲渡担保権者は、確定的に甲建物の所有権を取得するから、譲渡担保権設定者に対し、債権額と甲建物の適正評価額との差額を清算金として支払う必要がない。

× (裁2014)「債権額と甲建物の適正評価額との差額を清算金として支払う必要がない」が誤り。

G 債務者が弁済期に債務の弁済をしないときは弁済に代えて確定的に目的不動産の所有権を債権者に帰せしめる旨の譲渡担保契約において、債務者が弁済期に債務の弁済をしないとき、債権者が、担保目的実現の手段として、債務者に対し不動産の引渡ないし明渡を請求する訴を提起した場合、債務者が清算金の支払と引換えにその履行をなすべき旨を主張したときは、特段の事情のある場合を除き、債権者の請求は、債務者への清算金の支払と引換えにのみ認容されるべきとした。

○ (区2015)

H AがBから1000万円の金銭を借り受けるに当たり、A所有の時価2000万円の甲土地を譲渡担保に供した。譲渡担保権の設定の際に、AがBに対して甲土地を引き渡し、かつ、登記名義を移転しているときは、弁済期において、Aは、Bに対して、債務の全額の弁済と引換えに甲土地の返還を請求することができるが、Aへの甲土地の登記名義の回復は、債務の全額の弁済後でなければ請求することができない。

× (裁2005改題)「債務の全額の弁済と引換えに甲土地の返還を請求することができるが」が誤り。

I 譲渡担保権者は、債務者の履行遅滞により目的物の処分権を取得するため、債務者は、債権者が担保権の実行を完了する前であっても、履行遅滞後に残債務を弁済して目的物を受け戻すことはできなくなる。

× (国般2017)「債権者が担保権の実行を完了する前であっても、履行遅滞後に残債務を弁済して目的物を受け戻すことはできなくなる」が誤り。

J 目的不動産を相当の価格で第三者に売却等をする処分清算型の譲渡担保においては、その処分の時までの間は、債務者は、債務の全額を弁済して譲渡担保権を消滅させ、目的不動産の所有権を回復することができる。

○ (国般2009)

K Aは、自己の所有する甲機械を債権者であるBへの譲渡担保に供し、占有改定により引き渡した。Aは、被担保債権の弁済期が到来した後であれば、Bが清算

金の支払若しくは提供又は清算金がない旨の通知をする前であっても、甲機械の受戻権を放棄することにより、Bに対して清算金の支払を請求することができる。

×（裁2016改題）「甲機械の受戻権を放棄することにより、Bに対して清算金の支払を請求することができる」が誤り。

L　譲渡担保権者が被担保債権の弁済期後に目的不動産を譲渡した場合に、譲渡担保を設定した債務者は、債務を弁済して目的不動産を受け戻すことができないが、譲受人がいわゆる背信的悪意者に当たるときは、その清算が行われるまでは債務を弁済又は供託して目的不動産を受け戻すことができるとした。

×（区2015）「その清算が行われるまでは債務を弁済又は供託して目的不動産を受け戻すことができるとした」が誤り。

M　不動産が譲渡担保の目的とされ、債務者から債権者への所有権移転登記が経由された場合に、債務者が債務を弁済したことにより譲渡担保権が消滅した後に、当該不動産が債権者から善意の第三者に譲渡されたときは、債務者は登記なくして当該不動産の所有権を当該第三者に対抗することができる。

×（税・労・財2012）「債務者は登記なくして当該不動産の所有権を当該第三者に対抗することができる」が誤り。

N　譲渡担保権は、民法上規定された物権でないことから、物上代位が認められることはない。

×（税・労・財2012）「物上代位が認められることはない」が誤り。

O　譲渡担保権者は、特段の事情がない限り、第三者異議の訴えによって目的物件に対し譲渡担保権設定者の一般債権者がした強制執行の排除を求めることができる。

○（区2015改題）

P　譲渡担保権者は、特段の事情がない限り、第三者異議の訴えによって目的物件に対し譲渡担保権設定者の一般債権者がした強制執行の排除を求めることができるが、目的物件につき自己の債権者のために更に譲渡担保権を設定したのちにおいては、第三者異議の訴えによって目的物件に対し原譲渡担保権設定者の一般債権者がした強制執行の排除を求めることができなくなるとした。

×（区2015改題）「第三者異議の訴えによって目的物件に対し原譲渡担保権設定者の一般債権者がした強制執行の排除を求めることができなくなるとした」が誤り。

Q A は、自己の所有する甲機械を債権者である B への譲渡担保に供し、占有改定により引き渡した。A は、被担保債権の弁済期が到来する前に、甲機械を C に売却した。C が AB 間の譲渡担保について単なる悪意である場合、譲渡担保の担保設定という実質を重視する立場によれば、C は甲機械の所有権を取得し、その結果、B は甲機械の譲渡担保権を喪失する。

× (裁2016)「その結果、B は甲機械の譲渡担保権を喪失する」が誤り。

R A は、自己の所有する甲機械を債権者である B への譲渡担保に供し、占有改定により引き渡した。B は、被担保債権の弁済期が到来する前に、甲機械を C に売却した。C が AB 間の譲渡担保について単なる悪意である場合、譲渡担保の所有権移転という形式を重視する立場によれば、C は、A に対して甲機械の所有権を主張することができる。

○ (裁2016)

S 構成部分の変動する集合動産は、その種類、所在場所及び量的範囲を指定するなど何らかの方法によって目的物の範囲を特定することができたとしても、これを 1 個の集合物として譲渡担保の目的とすることはできない。

× (裁2012)「これを 1 個の集合物として譲渡担保の目的とすることはできない」が誤り。

T 将来の債権を譲渡担保の対象とする場合、一定額以上が安定して発生することが確実に期待されることが必要であるから、対象とする債権は一年以内に発生する債権に限られる。

× (国般2009)「一定額以上が安定して発生することが確実に期待されることが必要であるから、対象とする債権は一年以内に発生する債権に限られる」が誤り。

U いわゆる集合債権を対象とした譲渡担保契約において、当該契約に係る債権の譲渡を第三者に対抗するには、債権譲渡の対抗要件の方法によることができる。

○ (国般2009改題)

過去問 Exercise

問題1 担保物権の性質及び効力に関するア〜オの記述のうち、妥当なもののみを全て挙げているのはどれか。

国般2020〔R2〕

ア 担保物権には、被担保債権が発生しなければ担保物権も発生せず、被担保債権が消滅すれば担保物権も消滅するという性質がある。この性質は、担保物権が債権の強化のために存在するものであることから、全ての担保物権に共通して当然に認められるものである。

イ 担保物権には、被担保債権の全部の弁済を受けるまでは、目的物の全部についてその権利を行使することができるという性質がある。この性質は、留置権、先取特権及び質権には認められるが、抵当権については、目的物の一部に対して実行することも可能であるから、認められない。

ウ 担保物権には、目的物の売却、賃貸、滅失又は損傷によって債務者が受けるべき金銭その他の物に対しても行使することができるという性質がある。この性質は、担保の目的物を留置することによって間接的に債務の弁済を促そうとする留置権には認められない。

エ 担保物権には、担保権者が被担保債権の弁済を受けるまで目的物を留置することができるという効力がある。この効力は、留置権にのみ認められるもので、その他の担保物権には認められない。

オ 担保物権には、担保権者が目的物の用法に従いその使用及び収益をすることができるという効力がある。この効力が認められるものとして、不動産質権が挙げられる。

① ア、イ ④ ウ、オ
② ア、エ ⑤ エ、オ
③ イ、ウ

ア ✕　「全ての担保物権に共通して当然に認められるものである」という部分が妥当でない。本記述は、担保物権の性質の一つである付従性に関するものである。前段の付従性の意義に関する記述、及び、後段のうち担保物権が債権の強化のために存在するものであるという記述は妥当である。しかし、担保物権の一つである根抵当権は、設定行為で定めるところにより、一定の範囲に属する不特定の債権を極度額の限度において担保するためにも設定することができ(398条の2第1項)、元本の確定(398条の20)前は、特定の被担保債権との牽連性がないので、確定前の根抵当権には付従性が認められない。

イ ✕　「抵当権については、目的物の一部に対して実行することも可能であるから、認められない」という部分が妥当でない。本記述は、担保物権の性質の一つである不可分性に関するものである。前段の不可分性の意義に関する記述、及び、後段のうち不可分性が、留置権(296条)、先取特権(305条による296条の準用)及び質権(350条による296条の準用)に認められるとする記述は妥当である。しかし、抵当権にも不可分性が認められる(372条による296条の準用)。

ウ ○　条文により妥当である。本記述は、担保物権の性質の一つである物上代位性に関するものである。前段の物上代位性の意義に関する記述は妥当である(先取特権についての304条参照)。しかし、この物上代位性は、他に質権(350条による304条の準用)、抵当権(372条による304条の準用)にも認められるが、留置権(295条)には304条の準用条文がないので認められない。

エ ✕　「留置権にのみ認められるもので、その他の担保物権には認められない」という部分が妥当でない。本記述は、担保物権の留置的効力に関するものである。前段の留置的効力の意義に関する記述は妥当である。しかし、留置的効力は、留置権の他(295条1項本文)、質権にも認められる(347条本文)。

オ ○　条文により妥当である。本記述は、担保物権の収益的効力に関するものである。前段の収益的効力の意義に関する記述は妥当である。そして、この収益的効力が認められるものとして、不動産質権が挙げられる(356条)。

　以上より、妥当なものは**ウ**、**オ**であり、正解は**4**となる。

問題2 　留置権に関するア〜オの記述のうち、妥当なもののみを全て挙げているのはどれか。ただし、争いのある場合は判例の見解による。

国般2012［H24］

ア　留置権は、当事者間の公平を図るため、目的物を留置することにより債務者に対して債務の弁済を間接的に強制することのできる権利であり、弁済期が到来していない債権についても留置権が発生する。

イ　留置権の効力は、債務の弁済がなされるまで目的物を留置することができるという効力であるから、留置権を有する者は、債務の弁済がなされるまでは留置物の引渡しを拒絶することができるが、留置している間は、留置物を善良な管理者の注意をもって占有しなければならない。

ウ　留置権は、先取特権、質権、抵当権と同様に担保物権である以上、物の交換価値を把握するものであるから、留置権者は、留置物の競売代金に対して優先弁済権を有している。

エ　留置権が成立するためには、他人の物を占有していることが必要であるが、この留置権の目的物は債務者本人の所有物である必要があり、債権者が占有する第三者の物は留置権の目的物にはならない。

オ　A所有の不動産を購入したBが売買代金を支払わずにその不動産をCに転売し、AがCから不動産の引渡請求をされた場合には、Aは、Cからの引渡請求に対し、未払の代金債権を被担保債権とする留置権の抗弁を主張することができる。

1　ア、イ

2　ア、ウ

3　イ、オ

4　ウ、エ

5　エ、オ

ア ✕ 「弁済期が到来していない債権についても留置権が発生する」という部分が妥当でない。他人の物の占有者は、その物に関して生じた債権を有するときは、その債権の弁済を受けるまで、その物を留置することができる（295条1項本文）。ただし、留置権は、物を留置することによって弁済を促す権利であるから、その債権が弁済期にないときは、留置することができない（295条1項ただし書）。

イ ◯ 条文により妥当である。留置権者は、善良な管理者の注意をもって、留置物を占有しなければならない（善管注意義務）（298条1項）。留置物は留置権者にとっては他人の物であるから、留置権者には善管注意義務が課されている。

ウ ✕ 全体が妥当でない。留置権とは、債権（被担保債権）の弁済を受けるまでその物を留置することによって、債務者の弁済を間接的に強制することのできる法定担保物権をいう。そうすると、留置権は他の担保物権と異なり、物の交換価値を把握する権利ではないので、留置権者は、留置物の競売代金に対して優先弁済権を有していない。

エ ✕ 「この留置権の目的物は債務者本人の所有物である必要があり、債権者が占有する第三者の物は留置権の目的物にはならない」という部分が妥当でない。295条1項本文の「他人の物」は、占有者にとって他人の物であればよいから、債務者の所有物である必要はない。したがって、債権者が占有する第三者の物も留置権の目的物になる。

オ ◯ 判例により妥当である。判例は、不動産の買主が売主に代金を支払わないままこれを第三者に譲り渡し、その第三者が売主に不動産の引渡しを請求したことに対して、売主は留置権を行使できるとしている（最判昭47.11.16）。したがって、Aは、Cからの引渡請求に対し、留置権の抗弁を主張することができる。

以上より、妥当なものはイ、オであり、正解は③となる。

問題3　　質権に関する次の記述のうち、最も適当なのはどれか（争いのあるときは、判例の見解による）。

裁判所2009〔H21〕

❶　　動産質権者は、質物の占有を奪われた場合、占有回収の訴えによってのみ質物を回復することができ、質権に基づいて質物の返還を求めることはできない。

❷　　質権設定契約は要物契約であるから、質権者に対して質物を引き渡すことが必要であるが、その引渡しの方法としては、占有改定も許される。

❸　　質権には、留置権と同様に留置的効力があるから、質権者は、債務者のみならず自己に優先する先取特権者や抵当権者に対しても、被担保債権の弁済を受けるまでは質物の引渡しを拒絶することができる。

❹　　質権者は、質権設定者の承諾がない限り、自己の債務の担保として質物をさらに質入れすることはできない。

❺　　質権設定者の保護のために、民法は流質契約を禁止しているのであるから、弁済期経過後であっても流質契約を締結することはできない。

❶ ○ 条文により適当である。動産質権者は、質物の占有を奪われたときは、占有回収の訴えによってのみ、その質物を回収することができる（353条）。質物の占有が奪われた場合、質権は対抗力を喪失するため、質権自体に基づく回復請求は認められない。

❷ ✕ 「その引渡しの方法としては、占有改定も許される」という部分が適当でない。質権の設定は、債権者（質権者）にその目的物（質物）を引き渡すことによって、その効力を生ずる（344条）。しかし、占有改定による引渡しは禁止されている（345条）。質権の留置的作用を発揮できないからである。

❸ ✕ 「質権者は、債務者のみならず自己に優先する先取特権者や抵当権者に対しても、被担保債権の弁済を受けるまでは質物の引渡しを拒絶することができる」という部分が適当でない。質権には留置的効力が認められている（347条本文）。しかし、この効力は、自己に対して優先権を有する債権者に主張することができない（347条ただし書）。他の担保権者が優先する場合には、質権者を特別に保護する必要がないからである。

❹ ✕ 「質権設定者の承諾がない限り、自己の債務の担保として質物をさらに質入れすることはできない」という部分が適当でない。質権者は、その権利の存続期間内において、自己の責任で、質物について、転質をすることができる（責任転質）（348条）。転質には、質権設定者の承諾を得てなされる承諾転質と（350条、298条2項）、質権者の責任において質権設定者の承諾を得ずになされる責任転質が認められている。

❺ ✕ 「弁済期経過後であっても流質契約を締結することはできない」という部分が適当でない。弁済期前においては流質契約を禁止しているが（349条）、弁済期到来後の流質契約は禁止されていない。弁済期が到来すれば、債務者が差し迫った事情から不利益な契約を強制されるおそれが少ないためである。

問題4 抵当権に関する次の記述のうち、妥当なのはどれか。

国税・財務・労基2018［H30］

1 抵当権は、付従性、随伴性、不可分性は有するが、目的物の担保価値を把握する性質の権利である以上、物上代位性は有しない。

2 抵当権の目的となるのは不動産のみで、動産は抵当権の目的となり得ない。

3 抵当権の被担保債権は金銭債権でなければならず、金銭債権以外の債権を被担保債権とする抵当権設定契約は無効である。

4 抵当権は、債務者及び抵当権設定者に対しては、その担保する債権と同時でなければ、時効によって消滅しない。

5 抵当権は、あくまでも目的物の担保価値を把握するものである以上、抵当不動産の果実に及ぶことはない。

❶ ✕ 「物上代位性は有しない」という部分が妥当でない。物上代位性とは、担保目的物の売却・賃貸・滅失・損傷によって目的物の所有者が受けるべき金銭その他の物及び目的物に設定した物権の対価に対しても、担保権者が優先権を行使できる性質をいう。抵当権も、372条が先取特権の物上代位性を規定した304条を準用しており、物上代位性を有している。

❷ ✕ 全体が妥当でない。抵当権は目的物の占有を伴わない観念的権利であるため、取引の安全保護の見地から、抵当権の存在を登記・登録等によって公示できるものに、その目的を限定する必要がある。そのため、民法が認める抵当権の目的は、「不動産」(369条1項)、「地上権及び永小作権」(369条2項)に限定されている。また、自動車や航空機などの登録制度がある動産については、特別法によって動産抵当が認められている。

❸ ✕ 全体が妥当でない。金銭債権以外の債権であっても、債務不履行により金銭債権である損害賠償債権に転換されるため、抵当権の被担保債権となり得る。そのため、金銭債権以外の債権を被担保債権とする抵当権設定契約も有効である。

❹ ◯ 条文により妥当である。抵当権は、債務者及び抵当権設定者に対しては、その担保する債権(被担保債権)と同時でなければ、時効によって消滅しない(396条)。債務者及び抵当権設定者(物上保証人)は、抵当権者に対して債務ないし責任を負っているため、これらの者について被担保債権から独立して抵当権の時効消滅を認めるのは、信義則に反し不合理であることを理由とする。

❺ ✕ 「抵当不動産の果実に及ぶことはない」という部分が妥当でない。抵当権は、その担保する債権について不履行があったときは、その後に生じた抵当不動産の果実に及ぶ(371条)。抵当権は、あくまでも抵当権者が目的物の担保価値を把握するのみで、抵当権設定者に用益権能を留保することを特徴とする。そのため、抵当権の効力は、本来的には果実には及ばないが、例外的に、債務不履行が生じた後には効力が及ぶとされている。

問題5　抵当権に関するア～オの記述のうち、妥当なもののみを全て挙げているのはどれか。ただし、争いのあるものは判例の見解による。

国税2016［H28］

ア　Aの所有する土地及び地上建物のうち、建物についてBのために抵当権が設定された。その後、抵当権が実行されてCが当該建物の買受人となった。この場合、Aは、Cに対して土地利用権限がないことを理由に建物収去・土地明渡しを請求することができる。

イ　所有者が土地及び地上建物に共同抵当権を設定した後、当該建物が取り壊され、当該土地上に新たに建物が建築された場合、新建物の所有者が土地の所有者と同一であり、かつ、新建物が建築された時点での土地の抵当権者が新建物について土地の抵当権と同順位の共同抵当権の設定を受けたとき等特段の事情のない限り、新建物のために法定地上権は成立しない。

ウ　抵当権設定後に抵当不動産の所有者から占有権原の設定を受けてこれを占有する者がいる場合、その占有権原の設定に抵当権実行としての競売手続を妨害する目的が認められ、その占有により抵当不動産の交換価値の実現が妨げられて抵当権者の優先弁済請求権の行使が困難となるような状態があるときは、抵当権者は当該占有者に対して抵当権に基づく妨害排除請求をすることができる。

エ　抵当権は弁済によって消滅するが、一部弁済の場合、担保物権の不可分性により、抵当権は全体として存続する。

オ　AのBに対する5,000万円の債権の担保のため、B所有の甲土地（時価4,000万円）と乙土地（時価6,000万円）に一番抵当権が共同抵当として設定されていた。また、乙には、CのBに対する4,000万円の債権を担保するための二番抵当権が設定されていた。乙が先に競売され、Aに5,000万円配当された場合、Cは、3,000万円を限度として、Aに代位して甲につき抵当権を行使することができる。

1　ア、イ　　　4　ア、ウ、オ
2　イ、ウ　　　5　イ、ウ、エ
3　エ、オ

ア ✕ 「Aは、Cに対して土地利用権限がないことを理由に建物収去・土地明渡しを請求することができる」という部分が妥当でない。本記述は、土地及び地上建物を同一人であるAが所有し、建物に設定された抵当権の実行により土地と建物がそれぞれAとCという別人に帰属したため、法定地上権の成立要件を充足する（388条）。したがって、建物所有者Cには土地利用権限があるので、Aは、Cに対して建物収去・土地明渡しを請求することができない。

イ ◯ 判例により妥当である。判例は、新建物の所有者が土地の所有者と同一であり、かつ、新建物が建築された時点での土地の抵当権者が新建物について土地の抵当権と同順位の共同抵当権の設定を受けたとき等特段の事情のない限り、新建物のために法定地上権は成立しないとしている（最判平9.2.14）。すなわち、土地と建物の共同抵当権者は、土地と建物の価値全体を把握していたのであるから、建物の滅失により建物の価値が把握できなくなっても、土地全体の価値を把握していると考え、特段の事情がない限り、土地の価値を下落させる法定地上権を成立させるべきでないと判断したものである。

ウ ◯ 判例により妥当である。抵当権は占有を伴わない物権であるので、妨害排除請求はできないのが原則である。もっとも、抵当権も物権であるから、抵当権の実現が妨げられている場合や、妨げられるおそれのある場合には、物権的請求権が生じる。判例は、抵当権設定後に占有者が抵当不動産の所有者から占有権原の設定を受けた場合でも、本記述の通り、その設定に競売手続の妨害目的が認められ、その占有により抵当不動産の交換価値の実現が妨げられ抵当権者の優先弁済請求権の行使が困難となる状態があれば、抵当権者は、当該占有者に対して妨害排除請求ができるとしている（最判平17.3.10）。

エ ◯ 条文により妥当である。抵当権者は、担保物権の不可分性により、被担保債権の全部の弁済を受けるまでは、目的物の全部についてその権利を行使することができる（372条、296条）。したがって、被担保債権の一部が弁済により消滅したとしても、抵当権は全体として存続し、被担保債権の残部は目的物の全体により担保される。

オ ✕ 「Cは、3000万円を限度として、Aに代位して甲につき抵当権を行使することができる」という部分が妥当でない。抵当権者は、同一の債権の担保として数個の不動産について抵当権を有する場合、一つの不動産の代価のみから債権の全部の弁済を受けることができる。この異時配当の場合、後順位の抵当権者は、同時配当の場合において先順位の抵当権者が他の不動産から弁済を受けるべき金額を限度として、先順位の抵当権者に代位して抵当権を行使できる(392条2項)。本記述において、乙土地の代価から全部の弁済を受ける先順位の抵当権者Aが、同時配当で甲土地から受けるべき金額は2000万円である。同時配当の場合、Aの債権額5000万円を、甲土地の時価(4000万円)及び乙土地の時価(6000万円)の割合(甲土地:乙土地＝2：3)によって按分されるからである(392条1項)。したがって、CがAに代位できるのは2000万円が限度となる。

以上より、妥当なものは**イ**、**ウ**、**エ**であり、正解は**⑤**となる。

索　引

MEMO

【執　筆】
TAC公務員講座講師室
北條 薫（TAC公務員講座）
横瀬 博徳（TAC公務員講座）
平川 哲也（TAC公務員講座）
田代 英治（TAC公務員講座）

【校　閲】
TAC公務員講座講師室
北條 薫（TAC公務員講座）
横瀬 博徳（TAC公務員講座）
平川 哲也（TAC公務員講座）
田代 英治（TAC公務員講座）

◎本文デザイン／黒瀬 章夫（ナカグログラフ）
◎カバーデザイン／河野 清（有限会社ハードエッジ）

本書の内容は、小社より2022年6月に刊行された
「公務員試験　過去問攻略Ｖテキスト　1　民法（上）第2版」（ISBN：978-4-300-10087-5）
と同一です。

こう む いん し けん　　　か こ もんこうりゃくぶい　　　　　　　　　　　　　みんぽう　じょう　　しんそうばん
公務員試験　過去問攻略Ｖテキスト　1　民法(上)　新装版

2019年6月15日　初　版　第1刷発行
2024年4月1日　新装版　第1刷発行

編 著 者　　Ｔ　Ａ　Ｃ　株　式　会　社
　　　　　　　　　　　　　（公務員講座）
発 行 者　　多　　田　　敏　　男
発 行 所　　ＴＡＣ株式会社　出版事業部
　　　　　　　　　　　　　（TAC出版）

〒101-8383
東京都千代田区神田三崎町3-2-18
電話　03（5276）9492（営業）
FAX　03（5276）9674
https://shuppan.tac-school.co.jp

組　　版　　株 式 会 社　明　　昌　　堂
印　　刷　　株 式 会 社　ワ　　コ　　ー
製　　本　　東 京 美 術 紙 工 協 業 組 合

© TAC 2024　　Printed in Japan

ISBN 978-4-300-11141-3
N.D.C. 317

公務員講座のご案内

大卒レベルの公務員試験に強い！

2022年度 公務員試験

公務員講座生[1]
最終合格者延べ人数[2]

5,314名

国家公務員（大卒程度）	計	2,797名
地方公務員（大卒程度）	計	2,414名
国立大学法人等	大卒レベル試験	61名
独立行政法人	大卒レベル試験	10名
その他公務員		32名

※1 公務員講座生とは公務員試験対策講座において、目標年度に合格するために
必要と考えられる、講義、演習、論文対策、面接対策等をパッケージ化したカリキュ
ラムの受講生です。単科講座や公開模試のみの受講生は含まれておりません。
※2 同一の方が複数の試験種に合格している場合は、それぞれの試験種に最終合格
者としてカウントしています。（実合格者数は2,843名です。）
＊2023年1月31日時点で、調査にご協力いただいた方の人数です。

1位 全国の公務員試験で 合格者を輩出！

詳細は公務員講座（地方上級・国家一般職）パンフレットをご覧ください。

2022年度 国家総合職試験

公務員講座生[1]
最終合格者数 217名

法律区分	41名	経済区分	19名
政治・国際区分	76名	教養区分[2]	49名
院卒／行政区分	24名	その他区分	8名

※1 公務員講座生とは公務員試験対策講座において、目標年度に合格
するために必要と考えられる、講義、演習、論文対策、面接対策等を
パッケージ化したカリキュラムの受講生です。単科講座や公開模試
のみの受講生は含まれておりません。
※2 上記は2022年度目標の公務員講座最終合格者のほか、2023
年度目標公務員講座の最終合格者40名が含まれています。
＊ 上記は2023年1月31日時点で調査にご協力いただいた方の人数です。

2022年度 外務省専門職試験

最終合格者総数55名のうち
54名がWセミナー講座生[1]です。

合格者占有率[2] 98.2%

外交官を目指すなら、実績のWセミナー

※1 Wセミナー講座生とは、公務員試験対策講座において、目標年度に合格するため
に必要と考えられる、講義、演習、論文対策、面接対策等をパッケージ化したカリ
キュラムの受講生です。各種オプション講座や公開模試など、単科講座のみの受
講生は含まれておりません。また、Wセミナー講座生はそのボリュームから他校の
講座生と掛け持ちすることは困難です。
※2 合格者占有率は「Wセミナー講座生（※1）最終合格者数」を「外務省専門職採用
試験の最終合格者総数」で除して算出しています。また、算出した数字の小数点
第二位以下を四捨五入して表記しています。
＊ 上記は2022年10月10日時点で調査にご協力いただいた方の人数です。

WセミナーはTACのブランドです

資格の学校 ✿TAC

合格できる3つの理由

1 必要な対策が全てそろう! ALL IN ONEコース

TACでは、択一対策・論文対策・面接対策など、公務員試験に必要な対策が全て含まれているオールインワンコース(＝本科生)を提供しています。地方上級・国家一般職／国家総合職／外務専門職／警察官・消防官／技術職／心理職・福祉職など、試験別に専用コースを設けていますので、受験先に合わせた最適な学習が可能です。

▶ カリキュラム例:地方上級・国家一般職 総合本科生

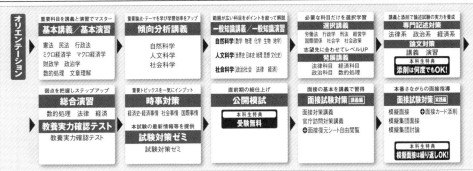

※上記は2024年合格目標コースの内容です。カリキュラム内容は変更となる場合がございます。

2 環境に合わせて選べる! 多彩な学習メディア

通学メディア			通信メディア
教室+Web講座 教室・ビデオブース・Webで講義が受けられる	ビデオブース+Web講座 TAC校舎のビデオブースとWeb講義で自分のスケジュールで学習		Web通信講座 外出先で、さらにWebで。自由に講義が受けられる!

フォロー制度も充実!
受験生の毎日の学習をしっかりサポートします。

▶ **欠席・復習用フォロー**
クラス振替出席フォロー
クラス重複出席フォロー

▶ **質問・相談フォロー**
担任講師制度・質問コーナー
添削指導・合格者座談会

▶ **最新の情報提供**
面接復元シート自由閲覧
官公庁・自治体業務説明会 など

※上記は2024年合格目標コースの一例です。年度やコースにより変更となる場合がございます。

3 頼れる人がそばにいる! 担任講師制度

TACでは教室講座開講校舎と通信生専任の「担任講師制度」を設けています。最新情報の提供や学習に関する的確なアドバイスを通じて、受験生一人ひとりを合格までアシストします。

▶ **担任カウンセリング**
学習スケジュールのチェックや苦手科目の克服方法、進路相談、併願先など、何でもご相談ください。担任講師が親身になってお答えします。

オンラインでも実施!

▶ **ホームルーム(HR)**
時期に応じた学習の進め方などについての「無料講義」を定期的に実施します。

Webホームルーム(HR)標準装備!

公務員講座のご案内

無料体験入学のご案内
3つの方法で*TAC*の講義が体験できる!

教室で体験　迫力の生講義に出席　　予約不要!　最大3回連続出席OK!

1. 校舎と日時を決めて、当日TACの校舎へ
TACでは各校舎で毎月体験入学の日程を設けています。

2. オリエンテーションに参加(体験入学1回目)
初回講義「オリエンテーション」にご参加ください。体験入学ご参加の際に個別にご相談をお受けいたします。

3. 講義に出席(体験入学2・3回目)
引き続き、各科目の講義をご受講いただけます。参加者には体験用テキストをプレゼントいたします。

● 最大3回連続無料体験講義の日程はTACホームページと公務員講座パンフレットでご覧いただけます。
● 体験入学はお申込み予定の校舎に限らず、お好きな校舎でご利用いただけます。
● 4回目の講義前までにご入会手続きをしていただければ、カリキュラム通りに受講することができます。

※地方上級・国家一般職、理系(技術職)、警察・消防以外の講座では、最大2回連続体験入学を実施しています。また、心理職・福祉職はTAC動画チャンネルで体験講義を配信しています。
※体験入学1回目や2回目の後でもご入会手続きは可能です。「TACで受講しよう!」と思われたお好きなタイミングで、ご入会いただけます。

ビデオで体験　校舎のビデオブースで体験視聴

TAC各校のビデオブースで、講義を無料でご視聴いただけます。(要予約)

各校のビデオブースでお好きな講義を視聴できます。視聴前日までに視聴する校舎受付までお電話にてご予約をお願い致します。

ビデオブース利用時間 ※日曜日は④の時間帯はありません。
① 9:30～12:30　② 12:30～15:30
③ 15:30～18:30　④ 18:30～21:30

※受講可能な曜日・時間帯は一部校舎により異なります。
※年末年始・夏期休業・その他特別な休業以外は、通常平日・土日祝祭日にご覧いただけます。
※予約時にご希望日とご希望時間帯を合わせてお申込みください。
※基本講義の中からお好きな科目をご視聴いただけます。(視聴できる科目は時期により異なります)
※TAC提携校での体験視聴につきましては、提携校各校へお問合せください。

Webで体験　スマートフォン・パソコンで講義を体験視聴

TACホームページの「TAC動画チャンネル」で無料体験講義を配信しています。時期に応じて多彩な講義がご覧いただけます。

| TAC ホームページ | https://www.tac-school.co.jp/ |

※体験講義は教室講義の一部を抜粋したものになります。

TAC出版 書籍のご案内

TAC出版では、資格の学校TAC各講座の定評ある執筆陣による資格試験の参考書をはじめ、資格取得者の開業法や仕事術、実務書、ビジネス書、一般書などを発行しています!

TAC出版の書籍

*一部書籍は、早稲田経営出版のブランドにて刊行しております。

資格・検定試験の受験対策書籍

- ❂日商簿記検定
- ❂建設業経理士
- ❂全経簿記上級
- ❂税 理 士
- ❂公認会計士
- ❂社会保険労務士
- ❂中小企業診断士
- ❂証券アナリスト

- ❂ファイナンシャルプランナー(FP)
- ❂証券外務員
- ❂貸金業務取扱主任者
- ❂不動産鑑定士
- ❂宅地建物取引士
- ❂賃貸不動産経営管理士
- ❂マンション管理士
- ❂管理業務主任者

- ❂司法書士
- ❂行政書士
- ❂司法試験
- ❂弁理士
- ❂公務員試験(大卒程度・高卒者)
- ❂情報処理試験
- ❂介護福祉士
- ❂ケアマネジャー
- ❂社会福祉士　ほか

実務書・ビジネス書

- ❂会計実務、税法、税務、経理
- ❂総務、労務、人事
- ❂ビジネススキル、マナー、就職、自己啓発
- ❂資格取得者の開業法、仕事術、営業術
- ❂翻訳ビジネス書

一般書・エンタメ書

- ❂ファッション
- ❂エッセイ、レシピ
- ❂スポーツ
- ❂旅行ガイド (おとな旅プレミアム/ハルカナ)
- ❂翻訳小説

公務員試験対策書籍のご案内

TAC出版の公務員試験対策書籍は、独学用、およびスクール学習の副教材として、各商品を取り揃えています。学習の各段階に対応していますので、あなたのステップに応じて、合格に向けてご活用ください!

INPUT

『みんなが欲しかった!
公務員
合格へのはじめの一歩』
A5判フルカラー
●本気でやさしい入門書
●公務員の"実際"をわかりやすく
　紹介したオリエンテーション
●学習内容がざっくりわかる入門講義

・数的処理(数的推理・判断推理・
　空間把握・資料解釈)
・法律科目(憲法・民法・行政法)
・経済科目(ミクロ経済学・マクロ経済学)

『みんなが欲しかった!
公務員 教科書&問題集』
A5判
●教科書と問題集が合体!
　でもセパレートできて学習に便利!
●「教科書」部分はフルカラー!
　見やすく、わかりやすく、楽しく学習!

・憲法
・[刊行予定]民法、行政法

『新・まるごと講義生中継』
A5判
TAC公務員講座講師
郷原 豊茂 ほか
●TACのわかりやすい生講義を誌上で!
●初学者の科目導入に最適!
●豊富な図表で、理解度アップ!

・郷原豊茂の憲法
・郷原豊茂の民法Ⅰ
・郷原豊茂の民法Ⅱ
・新谷一郎の行政法

『まるごと講義生中継』
A5判
TAC公務員講座講師
渕元 哲 ほか
●TACのわかりやすい生講義を誌上で!
●初学者の科目導入に最適!

・郷原豊茂の刑法
・渕元哲の政治学
・渕元哲の行政学
・ミクロ経済学
・マクロ経済学
・関野喬のパターンでわかる数的推理
・関野喬のパターンでわかる判断整理
・関野喬のパターンでわかる
　空間把握・資料解釈

要点まとめ

『一般知識
出るとこチェック』
四六判
●知識のチェックや直前期の暗記に
　最適!
●豊富な図表とチェックテストで
　スピード学習!

・政治・経済
・思想・文学・芸術
・日本史・世界史
・地理
・数学・物理・化学
・生物・地学

記述式対策

『公務員試験論文答案集
専門記述』
A5判
公務員試験研究会
●公務員試験(地方上級ほか)の
　専門記述を攻略するための問
　題集
●過去問と新作問題で出題が予
　想されるテーマを完全網羅!

・憲法(第2版)
・行政法

書籍の正誤に関するご確認とお問合せについて

書籍の記載内容に誤りではないかと思われる箇所がございましたら、以下の手順にてご確認とお問合せをしてくださいますよう、お願い申し上げます。

なお、正誤のお問合せ以外の書籍内容に関する解説および受験指導などは、一切行っておりません。
そのようなお問合せにつきましては、お答えいたしかねますので、あらかじめご了承ください。

1 「Cyber Book Store」にて正誤表を確認する

TAC出版書籍販売サイト「Cyber Book Store」の
トップページ内「正誤表」コーナーにて、正誤表をご確認ください。

CYBER BOOK STORE TAC出版書籍販売サイト

URL:https://bookstore.tac-school.co.jp/

2 1の正誤表がない、あるいは正誤表に該当箇所の記載がない
⇒ 下記①、②のどちらかの方法で文書にて問合せをする

★ご注意ください★

お電話でのお問合せは、お受けいたしません。
①、②のどちらの方法でも、お問合せの際には、「お名前」とともに、
「対象の書籍名(○級・第○回対策も含む)およびその版数(第○版・○○年度版など)」
「お問合せ該当箇所の頁数と行数」
「誤りと思われる記載」
「正しいとお考えになる記載とその根拠」
を明記してください。
なお、回答までに1週間前後を要する場合もございます。あらかじめご了承ください。

① ウェブページ「Cyber Book Store」内の「お問合せフォーム」より問合せをする

【お問合せフォームアドレス】

https://bookstore.tac-school.co.jp/inquiry/

② メールにより問合せをする

【メール宛先　TAC出版】

syuppan-h@tac-school.co.jp

※土日祝日はお問合せ対応をおこなっておりません。
※正誤のお問合せ対応は、該当書籍の改訂版刊行月末日までといたします。

乱丁・落丁による交換は、該当書籍の改訂版刊行月末日までといたします。なお、書籍の在庫状況等により、お受けできない場合もございます。
また、各種本試験の実施の延期、中止を理由とした本書の返品はお受けいたしません。返金もいたしかねますので、あらかじめご了承くださいますようお願い申し上げます。

(2022年7月現在)